2022中财传媒版
年度全国会计专业技术资格考试辅导系列丛书·注定会赢

初级会计实务
精讲精练

财政部中国财经出版传媒集团　组织编写

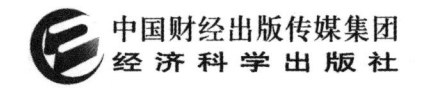

中国财经出版传媒集团
经济科学出版社

图书在版编目（CIP）数据

初级会计实务精讲精练/财政部中国财经出版传媒集团组织编写.—北京：经济科学出版社，2021.10

（中财传媒版 2022 年度全国会计专业技术资格考试辅导系列丛书.注定会赢）

ISBN 978-7-5218-2862-7

Ⅰ.①初… Ⅱ.①财… Ⅲ.①会计实务-资格考试-自学参考资料 Ⅳ.①F233

中国版本图书馆 CIP 数据核字（2021）第 185849 号

责任校对：李　建
责任印制：李　鹏　邱　天

初级会计实务精讲精练

财政部中国财经出版传媒集团　组织编写
经济科学出版社出版、发行　新华书店经销
社址：北京市海淀区阜成路甲 28 号　邮编：100142
总编部电话：010-88191217　发行部电话：010-88191522
天猫网店：经济科学出版社旗舰店
网址：http://jjkxcbs.tmall.com
北京鑫海金澳胶印有限公司印装
787×1092　16 开　20 印张　600000 字
2021 年 12 月第 1 版　2021 年 12 月第 1 次印刷
ISBN 978-7-5218-2862-7　定价：68.00 元
（图书出现印装问题，本社负责调换。电话：010-88191510）
（打击盗版举报热线：010-88191661，QQ：2242791300）

前　言

2022年度全国会计专业技术初级资格考试大纲及辅导教材已经出版发行。与上年度相比，新考试大纲及辅导教材的内容发生了较大变化。为了帮助考生准确理解和掌握新大纲和新教材的内容、顺利通过考试，中国财经出版传媒集团本着对广大考生负责的态度，严格按照新大纲和新教材内容，组织编写了中财传媒版2022年度全国会计专业技术资格考试辅导"注定会赢"系列丛书。

该系列丛书包含6个子系列，共12本图书，具有重点把握精准、难点分析到位、题型题量丰富、模拟演练逼真等特点。

系列1　精讲精练：包括《初级会计实务精讲精练》和《经济法基础精讲精练》，突出对教材变化及知识点的解读，配以例题点津，并精选典型习题帮助考生巩固知识。

系列2　通关题库：包括《初级会计实务通关题库》和《经济法基础通关题库》，突出对教材知识点的练习，配以大量的经典练习题，题目全面覆盖知识点，并根据难易程度，划分为"基础训练篇"和"提高演练篇"，每道题目均配有答案和详细解析。

系列3　全真模拟试题：包括《初级会计实务全真模拟试题》和《经济法基础全真模拟试题》，每本书包括8套试题，其题型、题量及难易程度均依照2021年度全国会计专业技术初级资格考试真题设计，每套试题附有参考答案及解析，并列明了答案在教材中的依据，帮助考生增强应考冲刺能力。

系列4　要点随身记：包括《初级会计实务要点随身记》和《经济法基础要点随身记》，以携带方便为特点，进一步将教材中重要、易考、难以记忆的知识点进行归纳总结，以图表形式展现，帮助考生随时随地加深记忆。

系列5　考点精要：包括《初级会计实务考点精要》和《经济法基础考点精要》，对教材重难点内容进行梳理，以图表的形式提纲挈领地展现教材内容，旨在精炼教材，便于考生记忆把握。

系列6　考前冲刺试卷：包括《初级会计实务考前冲刺试卷》和《经济法基础考前冲刺试卷》，每本书包括6套试题，其题型、题量及难易程度同样依照2021年度全国会计专业技术初级资格考试真题设计，每套试题附有参考答案及解析，并列明了答案在教材中的依据，拟在考试前一个月左右推出，帮助考生进行模拟冲刺，进一步提升应试能力。

中国财经出版传媒集团旗下"中财智会"微信服务号为购买上述图书的考生提供网上后续服务。考生通过扫描封面下方的二维码并关注后，可免费享有前导课、核心知识点串讲、易错题讲解、学习答疑、每日一练等增值服务。

全国会计专业技术资格考试是我国评价选拔会计人才、促进会计人员成长的重要渠道，也是落实会计人才强国战略的重要措施。希望广大考生在认真学习教材内容的基础上，结合本丛书准确理解和全面掌握应试知识点内容，顺利通过考试，不断取得更大进步，为我国会计事业的发展作出更大贡献！

书中如有疏漏和不当之处，敬请批评指正。

财政部中国财经出版传媒集团
2021年12月

目 录

第一章 概 述

【考情分析】 …………………………………………………………………………… 1
【教材变化】 …………………………………………………………………………… 1
【考点提示】 …………………………………………………………………………… 1
【本章考点框架】 ……………………………………………………………………… 2
【考点解读及例题点津】 ……………………………………………………………… 2
【本章考点巩固练习题】 ……………………………………………………………… 16
【本章考点巩固练习题参考答案及解析】 …………………………………………… 20

第二章 会计基础

【考情分析】 …………………………………………………………………………… 25
【教材变化】 …………………………………………………………………………… 25
【考点提示】 …………………………………………………………………………… 25
【本章考点框架】 ……………………………………………………………………… 26
【考点解读及例题点津】 ……………………………………………………………… 27
【本章考点巩固练习题】 ……………………………………………………………… 64
【本章考点巩固练习题参考答案及解析】 …………………………………………… 72

第三章 流动资产

【考情分析】 …………………………………………………………………………… 82
【教材变化】 …………………………………………………………………………… 82
【考点提示】 …………………………………………………………………………… 82
【本章考点框架】 ……………………………………………………………………… 83
【考点解读及例题点津】 ……………………………………………………………… 83
【本章综合题型精讲】 ………………………………………………………………… 118
【本章考点巩固练习题】 ……………………………………………………………… 121
【本章考点巩固练习题参考答案及解析】 …………………………………………… 128

第四章 非流动资产

【考情分析】 …………………………………………………………………………… 134
【教材变化】 …………………………………………………………………………… 134
【考点提示】 …………………………………………………………………………… 134

【本章考点框架】 ………………………………………………………………………… 135
【考点解读及例题点津】 …………………………………………………………………… 135
【本章综合题型精讲】 ……………………………………………………………………… 161
【本章考点巩固练习题】 …………………………………………………………………… 164
【本章考点巩固练习题参考答案及解析】 ………………………………………………… 176

第五章　负　　债

【考情分析】 ………………………………………………………………………………… 185
【教材变化】 ………………………………………………………………………………… 185
【考点提示】 ………………………………………………………………………………… 185
【本章考点框架】 …………………………………………………………………………… 186
【考点解读及例题点津】 …………………………………………………………………… 186
【本章综合题型精讲】 ……………………………………………………………………… 206
【本章考点巩固练习题】 …………………………………………………………………… 207
【本章考点巩固练习题参考答案及解析】 ………………………………………………… 213

第六章　所有者权益

【考情分析】 ………………………………………………………………………………… 219
【教材变化】 ………………………………………………………………………………… 219
【考点提示】 ………………………………………………………………………………… 219
【本章考点框架】 …………………………………………………………………………… 220
【考点解读及例题点津】 …………………………………………………………………… 221
【本章综合题型精讲】 ……………………………………………………………………… 230
【本章考点巩固练习题】 …………………………………………………………………… 234
【本章考点巩固练习题参考答案及解析】 ………………………………………………… 238

第七章　收入、费用和利润

【考情分析】 ………………………………………………………………………………… 241
【教材变化】 ………………………………………………………………………………… 241
【考点提示】 ………………………………………………………………………………… 241
【本章考点框架】 …………………………………………………………………………… 242
【考点解读及例题点津】 …………………………………………………………………… 242
【本章综合题型精讲】 ……………………………………………………………………… 263
【本章考点巩固练习题】 …………………………………………………………………… 266
【本章考点巩固练习题参考答案及解析】 ………………………………………………… 271

第八章　财务报告

【考情分析】 ………………………………………………………………………………… 277
【教材变化】 ………………………………………………………………………………… 277
【考点提示】 ………………………………………………………………………………… 277

【本章考点框架】……278
【考点解读及例题点津】……278
【本章综合题型精讲】……300
【本章考点巩固练习题】……302
【本章考点巩固练习题参考答案及解析】……306

第一章 概 述

考情分析

本章内容属于会计基础知识，难度不大，但知识点较零碎，需要记忆的内容较多。考试题型主要为客观题，目的是测试考生会计基础理论水平，本章预计分值5分左右，考生在学习中应侧重对相关文字的理解以及理论知识的运用。

教材变化

2022年本章变化较大，除框架结构有较大调整外，增加了新考核内容，具体变化如下：

1. 原教材第一章第二节，拆分为第二节和第三节，节名分别为"会计基本假设和会计基础""会计信息质量要求"，内容无实质性变化。
2. 原教材第三节、第四节、第五节、第六节内容，调整到第二章中。
3. 删除了第七节相关内容。
4. 新增第四节"会计职业道德"。
5. 新增第五节"内部控制基础"。

考点提示

本章属于会计课程的入门内容。本章主要测试基本概念和基本理论，需要重点掌握会计基本假设、会计基础、会计信息质量要求、会计职业道德规范及其内容；熟悉会计职能、会计目标、内部控制的要素；了解会计概念、会计扩展职能、会计职业风险、内部控制目标等内容。

本章考点框架

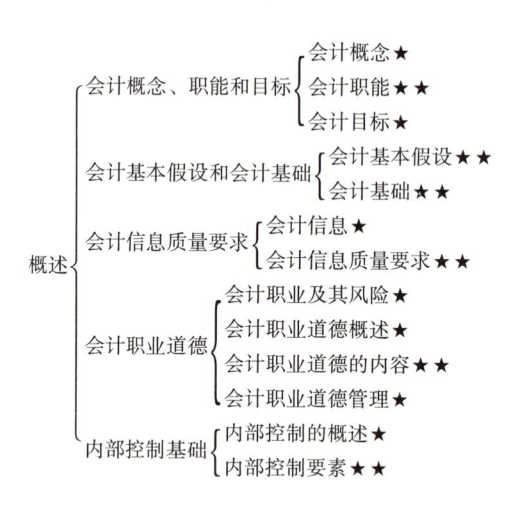

概述
- 会计概念、职能和目标
  - 会计概念 ★
  - 会计职能 ★★
  - 会计目标 ★
- 会计基本假设和会计基础
  - 会计基本假设 ★★
  - 会计基础 ★★
- 会计信息质量要求
  - 会计信息 ★
  - 会计信息质量要求 ★★
- 会计职业道德
  - 会计职业及其风险 ★
  - 会计职业道德概述 ★
  - 会计职业道德的内容 ★★
  - 会计职业道德管理 ★
- 内部控制基础
  - 内部控制的概述 ★
  - 内部控制要素 ★★

考点解读及例题点津

第一单元 会计概念、职能和目标

1 会计概念 ★

一、考点解读

会计是以**货币**为**主要计量单位**，采用专门方法和程序，对企业和行政、事业单位的经济活动过程及其结果进行准确完整、连续系统的**核算**和**监督**，以如实反映**受托责任履行情况**和**提供有用经济信息**为主要目的的**经济管理活动**。其特征表现如表 1-1 所示。

表 1-1

项目	内容
特征	以货币为主要计量单位（提示：不是唯一计量单位）

续表

项目	内容
特征	采用专门方法和程序
	准确完整、连续系统的核算和监督
	反映受托责任履行情况、提供有用经济信息

二、例题点津

【例题1·多选题】下列关于会计概念的说法，正确的有（　　）。
A. 会计是以货币为唯一计量单位
B. 会计采用专门方法和程序
C. 核算和监督是会计基本职能
D. 会计本质是一种经济管理活动

【答案】BCD

【解析】会计是以货币为主要计量单位，采用专门方法和程序，对企业和行政、事业单位的经济活动过程及其结果进行准确完整、连续系统的核算和监督，以如实反映受托责任履行情况和提供有用经济信息为主要目的的经济管理活动。故选项B、C、D正确。

【例题2·判断题】会计是以货币为唯一的计量单位。（　　）

【答案】×

【解析】会计是以货币为主要计量单位，但货币不是唯一的计量单位。

2 会计职能 ★★

一、考点解读

会计职能，是指会计在经济活动及其管理过程中所具有的功能，除具有会计核算和会计监督两项**基本职能**外，还具有预测经济前景、参与经济决策、评价经营业绩等**拓展职能**。如图1-1和表1-2所示。

会计职能 { 基本职能 { 会计核算 / 会计监督 } ; 拓展职能 { 预测经济前景 / 参与经济决策 / 评价经营业绩 } }

图1-1

表1-2

会计职能	类别	内　　容
基本职能	核算职能	指会计以货币为主要计量单位，对特定主体的经济活动进行确认、计量、记录和报告。 **提示** 会计核算贯穿于经济活动的全过程，是会计最基本的职能
	监督职能	是指会计机构、会计人员对其特定主体经济活动和相关会计核算的真实性、完整性、合法性和合理性进行审查
	基本职能之间的关系	会计核算与会计监督是相辅相成、辩证统一的； 会计核算是会计监督的基础； 会计监督是会计核算质量的保障。 **提示** 会计职能为高频考点
拓展职能	预测经济前景	指根据财务报告等提供的信息，定量或者定性地判断和推测经济活动的发展变化规律，以指导和调节经济活动，提高经济效益
	参与经济决策	指根据财务报告等提供的信息，运用定量分析和定性分析方法，对备选方案进行经济可行性分析，为企业经营管理等提供决策相关的信息
	评价经营业绩	指利用财务报告等提供的会计资料，采用适当的方法，对企业一定经营期间的资产运营、经济效益等经营成果，对照相应的评价标准，进行定量及定性对比分析，作出真实、客观、公正的综合评判

二、例题点津

【例题1·单选题】下列会计职能贯穿于经济活动的全过程，是会计最基本的职能的为（　　）。

A. 核算和监督　　B. 核算和预测
C. 监督和分析　　D. 监督和决策

【答案】A

【解析】核算和监督贯穿于经济活动的全过程，是会计最基本的职能。故选项A正确。

【例题2·多选题】监督职能，是指对特定主体经济活动和相关会计核算的（　　）进行审查。

A. 真实性　　B. 完整性
C. 合理性　　D. 合法性

【答案】ABCD

【解析】会计的监督职能，是指会计机构、会计人员对其特定主体经济活动和相关会计核算的真实性、完整性、合法性和合理性进行审查，使之达到预期经济活动和会计核算目标的功能。故选项A、B、C、D正确。

【例题3·多选题】根据会计法律制度的规定，下列各项中，属于会计核算内容的有（　　）。

A. 资本、基金的增减
B. 财务成果的计算和处理
C. 款项和有价证券的收付
D. 债权、债务的发生和结算

【答案】ABCD

【解析】会计核算的内容主要包括：（1）款项和有价证券的收付（选项C）；（2）财物的收发、增减和使用；（3）债权、债务的发生和结算（选项D）；（4）资本、基金的增减（选项A）；（5）收入、支出、费用、成本的计算；（6）财务成果的计算和处理（选项B）；（7）需要办理会计手续、进行会计核算的其他事项。

【例题4·判断题】会计监督是会计核算的基础，没有监督，就难以保证核算提供信息的质量。（　　）

【答案】×

【解析】本题考核会计职能。会计核算是会计监督的基础，没有核算提供的各种信息，监督就失去了依据；会计监督是会计核算质量的保障。

3 会计目标★

一、考点解读

会计目标，是要求会计工作完成的任务或达到的标准。

会计的基本目标是向财务报告使用者提供企业财务状况、经营成果和现金流量等有关的会计资料和信息，反映企业管理层受托责任履行情况，有助于财务报告使用者作出经济决策，达到不断提高企业事业单位乃至经济社会整体的经济效益和效率的目的和要求。

从更高层面看，会计的目标还包括规范会计行为，保证会计资料真实、完整，加强经济管理和财务管理，提高经济效益，维护社会主义市场经济秩序，为市场在资源配置中起决定性作用和更好发挥政府作用提供基础性保障作用，实现经济高质量发展。

会计目标的实现状况及其结果主要表现为会计的经济后果，即反映受托责任的履行情况和有助于作出经济决策以及维护经济秩序、提高经济效益等所产生的影响及其经济结果。

提示 会计目标也是财务报告目标，考生要清楚。

【目标要点】

（1）会计主要目标是反映企业管理层受托责任履行情况；

（2）会计根本目标是有助于财务报告使用者作出经济决策，达到不断提高企业事业单位乃至经济社会整体的经济效益和效率的目的和要求；

（3）财务报告使用者主要包括投资者、债权人、政府及其有关部门和社会公众等。

提示 重点关注财务报告使用者包括哪些人？

二、例题点津

【例题1·多选题】下列关于会计目标的说法，正确的有（　　）。

A. 会计目标是向经营者提供企业财务状况、经营成果和现金流量等有关的会计资料和信息

B. 会计的基本目标有助于财务报告使用者作出经济决策

C. 会计的基本目标反映企业管理层受托责任履行情况

D. 会计目标是要求会计工作完成的任务或达到的标准

【答案】BCD

【解析】会计目标，是要求会计工作完成的任务或达到的标准。会计的基本目标是向财务报告使用者提供企业财务状况、经营成果和现金流量等有关的会计资料和信息，反映企业管理层受托责任履行情况，有助于财务报告使用者作出经

济决策，达到不断提高企业事业单位乃至经济社会整体的经济效益和效率的目的和要求。故选项B、C、D正确。

【例题2·判断题】会计目标就是为了提高企业的经济效益。（　　）

【答案】×

【解析】会计目标是要求会计工作完成的任务或达到的标准。

第二单元　会计基本假设和会计基础

1 会计基本假设 ★★

一、考点解读

会计基本假设是对会计核算<u>时间</u>和<u>空间</u>范围以及所采用的主要计量单位等所作的合理假定，是企业会计确认、计量、记录和报告的前提。

会计基本假设包括会计主体、持续经营、会计分期和货币计量，如表1-3所示。

表1-3

基本假设	内容
会计主体	指会计工作服务的特定对象，是企业会计确认、计量和报告的空间范围。 **提示** 如果企业所有者的经济交易或事项属于企业所有者主体所发生的，则不应纳入企业会计核算的范围。如果企业所有者向企业投入资本或企业向投资者分配利润，则属于企业会计主体的核算范围
持续经营	指在可以预见的将来，企业将会按当前的规模和状态继续经营下去，不会停业，也不会大规模削减业务。 在持续经营假设下，会计确认、计量、记录和报告应当以企业持续、正常的生产经营活动为前提。 **提示** 持续经营是会计分期的前提
会计分期	指将一个企业持续经营的生产经营活动划分为一个个连续的、长短相同的期间。 **提示** 会计分期的目的，是据以分期结算盈亏，按期编报财务报告，从而及时向财务报告使用者提供有关企业财务状况、经营成果和现金流量的信息
货币计量	指会计主体在会计确认、计量、记录和报告时主要以货币作为计量单位，来反映会计主体的生产经营活动过程及其结果。 **提示** 对于业务收支以外币为主的企业，可选定某种外币作为记账本位币，但在编报财务报告时应折算为人民币

二、例题点津

【例题1·单选题】企业固定资产能够按照历史成本计量是基于（　　）假设。

A. 会计主体　　B. 持续经营
C. 会计分期　　D. 货币计量

【答案】B

【解析】在持续经营假设下企业进行会计政策和会计方法的选择。故选项B正确。

【例题2·单选题】会计上产生本期和非本期的概念，为不同会计主体提供了会计基础，进而产生应收、应付等事项，是由于（　　）假设。

A. 会计周期　　B. 持续经营
C. 会计分期　　D. 货币计量

【答案】C

【解析】会计分期的目的，是据以分期结算盈亏，按期编报财务报告，从而及时向财务报告使用者提供有关企业财务状况、经营成果和现金流量的信息。选项C符合题意。

【例题3·多选题】下列可以作为会计主体的有（　　）。

A. 甲公司
B. 甲公司独立核算的分公司
C. 甲公司的子公司
D. 甲企业集团

【答案】ABCD

【解析】会计主体可以表现为一个企业，选项A、C正确；也可以表现为一个企业内部独立核算的一个单位，选项B正确；还可以表现为通过控股关系组成的集团公司，选项D正确。

【例题4·多选题】下列项目中，既是法律主体又是会计主体的有（　　）。

A. 甲公司
B. 甲公司非独立核算的分公司
C. 甲公司的子公司

D. 经工商部门注册登记的甲企业集团

【答案】ACD

【解析】甲公司和其子公司都是独立法人，既是法律主体也是会计主体，选项A、C正确；甲公司非独立核算的分公司属于企业内部的一个单位只能作为会计主体，不能作为法律主体，选项B错误；集团公司如果只是几个企业联合组成的一个集团，没有法人资格，不能作为法律主体，如在工商部门进行了注册登记，有工商营业执照，可以成为法律主体，也可以作为会计主体，因此，选项D正确。

【例题5·多选题】持续经营是企业会计确认、计量、记录和报告的前提，下列关于持续经营的说法中，正确的有（　　）。

A. 会计分期是对持续经营基本假设的有效延续

B. 无形资产摊销可以按照其价值和使用情况，确定采用合适的摊销方法，其依据的会计核算前提是持续经营

C. 在持续经营理念下，企业会计人员认为未来经济发展快速，应根据未来的预测核算经济业务的发生

D. 持续经营是将生产经营活动划分成连续的、长短相同的期间

【答案】AB

【解析】在持续经营假设下，会计确认、计量和报告应当以企业持续、正常的生产经营活动为前提，选项C表述错误；将生产经营活动划分成连续的、长短相同的期间属于会计分期的定义，选项D表述错误。

2 会计基础 ★★

一、考点解读

会计基础是指会计确认、计量、记录和报告的基础，具体包括权责发生制和收付实现制，如表1-4所示。

表1-4

会计基础	权责发生制	收付实现制
概念	指以取得收取款项的权利或支付款项的义务为标志来确定本期收入和费用的会计核算基础	指以现金的实际收付为标志确认本期收入和费用的会计核算基础
说明	凡是当期已经实现的收入和已经发生或者应当负担的费用，无论款项是否收付，都应当作为当期的收入和费用，计入利润表；凡是不属于当期的收入和费用，即使款项已在当期收付，也不应作为当期的收入和费用	凡是本期实际收到款项的收入和支付款项的费用，无论其是否应归属于本期，均应作为本期的收入、费用；凡是本期未实际收到款项的收入和未支付款项的费用，即使发生，也不作为本期的收入、费用
适用范围	企业会计的确认、计量、记录和报告应当以权责发生制为基础；政府会计中的财务会计采用权责发生制	政府会计中的预算会计采用收付实现制
二者会计处理结果差异	相较于收付实现制，权责发生制下会计处理较为复杂，其会计处理结果存在一定的差异。在交易或者事项的发生时间与相关款项收付时间不一致时产生两种会计基础下确认的利润差额	

二、例题点津

【例题1·单选题】企业2×21年8月销售一批产品，款项未收，该企业将该项销售确认为8月份收入，体现了（　　）。

A. 收付实现制　　B. 权责发生制
C. 实地盘存制　　D. 永续盘存制

【答案】B

【解析】在权责发生制下，凡是当期已经实现的收入和已经发生或者应当负担的费用，无论款项是否收付，都应当作为当期的收入和费用，计入利润表。故选项B正确。

【例题2·单选题】甲公司2×21年4月发生如下业务：

(1) 销售商品价款 20 万元，款项收到；(2) 收到上月销货款 10 万元；(3) 预收销货款 6 万元；(4) 销售商品价款 15 万元，款项未收。该企业采用权责发生制，本月收入为（ ）万元。

A. 35　　B. 36　　C. 31　　D. 51

【答案】A

【解析】权责发生制下，当期已经实现的收入，无论款项是否收到，都应作为当期收入，计入利润表，因此，已收款的 20 万元和未收款的 15 万元销货款应作为当期收入；不属于当期的收入，即使款项在当期收到，也不应作为当期收入，因此上月销货款 10 万元和预收货款 6 万元不能作为当期收入。20 + 15 = 35（万元），故选项 A 正确。

【例题 3·多选题】下列交易或事项，权责发生制下，应确认企业费用的有（ ）。

A. 本月支付上月工资
B. 本月支付本月水电费
C. 本月应负担的借款利息
D. 本月预付下月房租

【答案】BC

【解析】权责发生制下，本期发生或者应当负担的费用，无论款项是否支付，都应当作为当期费用，计入利润表，故选项 B、C 正确；凡是不属于当期的费用，即使款项已在当期支付，也不应当作为当期费用，故选项 A、D 错误。

【例题 4·多选题】下列关于权责发生制原则的说法，正确的有（ ）。

A. 以款项实际支付的时间确认费用
B. 以款项实际收到时间确认收入
C. 凡是当期已经实现的收入，不论款项是否收到，都应当作为当期的收入
D. 凡是当期已经发生的或应当负担的费用，不论款项是否支付，都应当作为当期费用

【答案】CD

【解析】本题考核会计基础。以款项实际收到或支付的时间确认收入和费用，体现的是收付实现制，选项 A、B 错误；在权责发生制下，凡是当期已经实现的收入和已经发生或者应当负担的费用，无论款项是否收付，都应当作为当期的收入和费用，计入利润表；凡是不属于当期的收入和费用，即使款项已在当期收付，也不应当作为当期的收入和费用，选项 C、D 正确。

第三单元　会计信息质量要求

1 会计信息 ★

一、考点解读

会计信息是企业和外部利益相关者进行交流的较为直接、重要的信息来源和载体。

会计信息的主要作用有：降低企业和外部利益相关者之间的信息不对称；有效约束公司管理层的行为，提高公司治理的效率；帮助投资者甄别其投资的优劣进而作出投资决策；有利于债权人作出授信决策；提高经济和资本市场的运作效率等。

会计信息质量，是指会计信息符合会计法律、会计准则等规定要求的程度，是满足企业利益相关者需要的能力和程度。

二、例题点津

【例题 1·判断题】会计信息是企业和内部管理层进行交流的较为直接、重要的信息来源和载体。（ ）

【答案】×

【解析】会计信息是企业和外部利益相关者进行交流的较为直接、重要的信息来源和载体。

2 会计信息质量要求 ★★

一、考点解读

会计信息质量要求是对企业财务报告所提供会计信息质量的基本要求，是使财务报告所提供会计信息对信息使用者决策应具备的基本特征。我国会计信息质量要求包括可靠性、相关性、可理解性、可比性、实质重于形式、重要性、谨慎性和及时性，如表 1-5 所示。

表1-5

项目	具体内容
可靠性	企业应当以实际发生的交易或者事项为依据进行确认、计量、记录和报告，如实反映符合确认和计量要求的各项会计要素及其他相关信息，保证会计信息真实可靠、内容完整。可靠性是高质量会计信息的重要基础和关键所在。 提示 信息要准确可信
相关性	要求企业提供的会计信息应当与财务会计报告使用者的经济决策需要相关，有助于财务会计报告使用者对企业过去、现在或者未来的情况作出评价或者预测。 提示 会计信息是否有用是会计信息质量的重要标志和基本特征之一
可理解性	要求企业提供的会计信息应当清晰明了，便于投资者等财务报告使用者理解和使用。 提示 信息要让使用者看懂
可比性	要求企业提供的会计信息应当相互可比，主要包括两层含义： （1）同一企业不同时期可比（纵向可比）：同一企业不同时期发生的相同或者相似的交易或者事项，应当采用一致的会计政策，不得随意变更。 （2）不同企业相同会计期间可比（横向可比）：不同企业同一会计期间发生的相同或者相似的交易或者事项，应当采用同一会计政策，确保会计信息口径一致、相互可比，以使不同企业按照一致的确认、计量和报告要求提供有关会计信息。 提示 若按照规定或者在会计政策变更后能够提供更可靠、更相关的会计信息，企业可以变更会计政策，并在附注中予以说明
实质重于形式	要求企业应当按照交易或者事项的经济实质进行会计确认、计量、记录和报告，不仅仅以交易或事项的法律形式为依据。 提示 企业租入资产（短期租赁和低值资产租赁除外），虽然从法律形式上来讲企业并不拥有其所有权，但是由于租赁合同规定的租赁期相当长，往往接近于该资产的使用寿命，租赁期结束时承租企业有优先购买该资产的选择权，在租赁期内承租企业拥有资产使用权并从中受益等。从其经济实质看，企业能够控制租入资产所创造的未来经济利益，在会计确认、计量和报告中就应当将租入的资产视为企业资产，在资产负债表中填列使用权资产
重要性	要求企业提供的会计信息应当反映与企业财务状况、经营成果和现金流量有关的所有重要交易或事项。 提示 重要性的应用需要依赖职业判断，企业应当根据其所处环境和实际情况，从项目的功能、性质和金额大小多方面加以判断
谨慎性	要求企业对交易或事项进行会计确认、计量、记录和报告应当保持应有的谨慎，不应高估资产或者收益、低估负债或者费用。 （1）企业对售出商品很可能发生的保修义务确认预计负债、对很可能承担的环保责任确认预计负债等，这就体现了会计信息质量的谨慎性要求。 （2）实务中常见的案例：对各项资产计提减值准备、计提产品质量保证、预计负债的确认、固定资产采用加速折旧法、物价下降时，存货发出采用先进先出法等。 提示 不应高估资产或者收益、低估负债或者费用，并非说明可以低估资产或者收益、高估负债或者费用

续表

项目	具体内容
及时性	要求企业对于已经发生的交易或事项，应当及时进行确认、计量、记录和报告，不得提前或延后。 在会计确认、计量和报告过程中贯彻及时性要求：(1) 及时收集会计信息；(2) 及时处理会计信息；(3) 及时传递会计信息

二、例题点津

【例题1·单选题】企业应当以实际发生的交易或者事项为依据进行确认、计量、记录和报告，体现了（　　）会计信息质量要求。

A. 真实性　　　　B. 相关性
C. 可靠性　　　　D. 可理解性

【答案】C

【解析】可靠性要求企业应当以实际发生的交易或者事项为依据进行确认、计量、记录和报告，如实反映符合确认和计量要求的各项会计要素及其他相关信息，保证会计信息真实可靠、内容完整。选项C正确。

【例题2·单选题】我国会计目标中"有助于财务报告使用者作出经济决策"，体现了会计信息质量要求中的（　　）。

A. 真实性　　　　B. 相关性
C. 可靠性　　　　D. 可理解性

【答案】B

【解析】相关性要求企业提供的会计信息应当与财务会计报告使用者的经济决策需要相关，有助于财务会计报告使用者对企业过去、现在或者未来的情况作出评价或者预测。选项B正确。

【例题3·单选题】下列各项表述中，体现谨慎性会计信息质量要求的是（　　）。

A. 不同时期发生的相同交易，应采用一致的会计政策，不得随意变更
B. 提供的会计信息应当清晰明了，便于理解和使用
C. 对已售商品的保修义务确认预计负债
D. 及时将编制的财务报告传递给使用者

【答案】C

【解析】不同时期发生的相同交易，应采用一致的会计政策，不得随意变更，体现的是可比性要求，选项A错误；提供的会计信息应当清晰明了，便于理解和使用，体现的是可理解性要求，选项B错误；及时将编制的财务报告传递给使用者，体现的是及时性要求，选项D错误。

【例题4·多选题】下列不违背可比性要求的有（　　）。

A. 因市场环境发生变化，将固定资产预计使用寿命由10年改为5年
B. 因上年利润任务完成不佳，将存货发出由先进先出法改为月末一次加权平均法
C. 因债务人宣告破产，将应收账款坏账损失率由5%变更为60%
D. 因企业会计准则的修订，将采购费用由计入当期损益变更为计入采购成本

【答案】ACD

【解析】同一企业不同时期发生的相同或者相似的交易或事项，应当采用一致的会计政策，不得随意变更，选项B错误。

【例题5·判断题】同一企业不同时期发生的相同或者相似的交易或者事项，应当采用一致的会计政策，不得变更。（　　）

【答案】×

【解析】同一企业不同时期发生的相同或者相似的交易或者事项，应当采用一致的会计政策，不得随意变更。

【例题6·判断题】对于短期借款利息，如按月支付或按季度支付但金额较小，也可以不分月预提，支出时直接计入当期损益，体现了会计信息质量要求的重要性。（　　）

【答案】√

【例题7·判断题】实质重于形式要求企业应当按照交易或事项的经济实质进行会计确认、计量、记录和报告，而不仅仅以交易或事项的法律形式为依据。（　　）

【答案】√

第四单元 会计职业道德

1 会计职业及其风险 ★

一、考点解读

（一）会计职业

会计职业，是指利用会计专门的知识和技能，为经济社会提供会计服务，获取合理报酬的职业。其特征如表1-6所示。

表1-6

特征	具体内容
社会属性	会计职业是社会的一种分工，履行会计职能，为社会提供会计服务，维护生产关系和经济社会秩序，正确处理企业利益相关者和社会公众的经济权益及其关系
规范性	会计职业具有系统性的专业规范操作要求，具有严格职业道德的规范性要求
经济性	会计职业是会计人员赖以谋生的劳动过程，具有获取合理报酬的特性
技术性	会计职业采用各种专门方法和程序履行其职能
时代性	会计职业应适应经济社会生产经营方式、发挥市场在经济资源配置中决定作用和更好发挥政府作用以及文化、社会组织等多种因素的变化要求，切实贯彻创新、协调、绿色、开放、共享的高质量发展理念，与时俱进，适应具有我国社会主义特色新时代要求

（二）会计职业的风险

会计职业风险，是指会计职业行为产生差错或不良后果应由 会计行为人 承担责任的可能性。

企业会计的职业风险主要产生于以 货币作为主要计量单位和公司治理 等多方面。

二、例题点津

【例题1·单选题】会计职业是会计人员赖以谋生的劳动过程，具有获取合理报酬的特性，体现了会计职业的（　　）特征。
A. 规范性　　　B. 经济性
C. 技术性　　　D. 时代性
【答案】B
【解析】会计职业是会计人员赖以谋生的劳动过程，具有获取合理报酬的特性体现了会计职业的经济性。

【例题2·判断题】企业会计的职业风险主要产生于会计从业人员的专业能力不足。（　　）
【答案】×
【解析】企业会计的职业风险主要产生于以货币作为主要计量单位和公司治理等多方面。

2 会计职业道德概述 ★

一、考点解读

（一）会计职业道德的概念

会计职业道德，是指会计人员在会计工作中应当遵循的、体现会计职业特征的、调整会计职业关系的职业行为准则和规范。

会计职业道德由特定的 社会生产关系 和 经济社会发展水平 所决定，属于 社会意识形态 范畴。

会计职业道德由会计职业理想、会计职业责任、会计职业技能、会计工作态度、会计工作作风和会计职业纪律等构成。

提示 会计职业道德的核心是诚信。

（二）会计职业道德与会计法律制度的联系与区别

会计职业道德与会计法律制度的联系：（1）在内容上相互渗透、相互吸收；（2）在作用上相互补充、相互协调。会计职业道德是会计法律制度的重要补充，会计法律制度是会计职业道德的最低要求，是会计职业道德的基本制度保障。

会计职业道德与会计法律制度的区别，如表1-7所示。

表1-7

区别	会计职业道德	会计法律制度
性质不同	通过行业行政管理部门规范和会计从业人员自觉执行，具有内在的控制力，可以约束会计人员的内在心理活动，具有职业的更高目标和很强的自律性	通过国家权力强制执行，具有很强的他律性
作用范围不同	不仅调整会计人员的外在行为，还调整会计人员内在的精神世界，作用范围更加广泛	侧重于调整会计人员的外在行为和结果的合法化，具有较强的客观性
表现形式不同	出自于会计人员的职业生活和职业实践，其表现形式既有成文的规范，也有不成文的规范	通过一定的程序由国家立法部门或行政管理部门制定、颁布的，其表现形式是具体的、明确的、正式形成文字的成文规定
实施保障机制不同	依靠行业行政管理部门监管执行和职业道德教育、社会舆论、传统习惯和道德评价来实现	依靠国家强制力保证其贯彻执行
评价标准不同	以行业行政管理规范和道德评价为标准	以法律规定为评价标准

二、例题点津

【例题1·单选题】下列关于会计职业道德与会计法律制度的说法中，错误的是（ ）。
  A. 会计法律制度是会计职业道德的重要补充
  B. 会计法律制度通过国家行政权力强制执行
  C. 会计职业道德以行业行政管理规范和道德评价为标准
  D. 会计职业道德的作用范围比会计法律制度更加广泛
【答案】A
【解析】会计职业道德是会计法律制度的重要补充，会计法律制度是会计职业道德的最低要求，是会计职业道德的基本制度保障。选项A错误。

【例题2·多选题】会计职业道德由特定的（ ）所决定。
  A. 社会生产关系
  B. 企业管理水平
  C. 经济社会发展水平
  D. 会计人员专业水平
【答案】AC
【解析】会计职业道德由特定的社会生产关系和经济社会发展水平所决定，属于社会意识形态范畴。故选项A、C正确。

【例题3·多选题】会计职业道德由（ ）等构成。
  A. 会计职业理想
  B. 会计职业责任
  C. 会计工作作风
  D. 会计职业纪律
【答案】ABCD
【解析】会计职业道德由会计职业理想、会计职业责任、会计职业技能、会计工作态度、会计工作作风和会计职业纪律等构成。故选项A、B、C、D均正确。

【例题4·多选题】会计职业道德主要依靠（ ）来实现。
  A. 道德评价   B. 职业道德教育
  C. 社会舆论   D. 国家强制力
【答案】ABC
【解析】会计职业道德主要依靠行业行政管理部门监管执行和职业道德教育、社会舆论、传统习惯和道德评价来实现。会计法律制度依靠国家强制力保证其贯彻执行。故选项A、B、C正确。

3 会计职业道德的内容★★

一、考点解读

会计职业道德的主要内容可概括为爱岗敬业、诚实守信、廉洁自律、客观公正、坚持准则、提高技能、参与管理、强化服务等八个方面。具体如表1-8所示。

表 1-8

项目	内涵	内容
爱岗敬业	会计人员在会计工作中应当遵守职业道德，树立良好的职业品质、严谨的工作作风，严守工作纪律，努力提高工作效率和工作质量	要求会计人员正确认知会计职业，树立职业荣誉感； 热爱会计工作，敬重会计职业； 安心会计工作和工作岗位，任劳任怨； 严肃认真，一丝不苟； 忠于职守，尽心尽力，尽职尽责
诚实守信	会计人员应当保守本单位的商业秘密。除法律规定和单位领导人同意外，不能私自向外界提供或者泄露单位的会计信息	要求会计人员做老实人，说老实话，办老实事，执业谨慎，不弄虚作假； 不为利益所诱惑，保密守信，信誉至上
廉洁自律		要求会计人员树立正确的人生观和价值观； 公私分明、清正廉洁，不贪不占，保持清白； 遵纪守法、一身正气； 坚持职业标准，严格自我约束，自觉抵制不良欲望的侵袭和干扰
客观公正	会计人员办理会计事务应当实事求是、客观公正	要求会计人员端正态度，以客观事实为依据，依法依规办事； 实事求是，不偏不倚； 公正处理企业利益相关者和社会公众的利益关系，保持应有的独立性
坚持准则	会计人员应当按照会计法律、法规和国家统一会计制度规定的程序和要求进行会计工作，保证所提供的会计信息合法、真实、准确、及时、完整	要求会计人员熟悉国家法律、法规和国家统一会计制度，始终坚持按法律、法规和国家统一的会计制度的要求进行会计核算，实施会计监督； 坚持会计准则发生道德冲突时，应以客观公正原则和法律、法规及国家统一的会计制度的要求精神，作出合理公正的职业判断，以维护国家利益、社会公众利益和正常的经济秩序
提高技能	会计人员应当热爱本职工作，努力钻研业务，使自己的知识和技能适应所从事工作的要求	要求会计人员具有不断提高会计专业技能的意识和愿望，不断增强提高专业技能的自觉性和紧迫感； 具有勤学苦练的精神和科学的学习方法，刻苦钻研，不断进取，提高业务技能水平
参与管理	会计人员应当广泛宣传财经法律、法规、规章和国家统一会计制度	充分发挥会计在企业经营管理中的职能作用，努力钻研相关业务，全面熟悉本单位经营活动和业务流程，建立健全企业内部控制、促进完善企业规章制度和业务流程，保障企业生产经营活动合法合规； 主动提出合理化建议，充分发挥决策支持的功能作用，积极参与管理，促进企业可持续高质量健康发展
强化服务	会计人员应当熟悉本单位的生产经营和业务管理情况，运用掌握的会计信息和会计方法，为改善单位内部管理、提高经济效益服务	要求会计人员树立服务意识，提高服务质量，努力维护和提升会计职业的良好社会形象； 要求会计人员必须树立为企业、为人民服务的根本思想，将强化服务贯彻落实到会计工作的全过程，维护会计人员和会计职业的良好社会形象

二、例题点津

【例题 1·单选题】坚持职业标准，严格自我约束，自觉抵制不良欲望的侵袭和干扰，体现了会计职业道德中的（　　）。

A. 爱岗敬业　　B. 廉洁自律
C. 客观公正　　D. 坚持准则

【答案】B

【解析】廉洁自律要求会计人员坚持职业标准，严格自我约束，自觉抵制不良欲望的侵袭和干扰。故选项B正确。

【例题2·多选题】下列各项企业会计人员行为中，属于遵守客观公正会计职业道德的有（　　）。

A. 在企业发生严重亏损时，以客观事实为依据计提资产减值准备

B. 面对众多利益相关者始终保持不偏不倚的客观态度

C. 依财经法律、法规、规章和国家统一会计制度处理会计事务

D. 坚持以合法有效的原始凭证为依据进行会计处理

【答案】ABCD

【解析】客观公正要求会计人员端正态度，以客观事实为依据，依法依规办事；实事求是，不偏不倚；公正处理企业利益相关者和社会公众的利益关系，保持应有的独立性。故选项A、B、C、D均正确。

【例题3·多选题】参与管理要求会计人员应当广泛宣传（　　）。

A. 财经法律　　　B. 法规
C. 规章　　　　　D. 国家统一会计制度

【答案】ABCD

【解析】参与管理要求会计人员广泛宣传财经法律、法规、规章和国家统一会计制度。故选项A、B、C、D均正确。

【例题4·判断题】当企业利益相关者与社会公众发生利益冲突时，企业会计人员应当维护企业的利益。（　　）

【答案】×

【解析】客观公正要求会计人员公正处理企业利益相关者和社会公众的利益关系，保持应有的独立性。

4 会计职业道德管理 ★

一、考点解读

会计职业道德管理措施具体如表1-9所示。

表1-9

措施	内　　容
增强会计人员诚信管理	1. 强化会计职业道德意识； 2. 加强会计诚信教育
建设会计人员信用档案	1. 建立严重失信会计人员"黑名单"制度； 2. 建立会计人员信用信息管理制度； 3. 完善会计人员信用信息管理系统
会计职业道德管理的组织实施	1. 组织领导； 2. 广泛宣传； 3. 褒奖守信会计人员
建立健全会计职业联合惩戒机制	1. 罚款、限制从事会计工作、追究刑事责任等惩戒措施； 2. 记入会计从业人员信用档案； 3. 将会计领域违法失信当事人信息通过财政部网站、"信用中国"网站予以发布，同时协调相关互联网新闻信息服务单位向社会公布； 4. 实行行业惩戒； 5. 限制取得相关从业任职资格，限制获得认证证书； 6. 依法限制参与评先、评优或取得荣誉称号； 7. 依法限制担任金融机构董事、监事、高级管理人员； 8. 依法限制其担任国有企业法定代表人、董事、监事； 9. 限制登记为事业单位法定代表人； 10. 作为招录（聘）为公务员或事业单位工作人员以及业绩考核、干部选任的参考

二、例题点津

【例题 1·多选题】下列各项中,不属于增强会计人员诚信管理措施的内容有( )。

A. 强化会计职业道德意识
B. 褒奖守信会计人员
C. 建立会计人员信用信息管理制度
D. 加强会计诚信教育

【答案】BC

【解析】增强会计人员诚信意识包括强化会计职业道德意识,加强会计诚信教育。褒奖守信会计人员属于会计职业道德管理的组织实施的内容。建立会计人员信用信息管理制度属于建设会计人员信用档案的内容。故选项 B、C 符合题意。

【例题 2·判断题】鼓励用人单位建立会计人员信用管理制度,将会计人员遵守会计职业道德情况作为考核评价、岗位聘用的重要依据,强化会计人员诚信责任。( )

【答案】√

【解析】增强会计人员诚信意识需要加强会计诚信教育,鼓励用人单位建立会计人员信用管理制度,将会计人员遵守会计职业道德情况作为考核评价、岗位聘用的重要依据,强化会计人员诚信责任。

第五单元 内部控制基础

1 内部控制的概述 ★

一、考点解读

(一)内部控制的概念

内部控制,是指由企业**董事会**、**监事会**、**经理层**和**全体员工**实施的、旨在实现控制目标的过程。具体内容如表 1-10 所示。

表 1-10

项目	内 容
实施主体	企业董事会、监事会、经理层和全体员工
实施手段	对企业生产经营管理过程中各种资源、权力和活动的掌握、支配和牵制
实施目的	使控制对象的各项活动不超出一定的控制目标范围
涵盖范围	1. 企业生产经营管理活动全过程的控制; 2. 企业风险控制的全过程,包括风险控制目标设定、风险识别、风险分析和风险应对等各环节的控制; 3. 信息收集、整理、传递与运用的全过程,包括会计信息和非财务信息以及可能对企业产生影响的外部信息的收集整理与传递使用的全面控制

(二)内部控制的作用

实施规范、高质量的企业内部控制对于提高企业经营管理水平和风险防范能力,促进企业可持续发展,维护社会主义市场经济秩序和社会公众利益等具有重要的意义和作用。主要作用如表 1-11 所示。

表 1-11

作用	内 容
有利于提高会计信息质量	健全有效的内部控制,发挥其查错防弊功能有利于保障财务报告及相关信息真实完整,满足企业投资者等利益相关者对高质量会计信息的需求,对实现资本市场"公开、公平、公正"的原则要求,保护投资者合法权益等具有重要的意义
有利于合理保证企业合法合规经营管理	健全有效的内部控制,发挥其查错防弊功能有利于保障财务报告及相关信息真实完整,满足企业投资者等利益相关者对高质量会计信息的需求,实现资本市场"公开、公平、公正"的原则要求,保护投资者合法权益等具有重要的意义
有助于提高企业生产经营效率和经济效益	有助于提高企业生产经营效率和经济效益。健全有效的内部控制,可以提升企业经营管理水平、盈利能力和持续发展能力,增强公司竞争力,从而提高上市公司质量,最大限度地回报股东和社会

（三）内部控制的目标

内部控制的目标，是建立健全并实施内部控制应实现的目的和要求。

企业内部控制的目标包括合理保证企业经营管理合法合规、资产安全完整、财务报告及相关信息真实完整、提高经营效率和效果、促进企业实现发展战略等相互联系、围绕企业安全和健康发展要求的五个目标。具体如表1-12所示。

表1-12

目标	内容
合理保证企业经营管理合法合规	企业组织和开展各项生产经营活动和管理活动应当符合相关的法律、法规、规章、制度要求
资产安全完整	资产安全完整是企业及其各生产经营活动和管理职能部门共同的内部控制目标和职责
财务报告及相关信息真实完整	企业财务报告及相关信息，在范围上包括企业内部的财务报告和各种相关的信息；在性质和内容上既包括财务信息，又包括非财务信息
提高经营效率和效果	企业经营的效率和效果目标，包括企业生产经营活动及其管理活动的效率和经营业绩及盈利能力目标
促进企业实现发展战略	企业发展战略是企业内部控制的高层次目标，是与企业的使命任务和预期相联系并支持企业的使命任务和预期实现的过程

二、例题点津

【例题1·单选题】 下列各项中，不属于内部控制实施主体的是（　　）。
A. 董事会　　B. 监事会
C. 经理层　　D. 股东

【答案】 D

【解析】 内部控制的实施主体是企业董事会、监事会、经理层和全体员工。故选项D符合题意。

【例题2·多选题】 下列各项中，属于内部控制的作用的有（　　）。
A. 有助于提高企业经济效益
B. 有利于提高会计信息质量
C. 有利于合理保证企业合法合规经营管理
D. 有助于提高企业生产经营效率

【答案】 ABCD

【解析】 内部控制的作用包括有助于提高企业经济效益、有利于合理保证企业合法合规经营管理、有助于提高企业生产经营效率和经济效益。故选项A、B、C、D均正确。

2 内部控制要素★★

一、考点解读

内部控制要素，是指对内部控制的内容和措施方法的系统的、合理的简明的划分。

建立有效的内部控制，至少应当考虑内部环境、风险评估、控制活动、信息与沟通和内部监督等五项基本要素。具体如表1-13所示。

表1-13

要素名称	定义	具体内容	地位
内部环境	是指影响、制约企业内部控制建立与执行的各种内部因素的总称，是实施内部控制的基础	主要包括治理结构、组织机构设置与权责分配、企业文化、人力资源政策、内部审计机构设置、反舞弊机制等	作为五要素之首，是整个内部控制体系的基础和环境条件
风险评估	是指及时识别、科学分析和评价影响企业内部控制目标实现的各种不确定因素并采取应对策略的过程	主要包括风险目标设定、风险识别、风险分析和风险应对	是实施内部控制的重要环节，是实施控制的对象内容

续表

要素名称	定义	具体内容	地位
控制活动	是指企业根据风险评估结果，采用相应的控制措施，将风险控制在可承受范围和程度之内的过程	主要包括职责分工控制、授权控制、审核批准控制、预算控制、财产保护控制、会计系统控制、内部报告控制、经济活动分析控制、绩效考评控制、信息技术控制等	是实施内部控制的具体方式方法和手段
信息与沟通	是指及时、准确、完整地收集与企业经营管理相关的各种信息，并使这些信息以适当的方式在企业有关层级之间进行及时传递、有效沟通和正确应用的过程	主要包括信息的收集机制及在企业内部和与企业外部有关方面的沟通机制	是实施内部控制的重要条件，贯穿于风险评估、控制活动和内部监督各要素之间
内部监督	是指企业对其内部控制的健全性、合理性和有效性进行监督检查与评估，形成书面报告并作出相应处理的过程	分为持续性的日常监督和专项监督	是实施内部控制的重要保证

【提示】内部控制各项控制要素之间是一个有机的多维的相互联系、相互影响、相互作用的整体，共同构成实现内部控制目标的体制机制和方式方法的完整体系。

二、例题点津

【例题1·单选题】下列各项中，（ ）是实施内部控制的重要环节，也是实施控制的对象内容。

A. 风险评估　　B. 内部环境
C. 控制活动　　D. 内部监督

【答案】A

【解析】风险评估是实施内部控制的重要环节，是实施控制的对象内容。选项A正确。

【例题2·多选题】下列各项中，属于控制活动的有（ ）。

A. 职责分工控制　　B. 审核批准控制
C. 财产保护控制　　D. 信息技术控制

【答案】ABCD

【解析】控制活动主要包括职责分工控制、授权控制、审核批准控制、预算控制、财产保护控制、会计系统控制、内部报告控制、经济活动分析控制、绩效考评控制、信息技术控制等。故选项A、B、C、D均正确。

【例题3·判断题】内部监督分为间断的突击性监督和专项监督。（ ）

【答案】×

【解析】内部监督分为持续性的日常监督和专项监督。

本章考点巩固练习题

一、单项选择题

1. 下列各项中，属于会计以货币为主要计量单位，对特定主体的经济活动进行确认、计量、记录和报告这一职能的是（ ）。

A. 会计控制职能　　B. 会计核算职能
C. 会计预测职能　　D. 会计监督职能

2. 下列各项中，（ ）是企业会计确认、计量、记录和报告的前提。

A. 会计基础　　B. 会计监督
C. 可靠性　　　D. 会计基本假设

3. 将一个企业持续经营的生产经营活动划分为

一个个连续的、长短相同的期间，指的是（　　）。
A. 会计时段　　B. 会计区间
C. 会计分期　　D. 会计年度

4. 以实际发生的交易或者事项为依据进行确认、计量、记录和报告，是强调会计信息的（　　）。
A. 相关性　　B. 可靠性
C. 及时性　　D. 可理解性

5. 在会计核算的基本前提中，界定会计工作和会计信息的空间范围的是（　　）。
A. 会计主体　　B. 持续经营
C. 会计期间　　D. 货币计量

6. 下列各项中，要求企业以交易的经济实质进行确认、计量、记录和报告的会计信息质量要求是（　　）。
A. 相关性　　B. 实质重于形式
C. 可靠性　　D. 谨慎性

7. 下列各项中，不属于会计拓展职能的是（　　）。
A. 会计核算　　B. 评价经营业绩
C. 预测经济前景　　D. 参与经济决策

8. 下列各项中，关于会计基础说法错误的是（　　）。
A. 会计基础具体包括权责发生制和收付实现制
B. 收付实现制以现金的实际收付为标志来确定本期收入和费用
C. 相较于权责发生制，收付实现制下会计处理较为复杂
D. 企业应当以权责发生制为基础进行会计确认、计量和报告

9. 企业对很可能承担的环保责任确认为预计负债，体现的会计信息质量要求是（　　）。
A. 谨慎性　　B. 可比性
C. 重要性　　D. 相关性

10. 会计职业是社会的一种分工，履行会计职能，体现的会计职业的特征是（　　）。
A. 社会属性　　B. 规范性
C. 经济性　　D. 技术性

11. 会计职业风险是指会计职业行为产生差错或不良后果应由（　　）承担责任的可能性。
A. 企业管理人员　　B. 企业法人
C. 财务经理　　D. 会计行为人

12. 会计职业道德的核心是（　　）。
A. 爱岗　　B. 敬业
C. 诚信　　D. 公正

13. 下列关于会计职业道德的说法中，错误的是（　　）。
A. 会计职业道德是会计法律制度的重要补充
B. 会计职业道德的表现形式是具体的、明确的、正式形成文字的成文规范
C. 会计职业道德以行业行政管理规范和道德评价为标准
D. 会计职业道德的作用范围比会计法律制度更加广泛

14. 会计人员树立正确的人生观和价值观，体现了会计职业道德的（　　）。
A. 爱岗敬业　　B. 诚实守信
C. 廉洁自律　　D. 客观公正

15. 会计人员充分发挥会计在企业经营管理中的职能作用，努力钻研相关业务，体现了会计职业道德的（　　）。
A. 爱岗敬业　　B. 提高技能
C. 强化服务　　D. 参与管理

16. 下列各项中，关于内部控制的目标说法错误的是（　　）。
A. 内部控制的目标是建立健全并实施内部控制应实现的目的和要求
B. 企业财务报告及相关信息在范围上包括企业内部的财务报告和各种相关的信息
C. 企业应合理恰当地处理效率和效果的关系，强调经济效果的重要性
D. 企业应建立健全与内控制度协调一致的企业内部的其他各项管理规章制度

17. （　　）是实施内部控制的重要条件，贯穿于各要素之间。
A. 内部环境　　B. 信息与沟通
C. 控制活动　　D. 内部监督

18. 资产安全完整是（　　）内部控制目标和职责。
A. 财务部门
B. 审计部门
C. 企业总经理

D. 企业及其各生产经营活动和管理职能部门

19. 下列各项中，关于内部控制的要素说法错误的是（   ）。

   A. 内部控制缺陷按缺陷的影响程度分为严重缺陷、一般缺陷和微小缺陷

   B. 内部监督分为持续性的日常监督和专项监督

   C. 控制活动是实施内部控制的具体方式方法和手段

   D. 内部控制要素共同构成实现内部控制目标的体制机制和方式方法的完整体系

20. （   ）是指及时识别、科学分析和评价影响企业内部控制目标实现的各种不确定因素并采取应对策略的过程，是实施内部控制的重要环节。

   A. 内部环境   B. 风险评估
   C. 控制活动   D. 内部监督

二、多项选择题

1. 下列关于会计信息质量的重要性要求的表述中，正确的有（   ）。

   A. 重要性的应用需要依赖职业判断

   B. 交易或者事项是否重要仅取决于项目的性质

   C. 交易或者事项是否重要仅取决于金额的大小

   D. 交易或者事项是否重要既取决于项目的功能、性质，又取决于金额大小

2. 下列各项目中，属于会计职能的有（   ）。

   A. 会计核算   B. 会计监督
   C. 预测经济前景   D. 评价经营业绩

3. 下列各项中，不属于会计信息质量要求中谨慎性要求的有（   ）。

   A. 同一企业在不同时期的相同或者相似事项要采用相同的会计政策，不得随意变更

   B. 企业要以实际发生的经济业务或者事项为依据进行会计核算

   C. 计提应收账款坏账准备

   D. 融资租入的固定资产作为企业的资产处理

4. 下列各项中，属于会计信息质量的可比性要求的有（   ）。

   A. 同一企业不同时期可比

   B. 不同企业相同会计期间可比

   C. 不同企业不同会计期间可比

   D. 不同企业相同经济业务可比

5. 下列单位中，必须采用权责发生制的有（   ）。

   A. 民营企业   B. 房地产企业
   C. 政府预算单位   D. 机械制造企业

6. 下列各项中，属于及时性的要求的有（   ）。

   A. 及时编制会计信息 B. 及时收集会计信息
   C. 及时处理会计信息 D. 及时传递会计信息

7. 下列各项企业的会计处理中，符合谨慎性质量要求的有（   ）。

   A. 在存货的可变现净值低于成本时，计提存货跌价准备

   B. 在应收款项实际发生坏账损失时，确认坏账损失

   C. 对售出商品很可能发生的保修义务确认预计负债

   D. 企业将属于研究阶段的研发支出确认为研发费用

8. 下列各项中，关于货币计量的说法正确的有（   ）。

   A. 货币计量可以反映会计主体的生产经营活动过程及其结果

   B. 货币计量是主要以货币作为计量单位

   C. 货币是商品的一般等价物

   D. 其他计量单位不能对货币计量单位进行必要的补充和说明

9. 下列各项中，关于会计信息的说法正确的有（   ）。

   A. 会计信息可以提高公司治理的效率

   B. 会计信息是企业和外部利益相关者进行交流的信息来源和载体

   C. 会计信息可以有效约束公司管理层的行为

   D. 会计信息可以提高经济和资本市场的运作效率

10. 下列各项中，关于会计职业的说法正确的有（   ）。

    A. 会计职业是会计和审计人员赖以谋生的劳动过程

    B. 会计职业采用各种专门方法和程序履行其职能

    C. 会计职业是社会的一种分工

    D. 会计职业具有系统性的专业规范操作要求

11. 下列各项中，属于会计职业道德的组成部分

的有（　　）。
A. 会计职业理想
B. 会计工作作风
C. 会计职业责任
D. 会计职业纪律

12. 下列关于会计职业道德与会计法律制度的联系的说法中，正确的有（　　）。
A. 会计职业道德是会计法律制度最低要求
B. 二者在内容上相互渗透、相互吸收
C. 二者在作用上相互补充、相互协调
D. 会计法律制度是会计职业道德的基本制度保障

13. 下列各项中，属于会计职业道德与会计法律制度的区别的有（　　）。
A. 性质不同
B. 作用范围不同
C. 实施保障机制不同
D. 评价标准不同

14. 下列各项企业会计人员行为中，属于遵守强化服务会计职业道德的有（　　）。
A. 熟悉本单位的生产经营和业务管理情况
B. 努力维护和提升会计职业的良好社会形象
C. 端正态度，以客观事实为依据，依法依规办事
D. 树立服务意识，提高服务质量

15. 下列各项企业会计人员行为中，属于遵守客观公正会计职业道德的有（　　）。
A. 树立正确的人生观和价值观
B. 面对众多利益相关者始终保持不偏不倚的客观态度
C. 在处理利益相关者关系时保持应有的独立性
D. 坚持以合法有效的原始凭证为依据进行会计处理

16. 下列各项中，属于增强会计人员诚信意识的具体措施的有（　　）。
A. 强化会计职业道德意识
B. 建立严重失信会计人员"黑名单"制度
C. 加强会计诚信教育
D. 建立会计人员信用信息管理制度

17. 下列各项中，属于内部环境的有（　　）。
A. 治理结构
B. 预算控制
C. 内部审计机构设置
D. 人力资源政策

18. 内部控制缺陷按缺陷的影响程度可分为（　　）。
A. 重大缺陷   B. 重要缺陷
C. 一般缺陷   D. 微小缺陷

19. 下列各项中，关于内部控制要素间的关系说法正确的有（　　）。
A. 控制活动是实施内部控制的具体方式方法和手段
B. 内部环境是实施控制的对象内容
C. 信息与沟通是实施内部控制的重要条件
D. 内部监督是实施内部控制的重要保证

20. 下列各项中，属于内部控制的目标的有（　　）。
A. 合理保证企业经营管理合法合规
B. 资产安全完整
C. 提高经营效率和效果
D. 促进企业实现发展战略

三、判断题

1. 会计是以货币作为唯一计量单位。（　　）
2. 会计监督职能是会计核算职能的基础，会计核算职能是会计监督职能的保障。（　　）
3. 我国政府会计中，财务会计采用收付实现制，预算会计采用权责发生制。（　　）
4. 会计的基本职能包括会计核算和会计分析。（　　）
5. 不同企业同一会计期间发生的相同或者相似的交易或事项，不用采用相同的会计政策。（　　）
6. 权责发生制是指以现金的实际收付为标志来确定本期收入和费用的会计核算基础。（　　）
7. 及时性要求企业对于已经发生的交易或事项，应当及时进行确认、计量、记录和报告，不得提前或延后。（　　）
8. 会计资料的存在或储存形式一般是纸质资料。（　　）
9. 会计信息一般是会计信息或财务信息。（　　）
10. 会计期间通常分为会计年度、季度和月度。（　　）

11. 会计职业是会计人员赖以谋生的劳动过程，具有获取合理报酬的特性，体现了会计职业的社会属性。（　　）
12. 以货币作为主要计量单位可能会导致企业会计的职业风险。（　　）
13. 对会计领域违法失信当事人，将其违法失信记录记入会计人员人事档案。（　　）
14. 会计人员应当广泛宣传财经法律、法规、规章和国家统一会计制度。（　　）
15. 对会计领域违法失信当事人，处罚后可以允许其取得相关从业任职资格。（　　）
16. 内部控制的实施主体由企业董事会、监事会、高级管理人员所构成。（　　）
17. 内部控制缺陷按其成因分为人为缺陷和失误缺陷。（　　）
18. 重要缺陷，是指一个或多个控制缺陷的组合，其严重程度低于重大缺陷，不会导致企业偏离控制目标。（　　）
19. 信息与沟通主要包括信息的收集机制及企业内部的沟通机制。（　　）
20. 内部控制各项控制要素共同构成实现内部控制目标的体制机制和方式方法的完整体系。（　　）

本章考点巩固练习题参考答案及解析

一、单项选择题

1. 【答案】B
【解析】会计的核算职能，是指会计以货币为主要计量单位，对特定主体的经济活动进行确认、计量、记录和报告。会计核算贯穿于经济活动的全过程，是会计最基本的职能。根据会计核算的定义可知，仅选项B符合要求。

2. 【答案】D
【解析】会计基本假设是对会计核算时间和空间范围以及所采用的主要计量单位等所作的合理假定，是企业会计确认、计量、记录和报告的前提。故选项D正确。

3. 【答案】C
【解析】会计分期，是指将一个企业持续经营的生产经营活动划分为一个个连续的、长短相同的期间。故选项C正确。

4. 【答案】B
【解析】可靠性要求企业应当以实际发生的交易或事项为依据进行确认、计量、记录和报告，如实反映符合确认和计量要求的各项会计要素及其他相关信息，保证会计信息真实可靠、内容完整。故选项B正确。

5. 【答案】A
【解析】会计主体界定了从事会计工作和提供信息的空间范围。故选项A正确。

6. 【答案】B
【解析】会计信息质量的实质重于形式要求企业应当按照交易或者事项的经济实质进行会计确认、计量、记录和报告，不仅仅以交易或事项的法律形式为依据。故选项B正确。

7. 【答案】A
【解析】本题考核会计拓展职能。会计具有会计核算和会计监督两项基本职能，还具有预测经济前景、参与经济决策、评价经营业绩等拓展职能，选项A符合题意。

8. 【答案】C
【解析】权责发生制和收付实现制是相对应的两种会计核算基础。相较于收付实现制，权责发生制下会计处理较为复杂，其会计处理结果存在一定的差异。故选项C说法错误。

9. 【答案】A
【解析】谨慎性要求企业对交易或事项进行会计确认、计量、记录和报告应当保持应有的谨慎，不应高估资产或者收益、低估负债或者费用。企业对很可能承担的环保责任确认为预计负债体现的是会计信息质量的谨慎性要求。故选项A符合题意。

10. 【答案】A
【解析】会计职业的社会属性的内涵是会计职业是社会的一种分工，履行会计职能，为社会提供会计服务，维护生产关系和经济社会秩序，正确处理企业利益相关者和社会公众的经济权益及其关系。故选项A正确。

11. 【答案】D
【解析】会计职业风险，是指会计职业行为产生差错或不良后果应由会计行为人承担责任的可能性。故选项D正确。

12. 【答案】C
【解析】会计职业道德的核心是诚信。诚信是指诚实、守信、真实的总称，也就是实事求是、真实客观、不弄虚作假，它要求会计人员客观公正、遵守统一会计制度，言行一致、表里如一，不做假账，忠诚为人，以诚待人。故选项C正确。

13. 【答案】B
【解析】会计法律制度是通过一定的程序由国家立法部门或行政管理部门制定、颁布的，其表现形式是具体的、明确的、正式形成文字的成文规定。会计职业道德出自于会计人员的职业生活和职业实践，其表现形式既有成文的规范，也有不成文的规范。选项B错误。

14. 【答案】C
【解析】廉洁自律要求会计人员树立正确的人生观和价值观；公私分明、清正廉洁，不贪不占，保持清白；遵纪守法、一身正气；坚持职业标准，严格自我约束，自觉抵制不良欲望的侵袭和干扰。故选项C正确。

15. 【答案】D
【解析】参与管理要求会计人员应当广泛宣传财经法律、法规、规章和国家统一会计制度。充分发挥会计在企业经营管理中的职能作用，努力钻研相关业务，全面熟悉本单位经营活动和业务流程，建立健全企业内部控制、促进完善企业规章制度和业务流程，保障企业生产经营活动合法合规。故选项D正确。

16. 【答案】C
【解析】提高经营效率和效果要求企业合理恰当地处理效率和效果的关系，不能过分强调经济效果而使各项规章制度、管理程序等过于繁文缛节，不讲效率；反之，也不能只讲究提高经营管理效率，而忽视经济效果。

故选项C说法错误。

17. 【答案】B
【解析】信息与沟通是实施内部控制的重要条件，贯穿于风险评估、控制活动和内部监督各要素之间。故选项B正确。

18. 【答案】D
【解析】资产安全完整是企业及其各生产经营活动和管理职能部门共同的内部控制目标和职责。故选项D正确。

19. 【答案】A
【解析】内部控制缺陷按缺陷的影响程度分为重大缺陷、重要缺陷和一般缺陷。故选项A说法错误。

20. 【答案】B
【解析】风险评估，是指及时识别、科学分析和评价影响企业内部控制目标实现的各种不确定因素并采取应对策略的过程，是实施内部控制的重要环节。故选项B正确。

二、多项选择题

1. 【答案】AD
【解析】重要性的应用需要依赖职业判断，企业应当根据其所处环境和实际情况，从项目的功能、性质和金额大小多方面加以判断。故选项A、D正确。

2. 【答案】ABCD
【解析】会计的职能是指会计在经济管理中所具有的功能，会计的基本职能包括会计核算和会计监督两个方面。除了上述两个基本职能外，会计还具有预测经济前景、参与经济决策、进行经济控制和评价经营业绩等功能。故选项A、B、C、D均正确。

3. 【答案】ABD
【解析】同一企业在不同时期的相同或者相似事项要采用相同的会计政策，不得随意变更，属于可比性要求，选项A符合题意；企业要以实际发生的经济业务或者事项为依据进行会计核算，属于可靠性要求，选项B符合题意；融资租入的固定资产作为企业的资产处理，属于实质重于形式要求，选项D符合题意。

4. 【答案】AB
【解析】可比性要求企业提供的会计信息应当

相互可比，主要包括两层含义：（1）同一企业不同时期可比；（2）不同企业相同会计期间可比。故选项A、B正确。

5. 【答案】ABD
【解析】企业应当以权责发生制为基础进行会计确认、计量、记录和报告，选项A、B、D正确；在我国，政府会计由预算会计和财务会计构成，其中预算会计采用收付实现制，财务会计采用权责发生制，选项C错误。

6. 【答案】BCD
【解析】在会计确认、计量、记录和报告过程中贯彻及时性要求，一是要求及时收集会计信息，即在交易或者事项发生后，及时收集整理各种原始单据或者凭证；二是要求及时处理会计信息，即按照会计准则的规定，及时对交易或事项进行确认和计量，并编制财务报告；三是要求及时传递会计信息，即按照国家规定的有关时限，及时地将编制的财务报告传递给财务报告使用者，便于其及时使用和决策。故选项B、C、D正确。

7. 【答案】ACD
【解析】选项A、C、D符合企业会计准则的相关规定，会计处理的结果使得资产不多计、费用不少计，符合谨慎性质量要求。选项B不符合谨慎性质量要求。

8. 【答案】ABC
【解析】采用货币计量单位进行会计核算和会计监督不排斥采用其他计量单位，其他计量单位可以对货币计量单位进行必要的补充和说明。选项D说法错误。

9. 【答案】ABCD
【解析】会计信息是企业和外部利益相关者进行交流的较为直接、重要的信息来源和载体。会计信息的主要作用有：降低企业和外部利益相关者之间的信息不对称；有效约束公司管理层的行为，提高公司治理的效率；帮助投资者甄别其投资的优劣进而作出投资决策；有利于债权人作出授信决策；提高经济和资本市场的运作效率等。故选项A、B、C、D正确。

10. 【答案】BCD
【解析】会计职业是会计人员赖以谋生的劳动过程，具有获取合理报酬的特性。选项A说法错误。

11. 【答案】ABCD
【解析】会计职业道德由会计职业理想、会计职业责任、会计职业技能、会计工作态度、会计工作作风和会计职业纪律等构成。故选项A、B、C、D正确。

12. 【答案】BCD
【解析】会计职业道德与会计法律制度在内容上相互渗透、相互吸收；在作用上相互补充、相互协调。会计职业道德是会计法律制度的重要补充，会计法律制度是会计职业道德的最低要求，是会计职业道德的基本制度保障。故选项A错误。

13. 【答案】ABCD
【解析】会计职业道德与会计法律制度的区别包括二者性质不同、作用范围不同、表现形式不同、实施保障机制不同、评价标准不同。故选项A、B、C、D正确。

14. 【答案】ABD
【解析】强化服务要求会计人员应当熟悉本单位的生产经营和业务管理情况，运用掌握的会计信息和会计方法，为改善单位内部管理、提高经济效益服务。要求会计人员树立服务意识，提高服务质量，努力维护和提升会计职业的良好社会形象，故选项A、B、D正确。选项C，会计人员端正态度，以客观事实为依据，依法依规办事是客观公正对会计人员的要求。

15. 【答案】BCD
【解析】客观公正要求会计人员端正态度，以客观事实为依据，依法依规办事；实事求是，不偏不倚；公正处理企业利益相关者和社会公众的利益关系，保持应有的独立性。故选项B、C、D正确。选项A，会计人员树立正确的人生观和价值观是廉洁自律对会计人员的要求。

16. 【答案】AC
【解析】增强会计人员诚信意识的措施包括强化会计职业道德意识，加强会计诚信教育。建立严重失信会计人员"黑名单"制度，建立会计人员信用信息管理制度属于建设会计人员信用档案的具体措施。故选项A、C正确。

17. 【答案】ACD
【解析】内部环境主要包括治理结构、组织机构设置与权责分配、企业文化、人力资源政策、内部审计机构设置、反舞弊机制等。预算控制属于控制活动的内容。故选项A、C、D正确。

18. 【答案】ABC
【解析】内部控制缺陷按缺陷的影响程度分为重大缺陷、重要缺陷和一般缺陷。故选项A、B、C正确。

19. 【答案】ACD
【解析】控制活动是实施内部控制的具体方式方法和手段；内部环境作为五要素之首，是整个内部控制体系的基础和环境条件；信息与沟通是实施内部控制的重要条件，贯穿于风险评估、控制活动和内部监督各要素之间；风险评估是实施内部控制的重要环节，是实施控制的对象内容；内部监督是实施内部控制的重要保证。故选项A、C、D正确。

20. 【答案】ABCD
【解析】企业内部控制的目标包括合理保证企业经营管理合法合规、资产安全、财务报告及相关信息真实完整、提高经营效率、效果和促进企业实现发展战略等相互联系、围绕企业安全和健康发展要求的五个目标。故选项A、B、C、D正确。

三、判断题

1. 【答案】×
【解析】会计是以货币作为主要计量单位，并非唯一计量单位。

2. 【答案】×
【解析】会计核算是会计监督的基础，没有核算提供的各种信息，监督就失去了依据；会计监督又是会计核算质量的保障，只有核算没有监督，就难以保证核算提供信息的质量。考生对此知识点应重点记住"核算是基础、监督是保障"。

3. 【答案】×
【解析】在我国，政府会计由预算会计和政府财务会计构成。其中，预算会计采用收付实现制，国务院另有规定的，依照其规定；财务会计采用权责发生制。

4. 【答案】×
【解析】本题考核会计职能。会计具有核算和监督两项基本职能。

5. 【答案】×
【解析】不同企业同一会计期间也要可比。

6. 【答案】×
【解析】权责发生制，是指以取得收取款项的权利或支付款项的义务为标志来确定本期收入和费用的会计核算基础。收付实现制，是指以现金的实际收付为标志来确定本期收入和费用的会计核算基础。

7. 【答案】√
【解析】及时性要求企业对于已经发生的交易或事项，应当及时进行确认、计量、记录和报告，不得提前或延后。

8. 【答案】×
【解析】会计资料的存在或储存形式可以是纸质资料也可以是电子文档资料。

9. 【答案】×
【解析】会计信息除包括会计信息或财务信息外，还包括必要的非财务信息。

10. 【答案】×
【解析】会计期间通常分为会计年度和中期。

11. 【答案】×
【解析】会计职业是会计人员赖以谋生的劳动过程，具有获取合理报酬的特性，体现了会计职业的经济性。

12. 【答案】√
【解析】企业会计的职业风险主要产生于以货币作为主要计量单位和公司治理等多方面。

13. 【答案】×
【解析】对会计领域违法失信当事人，将其违法失信记录记入会计人员信用档案。

14. 【答案】√
【解析】参与管理要求会计人员应当广泛宣传财经法律、法规、规章和国家统一会计制度。

15. 【答案】×
【解析】对会计领域违法失信当事人，限制其取得相关从业任职资格，限制获得认证证书。

16.【答案】×

【解析】内部控制的实施主体由企业董事会、监事会、经理层和全体员工所构成。

17.【答案】×

【解析】内部控制缺陷按其成因分为设计缺陷和运行缺陷。

18.【答案】×

【解析】重要缺陷，是指一个或多个控制缺陷的组合，其严重程度低于重大缺陷，但仍有可能导致企业偏离控制目标。

19.【答案】×

【解析】信息与沟通主要包括信息的收集机制及在企业内部和与企业外部有关方面的沟通机制等。

20.【答案】√

【解析】内部控制各项控制要素之间是一个有机的多维的相互联系、相互影响、相互作用的整体，共同构成实现内部控制目标的体制机制和方式方法的完整体系。

第二章 会计基础

考情分析

本章内容属于会计基础知识，难度不大，但知识点较零碎，需要记忆的内容较多。考试题型主要为客观题，基本以单选题、多选题和判断题形式出现，目的是测试考生会计基础理论水平，所占分值较高，一般为 8 分左右，考生在学习中应侧重对相关文字的理解以及理论知识的运用。

教材变化

本章是 2022 年教材调整整合新设的章，内容包括了上年教材第一章有关会计基础知识的内容、第七章有关成本会计基础和管理会计基础的内容、第八章有关政府会计基础的内容。同时，拓展了会计基础知识相关的内容。具体调整如下：

1. 框架结构进行了调整，整合了部分章节相关基础知识：

（1）上年教材第一章第三节、第四节、第六节调整至本章，内容无实质性变化。

（2）上年教材第一章第五节调整至本章，拆分为两节，并对部分内容进行了修改。

（3）上年教材第七章第一节、第二节、第四节调整至本章，节名作了变更，内容作了较大修改和精简。

（4）上年教材第八章第一节调整至本章，节名作了变更，内容作了重大的调整和精简。

2. 新增内容：

（1）新增了会计凭证的保管要求；

（2）新增了会计账簿的保管要求；

（3）新增了信息化环境下的会计账务处理基本要求；

（4）新增了不同企业产品成本核算对象。

考点提示

本章属于会计课程应掌握的基本基础知识内容。在本章学习中，一是需要掌握概念和实际运用，将具体概念和实际操作相联系；二是要对会计要素的确认和计量、借贷记账法有清晰的理解，以便熟练掌握后续具体会计要素的核算。本章主要测试基本概念和基本理论，需重点掌握会计基本假设、会计基础、会计信息质量要求、会计要素及其确认条件、借贷记账法的记账规则及试算平衡、原始凭证和记账凭证的填制和审核要求、对账与结账的方法、错账更正方法、账务处理程序、财产清查的方法等内容。考生还需要对产品成本核算要求和计算方法有一定的了解，熟悉管理会计指引体系和要素等内容，并对政府会计标准体系、政府会计要素以及核算模式有所了解。这些会计基础内容都是重考率较高的知识点。

本章考点框架

会计基础
- 会计要素及其确认与计量
  - 会计要素及其确认条件★★
  - 会计要素计量属性及其应用原则★
  - 会计等式★★★
- 会计科目和借贷记账法
  - 会计科目与账户★
  - 借贷记账法★★★
- 会计凭证
  - 会计凭证概述★
  - 原始凭证★★★
  - 记账凭证★★★
  - 会计凭证的保管★★
- 会计账簿
  - 会计账簿概念★
  - 会计账簿的启用与登记★★
  - 对账与结账★★
  - 错账的更正★★★
  - 会计账簿的保管★★
- 财产清查
  - 财产清查的种类★★
  - 财产清查的方法与会计处理★
- 会计账务处理程序
  - 会计账务处理程序的种类★★
  - 信息化环境下的会计账务处理★★
- 成本会计基础
  - 产品成本核算的要求和一般程序★
  - 产品成本核算的对象★★
  - 产品成本项目、归集和分配★
  - 产品成本计算方法★★★
- 管理会计基础
  - 管理会计指引★
  - 管理会计要素★★
- 政府会计基础
  - 政府会计标准体系★
  - 政府会计的特点和核算模式★★
  - 政府会计要素及其确认和计量★★★

考点解读及例题点津

第一单元　会计要素及其确认与计量

1 会计要素及其确认条件★★

一、考点解读

会计要素按照其性质分为资产、负债、所有者权益、收入、费用和利润，其中，资产、负债和所有者权益要素侧重于反映企业的财务状况；收入、费用和利润要素侧重于反映企业的经营成果。

[解释] 会计要素是会计对象的具体化，是按交易或事项基本特征所作出的基本分类，构成了会计报表的基本框架。

[提示] 掌握会计要素按经济内容的分类，即：反映财务状况的会计要素和反映经营成果的会计要素。

（一）资产（见表2-1）

表2-1

项目	内　　容
定义	指企业过去的交易或者事项形成的，由企业拥有或者控制的，预期会给企业带来经济利益的资源。 [解释] 资产的本质是资源，只有同时满足表中下列特征的资源才可以确认为资产要素
特征	（1）资产应为企业拥有或者控制的资源。 [解释] 会计上的资产不仅强调拥有产权，也强调没有产权情况下拥有控制权 （2）资产预期会给企业带来经济利益。 [解释] 经济利益表现为多种情况，例如存货可以销售出去、固定资产能正常使用、应收账款可以收回款项等 （3）资产是由企业过去的交易或者事项形成的。 [解释] 资产一定是现时的，也就是说只有过去的交易或者事项才能产生资产，企业预期在未来发生的交易或者事项不形成资产

续表

项目	内　　容
确认条件	（1）与该资源有关的经济利益很可能流入企业 （2）该资源的成本或者价值能够可靠地计量 [提示] 将一项资源确认为资产，除需要符合资产的定义外，应同时满足上述两个条件。 [解释] 可计量性，是会计确认的先决条件。不能货币量化的交易或事项，会计上是不能确认的
分类和内容	（1）流动资产：包括货币资金、交易性金融资产、衍生金融资产、应收票据、应收账款、应收款项融资、预付款项、其他应收款、存货、合同资产、持有待售资产、一年内到期的非流动资产、其他流动资产。 （2）非流动资产：包括债权投资、其他债权投资、长期应收款、长期股权投资、其他权益工具投资、其他非流动金融资产、投资性房地产、固定资产、在建工程、生产性生物资产、油气资产、使用权资产、无形资产、开发支出、商誉、长期待摊费用、递延所得税资产、其他非流动资产

（二）负债的定义及其确认条件（见表2-2）

表2-2

项目	内　　容
定义	指企业过去的交易或者事项形成的，预期会导致经济利益流出企业的现时义务
特征	（1）负债是企业承担的现时义务。 [解释] 义务$\begin{cases}潜在义务\\现时义务\begin{cases}法定义务\\推定义务\end{cases}\end{cases}$

续表

项目	内 容
特征	（2）负债预期会导致经济利益流出企业 （3）负债是由企业过去的交易或者事项形成的。 **解释** 未来发生的交易或者事项形成的义务，不属于现时义务，不应当确认为负债
确认条件	（1）与该义务有关的经济利益很可能流出企业 （2）未来流出的经济利益的金额能够可靠地计量 **提示** 将一项现时义务确认为负债，除需要符合负债的定义外，应同时满足上述两个条件

续表

项目	内 容
分类和内容	（1）流动负债：包括短期借款、交易性金融负债、衍生金融负债、应付票据、应付账款、预收款项、合同负债、应付职工薪酬、应交税费、其他应付款、持有待售负债、一年内到期的非流动负债、其他流动负债； （2）非流动负债：包括长期借款、应付债券、租赁负债、长期应付款、预计负债、递延收益、递延所得税负债、其他非流动负债

（三）所有者权益

1. 所有者权益的定义

所有者权益是指企业资产扣除负债后，由所有者享有的剩余权益。公司的所有者权益又称为股东权益。所有者权益是所有者对企业资产的剩余索取权，它是企业的资产扣除债权人权益后应由所有者享有的部分，既可反映所有者投入资本的保值增值情况，又体现了保护债权人权益的理念，见图2-1。

所有者权益的来源 → 所有者权益的会计科目 → 所有者权益的构成

所有者投入的资本 { 实收资本（股本） → （1）实收资本（股本）
资本公积（资本或股本溢价）（其他资本公积） → （2）资本公积

直接计入所有者权益的利得和损失 → 其他综合收益 → （3）其他综合收益

留存收益 { 盈余公积 → （4）盈余公积
本年利润
利润分配 } → （5）未分配利润

图2-1

2. 所有者权益的确认条件

所有者权益体现的是所有者在企业中的剩余权益，因此，所有者权益的确认和计量主要依赖于资产和负债的确认和计量。

3. 所有者权益的来源

所有者权益的来源包括所有者投入的资本、其他综合收益、留存收益等，通常由股本（或实收资本）、资本公积（含股本溢价或资本溢价、其他资本公积）、其他综合收益、盈余公积和未分配利润等构成。

（四）收入（见表2-3）

表2-3

项目	内 容
定义	指企业在日常活动中形成的、会导致所有者权益增加的、与所有者投入资本无关的经济利益的总流入
特征	（1）收入是企业在日常活动中形成的； **提示** 利得与收入的区别在于是否为日常活动形成的 （2）收入是与所有者投入资本无关的经济利益的总流入； **提示** 接受所有者投入的资本不属于收入

续表

项目	内　　容
特征	(3) 收入会导致所有者权益的增加。 提示 与所有者投入资本无关的经济利益的总流入不一定都是收入
确认条件	(1) 合同各方已批准该合同并承诺将履行各自义务
	(2) 该合同明确了合同各方与所转让商品或提供劳务相关的权利和义务
	(3) 该合同有明确的与所转让商品或提供劳务相关的支付条款
	(4) 该合同具有商业实质，即履行该合同将改变企业未来现金流量的风险、时间分布或金额
	(5) 企业因向客户转让商品或提供劳务而有权取得的对价很可能收回

(五) 费用 (见表2-4)

表2-4

项目	内　　容
定义	指企业在日常活动中发生的、会导致所有者权益减少的、与向所有者分配利润无关的经济利益的总流出
特征	(1) 费用是企业在日常活动中形成的； 提示 损失与费用的区别在于是否为日常活动形成的
	(2) 费用是与向所有者分配利润无关的经济利益的总流出； 提示 向所有者分配利润不属于费用
	(3) 费用会导致所有者权益的减少
确认条件	(1) 与费用相关的经济利益应当很可能流出企业
	(2) 经济利益流出企业的结果会导致资产的减少或者负债的增加
	(3) 经济利益的流出额能够可靠计量

(六) 利润

1. 利润的定义

利润是指企业在一定会计期间的经营成果。

通常情况下，如果企业实现了利润，表明企业的所有者权益将增加；反之，如果企业发生亏损（即利润为负数），表明企业的所有者权益将减少。

2. 利润的来源

利润包括收入减去费用后的净额、直接计入当期利润的利得和损失等。其中收入减去费用后的净额反映的是企业日常活动的业绩（营业利润）。

解释 直接计入当期利润的利得和损失是指不应计入当期损益、会导致所有者权益发生增减变动的、与所有者投入资本或者向所有者分配利润无关的利得或损失。其中，利得是指由企业非日常活动所形成的、会导致所有者权益增加的、与所有者投入资本无关的经济利益的流入；损失是指由企业非日常活动所发生的、会导致所有者权益减少的、与向所有者分配利润无关的经济利益的流出。

提示 (1) 利得在我国分为直接计入利润的利得和直接计入所有者权益的利得；

(2) 损失在我国分为直接计入利润的损失和直接计入所有者权益的损失。

3. 利润确认条件

利润反映的是收入减去费用、利得减去损失后净额的概念。因此，利润的确认主要依赖于收入和费用，以及利得和损失的确认，其金额的确定也主要取决于收入、费用、利得和损失金额的计量。

二、例题点津

【例题1·单选题】下列各项中，符合资产定义的是（　　）。

A. 拟3个月后购入的材料

B. 融资租入固定资产

C. 经营租入固定资产

D. 库存已霉烂变质的存货

【答案】B

【解析】资产是指企业过去的交易或者事项形成的、由企业拥有或者控制的、预期会给企业带来经济利益的资源。选项A不是过去的交易或者事项形成的；选项B是由企业拥有或者控制的；选项C不是由企业拥有或者控制的；选项D是预期不会给企业带来经济利益的资源。

【例题2·单选题】下列项目中，属于流动

资产的是（　　）。

A. 债权投资　　B. 无形资产
C. 在建工程　　D. 合同资产

【答案】D

【解析】流动资产包括货币资金、交易性金融资产、衍生金融资产、应收票据、应收账款、应收款项融资、预付款项、其他应收款、存货、合同资产、持有待售资产、一年内到期的非流动资产、其他流动资产。债权投资、无形资产和在建工程属于非流动资产。

【例题3·单选题】下列项目中，不属于流动负债的是（　　）。

A. 持有待售负债　　B. 合同负债
C. 应付职工薪酬　　D. 递延收益

【答案】D

【解析】流动负债包括短期借款、交易性金融负债、衍生金融负债、应付票据、应付账款、预收款项、合同负债、应付职工薪酬、应交税费、其他应付款、持有待售负债、一年内到期的非流动负债、其他流动负债。递延收益属于非流动负债，选项D符合题意。

【例题4·多选题】下列关于所有者权益说法中不正确的有（　　）。

A. 所有者权益又称为股东权益
B. 所有者权益包括股本、资本公积、盈余公积和留存收益
C. 所有者权益的金额等于资产扣除负债后的余额
D. 所有者权益是指企业所有者在企业资产中享有的经济利益

【答案】BD

【解析】选项B，留存收益包括盈余公积和未分配利润；选项C，资产＝负债＋所有者权益；选项D，所有者权益是指企业资产扣除负债后，即企业净资产中由所有者享有的经济利益，是剩余权益。

【例题5·判断题】某企业将一项符合负债定义的现时义务确认为负债，要满足两个条件，与该义务有关的经济利益很可能流出企业和未来企业流出的经济利益的金额能够可靠计量。（　　）

【答案】√

【解析】将一项现时义务确认为负债，除需要符合负债的定义外，应同时满足与该义务有关的经济利益很可能流出企业和未来企业流出的经济利益的金额能够可靠计量两个条件。

【例题6·判断题】由于甲公司在一项经济业务中违约，被乙公司起诉，要求赔偿，至年末法院尚未结案，甲公司咨询专业律师，认为败诉可能性为60%，赔偿金额不确定。甲公司会计认为应确认该项负债。（　　）

【答案】×

【解析】将一项现时义务确认为负债，需要符合负债的定义，还需要同时满足以下两个条件：（1）与该义务有关的经济利益很可能流出企业；（2）未来流出的经济利益的金额能够可靠地计量。

【例题7·判断题】收入能够导致所有者权益增加，但所有者权益增加不一定是收入导致的。（　　）

【答案】√

【解析】投入资本、利得以及收入均能导致所有者权益增加。

2　会计要素计量属性及其应用原则★

一、考点解读

会计计量属性主要包括历史成本、重置成本、可变现净值、现值和公允价值等，见表2-5。

表2-5

计量属性	项目	内　　容
历史成本	定义	又称实际成本，是指取得或制造某项财产物资时所实际支付的现金或者现金等价物
	计量体现	资产：按照其购置时支付的现金或现金等价物的金额，或者按照购置时所付出对价的公允价值计量

续表

计量属性	项目	内　　容
历史成本	计量体现	负债：按照其因承担现时义务而实际收到的款项或者资产的金额，或者承担现时义务的合同金额，或者按照日常活动中为偿还负债预期需要支付的现金或者现金等价物的金额计量
重置成本	定义	又称现行成本，是指按照当前市场条件，重新取得同样一项资产所需支付的现金或现金等价物金额
重置成本	计量体现	资产：按照现在购买相同或者相似资产所需支付的现金或者现金等价物的金额计量
重置成本	计量体现	负债：按照现在偿付该项债务所需支付的现金或者现金等价物的金额计量
重置成本		提示 主要用于存货、固定资产盘盈
可变现净值	定义	是指在生产经营过程中，以预计售价减去进一步加工成本和销售所必需的预计税金、费用后的净值。 提示 (1) 可变现净值实质是未来现金净流量； (2) 主要用于存货期末计量
现值	定义	是指对未来现金流量以恰当的折现率进行折现后的价值，是考虑货币时间价值因素等的一种计量属性
现值	计量体现	资产：按照预计从其持续使用和最终处置中所产生的未来净现金流入量的折现金额计量
现值	计量体现	负债：按照预计期限内需要偿还的未来净现金流出量的折现金额计量
公允价值	定义	是指市场参与者在计量日发生的有序交易中，出售一项资产所能收到或者转移一项负债所需支付的价格。 提示 (1) 主要用于金融工具确认和计量（例如，交易性金融资产）； (2) 企业通常选择历史成本计量；如选择其他四种计量属性应保证会计要素的金额能够持续取得且可靠计量

二、例题点津

【例题1·单选题】企业按取得或制造某项财产物资时所实际支付的现金或者现金等价物计量，体现了（　　）。

A. 实际成本　　B. 重置成本
C. 可变现净值　　D. 现值

【答案】A

【解析】历史成本又称实际成本，是指取得或制造某项财产物资时所实际支付的现金或者现金等价物。

【例题2·单选题】资产按照其购置时所付出对价的公允价值计量，体现了（　　）。

A. 实际成本　　B. 重置成本

C. 可变现净值　　D. 现值

【答案】A

【解析】采用历史成本（实际成本）计量时，资产按照其购置时支付的现金或现金等价物的金额，或者按照购置时所付出对价的公允价值计量。

【例题3·多选题】下列影响可变现净值的因素有（　　）。

A. 预计售价
B. 进一步加工成本
C. 销售所必需的预计税金
D. 销售所必需的预计费用

【答案】ABCD

【解析】可变现净值，是指在生产经营过程中，以预计售价减去进一步加工成本和销售所必需的预计税金、费用后的净值。

【例题4·多选题】 下列关于会计计量属性的表述中,正确的有(   )。

A. 企业在对会计要素进行计量时,一般应采用历史成本

B. 准则允许交易性金融资产采用公允价值计量,但应当保证其公允价值金额能够取得并可靠计量

C. 存货减值时,应采用可变现净值计量

D. 重置成本计量,是指市场参与者在计量日发生的有序交易中,出售一项资产所能收到或者转移一项负债所需支付的价格

【答案】ABC

【解析】重置成本是指按照当前市场条件,重新取得同样一项资产所需支付的现金或现金等价物金额,而选项D所指的计量属性是公允价值。

3 会计等式★★★

一、考点解读

会计等式,又称会计恒等式、会计方程式或会计平衡公式,是表明会计要素之间基本关系的等式。

（一）会计等式的表现形式

资产和负债、所有者权益三者之间在数量上存在下列恒等关系,用公式表示为:

资产 = 负债 + 所有者权益

提示 这一等式反映了企业在某一特定时点资产、负债和所有者权益三者之间的平衡关系,因此,该等式被称为财务状况等式、基本会计等式或静态会计等式,它是复式记账法的理论基础,也是编制资产负债表的依据。

在不考虑利得和损失的情况下（由于收入和费用要素是狭义的概念,利润是广义的概念）,收入、费用和利润之间的关系用公式表示为:

收入 − 费用 = 利润

提示 这一等式反映了企业利润的实现过程,称为经营成果等式或动态会计等式。收入、费用和利润之间的上述关系,是编制利润表的依据。

（二）交易或事项对会计等式的影响

企业发生的交易或事项按其对财务状况等式的影响不同,可以分为以下9种基本类型:

（1）一项资产增加、另一项资产等额减少的经济业务;

提示 该类型资产总额不变。

（2）一项资产增加、一项负债等额增加的经济业务;

提示 该类型资产和负债总额同时增加,所有者权益总额不变。

（3）一项资产增加、一项所有者权益等额增加的经济业务;

提示 该类型资产和所有者权益总额同时增加,负债总额不变。

（4）一项资产减少、一项负债等额减少的经济业务;

提示 该类型资产和负债总额同时减少,所有者权益总额不变。

（5）一项资产减少、一项所有者权益等额减少的经济业务;

提示 该类型资产和所有者权益总额同时减少,负债总额不变。

（6）一项负债增加、另一项负债等额减少的经济业务;

提示 该类型负债不变。

（7）一项负债增加、一项所有者权益等额减少的经济业务;

提示 该类型负债总额增加和所有者权益总额减少,资产总额不变。

（8）一项所有者权益增加、一项负债等额减少的经济业务;

提示 该类型所有者权益总额增加和负债总额减少,资产总额不变。

（9）一项所有者权益增加、另一项所有者权益等额减少的经济业务。

提示 该类型所有者权益总额不变。

以财务状况等式为例,上述9类基本经济业务的发生均不影响会计等式的平衡关系,具体分为三种情形:基本经济业务（1）、（6）、（7）、（8）、（9）使会计等式左右两边的金额保持不变;基本经济业务（2）、（3）使会计等式左右两边的金额等额增加;基本经济业务（4）、（5）

使会计等式左右两边的金额等额减少。

提示 会计等式为高频考点。

二、例题点津

【例题1·单选题】下列各项中，使财务状况等式左右两边的金额保持不变的业务是（　　）。

A. 一项负债增加、一项所有者权益等额减少的经济业务

B. 一项资产增加、一项负债等额增加的经济业务

C. 一项资产增加、一项所有者权益等额增加的经济业务

D. 一项资产减少、一项负债等额减少的经济业务

【答案】A

【解析】财务状况等式左右两边的金额保持不变的业务有：一项资产增加、另一项资产等额减少；一项负债增加、另一项负债等额减少；一项负债增加、一项所有者权益等额减少；一项所有者权益增加、一项负债等额减少；一项所有者权益增加、另一项所有者权益等额减少。

【例题2·多选题】下列选项中，会导致所有者权益总额减少的有（　　）。

A. 向投资者宣告分派现金股利

B. 盈余公积发放现金股利

C. 出售固定资产发生净损失

D. 宣告分配股票股利

【答案】ABC

【解析】向投资者宣告分派现金股利，借记"利润分配——应付现金股利"科目，贷记"应付股利"科目，使得所有者权益总额减少，选项A正确；盈余公积发放现金股利，借记"盈余公积"科目，贷记"应付股利"科目，使得所有者权益总额减少，选项B正确；出售固定资产净损失计入"资产处置损益"，损益类科目最终会影响所有者权益，这里为净损失，所以会使得所有者权益总额减少，选项C正确；宣告分配股票股利，不进行账务处理，选项D错误。

【例题3·多选题】下列各项中，会导致资产与负债同时增加的经济业务有（　　）。

A. 以银行存款6 000元偿还前欠货款

B. 向银行借入长期借款10万元存入银行

C. 购买材料8 000元，货款暂欠（假定不考虑增值税因素）

D. 接受某单位机器一台作为投资，价值100万元

【答案】BC

【解析】选项A，会导致资产和负债同时减少；选项D，会导致资产和所有者权益同时增加。

【例题4·判断题】在财务状况等式中，经济业务的发生不会导致资产增加负债减少或资产减少负债增加。（　　）

【答案】√

【解析】财务状况等式为：资产＝负债＋所有者权益。经济业务发生只能导致会计等式左边或右边一增一减，或者两边同增或同减。

第二单元　会计科目和借贷记账法

1 会计科目与账户★

一、考点解读

（一）会计科目

会计科目是对会计要素具体内容进行分类核算的项目，是进行会计核算和提供会计信息的基础。

解释 会计要素提供的信息不够具体，无法满足信息使用者的需要，因此需要对其具体内容进行分类。

会计科目可以按其反映的经济内容（即所属会计要素）、提供信息的详细程度及其统驭关系分类，见表2-6。

表 2-6

依据	类别	内容
按反映的经济内容分类（即所属会计要素）	资产类科目	是对资产要素的具体内容进行分类核算的项目，按资产的流动性分为反映流动资产的科目和反映非流动资产的科目。反映流动资产的科目主要有"库存现金""银行存款""应收账款""原材料""库存商品"等科目；反映非流动资产的科目主要有"长期股权投资""长期应收款""固定资产""在建工程""无形资产"等科目
	负债类科目	是对负债要素的具体内容进行分类核算的项目，按负债的偿还期限长短分为反映流动负债的科目和反映非流动负债的科目。反映流动负债的科目主要有"短期借款""应付账款""应付职工薪酬""应交税费"等科目；反映非流动负债的科目主要有"长期借款""应付债券""长期应付款"等科目
	共同类科目	是既有资产性质又有负债性质的科目，主要有"清算资金往来""货币兑换""套期工具""被套期项目"等科目
	所有者权益类科目	是对所有者权益要素的具体内容进行分类核算的项目，主要有"实收资本（或股本）""资本公积""其他综合收益""盈余公积""本年利润""利润分配""库存股"等科目
	成本类科目	是对可归属于产品生产成本、劳务成本等的具体内容进行分类核算的项目，主要有"生产成本""制造费用""劳务成本""研发支出"等科目
	损益类科目	是对收入、费用等要素的具体内容进行分类核算的项目。其中，反映收入的科目主要有"主营业务收入""其他业务收入"等科目；反映费用的科目主要有"主营业务成本""其他业务成本""销售费用""管理费用""财务费用"等科目
按提供信息的详细程度及其统驭关系分类	总分类科目	又称总账科目或一级科目，是对会计要素的具体内容进行总括分类，提供总括信息的会计科目。 提示 总账科目由财政部统一制定
	明细分类科目	又称明细科目，是对总分类科目作进一步分类，提供更为详细和具体会计信息的科目。 提示 明细科目由企业自行确定，不是所有总账科目都有明细科目，例如"本年利润"

（二）账户

账户是根据会计科目设置的，具有一定格式和结构，用于分类反映会计要素增减变动情况及其结果的载体。

提示 账户基本结构是固定划分为左右两方（见图 2-2）。

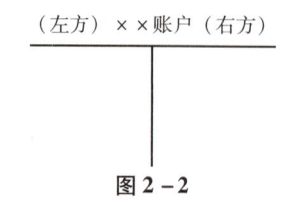

（左方）××账户（右方）

图 2-2

根据核算的经济内容，账户分为资产类账户、负债类账户、共同类账户、所有者权益类账户、成本类账户和损益类账户；根据提供信息的详细程度及其统驭关系，账户分为总分类账户和明细分类账户。

二、例题点津

【例题1·单选题】会计科目，简称科目，是对（　　）具体内容进行分类核算的项目，是进行会计核算和提供会计信息的基础。

A. 会计对象　　　　B. 会计要素
C. 会计目标　　　　D. 会计主体

【答案】B

【解析】会计科目是对会计要素具体内容进行分类核算的项目，是进行会计核算和提供会计信息的基础。

【例题2·单选题】根据科目内容记入成本类账户的是（　　）。

A. 主营业务成本　　B. 制造费用
C. 管理费用　　　　D. 其他业务成本

【答案】B

【解析】账户是根据会计科目设置的，成本类科目，是对可归属于产品生产成本等的具体内容进行分类核算的项目，主要有"生产成本""制造费用""合同取得成本""合同履约成本""研发支出"等科目。成本类科目应记入对应的成本类账户，所以选项B正确。

【例题3·多选题】下列各项中，属于资产类科目的有（　　）。

A. 预收账款　　B. 库存现金
C. 应收账款　　D. 预付账款

【答案】BCD

【解析】选项A属于负债类科目。

2 借贷记账法★★★

一、考点解读

借贷记账法，是以"借"和"贷"作为记账符号的一种复式记账法。复式记账法，是指对于每一笔经济业务，都必须用相等的金额在两个或两个以上相互联系的账户中进行登记，全面、系统地反映会计要素增减变化的一种记账方法。复式记账法有借贷记账法、增减记账法、收付记账法等。

提示（1）目前国际通行的是借贷记账法。借和贷作为记账符号，用来标明会计要素增减变动的方向，没有明确的含义。

（2）我国会计准则规定，企业、行政单位和事业单位会计核算采用借贷记账法记账。

（一）借贷记账法的账户结构

借贷记账法下，账户的左方为借方，右方为贷方，一方登记账户的增加额，另一方就登记账户的减少额。至于"借"表示增加，还是"贷"表示增加，则取决于账户的性质与所记录经济内容的性质。

通常情况下，资产类、成本类和费用类账户的增加用"借"表示，减少用"贷"表示；负债类、所有者权益类和收入类账户的增加用"贷"表示，减少用"借"表示。具体总结如表2-7所示。

表2-7

账户性质		借方	贷方	余额
资产类		增加	减少	借方
负债类		减少	增加	贷方
所有者权益类		减少	增加	贷方
成本类		增加	减少	一般无（如有，在借方）
损益类	收入类	减少	增加	无
	费用类	增加	减少	无

（二）借贷记账法的记账规则

借贷记账法的记账规则是"有借必有贷，借贷必相等"。即：任何经济业务的发生总会涉及两个或两个以上的相关账户，一方（或几方）记入借方，另一方（或几方）必须记入贷方，记入借方的金额等于记入贷方的金额。如果涉及多个账户，记入借方账户金额的合计数等于记入贷方账户金额的合计数。

提示（1）"有借必有贷"是由借贷记账法下账户结构决定的。

（2）"借贷必相等"是由复式记账原理决定的。

（三）借贷记账法下的账户对应关系与会计分录

账户对应关系是指采用借贷记账法对每笔交易或事项进行记录时，相关账户之间形成的应借、应贷的相互关系。存在对应关系的账户称为对应账户。

会计分录是对每项经济业务列示出应借、应贷的账户名称（科目）及其金额的一种记录。会计分录由应借应贷方向、相互对应的科目及其金额三个要素构成。在我国，会计分录记载于记账凭证中。

按照所涉及账户的多少，会计分录分为简单会计分录和复合会计分录，见图2-3。

会计分录 { 简单会计分录 —— 一借一贷
复合会计分录 { 一借多贷
多借一贷
多借多贷 }

图 2-3

(四) 借贷记账法下的试算平衡

试算平衡是指根据借贷记账法的记账规则和资产与权益（负债和所有者权益）的恒等关系，通过对所有账户的发生额和余额的汇总计算和比较，来检查账户记录是否正确的一种方法。

1. 试算平衡的分类

(1) 发生额试算平衡。

全部账户本期借方发生额合计＝全部账户本期贷方发生额合计

<u>提示</u> 发生额试算平衡的直接依据是借贷记账法的记账规则，即"有借必有贷，借贷必相等"。

(2) 余额试算平衡。

全部账户借方期末（初）余额合计＝全部账户贷方期末（初）余额合计

<u>提示</u> 余额试算平衡的直接依据是财务状况等式，即：资产＝负债＋所有者权益。

2. 试算平衡表的编制

试算平衡是通过编制试算平衡表进行的。如果借贷双方发生额或余额相等，表明账户记录基本正确，但有些错误并不影响借贷双方的平衡，因此，试算不平衡，表示记账一定有错误，但试算平衡时，不能表明记账一定正确。

不影响借贷双方平衡关系的错误通常有：

(1) 漏记某项经济业务，使本期借贷双方的发生额等额减少，借贷仍然平衡；

(2) 重记某项经济业务，使本期借贷双方的发生额等额虚增，借贷仍然平衡；

(3) 某项经济业务记录的应借、应贷科目正确，但借贷双方金额同时多记或少记，且金额一致，借贷仍然平衡；

(4) 某项经济业务记错有关账户，借贷仍然平衡；

(5) 某项经济业务在账户记录中，颠倒了记账方向，借贷仍然平衡；

(6) 某借方或贷方发生额中，偶然发生多记和少记并相互抵销，借贷仍然平衡。

由于账户记录可能存在这些不能由试算平衡表发现的错误，所以需要对一切会计记录进行日常或定期的复核，以保证账户记录的正确性。

<u>提示</u> 试算平衡为高频考点。

二、例题点津

【例题 1·单选题】 存在对应关系的账户称为（　　）。

A. 账户对应关系　　B. 对应账户
C. 会计分录　　　　D. 记账方法

【答案】 B

【解析】 账户对应关系，是指采用借贷记账法对每笔交易或事项进行记录时，相关账户之间形成的应借、应贷的相互关系。存在对应关系的账户称为对应账户。

【例题 2·单选题】 2×21 年 8 月 31 日，某企业负债总额为 500 万元，9 月份收回应收账款 60 万元，以银行存款归还短期借款 40 万元，预收租金 20 万元。不考虑其他因素，2×21 年 9 月 30 日该企业负债总额为（　　）万元。

A. 480　　　　　　B. 380
C. 440　　　　　　D. 460

【答案】 A

【解析】 (1) 收回应收账款，借记"银行存款"科目 60 万元，贷记"应收账款"科目 60 万元，不影响负债；(2) 归还短期借款，借记"短期借款"科目 40 万元，贷记"银行存款"科目 40 万元，减少企业的负债 40 万元；(3) 预收租金，借记"银行存款"科目 20 万元，贷记"预收账款"科目 20 万元，增加企业的负债 20 万元。因此，2×21 年 9 月 30 日该企业的负债总额 = 500 - 40 + 20 = 480（万元）。

【例题 3·多选题】 下列各项中，在借贷记账法下，可以在账户借方登记的有（　　）。

A. 资产的增加
B. 负债的增加
C. 收入的增加
D. 所有者权益的减少

【答案】 AD

【解析】 资产的增加和所有者权益的减少反

映在借方，负债和收入的增加反映在贷方。

【例题4·多选题】下列错误事项不能通过试算平衡查找的有（　　）。

A. 某项经济业务记错有关账户

B. 某项经济业务记录的应借、应贷科目正确，但借贷双方金额同时多记或少记，金额不一致

C. 重记某项经济业务

D. 颠倒了记账方向

【答案】ACD

【解析】选项B，某项经济业务记录的应借、应贷科目正确，但借贷双方金额同时多记或少记，且金额一致，通过试算平衡查找不出错误，如果金额不一致，是可以查找出错误的。

【例题5·判断题】期末无余额的账户一定是损益类账户。（　　）

【答案】×

【解析】成本类账户期末一般无余额；损益类账户期末一定无余额。

【例题6·判断题】试算平衡结果表明记账一定正确；如果试算不平衡则结果表明记账一定有错误。（　　）

【答案】×

【解析】试算不平衡，表示记账一定有错误；但试算平衡时，不能表明记账一定正确。

第三单元　会 计 凭 证

1 会计凭证概述★

一、考点解读

会计凭证是指记录经济业务发生或者完成情况的书面证明，是登记账簿的依据，包括纸质会计凭证和电子会计凭证两种形式。每个企业都必须按一定的程序填制和审核会计凭证，根据审核无误的会计凭证进行账簿登记，如实反映企业的经济业务。

会计凭证按照填制程序和用途可分为原始凭证和记账凭证，见图2-4。

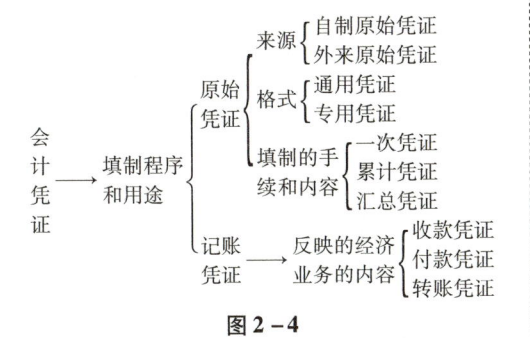

图2-4

二、例题点津

【例题1·多选题】会计凭证按照（　　）可分为原始凭证和记账凭证。

A. 填制程序　　　B. 格式

C. 来源　　　　　D. 用途

【答案】AD

【解析】会计凭证按照填制程序和用途可分为原始凭证和记账凭证。

【例题2·判断题】每个企业都必须根据审核无误的会计凭证进行账簿登记，如实反映企业的经济业务。（　　）

【答案】√

【解析】每个企业都必须按一定的程序填制和审核会计凭证，根据审核无误的会计凭证进行账簿登记，如实反映企业的经济业务。

2 原始凭证★★★

一、考点解读

（一）原始凭证的种类（见表2-8）

表 2-8

依据	种类	内容	举例
按照来源不同	外来原始凭证	在经济业务发生或完成时，从其他单位或个人直接取得的原始凭证	增值税专用发票、飞机票、火车票和餐饮费发票
	自制原始凭证	本单位有关部门和人员，在经办或完成某项经济业务时填制的原始凭证	领料单、产品入库单、借款单
按照格式不同	通用凭证	由有关部门统一印制、在一定范围内使用的具有统一格式和使用方法的原始凭证	银行转账结算凭证、增值税专用发票
	专用凭证	由单位自行印制的原始凭证	领料单、差旅费报销单、折旧计算表、工资费用分配表
按填制的手续和内容不同	一次凭证	一次填制完成，只记录一笔经济业务且仅一次有效的原始凭证	收据、收料单、发货票、银行结算凭证
	累计凭证	在一定时期内多次记录发生的同类经济业务且多次有效的原始凭证	限额领料单
	汇总凭证	对一定时期内反映经济业务内容相同的若干张原始凭证，按照一定标准综合填制的原始凭证	发料凭证汇总表

（二）原始凭证的基本内容

原始凭证的格式和内容因经济业务和经营管理的不同而有所差异，但原始凭证应当具备以下基本内容（也称为"原始凭证要素"）：（1）凭证的名称；（2）填制凭证的日期；（3）填制凭证单位名称和填制人姓名；（4）经办人员的签名或者盖章；（5）接受凭证单位名称；（6）经济业务内容；（7）数量、单价和金额。

（三）原始凭证填制的基本要求

原始凭证填制的基本要求：记录真实；内容完整；手续完备；书写清楚、规范；编号连续；不得涂改、刮擦、挖补；填制及时，见表 2-9。

表 2-9

要求	具体内容
记录真实	内容和数字，必须真实可靠，符合实际情况
内容完整	项目齐全；名称要齐全不能简化；签章齐全；按实际日期填写

续表

要求	具体内容
手续完备	自制原始凭证必须有负责人的签章；对外开出的原始凭证必须加盖本单位公章；从外部取得的原始凭证，必须盖有填制单位的公章；从个人取得的原始凭证，必须有填制人员的签名或盖章
书写清楚、规范	小写金额用阿拉伯数字逐个书写，不得连笔。在金额前要填写人民币符号"￥"（使用外币时填写相应符号），且与阿拉伯数字之间不得留有空白。金额数字一律填写到角、分，无角无分的，写"00"或符号"－"；有角无分的，分位写"0"，不得用符号"－"。大写金额用汉字，一律用正楷或行书字书写。大写金额前应有"人民币"三个字且大写金额之间不得留有空白。大写金额到元或角为止的，后面要写"整"或"正"字；有分的，不写"整"或"正"字
编号连续	各种凭证要连续编号，以便检查。如果凭证已预先印定编号，如发票、支票等重要凭证，在因错作废时，应加盖"作废"戳记，妥善保管，不得撕毁

续表

要求	具体内容
不得涂改、刮擦、挖补	原始凭证金额有错误的，应当由出具单位重开，不得在原始凭证上更正。原始凭证有其他错误的，应当由出具单位重开或更正，更正处应当加盖出具单位印章
填制及时	及时填写，并按规定的程序及时送交会计机构审核

提示 书写清楚，规范中文字、数字以及人民币大小写金额的书写。

（四）自制原始凭证填制的基本要求

（1）一次凭证，应在经济业务发生或完成时，由相关业务人员一次填制完成。该凭证往往只能反映一项经济业务，或者同时反映若干项同一性质的经济业务。

（2）累计凭证，应在每次经济业务完成后，由相关人员在同一张凭证上重复填制完成。该凭证能在一定时期内不断重复地反映同类经济业务的完成情况。

（3）汇总凭证，应由相关人员在汇总一定时期内反映同类经济业务的原始凭证后填制完成。该凭证只能将类型相同的经济业务进行汇总，不能汇总两类或两类以上的经济业务。

（五）原始凭证的审核

审核的内容主要包括：

（1）审核原始凭证的真实性。

提示 凭证日期是否真实、业务内容是否真实。

（2）审核原始凭证的合法性、合理性。

（3）审核原始凭证的完整性。

（4）审核原始凭证的正确性。

提示 审核原始凭证记载的各项内容是否正确，包括：接受原始凭证单位的名称是否正确；金额的填写和计算是否正确；更正是否正确。原始凭证记载的各项内容均不得涂改、刮擦和挖补。

二、例题点津

【例题1·单选题】在经济业务发生或完成时取得或填制的，用以记录或证明经济业务的发生

或完成情况的会计凭证是（   ）。

A. 原始凭证　　B. 记账凭证

C. 收款凭证　　D. 转账凭证

【答案】A

【解析】原始凭证是指在经济业务发生或完成时取得或填制的，用以记录或证明经济业务的发生或完成情况的原始凭据。

【例题2·单选题】下列各项中，属于自制原始凭证的是（   ）。

A. 领料单

B. 职工出差报销的飞机票

C. 购货合同

D. 生产计划

【答案】A

【解析】选项A属于自制原始凭证；选项B属于外来原始凭证；选项C、D不属于原始凭证。

【例题3·多选题】下列各项中，不属于一次凭证的有（   ）。

A. 限额领料单

B. 发料凭证汇总表

C. 收料单

D. 银行存款余额调节表

【答案】ABD

【解析】选项A属于累计凭证；选项B属于汇总凭证；选项C属于一次凭证；选项D不是原始凭证。

【例题4·多选题】从外单位取得的原始凭证遗失时，应取得原签发单位盖有公章的证明，并注明原始凭证的号码、金额、内容等，由经办单位（   ）批准后，才能代作原始凭证。

A. 会计主管人员

B. 保管人员

C. 单位负责人

D. 会计机构负责人

【答案】ACD

【解析】从外单位取得的原始凭证遗失时，应取得原签发单位盖有公章的证明，并注明原始凭证的号码、金额、内容等，由经办单位会计机构负责人、会计主管人员和单位负责人批准后，才能代作原始凭证。

【例题5·判断题】原始凭证金额有错误的，应当由出具单位重开或更正，更正处应当加盖出

具单位印章。（　　）

【答案】×

【解析】原始凭证金额有错误的，应当由出具单位重开，不得在原始凭证上更正。原始凭证有其他错误的，应当由出具单位重开或者更正，更正处应当加盖出具单位印章。

【例题6·判断题】原始凭证不得外借，但经批准可以复制。（　　）

【答案】√

【解析】原始凭证不得外借，其他单位如有特殊原因确实需要使用时，经本单位会计机构负责人、会计主管人员批准，可以复制。

3 记账凭证★★★

一、考点解读

（一）记账凭证的种类

记账凭证按照其反映的经济业务的内容来划分，通常可分为收款凭证、付款凭证和转账凭证。

（1）收款凭证，是指用于记录库存现金和银行存款收款业务的记账凭证。

（2）付款凭证，是指用于记录库存现金和银行存款付款业务的记账凭证。

（3）转账凭证，是指用于记录不涉及库存现金和银行存款业务的记账凭证。

（二）记账凭证的基本内容

记账凭证是登记账簿的依据，为了保证账簿记录的正确性，记账凭证必须具备以下基本内容：①填制凭证的日期；②凭证编号；③经济业务摘要；④应借应贷会计科目；⑤金额；⑥所附原始凭证张数；⑦填制凭证人员、稽核人员、记账人员、会计机构负责人、会计主管人员签名或者盖章。收款和付款记账凭证还应当由出纳人员签名或者盖章。

（三）记账凭证填制的基本要求

记账凭证的填制除要做到内容完整、书写清楚和规范外，还必须符合下列要求：

（1）除结账和更正错账可以不附原始凭证外，其他记账凭证必须附原始凭证。

（2）记账凭证可以根据每一张原始凭证填制，或根据若干张同类原始凭证汇总填制，也可根据原始凭证汇总表填制；但不得将不同内容和类别的原始凭证汇总填制在一张记账凭证上。

（3）记账凭证应连续编号。凭证应由主管该项业务的会计人员，按业务发生的顺序并按不同种类的记账凭证采用"字号编号法"连续编号，如银收字1号、现收字2号、现付字1号、银付字2号。如果一笔经济业务需要填制两张以上（含两张）记账凭证的，可以采用"分数编号法"编号，如转字 $\frac{3}{4}$ 号、转字 $4\frac{2}{3}$ 号、转字 $4\frac{3}{3}$ 号。为便于监督，反映付款业务的会计凭证不得由出纳人员编号。

（4）填制记账凭证时若发生错误，应当重新填制。

提示 记账后发现因记账凭证编制错误导致记账有误的，如是当年内的记账错误，用红字更正法、补充登记法进行更正；如是以前年度的记账错误的，应当用蓝字填制一张更正的记账凭证。

（5）记账凭证填制完成后，如有空行，应当自金额栏最后一笔金额数字下的空行处至合计数上的空行处划线注销。

提示 对于涉及"库存现金"和"银行存款"之间的相互划转业务，如将现金存入银行或从银行提取现金，为了避免重复记账，一般只填制付款凭证，不再填制收款凭证。

出纳人员在办理收款或付款业务后，应在原始凭证上加盖"收讫"或"付讫"的戳记，以免重收重付。

（四）记账凭证的审核

为了保证会计信息的质量，在记账之前应由有关稽核人员对记账凭证进行严格的审核，审核的内容主要包括：

（1）记账凭证是否有原始凭证为依据，所附原始凭证或记账凭证汇总表的内容与记账凭证的内容是否一致；

（2）记账凭证各项目的填写是否齐全，如日期、凭证编号、摘要、会计科目、金额、所附原始凭证张数及有关人员签章等；

（3）记账凭证的应借、应贷科目以及对应关系是否正确；

（4）记账凭证所记录的金额与原始凭证的有关金额是否一致，计算是否正确；

(5) 记账凭证中的记录是否文字工整、数字清晰、是否按规定进行更正等；

(6) 审核出纳人员在办理收款或付款业务后，是否已在原始凭证上加盖"收讫"或"付讫"的戳记。

二、例题点津

【例题1·单选题】 甲公司销售商品一批，款项未收，应编制（　　）。

A. 收款凭证　　　　B. 转账凭证
C. 付款凭证　　　　D. 以上均可

【答案】B

【解析】甲公司销售商品一批，款项未收，不涉及库存现金和银行存款业务，应编制转账凭证。

【例题2·单选题】 会计部门第6号记账凭证的会计事项需要编制3张记账凭证，则这3张记账凭证的编号是（　　）。

A. 6，7，8
B. 1/3，2/3，3/3
C. $6\frac{1}{3}$，$6\frac{2}{3}$，$6\frac{3}{3}$
D. 5，6，7

【答案】C

【解析】如果一笔经济业务需要填制两张以上（含两张）记账凭证的，可以采用"分数编号法"编号。

【例题3·多选题】 下列各项中，企业应根据相关业务的原始凭证编制收款凭证的有（　　）。

A. 收取出租包装物押金
B. 从银行存款中提取现金
C. 将库存现金送存银行
D. 销售产品取得货款存入银行

【答案】AD

【解析】对于涉及"库存现金"和"银行存款"之间的相互划转业务，如将现金存入银行或从银行提取现金，为了避免重复记账，一般只填制付款凭证，不再填制收款凭证。故选项B、C需要填制的是付款凭证，而不是收款凭证。

【例题4·多选题】 甲公司职工王某出差归来报销差旅费498元（原借款500元），退回现金2元，应编制（　　）。

A. 现金收款凭证　　B. 转账凭证
C. 现金付款凭证　　D. 银行存款付款凭证

【答案】AB

【解析】报销498元应编制转账凭证，退回现金2元应编制现金收款凭证。

【例题5·多选题】 下列选项中，属于记账凭证审核内容的有（　　）。

A. 会计科目以及对应关系是否填写正确
B. 所记录业务是否合法
C. 所附原始凭证或记账凭证汇总表的内容与记账凭证的内容是否一致
D. 凭证各项目的填写是否齐全

【答案】ACD

【解析】选项B属于原始凭证审核内容，应注意区别记账凭证和原始凭证的审核内容。

【例题6·判断题】 除结账可以不附原始凭证外，其他记账凭证必须附原始凭证。（　　）

【答案】×

【解析】除结账和更正错账可以不附原始凭证外，其他记账凭证必须附原始凭证。更正错账也是可以不附原始凭证的。

4 会计凭证的保管 ★★

一、考点解读

会计凭证的保管，是指会计凭证记账后的整理、装订、归档和存查工作。任何单位在完成经济业务手续和记账后，必须将会计凭证按规定的立卷归档制度形成会计档案，妥善保管，防止丢失，不得任意销毁，以便日后随时查阅。会计凭证的保管要求主要有：

(1) 会计机构在依据会计凭证记账以后，应定期（每天、每旬或每月）对各种会计凭证进行分类整理，将各种记账凭证按照编号顺序，连同所附的原始凭证一起加具封面和封底，装订成册，并在装订线上加贴封签，防止抽换凭证。

如从外单位取得的原始凭证遗失，可代作原始凭证的情形：

①取得原签发单位盖有公章的证明，并注明原始凭证的号码、金额、内容等，由经办单位会计机构负责人、会计主管人员和单位负责人批准。

②若确实无法取得证明的，则应由当事人写明详细情况，由经办单位会计机构负责人、会计

主管人员和单位负责人批准。

（2）原始凭证较多时，可单独装订，但应在凭证封面注明所属记账凭证的日期、编号和种类，同时在所属的记账凭证上应当注明"附件另订"及原始凭证的名称和编号，以便查阅。

（3）同时满足规定条件的：单位内部形成的属于归档范围的电子会计凭证等电子会计资料可仅以电子形式保存，形成电子会计档案，无需打印电子会计资料纸质件进行归档保存；

单位从外部接收的电子会计资料附有符合《中华人民共和国电子签名法》规定的电子签名的，可仅以电子形式归档保存，形成电子会计档案，无需打印电子会计资料纸质件进行归档保存。

提示 单位仅以电子形式保存会计档案的，原则上应从一个完整会计年度的年初开始执行，以保证其年度会计档案保存形式的一致性。

（4）当年形成的会计档案，在会计年度终了后，可由单位会计机构临时保管一年，期满后再移交本单位档案机构统一保管；因工作需要确需推迟移交的，应当经单位档案管理机构同意，且最长不超过三年；单位未设立档案机构的，应在会计机构等机构内部指定专人保管。出纳人员不得兼管会计档案。

（5）单位保存的会计档案一般不得对外借出，确因工作需要且根据国家有关规定必须借出的，应当严格按照规定办理相关手续；其他单位如有特殊原因，确实需要使用单位会计档案时，经本单位会计机构负责人、会计主管人员批准，可以复制。

（6）单位应当严格遵守会计档案的保管期限要求，保管期满前不得任意销毁。

二、例题点津

【例题1·单选题】单位仅以电子形式保存会计档案的，应从（　　）开始执行。
A. 会计年度的年中
B. 一个完整会计年度的年初
C. 会计年度的年末
D. 具体业务开始时间
【答案】B
【解析】单位仅以电子形式保存会计档案的，原则上应从一个完整会计年度的年初开始执行，以保证其年度会计档案保存形式的一致性。

【例题2·多选题】从外单位取得的原始凭证遗失，并且确实无法取得证明，可由当事人写明详细情况并经批准后代作原始凭证，审批人员包括（　　）。
A. 部门经理
B. 经办单位会计机构负责人
C. 会计主管人员
D. 单位负责人
【答案】BCD
【解析】从外单位取得的原始凭证遗失时，若确实无法取得证明的，如车票丢失，则应由当事人写明详细情况，由经办单位会计机构负责人、会计主管人员和单位负责人批准后，代作原始凭证。

【例题3·判断题】会计机构在对各种会计凭证进行分类整理时，应将各种记账凭证按照编号顺序，连同所附的原始凭证一起加具封面和封底，装订成册，并在装订线上加贴封签，防止抽换凭证。（　　）
【答案】√
【解析】会计机构在依据会计凭证记账以后，应定期（每天、每旬或每月）对各种会计凭证进行分类整理，将各种记账凭证按照编号顺序，连同所附的原始凭证一起加具封面和封底，装订成册，并在装订线上加贴封签，防止抽换凭证。

第四单元　会 计 账 簿

1 会计账簿概念★

一、考点解读

会计账簿是指由一定格式的账页组成的，以经过审核的会计凭证为依据，全面、系统、连续地记录各项经济业务和会计事项的簿籍。

（一）会计账簿的基本内容

包括封面（主要标明账簿名称）、扉页（包

括科目索引、账簿启用和经管人员一览表）和账页（包括账户名称、日期栏、凭证种类和编号、摘要栏、金额栏等）。

（二）会计账簿的种类（见表2-10）

（1）会计账簿按照用途，可以分为序时账簿、分类账簿和备查账簿。

（2）会计账簿按照账页格式，主要分为三栏式账簿、多栏式账簿、数量金额式账簿。

（3）会计账簿按照外形特征，可以分为订本式账簿、活页式账簿、卡片式账簿。

表2-10

分类依据	种类	内容	
按用途分类	序时账簿（日记账）	按照经济业务发生时间的先后顺序逐日、逐笔登记的账簿	应用：库存现金日记账和银行存款日记账，一般采用三栏式，也可以采用多栏式，必须是订本账
	分类账簿	总分类账簿，编制财务报表的直接依据，通常为订本账簿，采用三栏式；根据记账凭证或记账凭证汇总表登记	
		明细分类账簿，通常为活页账、卡片账，采用三栏式、多栏式、数量金额式；根据记账凭证和原始凭证登记	
	备查账簿	对其他账簿记录的补充，没有固定格式	应用：租入固定资产登记簿，代管商品物资登记簿
按账页格式分类	三栏式账簿	设有借方、贷方和余额三个金额栏目	应用：各种日记账、总账以及资本、债权、债务明细账
	多栏式账簿	在账簿的两个金额栏（借方和贷方）按需要分设若干专栏	应用：收入、成本、费用明细账
	数量金额式账簿	在借方、贷方和余额每个栏目内再分设数量、单价和金额三小栏	应用：原材料、库存商品等明细账，可以反映资产的实物数量和价值量
按外形特征分类	订本账	优点是能避免账页散失和防止抽换账页；缺点是不能准确为各账户预留账页	应用：总分类账、库存现金日记账和银行存款日记账
	活页账	优点是便于分工记账；缺点是可能会造成账页散失或故意抽换账页	应用：明细分类账
	卡片账	一般只对固定资产的核算采用，少数企业在材料核算中也使用	

提示 账簿分类为高频考点。

二、例题点津

【例题1·单选题】 对某些在序时账簿和分类账簿中未能记载或记载不全的经济业务进行补充登记的账簿是（　　）。

A. 序时账簿　　B. 分类账簿
C. 备查账簿　　D. 订本式账簿

【答案】C

【解析】备查账簿，又称辅助登记簿或补充登记簿，是对某些在序时账簿和分类账簿中未能记载或记载不全的经济业务进行补充登记的账簿。

【例题2·多选题】 下列账簿及格式中，适合明细账采用的有（　　）。

A. 订本账簿　　B. 卡片式账簿
C. 三栏式格式　　D. 数量金额式格式

【答案】BCD

【解析】明细分类账一般采用活页式账簿和卡片式账簿，选项A错误，选项B正确；常用格式有三栏式、多栏式、数量金额式，选项C、D正确。

【例题3·判断题】会计账簿是指由一定格式的账页组成的，以会计凭证为依据，全面、系统、连续地记录各项经济业务的簿籍。（ ）

【答案】×

【解析】会计账簿是指由一定格式的账页组成的，以经过审核的会计凭证为依据，全面、系统、连续地记录各项经济业务的簿籍。

2 会计账簿的启用与登记★★

一、考点解读

（一）会计账簿的启用

启用会计账簿时，应当在账簿封面上写明单位名称和账簿名称，并在账簿扉页上附启用表。启用订本式账簿应当从第一页到最后一页顺序编定页数，不得跳页、缺号。使用活页式账簿应当按账户顺序编号，并须定期装订成册，装订后再按实际使用的账页顺序编定页码，另加目录以便于记明每个账户的名称和页次。

（二）会计账簿的登记要求

（1）登记会计账簿时，应当将会计凭证日期、编号、业务内容摘要、金额和其他有关资料逐项记入账内。账簿记录中的日期，应该填写记账凭证上的日期；以自制原始凭证作为记账依据的，账簿记录中的日期应按有关自制原始凭证上的日期填列。记账凭证登记完毕后，要在记账凭证上签名或者盖章，并注明已经登账的符号，表示已经登账。

（2）为了保持账簿记录的持久性，防止涂改，登记账簿必须使用蓝黑墨水或碳素墨水书写，不得使用圆珠笔（银行的复写账簿除外）或者铅笔书写。以下情况可以使用红墨水记账：

①按照红字冲账的记账凭证，冲销错误记录；

②在不设借贷等栏的多栏式账页中，登记减少数；

③在三栏式账户的余额栏前，如未印明余额方向，在余额栏内登记负数余额；

④根据国家规定可以用红字登记的其他会计记录。除上述情况外，不得使用红色墨水登记账簿。

（3）会计账簿应当按照连续编号的页码顺序登记。记账时发生错误或者隔页、缺号、跳行的，应在空页、空行处用红色墨水划对角线注销，或者注明"此页空白"或"此行空白"字样，并由记账人员和会计机构负责人（会计主管人员）在更正处签章。

（4）凡需要结出余额的账户，结出余额后，应当在"借或贷"栏目内注明"借"或"贷"字样，以示余额的方向；对于没有余额的账户，应在"借或贷"栏内写"平"字，并在"余额"栏"元"位处用"θ"表示。

[提示] 库存现金日记账和银行存款日记账必须逐日结出余额。

（5）每一账页登记完毕时，应当结出本页发生额合计及余额，在该账页最末一行"摘要"栏注明"转次页"或"过次页"，并将这一金额记入下一页第一行有关金额栏内，在该行"摘要"栏注明"承前页"，以保持账簿记录的连续性，便于对账和结账。

（6）账簿记录发生错误时，不得刮擦、挖补或用褪色药水更改字迹，而应采用规定的方法更正。

（三）会计账簿的格式与登记方法

1. 日记账的格式与登记方法

（1）库存现金日记账的格式与登记方法。库存现金日记账的格式主要为三栏式。库存现金日记账必须使用订本账。

三栏式库存现金日记账由出纳人员根据库存现金收款凭证、库存现金付款凭证和银行存款付款凭证，按照库存现金收、付款业务和银行存款付款业务发生时间的先后顺序逐日逐笔登记。每日终了，应分别计算库存现金收入和付出的合计数，并结出余额，同时将余额与出纳人员的库存现金核对。如账款不符应查明原因，记录备案。月终同样要计算库存现金收、付和结存的合计数。

（2）银行存款日记账的格式与登记方法。银行存款日记账的格式与库存现金日记账相同，可以采用三栏式，也可以采用多栏式。

2. 总分类账的格式与登记方法

总分类账是按照总分类账户分类登记以提供

总括会计信息的账簿。总分类账最常用的格式为三栏式,设有借方、贷方和余额三个金额栏目。

3. 明细分类账的格式与登记方法

明细分类账一般采用活页式账簿、卡片式账簿。明细分类账一般根据记账凭证和相应的原始凭证来登记。明细分类账格式常用的主要包括:三栏式、多栏式、数量金额式。

4. 总分类账与明细分类账的平行登记

平行登记是指对所发生的每项经济业务都要以会计凭证为依据,一方面记入有关总分类账户,另一方面记入所辖明细分类账户的方法。总分类账户与明细分类账户平行登记的要点如下:方向相同、期间一致、金额相等。

二、例题点津

【例题1·单选题】 下列情况中不可以用红墨水记账的是( )。

A. 冲账的记账凭证,冲销错误记录

B. 在不设借贷等栏的多栏式账页中,登记减少数

C. 在三栏式账户的余额栏前,印明余额方向的,在余额栏内登记负数余额

D. 在数量金额式账簿中,在余额栏内登记负数余额

【答案】C

【解析】本题考核会计账簿的登记要求。在三栏式账户的余额栏前,未印明余额方向的,可用红墨水在余额栏内登记负数余额;印明余额方向的,不可用红墨水。

【例题2·单选题】 下列各项中,不符合账簿登记要求的是( )。

A. 根据红字冲账的记账凭证,用红字冲销错误记录

B. 登记账簿一律使用蓝黑墨水或碳素墨水书写

C. 日记账必须逐日结出余额

D. 发生账簿记录错误不得刮、擦、补、挖

【答案】B

【解析】本题考核会计账簿的登记要求。为了保持账簿记录的持久性,防止涂改,登记账簿必须使用蓝黑墨水或碳素墨水书写,不得使用圆珠笔(银行复写账簿除外)或者铅笔书写。以

下情况可以使用红墨水记账:(1)按照红字冲账的记账凭证,冲销错误记录;(2)在不设借贷等栏的多栏式账页中,登记减少数;(3)在三栏式账户的余额栏前,如未印明余额方向的,在余额栏内登记负数余额;(4)根据国家规定可以用红字登记的其他会计记录。库存现金日记账和银行存款日记账必须逐日结出余额。账簿记录发生错误时,不得刮擦、挖补或用褪色药水更改字迹,而应采用规定的方法更正。所以只有选项B不符合账簿登记要求。

【例题3·单选题】 对所发生的每项经济业务都要以会计凭证为依据,一方面记入有关总分类账户,另一方面记入所辖明细分类账户的方法是指( )。

A. 复式记账　　B. 平行登记

C. 试算平衡　　D. 账目核对

【答案】B

【解析】平行登记是指对所发生的每项经济业务都要以会计凭证为依据,一方面记入有关总分类账户,另一方面记入所辖明细分类账户的方法。

【例题4·多选题】 下列账簿中,一般采用多栏式的有( )。

A. 生产成本明细账

B. 本年利润明细账

C. 主营业务收入明细账

D. 管理费用总账

【答案】ABC

【解析】选项A采用借方多栏式;选项B采用借方贷方多栏式;选项C采用贷方多栏式;选项D是总账,采用三栏式数量金额式账簿,是在账簿的借方、贷方和余额三个栏目内,每个栏目再分设数量、单价和金额三小栏,借以反映财产物资的实物数量和价值量的账簿。原材料、库存商品等明细账一般采用数量金额式账簿。

【例题5·多选题】 下列账簿一般采用数量金额式的有( )。

A. 原材料总账　　B. 库存商品明细账

C. 生产成本明细账　　D. 自制半成品明细账

【答案】BD

【解析】原材料、库存商品、自制半成品等明细账一般采用数量金额式账簿。

【例题6·多选题】下列关于平行登记的结果说法正确的有（ ）。
A. 总账发生额与所属明细账发生额之和相等
B. 总账余额与所属明细账余额之和相等
C. 总账发生额与所属明细账发生额之和一定不等
D. 同一项经济业务在总账及其所辖的明细账中登记时方向应当相同
【答案】ABD
【解析】总账发生额与所属明细账发生额之和相等，所以选项C错误。

3 对账与结账★★

一、考点解读

（一）对账

对账是对账簿记录所进行的核对，也就是核对账目。对账工作一般在记账之后结账之前，即在月末进行。对账一般分为：

（1）账证核对：账簿记录与会计凭证核对。

（2）账账核对：总分类账之间的核对；总分类账簿与所辖明细分类账簿之间的核对；总分类账簿与序时账簿之间的核对；明细分类账簿之间的核对。

（3）账实核对：库存现金日记账账面余额与现金实际库存数逐日核对是否相符；银行存款日记账账面余额与银行对账单余额定期核对是否相符；各项财产物资明细账账面余额与财产物资实有数额定期核对是否相符；有关债权债务明细账账面余额与对方单位债权债务账面记录核对是否相符。

（二）结账

结账是将账簿记录定期结算清楚的会计工作，具体包括月结、季结和年结。结账的内容通常包括两个方面：一是结清各种损益类账户，据以计算确定本期利润；二是结出各资产、负债和所有者权益账户的本期发生额合计和期末余额。

二、例题点津

【例题1·单选题】对账簿记录所进行的核对，属于（ ）。
A. 对账 B. 结账
C. 错账更正 D. 试算平衡
【答案】A
【解析】本题考核对账。对账，是对账簿记录所进行的核对，也就是核对账目。对账工作一般在记账之后结账之前，即在月末进行。

【例题2·多选题】账证核对是指核对账簿记录与原始凭证、记账凭证的（ ）是否一致，记账方向是否相符。
A. 时间 B. 凭证字号
C. 方式 D. 内容
【答案】ABD
【解析】本题考核账证核对的内容。账证核对是指将账簿记录与会计凭证核对，核对账簿记录与原始凭证、记账凭证的时间、凭证字号、内容、金额等是否一致，记账方向是否相符，做到账证相符。

【例题3·多选题】账实核对不包括（ ）。
A. 银行存款日记账账面余额与银行对账单余额定期核对是否相符
B. 账簿记录与会计凭证核对
C. 总分类账簿与序时账簿之间的核对
D. 有关债权债务明细账账面余额与对方单位债权债务账面记录核对是否相符
【答案】BC
【解析】选项A、D属于账实核对；选项B属于账证核对；选项C属于账账核对。

4 错账的更正★★★

一、考点解读

错账发现并更正的情况，见图2-5。

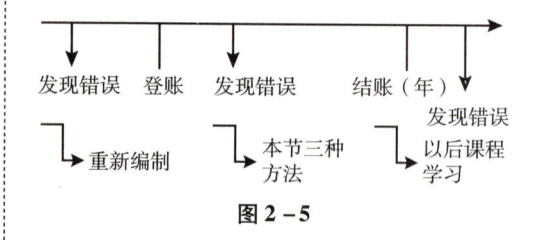

发现错误	登账	发现错误	结账（年）
↓		↓	↓
重新编制		本节三种方法	发现错误以后课程学习

图2-5

提示 对于发生的账簿记录错误，应当采用

正确、规范的方法予以更正，不得涂改、挖补、刮擦或者用药水消除字迹，不得重新抄写。

（一）划线更正法

在结账前发现账簿记录有文字或数字错误，而记账凭证没有错误，应当采用划线更正法。更正时，可在错误的文字或数字上划一条红线，在红线的上方填写正确的文字或数字，并由记账人员和会计机构负责人（会计主管人员）在更正处盖章，以明确责任。

提示（1）对于数字错误，更正时不得只划销错误数字，应将全部数字划销，并保持原有数字清晰可辨，以便审查。例如，把"3 457"元误记为"8 457"元时，应将错误数字"8 457"全部用红线划销后，再写上正确的数字"3 457"，而不是只删改一个"8"字。

（2）记账凭证中的文字或数字发生错误，在尚未过账前，也可用划线更正法更正。

（二）红字更正法

红字更正法，适用于以下两种情形：

（1）记账后发现记账凭证中应借、应贷会计科目有错误所引起的记账错误。

更正方法：用红字填写一张与原记账凭证完全相同的记账凭证，在摘要栏内写明"注销某月某日某号凭证"，并据以用红字登记入账，以示注销原记账凭证，然后用蓝字填写一张正确的记账凭证，并据以用蓝字登记入账。

（2）记账后发现记账凭证和账簿记录中应借、应贷会计科目无误，只是所记金额大于应记金额所引起的记账错误。

更正方法：按多记的金额用红字编制一张与原记账凭证应借、应贷科目完全相同的记账凭证，在摘要栏内写明"冲销某月某日第×号记账凭证多记金额"，以冲销多记的金额，并据以用红字登记入账。

（三）补充登记法

记账后发现记账凭证和账簿记录中应借、应贷会计科目无误，只是所记金额小于应记金额时，应当采用补充登记法。

更正方法：按少记的金额用蓝字填制一张与原记账凭证应借、应贷科目完全相同的记账凭证，在摘要栏内写明"补记某月某日第×号记账凭证少记金额"，以补充少记的金额，并据以用蓝字登记入账。

二、例题点津

【例题1·单选题】 记账之后，发现记账凭证中将3 200元误写为1 200元，会计科目名称及应记方向无误，应采用的错账更正方法是（　　）。

A. 划线更正法　　B. 红字更正法
C. 补充登记法　　D. 红字冲销法

【答案】 C

【解析】 本题考核错账更正方法的适用范围。在记账后发现记账凭证填写的会计科目无误，只是所记金额小于应记金额，应该采用补充登记法更正。

【例题2·单选题】 甲公司会计人员登账前发现记账凭证中管理费用680元比应记金额少20元，应采用的更正方法是（　　）。

A. 划线更正法　　B. 红字更正法
C. 补充登记法　　D. 重新编制

【答案】 D

【解析】 未登记账簿，重新编制记账凭证。

【例题3·多选题】 下列陈述中，不符合账簿登记规则的有（　　）。

A. 库存现金日记账和银行存款日记账必须逐日结出余额

B. 账簿记录发生错误时，可以刮擦、挖补或用褪色药水更改字迹

C. 在三栏式账户的余额栏前，如未印明余额方向的，在余额栏内登记负数余额时应当使用红字

D. 记账时发生错误或者隔页、缺号、跳行的，应在空页、空行处补充登记

【答案】 BD

【解析】 会计账簿应当按照连续编号的页码顺序登记。记账时发生错误或者隔页、缺号、跳行的，应在空页、空行处用红色墨水划对角线注销，或者注明"此页空白"或"此行空白"字样；账簿记录发生错误时，不得刮擦、挖补或用褪色药水更改字迹，而应采用规定的方法更正。

【例题4·多选题】 下列账簿结账时需要划红线说法，正确的有（　　）。

A. 对于不需按月结计本期发生额的账户，月末结账时，只需在最后一笔经济业务记录下面

通栏划单红线

　　B. 对于需按月结计本年累计发生额的明细账户，12月末的"本年累计"下面划通栏双红线

　　C. 总账年终结账时，要将所有总账账户结出全年发生额和年末余额，在合计数下面划通栏双红线

　　D. 对于需按月结计本年累计发生额的明细账户，每月结账时，在"本月合计"行下结出自年初起至本月末止累计发生额，在摘要栏注明"本年累计"字样，并在下面划通栏双红线

【答案】ABC

【解析】对于需按月结计本年累计发生额的明细账户，每月结账时，在"本月合计"行下结出自年初起至本月末止累计发生额，在摘要栏注明"本年累计"字样，并在下面通栏划单红线。

【例题5·判断题】记账后发现记账凭证和账簿记录中应借、应贷会计科目无误，只是所记金额小于应记金额时，应当采用红字更正法。（　　）

【答案】×

【解析】记账后发现记账凭证和账簿记录中应借、应贷会计科目无误，只是所记金额小于应记金额时，应当采用补充登记法。

5　会计账簿的保管★★

一、考点解读

会计账簿是各单位重要的经济资料，必须建立管理制度，妥善保管。

（1）各种账簿要分工明确，指定专人管理。

（2）会计账簿未经领导和会计负责人或者有关人员批准，非经管人员不能随意翻阅查看会计账簿。会计账簿除需要与外单位核对外，一般不能携带外出；对携带外出的账簿，一般应由经管人员或会计主管人员指定专人负责。

（3）会计账簿不能随意交与其他人员管理。

（4）年度终了更换并启用新账后，对更换下来的旧账要整理装订，造册归档。

旧账装订时应注意：

①活页账一般按账户分类装订成册，一个账户装订成一册或数册；某些账户账页较少，也可以合并装订成一册。

②装订时应检查账簿扉页的内容是否填写齐全。

③装订后应由经办人员及装订人员、会计主管人员在封口处签名或盖章。

④旧账装订完毕，应当编制目录和编写移交清单，并按期移交档案部门保管。

【提示】活页账应撤出未使用的空白账页，再编定页码，装订成册。

（5）实行会计电算化的单位，满足《会计档案管理办法》第八条有关规定的，可仅以电子形式保存会计账簿，无须定期打印会计账簿；确需打印的，打印的会计账簿必须连续编号，经审核无误后装订成册，并由记账人员和会计机构负责人、会计主管人员签字或者盖章。

（6）各种账簿必须按照《会计档案管理办法》规定的保存年限妥善保管，不得丢失和任意销毁。保管期满后，应当按照规定进行鉴定，经鉴定可以销毁的，方可按照审批程序报经批准后销毁。

二、例题点津

【例题1·单选题】下列关于活页账旧账装订的说法，错误的是（　　）。

A. 一般按账户分类装订成册

B. 一个账户必须装订成一册

C. 账页较少也可合并装订成一册

D. 一个账户可装订成数册

【答案】B

【解析】活页账一般按账户分类装订成册，选项A正确；一个账户可装订成一册或数册，选项B错误、选项D正确；某些账户账页较少，也可以合并装订成一册，选项C正确。

【例题2·多选题】下列有关会计账簿保管的做法，正确的有（　　）。

A. 未经批准，非经管人员不能随意翻阅查看会计账簿

B. 实行会计电算化的单位，必须以电子形式和打印方式来保存会计账簿

C. 活页账一般按账户分类装订成册，应当撤出未使用的空白账页

D. 会计账簿保管期满后可直接销毁

【答案】AC

【解析】会计账簿未经领导和会计负责人或者有关人员批准，非经管人员不能随意翻阅查看

会计账簿，选项 A 正确；实行会计电算化的单位，满足《会计档案管理办法》第八条有关规定的，可仅以电子形式保存会计账簿，无须定期打印会计账簿，选项 B 错误；活页账应撤出未使用的空白账页，再装订成册，并注明各账页号数，选项 C 正确；会计账簿保管期满后，应当按照规定进行鉴定，经鉴定可以销毁的，方可按照审批程序报经批准后销毁，选项 D 错误。

【例题3·判断题】账簿经管人员主要负责记账、对账、结账工作，财务负责人主要负责保证账簿安全。（　　）

【答案】×

【解析】账簿经管人员既要负责记账、对账、结账等工作，又要负责保证账簿安全。

第五单元　财产清查

1 财产清查的种类 ★★

一、考点解读

财产清查是指通过对货币资金、实物资产和往来款项等财产物资进行盘点或核对，确定其实存数，查明账存数与实存数是否相符的一种专门方法。

财产清查的分类见图 2-6。

```
           ┌ 按清查范围 ┬ 全面清查
           │            └ 局部清查
  财产清查 ┼ 按清查时间 ┬ 定期清查
           │            └ 不定期清查
           └ 按清查执行系统 ┬ 内部清查
                            └ 外部清查
```

图 2-6

（一）按照清查范围分类

财产清查按照清查范围，分为全面清查和局部清查。全面清查是指对所有的财产进行全面的盘点和核对；局部清查是指根据需要只对部分财产进行盘点和核对。

（二）按照清查的时间分类

财产清查按照清查的时间，分为定期清查和不定期清查。定期清查是指按照预先计划安排的时间对财产进行的盘点和核对；不定期清查是指事前不规定清查日期，而是根据特殊需要临时进行的盘点和核对。

提示 定期清查一般在年末、季末、月末进行。

（三）按照清查的执行系统分类

财产清查按照清查的执行系统，分为内部清查和外部清查。

提示 结合教材阅读全面清查和局部清查的情况，以及理解一项清查从不同角度分类。此为高频考点。

二、例题点津

【例题1·多选题】下列各项中，适用于全面清查的有（　　）。

A. 年终决算前

B. 实行股份制改制前

C. 单位主要负责人调离工作前

D. 单位撤销、合并或改变隶属关系前

【答案】ABCD

【解析】需要进行全面清查的情况通常有：（1）年终决算前；（2）在合并、撤销或改变隶属关系前；（3）中外合资、国内合资前；（4）股份制改造前；（5）开展全面的资产评估、清产核资前；（6）单位主要领导调离工作前等。

【例题2·多选题】下列关于局部清查的表述中，正确的有（　　）。

A. 局部清查是指根据需要只对部分财产进行盘点和核对

B. 一般而言，对于贵重财产物资，每月都要进行清查盘点

C. 对于库存现金，由出纳人员于每日终了进行清点核对

D. 一般而言，对于流动性较大的财产物资应根据需要随时轮流盘点或重点抽查

【答案】ABCD

【解析】局部清查，是指根据需要只对部分财产进行盘点和核对。选项 A 正确；一般而言，对于流动性较大的财产物资，如原材料、在产

品、产成品，应根据需要随时轮流盘点或重点抽查，选项 D 正确；对于贵重财产物资，每月都要进行清查盘点，选项 B 正确；对于库存现金，每日终了，应由出纳人员进行清点核对，选项 C 正确；对于银行存款，企业至少每月同银行核对一次；对债权、债务，企业应每年至少同债权人、债务人核对一至两次。

【例题 3·判断题】库存现金保管人员更换时对现金的清查属于定期清查。（　　）

【答案】×

【解析】库存现金保管人员更换时对现金的清查属于不定期清查。

② 财产清查的方法与会计处理 ★

一、考点解读

（一）财产清查的方法

财产清查的方法见图 2-7。

财产清查的方法 ｛ 核对账目法 → 银行存款
实地盘点法 → 库存现金
技术推算法 → 实物资产
发函询证法 → 往来款项

图 2-7

1. 库存现金的清查方法

库存现金的清查是采用实地盘点法确定库存现金的实存数，然后与库存现金日记账的账面余额相核对，确定账实是否相符。

库存现金清查一般由主管会计或财务负责人和出纳人员共同清点出各种纸币的张数和硬币的个数，并填制库存现金盘点报告表。

对库存现金进行盘点时，出纳人员必须在场，有关业务必须在库存现金日记账中全部登记完毕。盘点时，一方面要注意账实是否相符，另一方面还要检查现金管理制度的遵守情况，如库存现金有无超过其限额，有无白条抵库、挪用舞弊等情况。盘点结束后，应填制"库存现金盘点报告表"，作为重要原始凭证。

2. 银行存款的清查方法

银行存款的清查是将本单位银行存款日记账与开户银行转来的对账单逐笔进行核对。如果二者余额相符，通常说明没有错误；如果二者余额不相符，则可能是企业或银行一方或双方记账过程有错误或者存在未达账项。

未达账项一般分为以下四种情况：

（1）企业已收款记账，银行未收款未记账的款项。

（2）企业已付款记账，银行未付款未记账的款项。

（3）银行已收款记账，企业未收款未记账的款项。

（4）银行已付款记账，企业未付款未记账的款项。

上述任何一种未达账项的存在，都会使企业银行存款日记账的余额与银行开出的对账单的余额不符。如果存在未达账项，就应当编制"银行存款余额调节表"，据以调节双方的账面余额，确定企业银行存款实有数。

银行存款余额调节表的编制，是以企业银行存款日记账余额和银行对账单余额为基础，各自分别加上对方已收款入账而己方尚未入账的数额，减去对方已付款入账而己方尚未入账的数额。其计算公式如下：

企业银行存款日记账余额 + 银行已收企业未收款 − 银行已付企业未付款 = 银行对账单存款余额 + 企业已收银行未收款 − 企业已付银行未付款

3. 实物资产的清查方法

实物资产主要包括固定资产、存货等。实物资产的清查就是对实物资产数量和质量进行的清查。通常采用以下两种清查方法：

（1）实地盘点法。通过点数、过磅、量尺等方法来确定实物资产的实有数量。实地盘点法适用范围较广，在多数财产物资清查中都可以采用。

（2）技术推算法。利用一定的技术方法对财产物资的实存数进行推算，故又称估推法。技术推算法只适用于成堆量大而价值不高，逐一清点的工作量和难度较大的财产物资的清查。例如，露天堆放的煤炭等。

4. 往来款项的清查方法

往来款项主要包括应收、应付款项和预收、预付款项等。往来款项的清查一般采用发函询证的方法进行核对。

（二）财产清查结果的会计处理

对于财产清查中发现的问题，应根据"清查

结果报告表""盘点报告表"等，填制记账凭证，记入有关账簿，使账簿记录与实际盘存数相符，同时根据管理权限，将处理建议报股东大会或董事会，或经理（厂长）会议或类似机构批准。

财产清查产生的损溢，企业应在期末结账前处理完毕。如果在期末结账前尚未经批准，在对外提供财务报表时，先按相关规定进行相应账务处理，并在附注中作出说明，其后如果批准处理的金额与已处理金额不一致的，调整财务报表相关项目的期初数。

二、例题点津

【例题1·单选题】下列各项资产清查时，采用技术推算法的是（　　）。
  A. 库存现金　　　　B. 银行存款
  C. 库存商品　　　　D. 露天堆放的煤炭
【答案】D
【解析】技术推算法只适用于成堆量大而价值不高，难以逐一清点的工作量和难度较大的财产物资的清查。

【例题2·多选题】下列关于财产清查的表述，正确的有（　　）。
  A. 银行存款和银行对账单核查
  B. 应收账款用发函询证
  C. 库存现金是实地盘点
  D. 露天煤炭用技术推算
【答案】ABD
【解析】选项A、B、D的说法均正确。选项C说法不完整，库存现金应采用实地盘点法确定库存现金实存数，再与库存现金日记账账面余额相核对。

【例题3·多选题】财产清查产生的损溢，企业应于期末前查明原因，并根据企业的管理权限，经（　　）批准后，在期末结账前处理完毕。
  A. 股东大会　　　　B. 董事会
  C. 厂长会议　　　　D. 经理会议
【答案】ABCD
【解析】财产清查产生的损溢，企业应于期末前查明原因，并根据企业的管理权限，经股东大会或董事会，或经理（厂长）会议批准后，在期末结账前处理完毕。

【例题4·多选题】下列未达账项中，能够导致银行存款日记账余额大于银行对账单余额的有（　　）。
  A. 企业送存转账支票800元，并登记银行存款增加，但银行尚未记账
  B. 企业开出转账支票3 000元，并登记银行存款减少，但银行尚未记账
  C. 企业委托银行代收款9 000元，银行已受托，企业尚未收到收款通知
  D. 银行代企业支付电费1 000元，企业尚未收到付款通知
【答案】AD
【解析】能够导致银行存款日记账余额大于银行对账单余额的未达账项有：企收银未收；银付企未付。

【例题5·判断题】银行存款余额调节表不属于原始凭证，不能作为记账的依据。（　　）
【答案】√
【解析】银行存款余额调节表只起对账调节的作用，不能作为记账的依据。

【例题6·判断题】在对库存现金进行盘点时，出纳人员应当回避。（　　）
【答案】×
【解析】在对库存现金进行盘点时，出纳人员必须在场。

第六单元　会计账务处理程序

1 会计账务处理程序的种类 ★★

一、考点解读

账务处理程序是指会计凭证、账簿和会计报表相互结合的方式。

企业常用的账务处理程序，主要有记账凭证账务处理程序、汇总记账凭证账务处理程序和科目汇总表账务处理程序，它们之间的主要区别是登记总分类账的依据和方法不同，见图2-8和表2-11。

账务处理程序 —→ 登记总分类账的依据和方法不同 $\begin{cases}记账凭证账务处理程序\\汇总记账凭证账务处理程序\\科目汇总表账务处理程序\\日记总账账务处理程序\\多栏式日记账账务处理程序等\end{cases}$ 常用

图 2-8

表 2-11

账务处理程序	特点	适用范围	优点	缺点
记账凭证账务处理程序	直接根据记账凭证逐笔登记总账	适用范围规模较小、经济业务量较少的单位	简单明了，易于理解，总分类账可以反映经济业务的详细情况	登记总分类账的工作量较大
汇总记账凭证账务处理程序	先根据记账凭证编制汇总记账凭证，再根据汇总记账凭证登记总账	规模较大、经济业务较多的单位	减轻了登记总分类账的工作量	当转账凭证较多时，编制汇总转账凭证的工作量较大，并且按每一贷方账户编制汇总转账凭证，不利于会计核算的日常分工
科目汇总表账务处理程序	先将所有记账凭证汇总编制成科目汇总表，然后根据科目汇总表登记总账	经济业务较多的单位	减轻了登记总分类账的工作量，并且科目汇总表可以起到试算平衡的作用	科目汇总表不能反映各个账户之间的对应关系，不利于对账目进行检查

【提示】掌握各种核算形式的特点，优缺点和适用范围，均为高频考点。

二、例题点津

【例题1·多选题】下列不属于记账凭证账务处理程序优点的有（   ）。

A. 总分类账可以较详细地反映经济业务的发生情况

B. 减轻了登记总分类账的工作量

C. 可做到试算平衡

D. 能反映各个账户之间的对应关系

【答案】BCD

【解析】选项 B 属于科目凭证汇总表和汇总记账凭证的优点；选项 C 属于科目凭证汇总表的优点；选项 D 属于汇总记账凭证的优点。

【例题2·多选题】经济业务较多的单位比较适宜采用的账务处理程序有（   ）。

A. 记账凭证账务处理程序

B. 科目汇总表账务处理程序

C. 汇总记账凭证账务处理程序

D. 记账凭证汇总表账务处理程序

【答案】BCD

【解析】记账凭证账务处理程序适用于规模较小、经济业务量较少的单位，选项 A 错误；科目汇总表账务处理程序适用于经济业务较多的单位，选项 B 正确；汇总记账凭证账务处理程序适合于规模较大、经济业务较多的单位，选项 C 正确；记账凭证汇总表账务处理程序也称科目汇总表账务处理程序，选项 D 正确。

【例题3·多选题】科目汇总表账务处理程序的优点包括（   ）。

A. 能反映各个账户之间的对应关系

B. 有利于对账目进行检查

C. 减轻了登记总分类账的工作量

D. 可做到试算平衡

【答案】CD

【解析】选项 A、B 属于汇总记账凭证账务处理程序的优点。

2 信息化环境下的会计账务处理 ★★

一、考点解读

（一）会计信息化概述

会计信息化，是指企业利用计算机、网络通信等现代信息技术手段开展会计核算，以及利用上述技术手段将会计核算与其他经营管理活动有机结合的过程。

会计软件，是指企业使用的、专门用于会计核算和财务管理的计算机软件、软件系统或者其功能模块。会计软件一般具有的功能：

（1）为会计核算和财务管理直接采集数据；

（2）生成会计凭证、账簿、报表等会计资料；

（3）对会计资料进行转换、输出、分析、利用。

会计信息系统，是指由会计软件及其运行所依赖的软硬件环境组成的集合体。

（二）信息化环境下会计账务处理的基本要求

（1）企业使用的会计软件应当保障企业按照国家统一会计准则制度开展会计核算，设定了经办、审核、审批等必要的审签程序，能够有效防止电子会计凭证重复入账，并不得有违背国家统一会计准则制度的功能设计。

（2）企业使用的会计软件的界面应当使用中文并且提供对中文处理的支持，可以同时提供外国或者少数民族文字界面对照和处理支持。

（3）企业使用的会计软件应当提供符合国家统一会计准则制度的会计科目分类和编码功能。

（4）企业使用的会计软件应当提供符合国家统一会计准则制度的会计凭证、账簿和报表的显示和打印功能。

（5）企业使用的会计软件应当提供不可逆的记账功能，确保对同类已记账凭证的连续编号，不得提供对已记账凭证的删除和插入功能，不得提供对已记账凭证日期、金额、科目和操作人的修改功能。

（6）企业使用的会计软件应当具有符合国家统一标准的数据接口，满足外部会计监督需要。

（7）企业使用的会计软件应当具有会计资料归档功能，提供导出会计档案的接口，在会计档案存储格式、元数据采集、真实性与完整性保障方面，符合国家有关电子文件归档与电子档案管理的要求。

（8）企业使用的会计软件应当记录生成用户操作日志，确保日志的安全、完整，提供按操作人员、操作时间和操作内容查询日志的功能，并能以简单易懂的形式输出。

（9）企业会计信息系统数据服务器的部署应当符合国家有关规定。

提示 数据服务器部署在境外的，应当在境内保存会计资料备份，备份频率不得低于每月一次。

（10）企业会计资料中对经济业务事项的描述应当使用中文，可以同时使用外国或者少数民族文字对照。

（11）企业应当建立电子会计资料备份管理制度。

（12）企业电子会计档案的归档管理，应当符合《会计档案管理办法》等法规规章的规定。

（13）实行会计集中核算的企业以及企业分支机构，应当为外部会计监督机构及时查询和调阅异地储存的会计资料提供必要条件。

（14）企业不得在非涉密信息系统中存储、处理和传输涉及国家秘密、关系国家经济信息安全的电子会计资料；未经有关主管部门批准，不得将电子会计资料及其复印件携带、寄运或者传输至境外。

二、例题点津

【例题1·多选题】下列关于企业会计信息系统数据服务器部署在境外的说法，正确的有（ ）。

A. 应当在境内保存会计资料备份

B. 不需要在境内保存会计资料备份

C. 备份频率不得低于每月一次

D. 备份频率不得低于每周一次

【答案】AC

【解析】企业会计信息系统数据服务器的部署应当符合国家有关规定。数据服务器部署在境外的，应当在境内保存会计资料备份，备份频率不得低于每月一次。

【例题2·判断题】企业如有需要，可以将电子会计资料及其复印件携带、寄运或者传输至境外。（ ）

【答案】×

【解析】未经有关主管部门批准，不得将电子会计资料及其复印件携带、寄运或者传输至境外。

第七单元　成本会计基础

1 产品成本核算的要求和一般程序 ★

一、考点解读

（一）产品成本核算的要求

1. 做好各项基础工作

企业应当建立健全各项原始记录，并做好各项材料物资的计量、收发、领退、转移、报废和盘点工作，并做好相应的管理工作以及定额的制定和修订工作等。同时，还需要制定或者修订材料、工时、费用的各项定额，使成本核算具有可靠的基础。

2. 正确划分各种费用支出的界限

为正确计算产品成本，必须正确划分以下五个方面的费用界限：一是正确划分收益性支出和资本性支出的界限；二是正确划分成本费用、期间费用和营业外支出的界限；三是正确划分本期成本费用与以后期间成本费用的界限；四是正确划分各种产品成本费用的界限；五是正确划分本期完工产品与期末在产品成本的界限。

[提示] 成本费用的划分应当遵循受益原则，即谁受益谁负担、何时受益何时负担、负担费用应与受益程度成正比。

3. 根据生产特点和管理要求选择适当的成本计算方法

企业常用的产品成本计算方法有品种法、分批法、分步法、分类法、定额法、标准成本法等。

4. 遵守一致性原则

企业产品成本核算采用的会计政策和估计一经确定，不得随意变更。在成本核算中，各种会计处理方法要前后一致，使前后各项的成本资料相互可比。

5. 编制产品成本报表

企业一般应当按月编制产品成本报表，全面反映企业生产成本、成本计划执行情况、产品成本及其变动情况等。

（二）产品成本核算的一般程序

产品成本核算的一般程序，是指对企业在生产经营过程中发生的各项生产费用和期间费用，按照成本核算的要求，逐步进行归集和分配，最后计算出各种产品的生产成本和各项期间费用的过程。一般程序如下：

（1）根据生产特点和成本管理的要求，确定成本核算对象。

（2）确定成本项目。企业计算产品生产成本，一般应当设置"直接材料""燃料及动力""直接人工""制造费用"等成本项目。

（3）设置有关成本和费用明细账。如生产成本明细账、制造费用明细账、产成品和自制半成品明细账等。

（4）收集确定各种产品的生产量、入库量、在产品盘存量以及材料、工时、动力消耗等，并对所有已发生生产费用进行审核。

（5）归集所发生的全部生产费用，并按照确定的成本计算对象予以分配，按成本项目计算各种产品的在产品成本、产品成本和单位成本。

（6）结转产品销售成本。

为了进行产品成本和期间费用核算，企业一般应设置"生产成本""制造费用""主营业务成本""税金及附加""销售费用""管理费用""财务费用"等科目。

[提示] 如果需要单独核算废品损失和停工损失，还应设置"废品损失""停工损失"等科目。

二、例题点津

【例题1·单选题】下列关于正确划分各种费用支出界限的说法，不正确的是（　　）。

A. 正确划分本期成本费用与以后期间成本费用的界限

B. 正确划分各种产品成本费用的界限

C. 正确划分收益性支出和资本性支出的界限

D. 正确划分成本费用、固定费用和其他费用的界限

【答案】D

【解析】为正确计算产品成本，必须正确划分以下五个方面的费用界限：一是正确划分收益

性支出和资本性支出的界限，选项 C 正确；二是正确划分成本费用、期间费用和营业外支出的界限，选项 D 错误；三是正确划分本期成本费用与以后期间成本费用的界限，选项 A 正确；四是正确划分各种产品成本费用的界限，选项 B 正确；五是正确划分本期完工产品与期末在产品成本的界限。

【例题 2·多选题】下列关于成本核算的一般程序说法正确的有（　　）。

A. 根据生产特点和成本管理要求，确定成本核算对象

B. 确定成本项目

C. 设置有关成本和费用明细账

D. 收集确定各种产品的生产量、入库量、在产品盘存量以及材料、工时、动力消耗等，对所有已发生生产费用可以直接结转

【答案】ABC

【解析】本题考核产品成本核算的一般程序。选项 D，收集确定各种产品的生产量、入库量、在产品盘存量以及材料、工时、动力消耗等，并对所有已发生生产费用进行审核，不能直接进行结转。

【例题 3·判断题】成本核算是对成本计划执行的结果进行事前的预测。（　　）

【答案】×

【解析】成本核算一般是对成本计划执行的结果进行事后的反映。

2 产品成本核算的对象 ★★

一、考点解读

产品成本核算对象，是指确定归集和分配生产费用的具体对象，即生产费用承担的客体。

由于产品工艺、生产方式、成本管理等要求不同，产品项目不等同于成本核算对象。

（一）制造企业

一般按照产品品种、批次订单或生产步骤等确定产品成本核算对象。其中：

（1）大量大批单步骤生产产品或管理上不要求提供有关生产步骤成本信息的，一般按照产品品种确定成本核算对象；

（2）小批单件生产产品的，一般按照每批或每件产品确定成本核算对象；

（3）多步骤连续加工产品且管理上要求提供有关生产步骤成本信息的，一般按照每种（批）产品及各生产步骤确定成本核算对象；

（4）产品规格繁多的，可以将产品结构、耗用原材料和工艺过程基本相同的产品，适当合并作为成本核算对象。

（二）农业企业

一般按照生物资产的品种、成长期、批别（群别、批次）、与农业生产相关的劳务作业等确定成本核算对象。

（三）批发零售企业

一般按照商品的品种、批次、订单、类别等确定成本核算对象。

（四）建筑企业

一般按照订立的单项合同确定成本核算对象。

（1）单项合同包括建造多项资产的，企业应当按照企业会计准则规定的合同分立原则，确定建造合同的成本核算对象。

（2）为建造一项或数项资产而签订一组合同的，按合同合并的原则，确定建造合同的成本核算对象。

（五）房地产企业

一般按照开发项目、综合开发期数并兼顾产品类型等确定成本核算对象。

（六）采矿企业

一般按照所采掘的产品确定成本核算对象。

（七）交通运输企业

（1）以运输工具从事货物、旅客运输的，一般按照航线、航次、单船（机）、基层站段等确定成本核算对象。

（2）从事货物等装卸业务的，可以按照货物、成本责任部门、作业场所等确定成本核算对象。

（3）从事仓储、堆存、港务管理业务的，一般按照码头、仓库、堆场、油罐、筒仓、货棚或主要货物的种类、成本责任部门等确定成本核算对象。

（八）信息传输企业

一般按照基础电信业务、电信增值业务和其他信息传输业务等确定成本核算对象。

（九）软件及信息技术服务企业

（1）科研设计与软件开发等人工成本比重较

高的，一般按照科研课题、承接的单项合同项目、开发项目、技术服务客户等确定成本核算对象。

（2）合同项目规模较大、开发期较长的，可以分段确定成本核算对象。

（十）文化企业

一般按照制作产品的种类、批次、印次、刊次等确定成本核算对象。

二、例题点津

【例题1·单选题】下列业务中，不属于信息传输企业产品成本核算对象的是（　　）。

A. 基础电信业务

B. 基础传输业务

C. 电信增值业务

D. 其他信息传输业务

【答案】B

【解析】信息传输企业一般按照基础电信业务、电信增值业务和其他信息传输业务等确定成本核算对象。

【例题2·多选题】下列关于建筑企业确定成本核算对象的说法，正确的有（　　）。

A. 单项合同包括建造多项资产的，按合同合并的原则确定建造合同的成本核算对象

B. 一般按照订立的单项合同确定成本核算对象

C. 为建造数项资产而签订一组合同的，按合同分立原则确定建造合同的成本核算对象

D. 为建造一项资产而签订一组合同的，按合同合并原则确定建造合同的成本核算对象

【答案】BD

【解析】建筑企业一般按照订立的单项合同确定成本核算对象，选项B正确；单项合同包括建造多项资产的，企业应当按照企业会计准则规定的合同分立原则，确定建造合同的成本核算对象，选项A错误；为建造一项或数项资产而签订一组合同的，按合同合并的原则，确定建造合同的成本核算对象，选项C错误、选项D正确。

【例题3·判断题】产品项目就是企业成本核算对象。（　　）

【答案】×

【解析】由于产品工艺、生产方式、成本管理等要求不同，产品项目不等同于成本核算对象。

3 产品成本项目、归集和分配★

一、考点解读

（一）产品成本项目

企业应当根据生产经营特点和管理要求，按照成本的经济用途和生产要素内容相结合的原则或者成本性态等设置成本项目。对于制造企业而言，一般可设置"直接材料""燃料及动力""直接人工""制造费用"等项目。

（1）直接材料，是指构成产品实体的原材料以及有助于产品形成的主要材料和辅助材料。包括原材料、辅助材料、备品配件、外购半成品、包装物、低值易耗品等费用。

（2）燃料及动力，是指直接用于产品生产的外购和自制的燃料和动力。

（3）直接人工，是指直接从事产品生产的工人的职工薪酬。

（4）制造费用，是指企业为生产产品和提供劳务而发生的各项间接费用。

由于生产的特点、各种生产费用支出的比重及成本管理和核算的要求不同，企业可以根据具体情况，适当增加一些成本项目。

（二）产品成本的归集和分配

（1）归集。企业所发生的生产费用，能确定由某一成本对象负担的，应当按照所对应的产品成本项目类别，直接计入产品成本核算对象的生产成本；由几个成本核算对象共同负担的，应当选择合理的分配标准分配计入生产成本。

（2）企业应当按照权责发生制的原则，根据产品的生产特点和管理要求结转成本。企业采用计划成本、标准成本、定额成本等类似成本进行直接材料日常核算的，期末，应当将耗用直接材料的计划成本或定额成本等类似成本调整为实际成本。

提示 企业不得以计划成本、标准成本、定额成本等代替实际成本。

二、例题点津

【例题1·单选题】产品成本着重于按产品进行归集，下列不属于计算依据的是（　　）。

A. 成本计算单　　B. 产品出库单

C. 产品入库单　　D. 成本汇总表

【答案】B

【解析】产品成本着重于按产品进行归集，一般以成本计算单或成本汇总表以及产品入库单等为计算依据。

【例题2·多选题】 下列项目中，应计入产品成本的有（　　）。

A. 生产工人工资

B. 燃料及动力费用

C. 生产车间管理人员工资

D. 材料成本

【答案】ABCD

【解析】产品成本是指企业在生产产品（或提供劳务）过程中所发生的材料费用、职工薪酬等，以及不能直接计入而按一定标准分配计入的各种间接费用。

【例题3·多选题】 对工业企业而言，下列项目中属于成本项目的有（　　）。

A. 原材料　　　　B. 直接人工

C. 制造费用　　　D. 管理费用

【答案】ABC

【解析】对工业企业而言，一般可设置"直接材料""燃料及动力""直接人工""制造费用"等项目。

【例题4·判断题】 企业采用计划成本进行直接材料日常核算的，期末，可将耗用直接材料的计划成本计入成本，无须作其他调整。（　　）

【答案】×

【解析】企业采用计划成本、标准成本、定额成本等类似成本进行直接材料日常核算的，期末，应当将耗用直接材料的计划成本或定额成本等类似成本调整为实际成本。

4 产品成本计算方法★★★

一、考点解读

（一）品种法

1. 概念

品种法是指以产品品种作为成本核算对象，归集和分配生产成本，计算产品成本的一种方法。

2. 适用范围

品种法适用于单步骤、大量生产的企业，如发电、供水、采掘等企业。

3. 品种法的主要特点

（1）成本核算对象是产品品种。

对于只生产一种产品的，全部生产成本都是直接成本，可直接计入该产品生产成本明细账的有关成本项目中，不存在在各成本核算对象之间分配成本的问题；

对于生产多种产品的，间接生产成本则要采用适当的方法，在各成本核算对象之间进行分配。

（2）品种法下一般定期（每月月末）计算产品成本。

（3）月末一般不存在在产品，一般不需要将生产费用在完工产品与在产品之间进行划分，当期发生的生产费用总和就是该种完工产品的总成本；如果企业月末有在产品，要将生产成本在完工产品和在产品之间进行分配。

（二）分批法

1. 概念

分批法是指以产品的批别作为产品成本核算对象，归集和分配生产成本，计算产品成本的一种方法。

2. 适用范围

分批法主要适用于单件、小批生产的企业，如造船、重型机器制造、精密仪器制造等，也可用于一般企业中的新产品试制或试验的生产、在建工程以及设备修理作业等。

3. 分批法的主要特点

（1）成本核算对象是产品的批别，是购买者事先订货或企业规定的产品批别。

（2）产品成本计算是不定期的。成本计算期与产品生产周期基本一致，但与财务报告期不一致。

（3）在计算月末在产品成本时，一般不存在在完工产品和在产品之间分配成本的问题。

（三）分步法

1. 概念

分步法是指按照生产过程中各个加工步骤（分步骤、分品种）为成本核算对象，归集和分配生产成本，计算各步骤半成品和最后产成品成本的一种方法。

2. 适用范围

分步法适用于大量大批的多步骤生产，如冶金、纺织、机械制造等。

3. 分步法的主要特点

（1）成本核算对象是各种产品的生产步骤。

(2) 月末为计算完工产品成本，还需要将归集在生产成本明细账中的生产成本在完工产品和在产品之间进行分配。

(3) 除了按品种计算和结转产品成本外，还需要计算和结转产品的各步骤成本。如果企业只生产一种产品，则成本核算对象就是该种产品及其所经过的各个生产步骤。其成本计算期是固定的，与产品的生产周期不一致。

(4) 各生产步骤成本计算和结转采用的方式
各生产步骤成本的计算和结转，一般采用逐步结转分步法和平行结转分步法两种方式。

① 逐步结转分步法主要用于分步计算半成品成本的情形，是按照产品加工的顺序，逐步计算并结转半成品成本，直到最后加工步骤完成才能计算产品成本的一种方法。该方法需要将生产成本在各步骤完工产品和在产品之间进行分配。

② 平行结转分步法主要用于不需分步计算半成品成本的情形，是指在计算各步骤成本时，不计算各步骤所产半成品的成本，也不计算各步骤所耗上一步骤的半成品成本，而只计算本步骤发生的各项其他成本，以及这些成本中应计入产成品的份额，将相同产品的各步骤成本明细账中的这些份额平行结转、汇总，即可计算出该种产品的产成品成本。

二、例题点津

【例题1·单选题】下列各种产品成本核算方法，适用于单件、小批生产的是（ ）。
A. 品种法
B. 分批法
C. 逐步结转分步法
D. 平行结转分步法

【答案】B
【解析】品种法适用于单步骤、大量生产的企业；分步法适用于大量大批的多步骤生产的企业。

【例题2·单选题】采用平行结转分步法时，完工产品与在产品之间的费用分配是（ ）。
A. 各生产步骤完工半成品与月末加工中在产品之间费用的分配
B. 各步骤产成品与各步骤在产品之间费用分配
C. 产成品与月末各步骤尚未加工完成的在产品和各步骤已完工但尚未最终完成的产品
D. 产成品与月末加工中在产品之间的费用分配

【答案】C
【解析】在平行结转分步法下，其完工产品与在产品之间的费用分配，是指产成品与月末广义在产品之间费用的分配。

【例题3·判断题】大量单步骤生产的产品按照产品品种计算成本，大批单步骤生产的产品按照产品生产批别计算成本。（ ）
【答案】×
【解析】大量大批单步骤生产的产品按照产品品种计算成本。

【例题4·判断题】产品成本的核算，关键是选择适当的产品成本核算方法。（ ）
【答案】√

【例题5·判断题】品种法下计算产品成本一般是不定期的，既可以是月末，也可以是年末。（ ）
【答案】×
【解析】在品种法下，一般定期（通常在每月末）计算产品成本。

第八单元 管理会计基础

1 管理会计指引 ★

一、考点解读

（一）管理会计概念
管理会计是会计的重要分支，主要服务于单位内部管理需要，是通过利用相关信息，有机融合财务与业务活动，在单位规划、决策、控制和评价等方面发挥重要作用的管理活动。

管理会计的目标是通过运用管理会计工具方法，参与单位规划、决策、控制、评价活动并为之提供有用信息，推动单位实现战略规划。

(二)管理会计指引体系

管理会计指引体系是在管理会计理论研究成果的基础上,形成的可操作性的系列标准。管理会计指引体系包括基本指引、应用指引和案例库。

1. 管理会计基本指引

在管理会计指引体系中起统领作用,是制定应用指引和建设案例库的基础。基本指引是对管理会计基本概念、基本原则、基本方法、基本目标等内容的总结、提炼。

提示 管理会计基本指引不对应用指引中未作出描述的新问题提供处理依据。

2. 管理会计应用指引

在管理会计指引体系中,应用指引居于主体地位,是对单位管理会计工作的具体指导。管理会计应用指引既遵循基本指引,也体现了实践特点;既形成一批普遍适用、具有广泛指导意义的基本工具方法,也有特殊行业的应用指引;既考虑了企业也考虑了行政事业单位。

3. 管理会计案例库

案例库是对国内外管理会计经验的总结提炼,是对如何运用管理会计应用指引的实例示范。建立管理会计案例库,为单位提供直观的参考借鉴,是管理会计指引体系指导实践的重要内容和有效途径,也是管理会计体系建设区别于企业会计准则体系建设的一大特色。

二、例题点津

【例题1·单选题】 管理会计体系中居于主体地位的是( )。

A. 基本指引　　B. 应用指引
C. 案例库　　　D. 管理会计报告

【答案】 B

【解析】 在管理会计指引体系中,应用指引居于主体地位,是对单位管理会计工作的具体指导,选项B正确。选项A,管理会计基本指引在管理会计指引体系中起统领作用;选项C,案例库是对国内外管理会计经验的总结提炼,是对如何运用管理会计应用指引的实例示范;选项D,管理会计报告是管理会计活动成果的重要表现形式。

【例题2·判断题】 管理会计主要服务于单位外部管理需要。( )

【答案】 ×

【解析】 管理会计是会计的重要分支,主要服务于单位内部管理需要,是通过利用相关信息,有机融合财务与业务活动,在单位规划、决策、控制和评价等方面发挥重要作用的管理活动。

【例题3·判断题】 管理会计基本指引只是对管理会计普遍规律和基本认识的总结,并不对应用指引中未作出描述的新问题提供处理依据。( )

【答案】 √

【解析】 管理会计基本指引在管理会计指引体系中起统领作用,是制定应用指引和建设案例库的基础。基本指引是对管理会计基本概念、基本原则、基本方法、基本目标等内容的总结、提炼,不对应用指引中未作出描述的新问题提供处理依据。

2 管理会计要素 ★★

一、考点解读

(一)管理会计应用环境

管理会计应用环境是单位应用管理会计的基础。单位应用管理会计,首先应充分了解和分析其应用环境,包括外部环境和内部环境。外部环境主要包括国内外经济、市场、法律、行业等因素。

(二)管理会计活动

管理会计活动是单位管理会计工作的具体开展,是单位利用管理会计信息,运用管理会计工具方法,在规划、决策、控制、评价等方面服务于单位管理需要的相关活动。在了解和分析其应用环境的基础上,单位应将管理会计活动嵌入规划、决策、控制、评价等环节,形成完整的管理会计闭环。

(三)管理会计工具方法

1. 战略地图

战略地图是指为描述企业各维度战略目标之间因果关系而绘制的可视化的战略因果关系图。战略地图通常以财务、客户、内部业务流程、学习与成长四个维度为主要内容,通过分析各维度的相互关系,绘制成战略因果关系图。

2. 滚动预算

滚动预算是指企业根据上一期预算执行情况和新的预测结果,按既定的预算编制周期和滚动频率,对原有的预算方案进行调整和补充,逐期滚动,持续推进的预算编制方法。

滚动预算一般由中期滚动预算和短期滚动预算组成。中期滚动预算的预算编制周期通常为3年或5年,以年度作为预算滚动频率。短期滚动预算通常以1年为预算编制周期,以月度、季度作为预算滚动频率。

3. 作业成本法

作业成本法是指以"作业消耗资源、产出消耗作业"为原则,按照资源动因将资源费用追溯或分配至各项作业,计算出作业成本,然后再根据作业动因,将作业成本追溯或分配至各成本对象,最终完成成本计算的过程。

作业成本法主要适用于作业类型较多且作业链较长,同一生产线生产多种产品,企业规模较大且管理层对产品成本准确性要求较高,产品、顾客和生产过程多样化程度较高以及间接或辅助资源费用所占比重较大等情况的企业。

4. 本量利分析

本量利分析是指以成本性态分析和变动成本法为基础,运用数学模型和图示,对成本、利润、业务量与单价等因素之间的依存关系进行分析,发现变动的规律性,为企业进行预测、决策、计划和控制等活动提供支持的一种方法。

本量利分析主要用于企业生产决策、成本决策和定价决策,也可以广泛地用于投融资决策等。

5. 平衡计分卡

平衡计分卡是指基于企业战略,从财务、客户、内部业务流程、学习与成长四个维度,将战略规划目标逐层分解转化为具体的、相互平衡的业绩指标体系,并据此进行绩效管理的方法。平衡计分卡通常与战略地图等其他工具结合使用。

平衡计分卡适用于战略规划目标明确、管理制度比较完善、管理水平相对较高的企业。平衡计分卡的应用对象可为企业、所属单位(部门)和员工。

(四)管理会计信息与报告

(1) 管理会计信息,包括管理会计应用过程中的财务信息和非财务信息,是管理会计报告的基本元素。

(2) 管理会计报告,是管理会计活动成果的重要表现形式,旨在为报告使用者提供满足管理需要的信息,是管理会计活动开展情况和效果的具体呈现。

管理会计报告按期间可以分为定期报告和不定期报告,按内容可以分为综合性报告和专项报告等类别。

二、例题点津

【例题1·单选题】下列各项中,不属于管理会计要素的是( )。

A. 管理会计活动 B. 信息与报告
C. 工具方法   D. 评价指引

【答案】D

【解析】单位应用管理会计,应包括应用环境、管理会计活动(选项A)、工具方法(选项C)、信息与报告(选项B)四项管理会计要素,不包括选项D。

【例题2·单选题】中期滚动预算以( )作为预算滚动频率。

A. 年度 B. 月度
C. 季度 D. 生产周期

【答案】A

【解析】中期滚动预算的预算编制周期通常为3年或5年,以年度作为预算滚动频率。

【例题3·多选题】管理会计工具方法采用的方法有( )。

A. 绩效考核法 B. 滚动预算
C. 平衡计分卡 D. 战略地图

【答案】BCD

【解析】管理会计工具方法是实现管理会计目标的具体手段,是单位应用管理会计时所采用的战略地图、滚动预算、作业成本法、本量利分析、平衡计分卡等模型、技术、流程的统称。

【例题4·多选题】管理会计报告按期间可以分为( )。

A. 不定期报告 B. 定期报告
C. 专项报告   D. 综合性报告

【答案】AB

【解析】管理会计报告按期间可以分为定期报告和不定期报告。

【例题5·判断题】平衡计分卡是指基于企业战略,从财务、客户、内部业务流程、学习与成长四个维度,将战略规划目标逐层分解转化为

具体的、相互平衡的业绩指标体系，并据此进行绩效管理的方法，平衡计分卡通常只可单独使用。（　　）

【答案】×
【解析】平衡计分卡通常与战略地图等其他工具结合使用。

第九单元　政府会计基础

1 政府会计标准体系 ★

一、考点解读

我国的政府会计标准体系主要由政府会计基本准则、具体准则及应用指南和政府会计制度等组成。

（一）政府会计基本准则

政府会计基本准则用于规范政府会计目标、政府会计主体、政府会计信息质量要求、政府会计核算基础，以及政府会计要素定义、确认和计量原则、列报要求等原则事项。

基本准则指导具体准则和制度的制定，并为政府会计实务问题提供处理原则。

（二）政府会计具体准则及应用指南

（1）政府会计具体准则：依据基本准则制定，用于规范政府会计主体发生的经济业务或事项的会计处理原则，详细规定经济业务或事项引起的会计要素变动的确认、计量和报告。

（2）应用指南：是对具体准则的实际应用作出的操作性规定。

（三）政府会计制度

政府会计制度依据基本准则制定，主要规定政府会计科目及账务处理、报表体系及编制说明等。

政府会计主体应当根据政府会计准则（包括基本准则和具体准则）规定的原则和政府会计制度及解释的要求，对其发生的各项经济业务或事项进行会计核算。

提示　军队、已纳入企业财务管理体系的单位和执行《民间非营利组织会计制度》的社会团体，其会计核算不适用政府会计准则制度。

二、例题点津

【例题1·单选题】根据基本准则制定，用于规范政府发生的经济业务或事项的会计处理原则的是（　　）。

A. 政府会计制度
B. 政府会计具体准则
C. 政府会计准则应用指南
D. 政府会计制度补充规定

【答案】B
【解析】政府会计制度及其补充规定主要对政府会计科目及账务处理、报表体系及编制说明等进行具体规定；应用指南也是对具体准则的实际应用作出的操作性规定，只有具体准则是根据基本准则提出的处理原则。

【例题2·多选题】政府会计主体主要包括（　　）。

A. 各企业　　　　B. 各级政府
C. 各部门　　　　D. 各单位

【答案】BCD
【解析】政府会计主体主要包括各级政府、各部门、各单位。

【例题3·判断题】对于已执行《民间非营利组织会计制度》的社会团体，其会计核算适用政府会计准则制度。（　　）

【答案】×
【解析】军队、已纳入企业财务管理体系的单位和执行《民间非营利组织会计制度》的社会团体，其会计核算不适用政府会计准则制度。

2 政府会计的特点和核算模式 ★★

一、考点解读

（一）政府会计的特点

1. "双功能"

政府会计应当实现预算会计和财务会计的双重功能。

预算会计对政府会计主体预算执行过程中发生的全部预算收入和全部预算支出进行会计核

算，主要反映和监督预算收支执行情况。

财务会计对政府会计主体发生的各项经济业务或者事项进行会计核算，主要反映和监督政府会计主体财务状况、运行情况和现金流量等。

2."双基础"

预算会计实行收付实现制，国务院另有规定的，从其规定；

财务会计实行权责发生制。

3."双要素"

政府会计要素包括预算会计要素和财务会计要素。其中：

预算会计要素包括预算收入、预算支出与预算结余；

财务会计要素包括资产、负债、净资产、收入和费用。

4."双报告"

政府会计主体应当编制决算报告和财务报告。其中：

政府决算报告是综合反映政府会计主体年度预算收支执行结果的文件，主要以收付实现制为基础编制，以预算会计核算生成的数据为准；

政府财务报告是反映政府会计主体某一特定日期的财务状况和某一会计期间的运行情况和现金流量等信息的文件，主要以权责发生制为基础编制，以财务会计核算生成的数据为准。

(二) 政府会计核算模式

政府会计由预算会计和财务会计构成。政府会计核算模式实现了预算会计与财务会计适度分离并相互衔接，全面、清晰反映政府财务信息和预算执行信息。

二、例题点津

【例题1·多选题】关于政府会计，下列表述中正确的有（　　）。

A. 政府会计应当实现预算会计和财务会计双重功能

B. 政府会计主体应当编制决算报告和财务报告

C. 政府会计实行收付实现制

D. 政府会计主体分别建立预算会计和财务会计两套账

【答案】AB

【解析】预算会计实行收付实现制，国务院另有规定的，从其规定；财务会计实行权责发生制，选项C错误；政府预算会计和财务会计"适度分离"，并不是要求政府会计主体分别建立预算会计和财务会计两套账，对同一笔经济业务或事项进行会计核算，而是要求政府预算会计要素和财务会计要素相互协调，决算报告和财务报告相互补充，共同反映政府会计主体的预算执行信息和财务信息，选项D错误。

【例题2·多选题】政府会计的"双功能"特点，是指（　　）。

A. 管理会计　　　　B. 财务会计
C. 预算会计　　　　D. 企业会计

【答案】BC

【解析】政府会计应当实现预算会计和财务会计的双重功能。

3 政府会计要素及其确认和计量★★★

一、考点解读

(一) 政府预算会计要素

1. 预算收入

(1) 概念：是指政府会计主体在预算年度内依法取得的并纳入预算管理的现金流入。

(2) 确认：一般在实际收到时确认。

(3) 计量：以实际收到的金额计量。

2. 预算支出

(1) 概念：是指政府会计主体在预算年度内依法发生并纳入预算管理的现金流出。

(2) 确认：一般在实际支付时予以确认。

(3) 计量：以实际支付的金额计量。

3. 预算结余

预算结余是指政府会计主体预算年度内预算收入扣除预算支出后的资金余额，以及历年滚存的资金余额。预算结余包括结余资金和结转资金。

(1) 结余资金：是指年度预算执行终了，预算收入实际完成数扣除预算支出和结转资金后剩余的资金。

(2) 结转资金：是指预算安排项目的支出年终尚未执行完毕或者因故未执行，且下年需要按原用途继续使用的资金。

(二)政府财务会计要素

1. 资产

(1)概念:是指政府会计主体过去的经济业务或者事项形成的,由政府会计主体控制的,预期能够产生服务潜力或者带来经济利益流入的经济资源。

(2)分类:政府会计主体的资产按照流动性,分为流动资产和非流动资产。其中:

流动资产是指预计在1年内(含1年)耗用或者可以变现的资产,包括货币资金、短期投资、应收及预付款项、存货等。

非流动资产是指流动资产以外的资产,包括固定资产、在建工程、无形资产、长期投资、公共基础设施、政府储备资产、文物文化资产、保障性住房和自然资源资产等。

(3)确认:同时满足以下条件时,确认为资产。

一是与该经济资源相关的服务潜力很可能实现或者经济利益很可能流入政府会计主体;二是该经济资源的成本或者价值能够可靠地计量。

(4)计量:政府资产的计量属性主要有历史成本、重置成本、现值、公允价值和名义金额。

历史成本计量下,资产按照取得时支付的现金金额或者支付对价的公允价值计量。

重置成本计量下,资产按照现在购买相同或者相似资产所需支付的现金金额计量。

现值计量下,资产按照预计从其持续使用和最终处置中所产生的未来净现金流入量的折现金额计量。

公允价值计量下,资产按照市场参与者在计量日发生的有序交易中,出售资产所能收到的价格计量。

提示 无法采用上述计量属性的,采用名义金额(即人民币1元)计量。

政府会计主体对资产进行计量,一般应当采用历史成本。

2. 负债

(1)概念:是指政府会计主体过去的经济业务或者事项形成的,预期会导致经济资源流出政府会计主体的现时义务。

提示 未来发生的经济业务或者事项形成的义务不属于现时义务,不应当确认为负债。

(2)分类:政府会计主体的负债按照流动性,分为流动负债和非流动负债。其中:

流动负债是指预计在1年内(含1年)偿还的负债,包括短期借款、应付短期政府债券、应付及预收款项、应缴款项等。

非流动负债是指流动负债以外的负债,包括长期借款、长期应付款、应付长期政府债券等。

政府会计主体的负债分为偿还时间与金额基本确定的负债和由或有事项形成的预计负债。偿还时间与金额基本确定的负债按政府会计主体的业务性质及风险程度,分为融资活动形成的举借债务及其应付利息、运营活动形成的应付及预收款项和暂收性负债。

(3)确认:同时满足以下条件时,确认为负债。

一是履行该义务很可能导致含有服务潜力或者经济利益的经济资源流出政府会计主体;二是该义务的金额能够可靠地计量。

(4)计量:政府负债的计量属性主要有历史成本、现值和公允价值。

历史成本计量下,负债按照因承担现时义务而实际收到的款项或者资产的金额,或者承担现时义务的合同金额,或者按照为偿还负债预期需要支付的现金计量。

现值计量下,负债按照预计期限内需要偿还的未来净现金流出量的折现金额计量。

公允价值计量下,负债按照市场参与者在计量日发生的有序交易中,转移负债所需支付的价格计量。

政府会计主体对负债进行计量,一般应当采用历史成本。

3. 净资产

净资产是指政府会计主体资产扣除负债后的净额,其金额取决于资产和负债的计量。

4. 收入

(1)概念:是指报告期内导致政府会计主体净资产增加的、含有服务潜力或者经济利益的经济资源的流入。

(2)确认:应当同时满足以下条件,确认为收入。

一是与收入相关的含有服务潜力或者经济利

益的经济资源很可能流入政府会计主体；

二是含有服务潜力或者经济利益的经济资源流入会导致政府会计主体资产增加或者负债减少；

三是流入金额能够可靠地计量。

5. 费用

（1）概念：是指报告期内导致政府会计主体净资产减少的、含有服务潜力或者经济利益的经济资源的流出。

（2）确认：同时满足以下条件，确认为费用。

一是与费用相关的含有服务潜力或者经济利益的经济资源很可能流出政府会计主体；

二是含有服务潜力或者经济利益的经济资源流出会导致政府会计主体资产减少或者负债增加；

三是流出金额能够可靠地计量。

二、例题点津

【例题1·单选题】下列各项中，不属于预算会计要素的是（　　）。

A. 预算收入　　　B. 预算支出
C. 预算费用　　　D. 预算结余

【答案】C

【解析】政府预算会计要素包括预算收入、预算支出和预算结余。

【例题2·多选题】下列各项中，属于政府会计非流动资产的有（　　）。

A. 保障性住房　　B. 自然资源资产
C. 文物文化资产　D. 存货

【答案】ABC

【解析】政府会计中的非流动资产是指流动资产以外的资产，包括固定资产、在建工程、无形资产、长期投资、公共基础设施、政府储备资产、文物文化资产、保障性住房和自然资源资产等。存货属于流动资产，选项D错误。

【例题3·多选题】政府负债的计量属性主要有（　　）。

A. 重置成本　　　B. 名义金额
C. 历史成本　　　D. 公允价值

【答案】CD

【解析】政府负债的计量属性主要有历史成本、现值和公允价值。

【例题4·判断题】对于未来发生的经济业务或者事项形成的义务，应当确认为负债。（　　）

【答案】×

【解析】现时义务是指政府会计主体在现行条件下已承担的义务。未来发生的经济业务或者事项形成的义务不属于现时义务，不应当确认为负债。

本章考点巩固练习题

一、单项选择题

1. 下列各项中，不作为企业资产加以核算和反映的是（　　）。
   A. 准备出售的机器设备
   B. 委托加工物资
   C. 经营租出的设备
   D. 待处理财产损溢

2. 下列各项中，属于反映企业经营成果的会计要素是（　　）。
   A. 利润　　　　　B. 资产
   C. 收益　　　　　D. 利得

3. 下列项目中，属于非流动资产的是（　　）。
   A. 应收账款　　　B. 货币资金
   C. 开发支出　　　D. 合同资产

4. 下列说法中，不正确的是（　　）。
   A. 负债是由过去的交易或事项形成的现时义务
   B. 负债将导致经济利益流出企业
   C. 流动负债是指将在1年或超过1年的一个营业周期内偿还的债务
   D. 负债只能以货币偿还

5. 下列关于会计要素的表述中，正确的是（　　）。
   A. 负债是企业承担的潜在义务
   B. 资产预期能给企业带来经济利益

C. 收入是所有导致所有者权益增加的经济利益的总流入

D. 利润是企业一定期间内收入减去费用后的净额

6. 下列各项中，不属于费用确认条件的是（　　）。
   A. 与费用相关的经济利益应当很可能流出企业
   B. 经济利益流出企业的结果会导致资产的减少或者负债的增加
   C. 经济利益的流出额能够可靠计量
   D. 企业因向客户转让商品或提供劳务而有权取得的对价很可能收回

7. 下列各项中，属于企业在对会计要素进行计量时一般应当采用的计量属性是（　　）。
   A. 历史成本　　　B. 重置成本
   C. 可变现净值　　D. 公允价值计量

8. 资产按照预计从其持续使用和最终处置中所产生的未来现金流入量的折现金额计量，其会计计量属性是（　　）。
   A. 重置成本　　　B. 公允价值
   C. 可变现净值　　D. 现值

9. 下列选项中，不属于会计计量属性的是（　　）。
   A. 账面余额　　　B. 可变现净值
   C. 公允价值　　　D. 重置成本

10. 企业以银行存款支付应付账款，会引起相关会计要素变化，下列表述正确的是（　　）。
    A. 一项资产增加，另一项资产减少
    B. 一项资产减少，一项负债增加
    C. 一项资产减少，一项负债减少
    D. 一项负债减少，另一项负债增加

11. 下列各项中，会导致会计等式左右两边同时增加的经济业务是（　　）。
    A. 从银行提取现金
    B. 从银行借入短期借款
    C. 用资本公积转增资本
    D. 签发商业汇票支付前欠货款

12. 下列等式中，不正确的是（　　）。
    A. 资产 = 负债 + 所有者权益
    B. 期末资产 = 期末负债 + 期初所有者权益
    C. 期末资产 = 期末负债 + 期初所有者权益 + 本期增加的所有者权益 – 本期减少的所有者权益
    D. 资产 = 权益

13. 将短期借款50万元转为对本公司的投资，则引起本公司（　　）。
    A. 负债减少，资产增加
    B. 负债减少，所有者权益增加
    C. 资产减少，所有者权益增加
    D. 所有者权益内部一增一减

14. 下列科目中，不属于成本类科目的是（　　）。
    A. 清算资金往来　　B. 生产成本
    C. 劳务成本　　　　D. 研发支出

15. 下列各项中，反映复式记账法的理论基础的是（　　）。
    A. 试算平衡　　　　B. 基本会计等式
    C. 收付实现制　　　D. 权责发生制

16. 在借贷记账法下，成本类账户的贷方登记（　　）。
    A. 增加数或结转数
    B. 增加数
    C. 减少数或结转数
    D. 结转数

17. 甲公司王某报销差旅费4 380元，退回现金620元结清预借款，该笔业务编制的会计分录是（　　）。
    A. 一借一贷　　　　B. 一借多贷
    C. 一贷多借　　　　D. 多借多贷

18. 某企业期初资产总额为800万元，本期发生以下业务：（1）向银行借入资金150万元，存入企业存款户；（2）用银行存款65万元，购买甲材料；（3）购买乙材料85万元，货款未付。期末，该企业资产总额为（　　）万元。
    A. 1 100　　　　B. 1 035
    C. 1 015　　　　D. 950

19. 在编制余额试算平衡表时，不会涉及的账户类别是（　　）。
    A. 资产类账户　　　B. 负债类账户
    C. 损益类账户　　　D. 所有者权益类账户

20. 下列各项中，可以通过编制试算平衡表发现的记账错误是（　　）。
    A. 颠倒了记账方向

B. 漏记了某项经济业务
C. 错误地使用了应借记的会计科目
D. 只登记了会计分录的借方或贷方，漏记了另一方

21. 下列各项中，通过编制试算平衡表无法发现的记账错误是（　　）。
    A. 某项经济业务借方金额多记、贷方金额少记
    B. 登记某项经济业务的借、贷方科目颠倒
    C. 漏记某项经济业务的借方金额
    D. 记错某项经济业务的贷方金额

22. 原始凭证按格式不同，可以分为（　　）。
    A. 通用凭证和专用凭证
    B. 一次凭证和累计凭证
    C. 累计凭证和汇总凭证
    D. 自制原始凭证和外来原始凭证

23. 下列单据中，属于外来原始凭证的是（　　）。
    A. 购进货物发票　　B. 工资发放明细表
    C. 限额领料单　　　D. 借款单

24. 单位在审核原始凭证时，发现外来原始凭证的金额有错误，正确的处理是（　　）。
    A. 原出具凭证单位更正并加盖公章
    B. 经办人员更正并报领导审批
    C. 接受凭证单位更正并加盖公章
    D. 原出具凭证单位重开

25. 下列各项中，关于记账凭证填制要求的表述正确的是（　　）。
    A. 记账凭证只能根据每一张原始凭证填制
    B. 所有的记账凭证都必须附有原始凭证
    C. 反映付款业务的会计凭证应由出纳人员按业务发生的顺序进行编号
    D. 不得将不同内容和类别的原始凭证汇总填制一张记账凭证

26. 在填制记账凭证时，下列做法正确的是（　　）。
    A. 将不同类型业务的原始凭证合并编制一张记账凭证
    B. 如果一笔经济业务需填制两张及以上记账凭证的，可采用"分数编号法"编号
    C. 填制记账凭证时如发生错误，无须重新填制
    D. 从银行提取现金时只填现金收款凭证

27. 企业购进原材料100 000元，款项未付。该笔经济业务应编制的记账凭证是（　　）。
    A. 收款凭证　　　　B. 付款凭证
    C. 转账凭证　　　　D. 以上均可

28. "银行存款日记账"与收款凭证的核对属于（　　）。
    A. 账账核对　　　　B. 账表核对
    C. 账证核对　　　　D. 账实核对

29. 企业从银行提取现金，应编制（　　）。
    A. 现金收款凭证
    B. 现金付款凭证
    C. 银行存款付款凭证
    D. 转账凭证

30. 下列各项中，关于企业销售产品货款尚未收到的业务，应填制的记账凭证是（　　）。
    A. 收款凭证　　　　B. 汇总凭证
    C. 转账凭证　　　　D. 付款凭证

31. 会计档案因工作需要确需推迟移交的，应经单位档案管理机构同意，最长不超过（　　）。
    A. 1年　　　　　　 B. 2年
    C. 3年　　　　　　 D. 5年

32. 下列账簿中，通常不采用三栏式或多栏式账页格式的是（　　）。
    A. 应付账款明细账
    B. 银行存款日记账
    C. 销售费用明细账
    D. 库存商品明细分类账

33. 下列关于会计账簿的说法中，不正确的是（　　）。
    A. 由一定格式的账页组成
    B. 以经过审核的原始凭证为依据，全面、系统、连续地记录各项经济业务
    C. 各单位应该按照国家统一的会计制度的规定和会计业务的需要设置会计账簿
    D. 设置和登记账簿是连接会计凭证与财务报表的中间环节

34. 下列各项中，属于账实核对的是（　　）。
    A. 总账和明细账核对
    B. 银行存款日记账和银行对账单核对
    C. 账簿记录和记账凭证核对
    D. 总账和日记账核对

35. 2×21年9月15日，某企业财务人员发现当

月月初登记入账的一笔交易出现记账错误,该笔交易的记账凭证和账簿记录中应借、应贷会计科目及记账方向无误,但所记金额小于应记金额,其错账更正方法是( )。
A. 补充登记法　　B. 红字更正法
C. 试算平衡法　　D. 划线更正法

36. 对于需要携带外出的账簿,一般应由( )负责。
A. 单位负责人
B. 会计主管人员
C. 经管人员
D. 经管人员或会计主管人员指定专人

37. 一般来说,单位撤销合并或改变隶属关系时,要进行( )。
A. 全面清查　　　B. 局部清查
C. 实地盘点　　　D. 技术推算盘点

38. 下列各项中,导致银行存款日记账余额大于银行对账单余额的未达账是( )。
A. 银行根据协议支付当月电话费并已入账,企业尚未收到付款通知
B. 企业签发现金支票并入账,收款方尚未提现
C. 银行已代收货款并入账,企业尚未收到收款通知
D. 企业签发转账支票并入账,收款方未办理转账

39. 下列选项中,不属于财产清查程序的是( )。
A. 建立财产清查组织
B. 明确清查任务
C. 制定清查方案
D. 编制复查报告

40. 下列各项中,属于科目汇总表账务处理程序优点的是( )。
A. 便于反映各账户的对应关系
B. 便于检查核对账目
C. 便于进行试算平衡
D. 便于进行分工核算

41. 在账务处理程序中,财务报表是根据( )资料编制的。
A. 日记账、总账和明细账
B. 日记账和明细分类账

C. 明细账和总分类账
D. 日记账和总分类账

42. 规模较小、业务量较少的单位适用( )。
A. 记账凭证账务处理程序
B. 汇总记账凭证账务处理程序
C. 多栏式日记账账务处理程序
D. 科目汇总表账务处理程序

43. 下列关于信息化下使用会计软件基本要求的说法,错误的是( )。
A. 不得提供对已记账凭证的删除和插入功能
B. 可同时提供外国或者少数民族文字界面对照和处理支持
C. 提供对已记账凭证日期、金额、科目和操作人的修改功能
D. 提供符合国家统一会计准则制度的会计科目分类和编码功能

44. 下列各项中,关于产品成本的相关说法不正确的是( )。
A. 产品成本是指企业在生产产品(包括提供劳务)过程中所发生的材料费用、职工薪酬等,以及不能直接计入而按一定标准分配计入的各种间接费用
B. 成本核算一般是对成本计划执行的结果进行事前的反映
C. 企业通过产品成本核算,可以审核各项生产费用和经营管理费用的支出,分析和考核产品成本计划的执行情况,促使企业降低成本和费用
D. 企业通过产品成本核算,可以为计算利润、进行成本和利润预测提供数据,有助于提高企业生产技术和经营管理水平

45. 下列关于正确划分各种费用支出界限的说法,不正确的是( )。
A. 正确划分收益性支出和资本性支出的界限
B. 正确划分本期成本费用与以后期间成本费用的界限
C. 正确划分本期完工产品与下一阶段完工产品成本的界限
D. 正确划分各种产品成本费用的界限

46. 根据不同类型生产的特点和管理要求,下列方法中,不属于产品成本计算主要方法的是( )。

A. 品种法 B. 分类法
C. 分步法 D. 分批法

47. 下列关于品种法的表述，不正确的是（   ）。
   A. 成本核算对象是产品品种
   B. 成本计算期与产品生产周期基本一致
   C. 适用于单步骤、大量生产的企业
   D. 月末一般不存在在产品

48. 下列项目中，不属于管理会计指引体系的是（   ）。
   A. 案例库 B. 应用指引
   C. 基本指引 D. 法规库

49. 下列各项中，不属于管理会计要素的是（   ）。
   A. 管理会计活动 B. 信息与报告
   C. 工具方法 D. 评价指引

50. 政府会计特点中的"双报告"指的是（   ）。
   A. 预算报告和财务报告
   B. 决算报告和财务报告
   C. 绩效报告和预算报告
   D. 预算报告和决算报告

51. 下列各项中，属于政府财务会计要素的是（   ）。
   A. 预算结余 B. 预算收入
   C. 净资产 D. 预算支出

52. 下列各项中，不属于政府预算会计要素的是（   ）。
   A. 负债 B. 预算结余
   C. 预算支出 D. 预算收入

53. 下列关于政府单位负债要素的表述，不正确的是（   ）。
   A. 负债是政府会计主体过去的经济业务或者事项形成的
   B. 预期会导致经济资源流出政府会计主体
   C. 流动负债包括应付政府债券
   D. 负债是预期能够导致经济资源流出政府会计主体的现时义务

二、多项选择题

1. 下列各项中，属于企业资产的有（   ）。
   A. 报废的设备
   B. 融资租入的设备
   C. 企业自建的办公楼
   D. 以经营租赁方式租出的设备

2. 下列项目中，属于流动负债的有（   ）。
   A. 其他应付款 B. 持有待售负债
   C. 衍生金融负债 D. 应付债券

3. 下列关于重置成本的表述中，正确的有（   ）。
   A. 重置成本是指按照当前市场条件，重新取得同样一项资产所需支付的现金或现金等价物金额
   B. 在重置成本的计量下，资产按照现在购买相同或者相似资产所需支付现金或者现金等价物的金额计量
   C. 在重置成本的计量下，负债按照现在偿付该项债务所需支付的现金或者现金等价物的金额计量
   D. 在重置成本的计量下，资产按照购置资产时所付出的对价的公允价值计量

4. 下列选项中，不属于会计计量属性的有（   ）。
   A. 账面价值 B. 账面余额
   C. 公允价值 D. 入账价值

5. 下列各项经济业务中，能引起会计等式左右两边会计要素同时变动的有（   ）。
   A. 收到某单位前欠货款存入银行
   B. 以银行存款偿还银行借款
   C. 收到某单位投入机器设备一台
   D. 以银行存款购买材料（不考虑增值税）

6. 下列关于明细分类科目的表述中，正确的有（   ）。
   A. 明细分类科目也称一级会计科目
   B. 明细分类科目是对会计要素进行总括分类的科目
   C. 明细分类科目是对总分类科目作进一步分类的科目
   D. 明细分类科目是能提供更加详细具体会计信息的科目

7. 下列各项中，属于复合分录形式的有（   ）。
   A. 多借多贷 B. 一借多贷
   C. 多借一贷 D. 一借一贷

8. 下列各项中，属于成本类科目的有（   ）。
   A. 生产成本 B. 管理费用

C. 制造费用　　　D. 长期待摊费用

9. 下列各项中，会导致所有者权益总额减少的有（　　）。
   A. 向投资者宣告分派现金股利
   B. 盈余公积发放现金股利
   C. 出售固定资产发生净损失
   D. 宣告分配股票股利

10. 下列关于试算平衡公式的表述中，正确的有（　　）。
    A. 资产类账户借方发生额合计＝资产类账户贷方发生额合计
    B. 负债类账户借方发生额合计＝负债类账户贷方发生额合计
    C. 全部账户的借方期初余额合计＝全部账户的贷方期初余额合计
    D. 全部账户本期借方发生额合计＝全部账户本期贷方发生额合计

11. 在试算平衡中，难以发现的错误有（　　）。
    A. 漏记或重记同一经济业务
    B. 用错会计科目名称
    C. 会计分录的借贷方向颠倒
    D. 借贷双方中一方多记金额，一方少记金额

12. 下列选项中，原始凭证按照填制的手续和内容进行分类的有（　　）。
    A. 累计凭证　　　B. 专用凭证
    C. 一次凭证　　　D. 汇总凭证

13. 下列凭证中，不属于汇总原始凭证的有（　　）。
    A. 差旅费报销单　B. 发料凭证汇总表
    C. 限额领料单　　D. 收料单

14. 下列说法中，正确的有（　　）。
    A. 记账凭证上的日期指的是经济业务发生的日期
    B. 对于涉及"库存现金"和"银行存款"之间的经济业务，一般只编制收款凭证
    C. 出纳人员在办理收款或付款业务后，应在原始凭证上加盖"收讫"或"付讫"的戳记
    D. 记账凭证应连续编号

15. 对于需要随时查阅和退回的单据，应另编目录，单独保管，并在有关的记账凭证和原始凭证上分别注明日期和编号，这些单据有

（　　）。
    A. 押金收据　　　B. 折旧计算表
    C. 提货单　　　　D. 餐饮费发票

16. 下列关于会计账簿启用的说法，正确的有（　　）。
    A. 账簿扉页上附启用表
    B. 账簿封面上写明单位名称和账簿名称
    C. 订本式账簿应当从第一页到最后一页顺序编定页数
    D. 活页式账簿应当按账户顺序编号

17. 订本式账簿主要适用于（　　）。
    A. 固定资产明细账
    B. 销售收入明细账
    C. 总分类账
    D. 银行存款日记账

18. 下列各项中，属于登记库存现金日记账依据的有（　　）。
    A. 银行存款收款凭证
    B. 银行存款付款凭证
    C. 库存现金收款凭证
    D. 库存现金付款凭证

19. 下列各项中，可用红墨水记账的有（　　）。
    A. 在不设借贷栏的多栏式账页中，登记减少数
    B. 在三栏式账户的余额栏前，如未印明余额方向，在余额栏内登记负数余额
    C. 补充登记原少记金额
    D. 按照红字冲账的记账凭证，冲销错误记录

20. 下列结账方法中，正确的有（　　）。
    A. 现金、银行存款日记账，每月要结出本月发生额和余额，在摘要栏内注明"本月合计"字样，并在下面通栏划单红线
    B. 需要结计本年累计发生额的明细账，每月结账时，应在"本月合计"行下结出自年初起至本月末的累计发生额
    C. 总账账户平时只需结出月末余额。年终结账时，将所有总账账户结出全年发生额和年末余额，在摘要栏内注明"本年合计"字样，并在合计数下通栏划双红线
    D. 年度终了时，对有余额的账户，要将其余额结转下年，并在摘要栏注明"结转下年"字样

21. 下列各项中，属于总分类账户与明细分类账户平行登记要点的有（ ）。
    A. 同金额   B. 同方向
    C. 同摘要   D. 同期间

22. 下列各项中，属于对账内容的有（ ）。
    A. 账证核对   B. 账账核对
    C. 账实核对   D. 账表核对

23. 下列各项中，属于账账核对的内容有（ ）。
    A. 总分类账簿与序时账簿之间的核对
    B. 总分类账簿与所辖明细分类账簿之间的核对
    C. 明细分类账簿之间的核对
    D. 银行存款日记账余额与银行对账单余额之间的核对

24. 下列记账错误中，应选择红字更正法的有（ ）。
    A. 记账后发现记账凭证中的会计科目应用错误
    B. 记账后发现记账凭证所列金额大于正确金额
    C. 记账后发现记账凭证所列金额小于正确金额
    D. 结账前发现账簿记录有文字错误，而记账凭证正确

25. 实物清查的常用方法有（ ）。
    A. 实地盘点法   B. 技术推算法
    C. 账目核对法   D. 逆查法

26. 下列属于企业应该进行全面清查的情况有（ ）。
    A. 编制年度会计报表前
    B. 改变隶属关系前
    C. 股份制改制前
    D. 中外合资前

27. 下列项目中，在财产清查中一般采用发函询证的方法进行核对的有（ ）。
    A. 应收账款   B. 预收账款
    C. 银行存款   D. 固定资产

28. 下列各项中，属于企业常用的账务处理程序有（ ）。
    A. 记账凭证账务处理程序
    B. 科目汇总表账务处理程序
    C. 汇总记账凭证账务处理程序
    D. 多栏式日记账账务处理程序

29. 下列各项中，不属于记账凭证账务处理程序优点的有（ ）。
    A. 减轻了登记总分类账的工作量
    B. 总分类账可以反映经济业务的详细情况
    C. 可以起到试算平衡的作用
    D. 简单明了，易于理解

30. 对于经济业务较多的企业可以采用的账务处理程序有（ ）。
    A. 记账凭证账务处理程序
    B. 汇总记账凭证账务处理程序
    C. 科目汇总表账务处理程序
    D. 多栏式日记账账务处理程序

31. 下列各项中，关于科目汇总表账务处理程序表述正确的有（ ）。
    A. 该账务处理程序不利于单位对账目进行检查
    B. 该账务处理程序可减轻单位登记总分类账的工作量
    C. 该账务处理程序下单位应根据记账凭证直接登记总分类账
    D. 该账务处理程序通常适用于经济业务较多的单位

32. 下列各项中，应计入产品生产成本的有（ ）。
    A. 生产产品耗用的直接材料
    B. 生产产品耗用的燃料费
    C. 生产产品耗用的动力费
    D. 生产车间管理人员的职工薪酬

33. 下列关于确定成本核算对象的表述中正确的有（ ）。
    A. 成本核算对象确定后，通常不应中途变更
    B. 成本核算对象的确定是设立成本明细账，正确计算成本的前提
    C. 多步骤连续加工产品，且管理上要求提供生产步骤成本信息的，以每种产品及生产步骤为成本核算对象
    D. 小批或单件生产产品的以每批或每件产品为成本核算对象

34. 下列关于逐步结转分步法特点的说法中，正确的有（ ）。
    A. 分步计算半成品成本

B. 逐步计算并结转半成品成本
C. 不计算各步骤所产半成品的成本
D. 需要将生产成本在各步骤完工产品和在产品之间进行分配

35. 下列各项中，属于管理会计要素的有（　　）。
   A. 应用环境　　　B. 管理会计活动
   C. 工具方法　　　D. 案例库

36. 下列各项中，属于政府会计标准体系的有（　　）。
   A. 基本准则
   B. 具体准则及应用指南
   C. 政府会计制度
   D. 管理会计应用指引

37. 下列各项中，属于政府资产计量属性的有（　　）。
   A. 历史成本　　　B. 现值
   C. 公允价值　　　D. 名义金额

38. 下列各项关于政府决算报告和政府综合财务报告的说法中，正确的有（　　）。
   A. 政府决算报告编制基础为权责发生制
   B. 政府综合财务报告的数据来源是以财务会计核算生成的数据为准
   C. 政府决算报告的编制方法为汇总
   D. 政府综合财务报告反映的对象为一级政府整体财务状况、运行情况和财政中长期可持续性

三、判断题

1. 经批准处置的已核销的生产设备，不确认为企业资产。（　　）
2. 营业外收入会增加企业利润，因此属于企业的收入。（　　）
3. 企业非日常活动所形成的利得，不得计入利润。（　　）
4. 非流动资产可收回金额按照未来现金流量以恰当的折现率进行折现后的价值计量，这是现值计量属性。（　　）
5. 经济业务的发生可能导致资产要素不变，负债和所有者权益一增一减的情况。（　　）
6. "资产＝负债＋所有者权益"这一会计恒等式，无论发生任何经济业务都不会破坏其平衡关系，也不会引起等式两边金额的变化。（　　）
7. 资产内部项目有增有减，会使会计恒等式两边总额发生变动。（　　）
8. 按照反映的经济内容分类，递延收益属于企业所有者权益类会计科目。（　　）
9. 所有的总分类科目都应该设置明细科目，进行明细核算。（　　）
10. 会计科目仅是会计账户的名称，会计科目没有结构和格式，不能反映会计要素具体内容的增减变动及其结果。（　　）
11. 账户是根据会计要素设置的，具有一定的格式和结构。（　　）
12. 复式记账是以资产与权益平衡关系作为记账基础，对于每一笔经济业务，都要以相等的金额，在任意的两个或两个以上账户中进行记录的一种记账方法。（　　）
13. 如果试算平衡表是平衡的，则说明科目记录是正确的。（　　）
14. 会计凭证通常指的是纸质会计凭证。（　　）
15. 自制原始凭证都是一次凭证，外来原始凭证绝大多数是一次凭证。（　　）
16. 原始凭证在填写金额时，一律要填写符号，即人民币"￥"。（　　）
17. 原始凭证是会计核算的原始资料和重要依据，是登记会计账簿的直接依据。（　　）
18. 凡是现金或银行存款增加的经济业务必须填制收款凭证，不填制付款凭证。（　　）
19. 某单位购入甲材料48 000元，货款以银行存款支付40 000元，其余8 000元暂欠，该笔业务应编制一张转账凭证。（　　）
20. 填制记账凭证若发生错误，应重新填制。如发现以前年度记账凭证有误的，应用红字填制一张更正的记账凭证。（　　）
21. 未设立档案机构的单位，可以由会计机构内部的财务人员兼管会计档案。（　　）
22. 序时账簿是编制会计报表的主要依据。（　　）
23. "原材料明细账"应该采用数量金额式账页格式。（　　）
24. 备查账簿可以根据企业的实际需要设置，无固定的格式要求。（　　）
25. 会计账簿一律不得携带外出。（　　）
26. 期末对账时，也包括账证核对，即会计账

簿记录与原始凭证、记账凭证的时间、凭证字号、内容、金额是否一致，记账方向是否相符。（ ）
27. 结账工作是建立在持续经营前提下的。（ ）
28. 会计科目和方向没有错误，记账凭证所填金额小于应记的金额，导致账簿记录错误的，适用于划线更正法。（ ）
29. 会计人员记账后发现记账凭证和账簿记账中应借、应贷会计科目正确，但是所记科目金额有误，应采用划线更正法更正。（ ）
30. 补充登记法是在记账后发现记账凭证填写的会计科目无误，只是所记金额大于应记金额时，所采用的一种更正方法。（ ）
31. 对库存现金进行盘点时，财务负责人必须在场。（ ）
32. 银行存款的清查一般在年末进行。（ ）
33. 企业在与银行对账时，如果存在未达账项，应当编制"银行存款余额调节表"，据以确定企业银行存款实有数，并作为调整企业银行存款账面记录的记账依据。（ ）
34. 科目汇总表账务处理程序能科学地反映账户的对应关系，且便于账目核对。（ ）
35. 记账凭证账务处理程序、汇总记账凭证账务处理程序和科目汇总表账务处理程序的一般步骤中都包括根据科目汇总表登记总分类账。（ ）
36. 科目汇总表账务处理程序下，企业应直接根据记账凭证逐笔登记总分类账。（ ）
37. 企业使用的会计软件应当提供可以对已记账

凭证日期、金额、科目的修改功能。（ ）
38. 车间管理人员的工资不属于直接工资，因而不能计入产品成本，而应计入期间费用。（ ）
39. 大量大批单步骤生产产品的，一般按照每批或每件产品确定成本核算对象。（ ）
40. 分批法一般不存在完工产品与在产品之间分配费用的问题。（ ）
41. 品种法除了按品种计算和结转产品成本外，还需要计算和结转产品的各步骤成本。（ ）
42. 管理会计基本指引在管理会计指引体系中起统领作用，是制定应用指引和建设案例库的基础，对应用指引中未作出描述的新问题提供处理依据。（ ）
43. 本量利分析中，"本"是指成本，"量"是指生产量，"利"是指营业利润。（ ）
44. 政府预算收入是指报告期内导致政府会计主体净资产增加的，含有服务潜力或经济利益的经济资源的流入。（ ）
45. 政府决算报告的编制基础为权责发生制。（ ）
46. 科学事业单位按照规定从科研项目预算收入中提取项目管理费时，只需进行预算会计核算。（ ）
47. 政府会计主体对资产进行计量，一般应当采用实际成本。（ ）
48. 属于预算会计要素的有预算收入、净资产、预算支出、预算结余。（ ）

本章考点巩固练习题参考答案及解析

一、单项选择题

1. 【答案】D
【解析】资产是指由于过去的交易或事项形成，并由企业拥有或者控制的资源，该资源预期会给企业带来经济利益。根据资产的定义可知，选项A、B、C，应作为企业资产加以核算和反映；选项D，"待处理财产损溢"科目核算企业在清查财产过程中查明的各种财产盘盈、盘亏和毁损的价值，是一个临时的过渡科目，因此不作为企业资产加以核算和反映。

2. 【答案】A
【解析】利润是反映企业一定会计期间经营成果的会计要素。

3. 【答案】C

【解析】非流动资产包括债权投资、其他债权投资、长期应收款、长期股权投资、其他权益工具投资、其他非流动金融资产、投资性房地产、固定资产、在建工程、生产性生物资产、油气资产、使用权资产、无形资产、开发支出、商誉、长期待摊费用、递延所得税资产、其他非流动资产。应收账款、货币资金和合同资产属于流动资产。

4.【答案】D

【解析】负债是指企业由过去的交易或者事项形成的、预期会导致经济利益流出企业的现时义务。通常在1年或超过1年的一个营业周期内偿还的债务，称为流动负债。负债的清偿不仅可以是货币偿还，还可以是实物资产偿还或者以提供劳务偿还等。

5.【答案】B

【解析】资产是指企业过去交易或者事项形成的、由企业拥有或者控制的、预期会给企业带来经济利益的资源。负债是指企业过去的交易或者事项形成的、预期会导致经济利益流出企业的现时义务。收入是指企业在日常活动中形成的、会导致所有者权益增加的、与所有者投入资本无关的经济利益的总流入。利润是指企业在一定会计期间的经营成果，包括收入减去费用后的净额、直接计入当期利润的利得和损失等。

6.【答案】D

【解析】本题考核会计要素确认条件。费用的确认除了应当符合定义外，至少应当符合以下条件：(1) 与费用相关的经济利益应当很可能流出企业；(2) 经济利益流出企业的结果会导致资产的减少或者负债的增加；(3) 经济利益的流出额能够可靠计量。企业因向客户转让商品或提供劳务而有权取得的对价很可能收回，属于收入的确认条件，选项D符合题意。

7.【答案】A

【解析】历史成本又称实际成本，是指取得或制造某项财产物资时所实际支付的现金或者现金等价物。

8.【答案】D

【解析】现值是指对某一资产的未来现金流量以恰当的概率进行折现后的价值，是考虑货币时间价值的一种计量属性。

9.【答案】A

【解析】会计计量属性主要包括历史成本、重置成本、可变现净值、现值和公允价值等。

10.【答案】C

【解析】企业以银行存款支付应付账款，此项业务发生会引起银行存款减少即资产减少；应付账款减少即负债减少。

11.【答案】B

【解析】资产＝负债＋所有者权益，选项A，资产一增一减，等式左边内部变化；选项B，资产增加，负债增加，等式左右两边同时增加；选项C，所有者权益一增一减，等式右边内部变化；选项D，负债一增一减，等式右边内部变化。

12.【答案】B

【解析】等式中的资产、负债、所有者权益针对的是同一时点，否则等式不成立。所以，选项B不正确。

13.【答案】B

【解析】此题的会计分录为：借：短期借款50万元，贷：实收资本50万元。故负债减少，所有者权益增加，选项B正确。

14.【答案】A

【解析】成本类科目是对可归属于产品生产成本、劳务成本等的具体内容进行分类核算的项目，主要有"生产成本""制造费用""劳务成本""研发支出"等科目。清算资金往来属于共同类科目。

15.【答案】B

【解析】财务状况等式，亦称基本会计等式和静态会计等式，是复式记账法的理论基础。

16.【答案】C

【解析】成本类会计科目的借方登记成本的增加额，贷方登记成本的减少额，期末若有余额，应在借方。成本科目的结转应从贷方转出。

17.【答案】C

【解析】该笔经济业务的会计分录是：
借：管理费用　　　　　　　　4 380
　　库存现金　　　　　　　　　620
　　贷：其他应收款　　　　　　　5 000

属于两借一贷分录，选项C正确。

18. 【答案】B

【解析】（1）向银行借入资金150万元，存入企业存款账户，增加银行存款150万元，同时增加负债150万元；（2）购买材料65万元，以银行存款支付，那么增加原材料65万元，同时减少银行存款65万元；（3）购买材料85万元，货款未付，那么增加原材料85万元，同时增加负债85万元。所以本期资产变动额 = 150 + 65 - 65 + 85 = 235（万元），所以该企业资产 = 800 + 235 = 1 035（万元）。

19. 【答案】C

【解析】本题考核试算平衡。余额试算平衡的直接依据是财务状况等式，即：资产 = 负债 + 所有者权益。

20. 【答案】D

【解析】选项A、B、C是通过编制试算平衡表不能发现的错误。

21. 【答案】B

【解析】选项A、C、D，会导致借、贷方合计金额不相等，可以发现记账错误。

22. 【答案】A

【解析】原始凭证按格式不同，可分为通用凭证和专用凭证；按取得的来源不同，可分为自制原始凭证和外来原始凭证；按填制的手续和内容的不同，可以分为一次凭证、累计凭证和汇总凭证。

23. 【答案】A

【解析】选项B、C、D属于自制原始凭证。

24. 【答案】D

【解析】原始凭证记载的各项内容均不得涂改。原始凭证有错误的，应当由出具单位重开或更正，更正处应当加盖出具单位印章。原始凭证金额有错误的，不得在原始凭证上更正，应当由出具单位重开。

25. 【答案】D

【解析】选项A，记账凭证可以根据每一张原始凭证填制，或根据若干张同类原始凭证汇总填制，也可根据原始凭证汇总表填制；选项B，结账和更正错账可以不附原始凭证；选项C，反映付款业务的会计凭证不得由出纳人员编号。

26. 【答案】B

【解析】记账凭证可以根据每一张原始凭证填制，或根据若干张同类原始凭证汇总填制，也可根据原始凭证汇总表填制；但不得将不同内容和类别的原始凭证汇总填制在一张记账凭证上，选项A错误；填制记账凭证时若发生错误，应当重新填制，选项C错误；将现金存入银行或从银行提取现金，为了避免重复记账，一般只填制付款凭证，不再填制收款凭证，选项D错误。

27. 【答案】C

【解析】本题考核记账凭证。该业务不涉及现金和银行存款收付，因此应编制转账凭证。

28. 【答案】C

【解析】账证核对是指记账后，应将账簿记录与会计凭证核对，核对账簿记录与原始凭证、记账凭证的时间、凭证字号、内容、金额等是否一致，记账方向是否相符，做到账证相符。

29. 【答案】C

【解析】对于涉及"库存现金"和"银行存款"之间的相互划转业务，如将现金存入银行或从银行提取现金，为了避免重复记账，一般只填制付款凭证，不再填制收款凭证。

30. 【答案】C

【解析】转账凭证，是指用于记录不涉及库存现金和银行存款业务的记账凭证。企业销售产品货款尚未收到，应填制转账凭证。

31. 【答案】C

【解析】会计档案因工作需要确需推迟移交的，应当经单位档案管理机构同意，且最长不超过3年。

32. 【答案】D

【解析】库存商品明细分类账应采用数量金额式账簿；选项A、B应采用三栏式账簿；选项C应采用多栏式账簿。

33. 【答案】B

【解析】本题考核会计账簿的概念和作用。会计账簿是指由一定格式账页组成的，以经过审核的会计凭证为依据，全面、系统、连续地记录各项经济业务的簿籍。会计凭证包括记账凭证和原始凭证，原始凭证和记账凭证都可以作为登记账簿的依据。

34. 【答案】B
【解析】选项A、D，属于账账核对；选项C，属于账证核对。

35. 【答案】A
【解析】记账后发现记账凭证中会计科目无误，所记金额小于应记金额，导致账簿记录错误的，应采用补充登记法。

36. 【答案】D
【解析】会计账簿除需要与外单位核对外，一般不能携带外出；对携带外出的账簿，一般应由经管人员或会计主管人员指定专人负责。

37. 【答案】A
【解析】一般来说单位撤销、合并或改变隶属关系时要采用全面清查。

38. 【答案】A
【解析】银行存款日记账余额大于银行对账单余额有两种情形：第一种是企业已收，银行未收；第二种是银行已付，企业未付。选项A属于银行已付，企业未付的情形，故该选项正确；选项B属于企业已付，银行未付（因为收款方未提现），表明银行存款日记账小于银行对账单余额，故该选项错误；选项C银行已收，企业未收，表明银行存款日记账小于银行对账单余额，故该选项错误；选项D，企业已付，银行未付，表明银行存款日记账小于银行对账单余额，故该选项错误。

39. 【答案】D
【解析】财产清查不用复查，所以不需要编制复查报告。

40. 【答案】C
【解析】科目汇总表账务处理程序的优点是减轻了登记总分类账的工作量，可以起到试算平衡的作用。

41. 【答案】C
【解析】本题考核账务处理程序。在记账凭证账务处理程序、汇总记账凭证账务处理程序和科目汇总表账务处理程序这三种主要的账务处理程序中，都是根据明细账和总分类账编制财务报表的。

42. 【答案】A
【解析】记账凭证账务处理程序适用于规模较小，经济业务量较少的单位。

43. 【答案】C
【解析】企业使用的会计软件应当提供不可逆的记账功能，确保对同类已记账凭证的连续编号，不得提供对已记账凭证的删除和插入功能，不得提供对已记账凭证日期、金额、科目和操作人的修改功能，选项A正确、选项C错误；企业使用的会计软件的界面应当使用中文并且提供对中文处理的支持，可以同时提供外国或者少数民族文字界面对照和处理支持，选项B正确；企业使用的会计软件应当提供符合国家统一会计准则制度的会计科目分类和编码功能，选项D正确。

44. 【答案】B
【解析】选项B不正确，成本核算一般是对成本计划执行的结果进行事后的反映。

45. 【答案】C
【解析】为正确计算产品成本，必须正确划分以下五个方面的费用界限：一是正确划分收益性支出和资本性支出的界限；二是正确划分成本费用、期间费用和营业外支出的界限；三是正确划分本期成本费用与以后期间成本费用的界限；四是正确划分各种产品成本费用的界限；五是正确划分本期完工产品与期末在产品成本的界限。

46. 【答案】B
【解析】产品成本计算方法主要包括品种法、分批法和分步法。

47. 【答案】B
【解析】选项B，属于分批法的特点。

48. 【答案】D
【解析】管理会计指引体系是在管理会计理论研究成果的基础上，形成的可操作性的系列标准。管理会计指引体系包括基本指引、应用指引和案例库。

49. 【答案】D
【解析】单位应用管理会计，应包括应用环境、管理会计活动（选项A）、工具方法（选项C）、信息与报告（选项B）四项管理会计要素。不包括选项D。

50.【答案】B
【解析】"双报告"指的是决算报告和财务报告。

51.【答案】C
【解析】政府财务会计要素包括资产、负债、净资产（选项C）、收入和费用。

52.【答案】A
【解析】选项B、C、D，属于政府预算会计要素；选项A，属于政府财务会计要素。

53.【答案】C
【解析】负债是指政府会计主体过去的经济业务或者事项形成的，预期会导致经济资源流出政府会计主体的现时义务，选项A、B、D正确；非流动负债是指流动负债以外的负债，包括长期借款、长期应付款、应付政府债券和政府依法担保形成的债务等，选项C不正确，符合题意。

二、多项选择题

1.【答案】BCD
【解析】本题考核会计要素确认条件。报废的固定资产不能给企业带来经济利益，不符合资产定义，选项A不正确。

2.【答案】ABC
【解析】流动负债包括短期借款、交易性金融负债、衍生金融负债、应付票据、应付账款、预收款项、合同负债、应付职工薪酬、应交税费、其他应付款、持有待售负债、1年内到期的非流动负债、其他流动负债。应付债券属于非流动负债。

3.【答案】ABC
【解析】重置成本，又称现行成本，是指按照当前市场条件，重新取得同样一项资产所需支付的现金或现金等价物金额。在重置成本计量下，资产按照现在购买相同或者相似资产所需支付的现金或者现金等价物的金额计量；负债按照现在偿付该项债务所需支付的现金或者现金等价物的金额计量。

4.【答案】ABD
【解析】会计计量属性主要包括历史成本、重置成本、可变现净值、现值和公允价值等，选项A、B、D错误。

5.【答案】BC
【解析】选项A、D都是在资产内部一增一减，资产总额不变，更不会影响负债和所有者权益，因此不符合题目要求。

6.【答案】CD
【解析】明细分类科目是对总分类科目作进一步分类，提供更为详细和具体会计信息的科目。

7.【答案】ABC
【解析】复合会计分录指由两个以上（不含两个）对应账户所组成的会计分录，即一借多贷、多借一贷或多借多贷的会计分录。选项D属于简单分录。

8.【答案】AC
【解析】管理费用属于损益类科目，选项B错误；长期待摊费用属于资产类科目，选项D错误。

9.【答案】ABC
【解析】选项A，借记"利润分配——应付现金股利"科目，贷记"应付股利"科目，使得所有者权益总额减少；选项B，借记"盈余公积"科目，贷记"应付股利"科目，使得所有者权益总额减少；选项C，出售固定资产净损失计入"资产处置损益"，损益类科目最终会影响所有者权益，这里为净损失，所以会使得所有者权益总额减少；选项D，宣告分配股票股利，不进行账务处理。故选项A、B、C正确。

10.【答案】CD
【解析】选项C、D是试算平衡的两种分类：发生额试算平衡和余额试算平衡。

11.【答案】ABC
【解析】在试算平衡中难以发现错误的有漏记或重记同一经济业务、用错会计科目名称和会计分录的借贷方向颠倒。

12.【答案】ACD
【解析】本题考核原始凭证分类。原始凭证按照填制的手续和内容，可分为一次凭证、累计凭证和汇总凭证。专用凭证系原始凭证按照格式的不同进行的分类，选项B错误。

13.【答案】ACD
【解析】汇总原始凭证是指对一定时期内反

映经济业务内容相同的若干张原始凭证，按照一定标准综合填制的原始凭证。限额领料单属于累计凭证；差旅费报销单、收料单属于一次凭证。

14.【答案】CD
【解析】本题考核记账凭证的填制。记账凭证上的日期是填制凭证的日期，选项A错误；对于涉及"库存现金"和"银行存款"之间的相互划转业务，如将现金存入银行或从银行提取现金，为了避免重复记账，一般只填制付款凭证，不再填制收款凭证，选项B错误。

15.【答案】AC
【解析】对各种重要的原始凭证，如押金收据、提货单等，以及各种需要随时查阅和退回的单据，应另编目录，单独保管，并在有关的记账凭证和原始凭证上分别注明日期和编号。

16.【答案】ABCD
【解析】启用会计账簿时，应当在账簿封面上写明单位名称和账簿名称，并在账簿扉页上附启用表。启用订本式账簿应当从第一页到最后一页顺序编定页数，不得跳页、缺号。使用活页式账簿应当按账户顺序编号，并须定期装订成册，装订后再按实际使用的账页顺序编定页码，另加目录以便于记明每个账户的名称和页次。

17.【答案】CD
【解析】本题考核订本式账簿的适用范围。订本式账簿一般适用于重要的和具有统驭性的总分类账、库存现金日记账和银行存款日记账。固定资产明细账适用卡片式账簿；销售收入明细账适用多栏式账簿。

18.【答案】BCD
【解析】本题考核日记账的格式和登记方法。三栏式库存现金日记账由出纳人员根据库存现金收款凭证、库存现金付款凭证和银行存款付款凭证，按照库存现金收、付业务和银行存款付款业务发生时间的先后顺序逐日逐笔登记。

19.【答案】ABD
【解析】补充登记原少记金额应用蓝字登记。

20.【答案】ABCD
【解析】（1）库存现金日记账、银行存款日记账，每月结账时，要结出本月发生额和余额，在摘要栏内注明"本月合计"字样，并在下面通栏划单红线。（2）需要结出本年累计发生额的某些明细账户，每月结账时，应在"本月合计"行下结出自年初起至本月末止的累计发生额，登记在月份发生额下面，在摘要栏内注明"本年累计"字样，并在下面通栏划单红线。（3）总账账户平时只需结出月末余额。年终结账时，将所有总账账户结出全年发生额和年末余额，在摘要栏内注明"本年合计"字样，并在合计数下通栏划双红线。（4）年度终了结账时，有余额的账户，要将其余额结转下年，并在摘要栏注明"结转下年"字样；在下一会计年度新建有关会计账户的第一行余额栏内填写上年结转的余额，并在摘要栏注明"上年结转"字样。

21.【答案】ABD
【解析】总分类账户与明细分类账户平行登记的要点：方向相同、期间一致、金额相等。

22.【答案】ABC
【解析】对账一般可以分为账证核对、账账核对、账实核对。

23.【答案】ABC
【解析】银行存款日记账余额与银行对账单余额之间的核对属于账实核对，选项D错误。

24.【答案】AB
【解析】本题考核错账更正方法。红字更正法适用于两种情形：（1）记账后发现记账凭证中应借、应贷会计科目有错误所引起的记账错误；（2）记账后发现记账凭证和账簿记录中应借、应贷会计科目无误，只是所记金额大于应记金额所引起的记账错误。选项A、B正确，选项C错误；结账前发现账簿记录有文字或数字错误，而记账凭证没有错误，应当采用划线更正法，选项D错误。

25.【答案】AB
【解析】实物的清查方法：技术推算法（估推法）和实地盘点法。

26.【答案】ABCD
【解析】全面清查是指对全部财产进行盘点

和核对。应进行全面财产清查的情况包括：（1）年终结账前；（2）更换单位主要负责人时；（3）开展资产评估、清产核资时；（4）改变隶属关系、进行股份制改制时；（5）中外合资、国内联营

27. 【答案】AB
【解析】往来款项的清查一般采用发函询证的方法进行核对。往来款项主要包括应收、应付款项和预收、预付款项等，选项A、B属于往来款项，采用发函询证的方法进行清查。

28. 【答案】ABC
【解析】企业常用的账务处理程序主要有记账凭证账务处理程序、汇总记账凭证账务处理程序、科目汇总表账务处理程序。

29. 【答案】AC
【解析】记账凭证账务处理程序的主要特点是直接根据记账凭证逐笔登记总分类账。其优点是简单明了，易于理解，总分类账可以反映经济业务的详细情况。选项A属于汇总记账凭证账务处理程序和科目汇总表账务处理程序的优点，选项C属于科目汇总表账务处理程序的优点。

30. 【答案】BC
【解析】科目汇总表账务处理程序和汇总记账凭证账务处理程序都减轻了登记总账的工作量，适用于经济业务较多的企业。

31. 【答案】ABD
【解析】选项C，根据科目汇总表登记总分类账。

32. 【答案】ABCD
【解析】产品成本是企业在生产产品（包括提供劳务）过程中所发生的材料费用、职工薪酬等，以及不能直接计入而按一定标准分配计入的各种间接费用。选项A、B、C属于直接产品成本，选项D属于间接费用。

33. 【答案】ABCD
【解析】本题考核成本核算对象的相关内容，题目表述均正确。

34. 【答案】ABD
【解析】逐步结转分步法主要用于分步计算半成品成本的情形，是按照产品加工的顺序，逐步计算并结转半成品成本，直到最后加工步骤完成才能计算产品成本的一种方法。该方法需要将生产成本在各步骤完工产品和在产品之间进行分配。平行结转分步法在计算各步骤成本时，不计算各步骤所产半成品的成本，选项C错误。

35. 【答案】ABC
【解析】单位应用管理会计，应包括应用环境、管理会计活动、工具方法、信息与报告四项管理会计要素。

36. 【答案】ABC
【解析】政府会计标准体系主要由政府会计基本准则、具体准则及应用指南和政府会计制度等组成。

37. 【答案】ABCD
【解析】政府资产的计量属性主要包括历史成本、重置成本、现值、公允价值和名义金额。

38. 【答案】BCD
【解析】选项A错误，政府决算报告编制基础为收付实现制。

三、判断题

1. 【答案】√
【解析】经批准处置的已核销的生产设备，不符合未来经济利益流入的资产特征，因此不应确认为企业资产。

2. 【答案】×
【解析】收入是指企业在日常活动中形成的、会导致所有者权益增加的、与所有者投入资本无关的经济利益的总流入。营业外收入属于利得，不属于企业收入的范畴。

3. 【答案】×
【解析】非日常活动所形成的利得有些计入当期损益，有些计入所有者权益。

4. 【答案】√
【解析】现值通常用于非流动资产可收回金额和以摊余成本计量的金融资产价值的确定等。非流动资产可收回金额按照未来现金流量以恰当的折现率进行折现后的价值计量，这是现值计量属性。

5. 【答案】√
【解析】根据会计等式"资产＝负债＋所有者

权益"，若资产要素不变，则只有以下几种变化形式：（1）负债要素内部项目等额有增有减，资产和所有者权益要素不变；（2）所有者权益要素内部项目等额有增有减，资产和负债要素不变；（3）负债要素增加，所有者权益要素等额减少，资产要素不变；（4）负债要素减少，所有者权益要素等额增加，资产要素不变。

6. 【答案】×
   【解析】因为有一些经济业务的发生虽然不会破坏会计恒等式的平衡关系，但它会引起等式两边余额的同增或同减。

7. 【答案】×
   【解析】资产内部项目有增有减、负债和所有者权益项目有增有减都不会使"资产＝负债＋所有者权益"会计恒等式两边总额发生变动。

8. 【答案】×
   【解析】递延收益属于负债类科目。

9. 【答案】×
   【解析】明细科目可以根据需要设置。

10. 【答案】√
    【解析】账户是根据会计科目设置的，具有一定格式和结构，用于分类反映资产、负债、所有者权益、收入、费用、利润等会计要素增减变动情况及其结果的载体。会计科目是账户的名称，账户是会计科目的具体应用。在实际工作中，对会计科目和账户不加严格区分，而是相互通用。

11. 【答案】×
    【解析】账户是根据会计科目设置的、具有一定格式和结构、用以分类反映会计要素增减变动情况及其结果的载体。

12. 【答案】×
    【解析】复式记账是以资产与权益平衡关系作为记账基础，对于每一笔经济交易事项，都要以相等的金额在两个或两个以上相互联系的会计科目中进行记录。

13. 【答案】×
    【解析】即便实现了试算平衡，也不能说明会计科目记录绝对正确，因为有些错误并不会影响借贷双方的平衡关系。如漏记、重记某项经济业务，借贷方向颠倒，或记错有关

会计科目等，试算依然是平衡的。

14. 【答案】×
    【解析】会计凭证是指记录经济业务发生或者完成情况的书面证明，是登记账簿的依据，包括纸质会计凭证和电子会计凭证两种形式。

15. 【答案】×
    【解析】外来原始凭证均为一次凭证，自制原始凭证大多数是一次凭证。如限额领料单属于自制原始凭证，但不属于一次凭证，而是累计凭证。

16. 【答案】×
    【解析】原始凭证要按规定填写，在金额前要填写人民币符号"￥"，但使用外币时可填写其相应符号，且与阿拉伯数字之间不得留有空白。

17. 【答案】×
    【解析】本题考核记账凭证概念。原始凭证是登记账簿的原始依据，而记账凭证是登记会计账簿的直接依据。

18. 【答案】×
    【解析】对于库存现金和银行存款之间的相互划转的经济业务，为避免重复记账，只填写付款凭证而不填写收款凭证。

19. 【答案】×
    【解析】该笔业务应编制一张转账凭证，借记原材料8 000元，贷记应付账款8 000元；再编制一张付款凭证，即借记原材料40 000元，贷记银行存款40 000元。

20. 【答案】×
    【解析】填制记账凭证若发生错误，在没有登账之前，应重新填制。如发现以前年度记账凭证有误的，应用蓝字填制一张更正的记账凭证。

21. 【答案】×
    【解析】出纳人员不得兼管会计档案。

22. 【答案】×
    【解析】本题考核会计账簿。分类账簿是会计账簿的主体，也是编制财务报表的主要依据。

23. 【答案】√
    【解析】本题考核明细账的账页格式。数量金额式账页适用于既要进行金额核算又要进

行数量核算的账户，如原材料、库存商品等存货账户。

24.【答案】√

【解析】本题考核备查账簿的要求。备查账簿根据企业的实际需要设置，没有固定的格式要求。

25.【答案】×

【解析】会计账簿除需要与外单位核对外，一般不能携带外出；对携带外出的账簿，一般应由经管人员或会计主管人员指定专人负责。

26.【答案】√

【解析】期末对账时，也包括账证核对，即会计账簿记录与原始凭证、记账凭证的时间、凭证字号、内容、金额是否一致，记账方向是否相符。

27.【答案】×

【解析】结账就是在会计期末（月末、季末、年末）将本期内所有发生的经济业务事项全部登记入账后，计算出本期发生额和期末余额。结账工作是建立在会计分期前提下的。因此本题说法错误。

28.【答案】×

【解析】会计科目和方向没有错误，记账凭证所填金额小于应记的金额，导致账簿记录错误的，适用于补充登记法。

29.【答案】×

【解析】本题考核错账更正方法。记账后发现记账凭证和账簿记录中应借、应贷会计科目无误，只是所记金额小于应记金额，适用补充登记法；记账后发现记账凭证和账簿记录中应借、应贷会计科目无误，只是所记金额大于应记金额所引起的记账错误，适用红字更正法。本题表述不正确。

30.【答案】×

【解析】本题考核错账更正方法。记账后发现记账凭证和账簿记录中应借、应贷会计科目无误，只是所记金额小于应记金额时，应当采用补充登记法。

31.【答案】×

【解析】对库存现金进行盘点时，出纳人员必须在场，有关业务必须在库存现金日记账中全部登记完毕。

32.【答案】×

【解析】银行存款的清查一般在月末进行。

33.【答案】×

【解析】企业在与银行对账时首先应查明是否存在未达账项，如果存在未达账项，就应当编制"银行存款余额调节表"，据以确定企业银行存款实有数。需要注意的是，"银行存款余额调节表"只是为了核对账目，不能作为调整企业银行存款账面记录的记账依据。

34.【答案】×

【解析】科目汇总表账务处理程序缺点是不能反映各个账户之间的对应关系，不利于对账目进行检查。

35.【答案】×

【解析】三种账务处理程序中，汇总记账凭证账务处理程序是根据汇总记账凭证登记总分类账的；科目汇总表账务处理程序是根据科目汇总表登记总分类账的；记账凭证账务处理程序是根据各种记账凭证逐笔登记总分类账的。

36.【答案】×

【解析】科目汇总表账务处理程序下，企业应根据科目汇总表登记总分类账。

37.【答案】×

【解析】企业使用的会计软件应当提供不可逆的记账功能，确保对同类已记账凭证的连续编号，不得提供对已记账凭证的删除和插入功能，不得提供对已记账凭证日期、金额、科目和操作人的修改功能。

38.【答案】×

【解析】车间管理人员的工资应计入制造费用，最终分摊计入产品成本。

39.【答案】×

【解析】大量大批单步骤生产产品或管理上不要求提供有关生产步骤成本信息的，一般按照产品品种确定成本核算对象；小批单件生产产品的，一般按照每批或每件产品确定成本核算对象。

40.【答案】√

【解析】分批法的特点有：（1）成本计算的对象是产品批别；（2）成本计算期与产品生

产周期基本一致，而与财务报告期不一致；（3）一般不存在完工产品与在产品之间分配费用的问题。

41.【答案】×

【解析】题目所述特点是分步法的特点，品种法的特点有：一是成本核算对象是产品品种；二是品种法下一般定期（每月月末）计算产品成本；三是月末一般不存在在产品。

42.【答案】×

【解析】管理会计基本指引不对应用指引中未作出描述的新问题提供处理依据。

43.【答案】×

【解析】本量利分析中，"本"是指成本，包括固定成本和变动成本；"量"是指业务量，一般指销售量；"利"一般指营业利润。

44.【答案】×

【解析】政府收入是指报告期内导致政府会计主体净资产增加的、含有服务潜力或者经济利益的经济资源的流入，不是指政府预算收入。

45.【答案】×

【解析】政府决算报告编制基础为收付实现制。

46.【答案】×

【解析】科学事业单位按照规定从科研项目预算收入中提取项目管理费时，既要进行财务会计核算，又要进行预算会计核算。

47.【答案】×

【解析】政府会计主体对资产进行计量，一般应当采用历史成本。

48.【答案】×

【解析】政府预算会计要素包括预算收入、预算支出、预算结余。

第三章　流动资产

考情分析

2022年初级会计实务教材将原第二章资产进行了拆分，分为第三章流动资产和第四章非流动资产，本章是对流动资产的讲解。本章主要内容包括货币资金、交易性金融资产、应收及预付款项和存货。货币资金和交易性金融资产等知识点考核单一，而应收账款、存货等内容常与其他章节结合出不定项选择题。本章内容考试中各种题型均会出现，属于重要的章节。

教材变化

2022年教材本章是原资产一章拆分出来的流动资产部分，相较于上年流动资产部分内容，本章增加内容包括：各种流动资产的管理；各种流动资产小企业的核算；金融资产的概念和分类；小企业短期投资的核算；小企业坏账损失的确认条件；预期信用损失的概念和确定方法；备抵法核算信用减值损失的优缺点；消耗性生物资产的核算。

考点提示

本章考点较多且较分散。对本章比较单一的知识点，如现金使用范围、其他货币资金等要把握好客观题。而对于相对复杂的知识点，不仅要掌握好知识点本身，还要注意与其他知识点的融会贯通，如应收账款与收入确认、增值税的核算结合，存货则往往与收入的确认、减值的核算结合在一起。复习本章内容时，主要掌握的考点有：（1）现金使用范围，现金清查结果的会计处理；（2）其他货币资金的内容及其会计处理；（3）交易性金融资产的初始计量、后续计量及其处置的会计处理；（4）应收及预付款项的初始计量及其相关会计处理；（5）计提坏账准备；（6）存货的初始计量、发出的计量以及期末计量。

本章考点框架

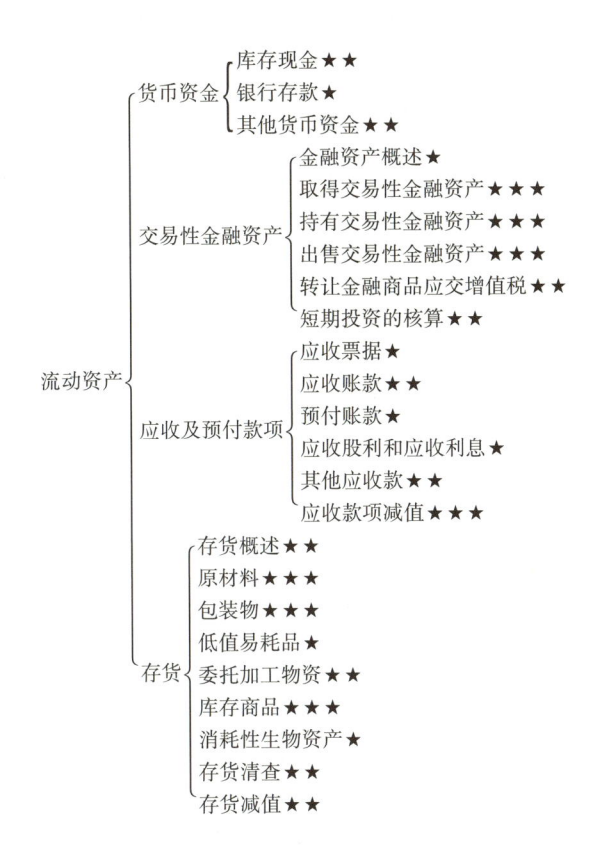

- 流动资产
  - 货币资金
    - 库存现金★★
    - 银行存款★
    - 其他货币资金★★
  - 交易性金融资产
    - 金融资产概述★
    - 取得交易性金融资产★★★
    - 持有交易性金融资产★★★
    - 出售交易性金融资产★★★
    - 转让金融商品应交增值税★★
    - 短期投资的核算★★
  - 应收及预付款项
    - 应收票据★
    - 应收账款★★
    - 预付账款★
    - 应收股利和应收利息★
    - 其他应收款★★
    - 应收款项减值★★★
  - 存货
    - 存货概述★★
    - 原材料★★★
    - 包装物★★★
    - 低值易耗品★
    - 委托加工物资★★
    - 库存商品★★★
    - 消耗性生物资产★
    - 存货清查★★
    - 存货减值★★

考点解读及例题点津

流动资产，是指企业拥有或者控制的预计在**一个正常营业周期（一年内）**中变现、出售或耗用的资产。本章主要介绍货币资金、交易性金融资产、应收及预付款项、存货、合同资产和其他流动资产的会计处理。

第一单元 货币资金

货币资金是指企业生产经营过程中处于货币形态的资产，属于企业的一种**金融资产**，包括库存现金、银行存款和其他货币资金。

1 库存现金★★

一、考点解读

库存现金是指存放于企业财会部门、由出纳

人员经管的货币。

（一）现金管理制度

企业可用现金支付的款项有：（1）职工工资、津贴；（2）个人劳务报酬；（3）根据国家规定颁发给个人的科学技术、文化艺术、体育比赛等各种奖金；（4）各种劳保、福利费用以及国家规定的对个人的其他支出；（5）向个人收购农副产品和其他物资的价款；（6）出差人员必须随身携带的差旅费；（7）结算起点（1 000元）以下的零星支出；（8）中国人民银行确定需要支付现金的其他支出。

除企业可以现金支付的款项中的第（5）和第（6）项外，开户单位支付给个人的款项，超过使用现金限额的部分，应当以支票或者银行本票等方式支付；确需全额支付现金的，经开户银行审核后，予以支付现金。

提示 在现金使用范围方面简单记忆：对个人的支出可以用现金；对单位的支出结算起点（1 000元）以下可以用现金结算。

（二）库存现金的账务处理

企业应当设置"库存现金"科目，对于企业内部各部门周转使用的备用金，可以单独设置"备用金"科目进行核算。为了全面、连续地反映和监督库存现金的收支和结存情况，企业应当设置现金总账和现金日记账，分别进行库存现金的总分类核算和明细分类核算。

（三）库存现金的清查

企业应当按规定对库存现金进行定期和不定期的清查，一般采用实地盘点法；对于清查的结果应当编制现金盘点报告单。发现有待查明原因的现金短缺或溢余，应先通过"待处理财产损溢"科目核算，按管理权限经批准后，分别区别两种情况处理：

（1）如为现金短缺，属于应由责任人赔偿或保险公司赔偿的部分，计入其他应收款；属于无法查明原因的，计入管理费用。

（2）如为现金溢余，属于应支付给有关人员或单位的，计入其他应付款；属于无法查明原因的，计入营业外收入。

二、例题点津

【例题1·判断题】企业发生经济业务需要支付现金时，可以从本单位的现金收入中直接安排支付。（　　）

【答案】×

【解析】开户单位支付现金，可以从本单位库存现金限额中支出或从开户银行提取，不得从本单位的现金收入中直接支付（即坐支）。因特殊情况需要坐支现金的，应当事先报经开户银行审查批准，由开户银行核定坐支范围和限额。坐支单位应当定期向开户银行报送坐支金额和使用情况。

【例题2·单选题】企业经批准转销无法查明原因的现金溢余应记入的会计科目是（　　）。

A. 其他业务收入　　B. 财务费用
C. 营业外收入　　　D. 管理费用

【答案】C

【解析】属于无法查明原因的现金溢余，计入营业外收入。

【例题3·单选题】下列应通过银行转账结算的是（　　）。

A. 支付个人的劳务报酬800元
B. 采购人员必须随身携带的差旅费4 000元
C. 从乙公司购入原材料，支付价款3 000元
D. 向个人收购农产品，价款10 000元

【答案】C

【解析】结算起点（1 000元）以上的支出应通过银行转账结算。个人劳务报酬、必须随身携带的差旅费、向个人收购农副产品等可以用现金支付。

【例题4·单选题】下列选项中，企业不能使用库存现金进行结算的经济业务是（　　）。

A. 按规定颁发给科技人员的创新奖金
B. 发放给职工的劳保福利
C. 向外单位支付的机器设备款
D. 向个人收购农副产品的价款

【答案】C

【解析】选项C不属于现金使用范围。

【例题5·多选题】现金短缺批准转销时，贷记"待处理财产损溢"科目，则借记的科目可能有（　　）。

A. 管理费用　　　B. 营业外支出
C. 其他应收款　　D. 其他应付款

【答案】AC

【解析】如为现金短缺，属于应由责任人赔偿或保险公司赔偿的部分，计入其他应收款；属于无法查明原因的，计入管理费用。

2 银行存款 ★

一、考点解读

企业应当设置"银行存款"科目，设置银行存款总账和银行存款日记账，分别进行银行存款的总分类核算和序时、明细分类核算。

"银行存款日记账"应定期与"银行对账单"核对，至少每月核对一次。企业银行存款账面余额与银行对账单余额之间如有差额，应编制"银行存款余额调节表"调整未达账款，如没有记账错误，调节后的双方余额应相等，且该余额为企业可以实际动用的余额。

二、例题点津

【例题1·判断题】银行存款余额调节表可以作为调整银行存款账面余额的记账依据。（ ）

【答案】×

【解析】银行存款余额调节表只是为了核对账目，并不能作为调整银行存款账面余额的记账依据。

【例题2·判断题】银行存款余额调节表中，银行对账单余额应减去企业已收银行未收。（ ）

【答案】×

【解析】银行存款余额调节表中，银行对账单余额应加上企业已收银行未收。

3 其他货币资金 ★★

一、考点解读

（一）其他货币资金的内容

其他货币资金是指企业除库存现金、银行存款以外的其他各种货币资金，主要包括银行汇票存款、银行本票存款、信用卡存款、信用证保证金存款、存出投资款和外埠存款等。

银行汇票存款是指企业为取得银行汇票按照规定存入银行的款项。银行本票存款是指企业为了取得银行本票按规定存入银行的款项。信用卡存款是指企业为取得信用卡而存入银行信用卡专户的款项。信用证保证金存款是指采用信用证结算方式的企业为开具信用证而存入银行信用证保证金专户的款项。信用证只限于转账结算，**不得支取现金**。存出投资款是指企业为**购买股票、债券、基金**等根据有关规定存入在证券公司指定银行开立的投资款专户的款项。外埠存款是指企业为了到外地进行**临时或零星采购**，而汇往采购地银行开立采购专户的款项。

（二）其他货币资金的账务处理

企业应当设置"其他货币资金"科目，借方登记其他货币资金的增加，贷方登记其他货币资金的减少，期末余额在借方，反映企业实际持有的其他货币资金的金额。本科目应当按照其他货币资金的种类设置明细科目进行核算。

1. 银行汇票存款

（1）汇票申请人的账务处理如图3-1所示。

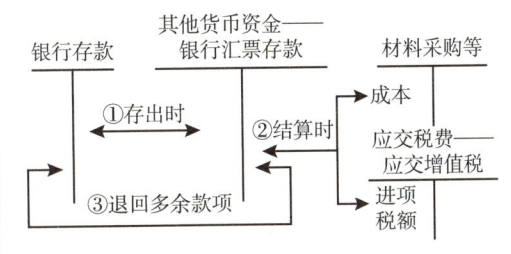

图3-1 银行汇票申请人账务处理

（2）销货企业的账务处理如图3-2所示。

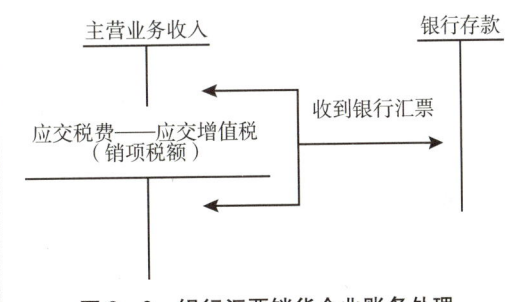

图3-2 银行汇票销货企业账务处理

2. 外埠存款、银行本票存款、信用卡存款、信用证保证金存款核算同上

3. 存出投资款（见图3-3）

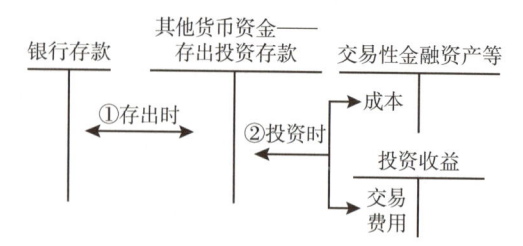

图 3-3　存出投资款账务处理

二、例题点津

【例题 1·单选题】 下列选项中，企业应通过"其他货币资金"科目核算的经济业务是（　　）。

A. 销售商品收到银行承兑汇票
B. 委托银行代为支付电话费
C. 开出转账支票支付购买办公设备款
D. 为购买股票将资金存入证券公司指定投资款专户

【答案】 D

【解析】 选项 A，银行承兑汇票属于商业汇票，通过"应收票据"或"应付票据"科目核算；选项 B，一般通过"银行存款"科目核算；选项 C，属于支票，一般通过"银行存款"科目核算；选项 D，属于存出投资款，通过"其他货币资金"科目核算。

【例题 2·单选题】 企业向银行申领信用卡，交存相关款项，收到银行盖章退回的进账单。下列选项中，企业应借记的会计科目是（　　）。

A. 其他货币资金　　B. 其他应收款
C. 银行存款　　D. 应收票据

【答案】 A

【解析】 信用卡存款属于企业的其他货币资金。企业申领信用卡应填制"信用卡申请表"，连同支票和有关资料一并送存发卡银行，根据银行盖章退回的进账单第一联，借记"其他货币资金——信用卡"科目，贷记"银行存款"科目。

【例题 3·多选题】 下列选项中，应通过"其他货币资金"科目核算的有（　　）。

A. 企业将款项汇往外地银行开设采购专户
B. 用银行本票购买办公用品
C. 销售商品收到商业汇票
D. 用银行汇票购入原材料

【答案】 ABD

【解析】 选项 A，属于外埠存款；选项 B，属于银行本票存款；选项 C，商业汇票在"应收票据"中核算；选项 D，属于银行汇票存款。

【例题 4·单选题】 下列选项中，企业销售商品收到银行汇票存入银行应借记的会计科目是（　　）。

A. 应收账款　　B. 应收票据
C. 其他货币资金　　D. 银行存款

【答案】 D

【解析】 销货企业收到银行汇票、填制进账单到开户银行办理款项入账手续时，根据进账单及销货发票等，借记"银行存款"科目，贷记"主营业务收入""应交税费——应交增值税（销项税额）"等科目。

第二单元　交易性金融资产

1 金融资产概述 ★

一、考点解读

（一）金融资产的概念

金融资产，是指企业持有的现金、其他方的权益工具以及符合下列条件之一的资产：

（1）从其他方**收取现金或其他金融资产**的合同权利。例如，企业的银行存款、应收账款、应收票据和贷款等均属于金融资产。但是，**预付账款**产生的未来经济利益是商品或服务，不是收取现金或其他金融资产的权利，**不是金融资产**。

（2）在潜在有利条件下，与其他方交换金融资产或金融负债的合同权利。例如，企业持有的看涨期权或看跌期权等。

（3）将来须用或可用企业自身权益工具进行结算的非衍生工具合同，且企业根据该合同将收到可变数量的自身权益工具。例如，企业的普通债券合同或普通股等。

（4）将来须用或可用企业自身权益工具进行结算的衍生工具合同，但以固定数量的自身权益工具交换固定金额的现金或其他金融资产的衍生工具合同除外。

在企业全部资产中，库存现金、银行存款、应收账款、应收票据、贷款、其他应收款、应收利息、债权投资、股权投资、基金投资及衍生金融资产等统称为金融资产。

（二）金融资产的管理

企业管理金融资产的业务模式是通过金融市场交易可以产生现金流量，其主要目的多为**解决暂时闲置资金并增加企业投资收益**。金融市场存在不可分散的系统风险。因此，对于金融资产的会计核算和会计监督的难度大、要求高，企业会计应准确计量、如实谨慎反映金融资产上的风险。

（三）金融资产的分类

企业应当根据管理金融资产的**业务模式**和金融资产的**合同现金流量特征**，对金融资产进行合理分类。金融资产划分为以下三类：

1. 以摊余成本计量的金融资产

企业应当将同时符合下列条件的金融资产分类为以摊余成本计量的金融资产：（1）管理该金融资产的业务模式是**以收取合同现金流量为目标**。（2）该金融资产的合同条款规定，在特定日期产生的现金流量，仅为**对本金和以未偿付本金金额为基础的利息的支付**。如债权投资的合同现金流量包括投资期间各期应收的利息和到期日收回的本金等；其他属于以摊余成本计量的金融资产性质的金融资产还有"贷款""应收账款"等。

2. 以公允价值计量且其变动计入其他综合收益的金融资产

企业应当将同时符合下列条件的金融资产分类为以公允价值计量且其变动计入其他综合收益的金融资产：（1）管理该金融资产的业务模式，**既以收取合同现金流量为目标又以出售该金融资产为目标**。（2）该金融资产的合同条款规定，在特定日期产生的现金流量，仅为**对本金和以未偿付本金金额为基础的利息的支付**。如其他债权投资。

3. 以公允价值计量且其变动计入当期损益的金融资产

企业应当将除上述分类为以摊余成本计量的金融资产和以公允价值计量且其变动计入其他综合收益的金融资产之外的金融资产，分类为以公允价值计量且其变动计入当期损益的金融资产。

二、例题点津

【例题1·多选题】根据企业管理金融资产的业务模式和金融资产的合同现金流量特征，《企业会计准则第22号——金融工具确认和计量》（2018）将金融资产划分为（   ）。

A. 以摊余成本计量的金融资产

B. 以公允价值计量且其变动计入其他综合收益的金融资产

C. 以公允价值计量且其变动计入当期损益的金融资产

D. 交易性金融资产

【答案】ABC

【解析】《企业会计准则第22号——金融工具确认和计量》（2018）将金融资产划分为：（1）以摊余成本计量的金融资产；（2）以公允价值计量且其变动计入其他综合收益的金融资产；（3）以公允价值计量且其变动计入当期损益的金融资产。而以公允价值计量且其变动计入当期损益的金融资产称为"交易性金融资产"。

【例题2·单选题】甲公司对其购入债券的业务管理模式是以收取合同现金流量为目标。该债券的合同条款规定，在特定日期产生的现金流量，仅为对本金和以未偿付本金金额为基础的利息的支付。不考虑其他因素，甲公司应将该债券投资分类为（   ）。

A. 其他货币资金

B. 以公允价值计量且其变动计入其他综合收益的金融资产

C. 以公允价值计量且其变动计入当期损益的金融资产

D. 以摊余成本计量的金融资产

【答案】D

【解析】企业应当将同时符合下列条件的金融资产分类为以摊余成本计量的金融资产：（1）管理该金融资产的业务模式是以收取合同现金流量为目标。（2）该金融资产的合同条款规定，在特定日期产生的现金流量，仅为对本金和以未偿付本金金额为基础的利息的支付。

2 取得交易性金融资产★★★

交易性金融资产，是指以公允价值计量且其变动计入当期损益的金融资产。它是企业为了近期内出售而持有的金融资产，如企业以赚取差价为目的从二级市场购入的股票、债券、基金等，通过"交易性金融资产"科目核算。

一、考点解读

（一）交易性金融资产核算应设置会计科目

1. "交易性金融资产"科目

本科目核算企业分类为以公允价值计量且其变动计入当期损益的金融资产，其中包括企业为交易目的所持有的债券投资、股票投资、基金投资等交易性金融资产的公允价值，见图3-4。

交易性金融资产

①金融资产的取得成本 ②资产负债表日其公允价值高于账面余额的差额 ③出售金融资产时结转公允价值低于账面余额的变动金额	①资产负债表日其公允价值低于账面余额的差额 ②企业出售金融资产时以及结转的成本和公允价值高于账面余额的变动金额
×××	

图3-4

企业应当按照交易性金融资产的类别和品种，分别设置"成本""公允价值变动"等明细科目进行核算。

2. "公允价值变动损益"科目

本科目核算企业交易性金融资产等的公允价值变动而形成的应计入当期损益的利得或损失，见图3-5。

公允价值变动损益

资产负债表日企业持有的交易性金融资产等的公允价值低于账面余额的差额	资产负债表日企业持有的交易性金融资产等的公允价值高于账面余额的差额

图3-5

3. "投资收益"科目

本科目核算企业持有交易性金融资产等的期间内取得的投资收益以及出售交易性金融资产等实现的投资收益或投资损失，见图3-6。

投资收益

①取得交易性金融资产时支付的交易费用 ②出售交易性金融资产等发生的投资损失	企业持有交易性金融资产等的期间内取得的投资收益以及出售交易性金融资产等实现的投资收益

图3-6

（二）取得交易性金融资产

1. 确定初始入账金额

取得交易性金融资产时，应当按照该金融资产取得时的公允价值作为其初始入账金额。

金融资产的公允价值，应当以市场交易价格为基础加以确定。

提示（1）对于取得交易性金融资产所支付价款中包含的已宣告但尚未发放的现金股利或已到付息期但尚未领取的债券利息，应单独确认为应收项目，而不构成交易性金融资产的初始入账金额。

（2）取得交易性金融资产发生的相关交易费用，应当在发生时作为投资收益进行会计处理，发生交易费用取得增值税专用发票的，进项税额经认证后可从当月销项税额中扣除。

交易费用是指可直接归属于购买、发行或处置相关金融工具的增量费用，包括支付给代理机构、咨询公司、券商、证券交易所、政府有关部门等的手续费、佣金、相关税费以及其他必要支出，**不包括**债券溢价、折价、融资费用、内部管理成本和持有成本等与交易不直接相关的费用。

2. 账务处理

借：交易性金融资产——成本［公允价值］
　　投资收益［交易费用］
　　应交税费——应交增值税（进项税额）
　　［可抵扣增值税］
　　应收股利［已宣告但尚未发放的现金股利］
　　应收利息［已到付息期但尚未领取的债券利息］

贷：其他货币资金——存出投资款〔支付的全部价款〕

二、例题点津

【例题1·单选题】 下列选项中，增值税一般纳税人取得交易性金融资产的相关支出应计入投资收益的是（   ）。

A. 不含增值税的交易费用
B. 价款中包含的已宣告但尚未发放的现金股利
C. 增值税专用发票上注明的增值税税额
D. 价款中包含的已到付息期但尚未领取的债券利息

【答案】 A

【解析】 选项A，交易费用作为投资收益的抵减，发生时借记"投资收益"科目，交易费用对应的增值税记入"应交税费——应交增值税（进项税额）"科目。选项B和选项D，应记入应收项目，分别记入"应收股利"和"应收利息"科目。选项C，可以抵扣的增值税进项税额记入"应交税费——应交增值税（进项税额）"科目。

【例题2·单选题】 甲公司2×21年9月25日从上海证券交易所购入乙公司股票10万股，每股市价10元（含现金股利0.2元），另支付交易费用1万元，取得增值税专用发票上注明的增值税税额为0.06万元，确认为交易性金融资产，则该金融资产入账金额为（   ）万元。

A. 101   B. 100
C. 99   D. 98

【答案】 D

【解析】 交易性金融资产以其公允价值作为入账金额，交易费用计入投资收益；取得价款中所包含的已宣告但尚未发放的现金股利，应当记入"应收股利"科目，而不是计入交易性金融资产的成本。入账金额 = 10×(10−0.2) = 98（万元）。购入该股票的会计分录为：

借：交易性金融资产——成本　98
　　投资收益　　　　　　　　1
　　应收股利　　　　　　　　2
　　应交税费——应交增值税（进项税额）
　　　　　　　　　　　　　0.06
　　　贷：其他货币资金　　　101.06

【例题3·多选题】 企业购入股票确认交易性金融资产，借记的科目可能有（   ）。

A. 交易性金融资产   B. 投资收益
C. 应收股利   D. 应收利息

【答案】 ABC

【解析】 选项D为企业购入债券确认交易性金融资产，支付价款中包含的已到付息期但尚未领取的债券利息，应单独确认为应收利息。

3 持有交易性金融资产 ★★★

一、考点解读

（一）宣告分派现金股利或到期计提利息

企业在持有交易性金融资产期间，被投资单位宣告发放现金股利或已到付息期但尚未领取的债券利息，应确认为**应收项目**，计入**投资收益**：

借：应收股利〔被投资单位宣告数×持股比例或持有股票数量×每股现金股利〕
　　或应收利息〔面值×票面利率〕
　　贷：投资收益

实际收到时：

借：银行存款
　　贷：应收股利或应收利息

对于上述确认，企业必须同时满足三个条件：一是企业收取股利或利息的权利已经确立；二是与股利或利息相关的经济利益很可能流入企业；三是股利或利息的金额能够可靠计量。

（二）后续计量

资产负债表日，交易性金融资产应当按照公允价值计量，公允价值与账面余额之间的差额计入当期损益（**公允价值变动损益**）。

（1）交易性金融资产公允价值高于其账面余额时：

借：交易性金融资产——公允价值变动
　　贷：公允价值变动损益

（2）交易性金融资产公允价值低于其账面余额时：

借：公允价值变动损益
　　贷：交易性金融资产——公允价值变动

提示 资产负债表日按上述调整后，交易性金融资产期末账面价值（账面余额）与资产负债表日该金融资产公允价值一致。即交易性金融资产不计提减值准备。

二、例题点津

【例题1·多选题】 A公司6月1日购入B公司股票，每股14元，共10万股，作为交易性金融资产核算。6月30日，该股票每股公允价值为15元，则下列说法中正确的有（ ）。

A. "资产减值损失"增加10万元

B. "投资收益"增加10万元

C. "交易性金融资产"增加10万元

D. "公允价值变动损益"增加10万元

【答案】 CD

【解析】 6月1日取得交易性金融资产成本为140万元（14×10），6月30日，交易性金融资产的公允价值为150万元（15×10），"交易性金融资产——公允价值变动"增加10万元，"公允价值变动损益"同时增加10万元。

【例题2·判断题】 交易性金融资产持有期间，投资单位收到投资前被投资单位宣告发放但未领取的现金股利时，应确认为投资收益。（ ）

【答案】 ×

【解析】 取得交易性金融资产支付价款中包含被投资单位宣告发放但尚未领取的现金股利时，计入应收股利，待后期收到这笔现金股利时，借：其他货币资金，贷：应收股利。因此，不计入投资收益。

【例题3·单选题】 企业持有的交易性金融资产期末公允价值高于账面价值余额的差额应记入的会计科目是（ ）。

A. 投资收益

B. 公允价值变动损益

C. 其他货币资金

D. 资本公积

【答案】 B

【解析】 资产负债表日，交易性金融资产公允价值的变动计入当期损益，即"公允价值变动损益"科目。公允价值高于账面价值时：

借：交易性金融资产——公允价值变动

　　贷：公允价值变动损益

公允价值低于账面价值时作相反会计分录。

4 出售交易性金融资产 ★★★

一、考点解读

出售交易性金融资产时，应当将该金融资产出售时的公允价值与其账面余额之间的差额作为**投资损益**进行会计处理。其账务处理为：

借：其他货币资金——存出投资款

　　　　　　［出售净价］

贷：交易性金融资产——成本

　　　　　　——公允价值变动

　　　　　　［也可在借方］

　　投资收益［差额，也可在借方］

提示 出售交易性金融资产时，不需将公允价值变动损益结转计入投资收益。

二、例题点津

【例题1·单选题】 下列各项中，关于交易性金融资产相关会计处理表述正确的是（ ）。

A. 资产负债表日，其公允价值与账面余额之间的差额计入投资收益

B. 按取得时的公允价值作为初始入账金额

C. 出售时公允价值与账面余额的差额计入公允价值变动损益

D. 取得时发生的相关交易费用计入初始入账金额

【答案】 B

【解析】 选项A，资产负债表日，交易性金融资产公允价值与账面余额之间的差额计入公允价值变动损益；选项C，企业出售交易性金融资产时，其公允价值与账面余额之间的差额计入投资损益；选项D，企业取得交易性金融资产时所发生的交易费用计入当期损益（投资收益）。

【例题2·多选题】 下列有关交易性金融资产的说法中不正确的有（ ）。

A. 企业取得交易性金融资产时，借记"交易性金融资产——成本""投资收益"科目，贷记"其他货币资金"科目

B. 收到企业投资期间被投资单位宣告发放的现金股利或者债券利息，借记"其他货币资金"科目，贷记"交易性金融资产——公允

值变动"科目

　　C. 出售交易性金融资产时，冲销"公允价值变动损益"科目余额

　　D. 资产负债表日，交易性金融资产的公允价值变动，贷记或借记"公允价值变动损益"科目

【答案】BC

【解析】选项B，收到企业投资期间被投资单位宣告发放的现金股利或债券利息，借记"其他货币资金"科目，贷记"应收股利"或"应收利息"科目。选项C，出售交易性金融资产时，将其公允价值与账面余额之间的差额确认为投资收益，不需将"公允价值变动损益"结转记入"投资收益"，即冲销"公允价值变动损益"科目余额。

【例题3·单选题】A公司2×21年1月1日购入B公司同日发行的普通股股票100万股，每股2元；另支付相关交易费用3万元，增值税税额0.18万元；将其作为交易性金融资产进行核算。2×21年6月30日，该股票的公允价值为260万元；2×21年8月30日，将持有的B公司股票100万股全部出售，出售价款为255万元。A公司出售该股票时应确认的投资收益金额为（　　）万元。

　　A. -55　　　　　　B. 55
　　C. 5　　　　　　　D. -5

【答案】D

【解析】计算处置时的投资收益=出售价款（不含税）-出售时交易性金融资产账面价值，A公司出售该股票时应确认的投资收益=255-260=-5（万元）。

【例题4·多选题】下列经济业务中，应通过"投资收益"科目核算交易性金融资产的有（　　）。

　　A. 持有期间被投资单位宣告分派的现金股利
　　B. 资产负债表日发生的公允价值变动
　　C. 取得时支付的交易费用
　　D. 出售时公允价值与其账面余额的差额

【答案】ACD

【解析】选项A，持有期间被投资单位宣告分派的现金股利：

借：应收股利
　　贷：投资收益

选项B，资产负债表日发生的公允价值变动：

借：公允价值变动损益
　　贷：交易性金融资产——公允价值变动
或作相反分录。

选项C，取得时支付的交易费用：

借：投资收益
　　贷：其他货币资金

选项D，出售时公允价值与其账面余额的差额：

借：其他货币资金
　　投资收益［或贷方］
　　贷：交易性金融资产——成本
　　　　　　　　　　——公允价值变动
　　　　　　　　　　　［或借方］

5 转让金融商品应交增值税 ★★

一、考点解读

金融商品转让按照卖出价扣除买入价（**不需要扣除**已宣告未发放现金股利和已到付息期未领取的利息）后的余额作为销售额计算增值税，即转让金融商品按盈亏相抵后的余额为销售额。若相抵后出现负差，可结转下一纳税期与下期转让金融商品销售额互抵，但年末时仍出现负差的，不得转入下一会计年度。

转让金融资产应交增值税的账务处理如下：

（1）转让金融资产当月月末，如产生转让收益：

借：投资收益［应纳税额］
　　贷：应交税费——转让金融商品应交增值税

（2）转让金融资产当月月末，如产生转让损失，则可结转下月抵扣税额：

借：应交税费——转让金融商品应交增值税
　　贷：投资收益

（3）年末，如果"应交税费——转让金融商品应交增值税"科目有借方余额，说明本年度的金融商品转让损失无法弥补，且本年度的金融资产转让损失不可转入下年度继续抵减转让金融资产的收益，应将"应交税费——转让金融

商品应交增值税"科目的借方余额转出。

借：投资收益
　　贷：应交税费——转让金融商品应交增值税

二、例题点津

【例题1·单选题】 2×21年6月30日，甲公司出售其所持股票，出售价款26万元，该股票作为交易性金融资产核算，其入账价值为21万元，包含当时已宣告但尚未发放的现金股利1万元，则该笔销售应交增值税（　　）万元。

A. 1.47　　　　　B. 0.34
C. 1.19　　　　　D. 0.28

【答案】D

【解析】转让该交易性金融资产应交增值税＝(26－21)÷(1＋6%)×6%＝0.28（万元）。

该笔交易的分录为：

借：投资收益　　　　　　2 800
　　贷：应交税费——转让金融商品应交增值税　　2 800

【例题2·多选题】 下列选项中，关于交易性金融资产会计处理表述正确的有（　　）。

A. 资产负债表日公允价值与账面余额之间的差额计入当期损益
B. 出售时公允价值与其账面余额的差额计入投资收益
C. 持有期间取得的现金股利收入计入投资收益
D. 转让时按收益计算应交纳的增值税计入投资收益

【答案】ABCD

【解析】选项A，计入公允价值变动损益，属于当期损益。

6　短期投资的核算★★

一、考点解读

（一）科目设置

按照《小企业会计准则》的相关规定，小企业购入的能随时变现并且持有时间不准备超过1年（含1年）的投资应设置"短期投资"科目核算，小企业取得短期投资记入该科目的借方，出售短期投资记入该科目的贷方；该科目期末借方余额，反映小企业持有的短期投资成本。

（二）短期投资账务处理

1. 取得短期投资

借：短期投资［实际支付的购买价款和相关税费］
　　应收股利［支付的购买价款中包含的已宣告但尚未发放的现金股利］
　　应收利息［支付的购买价款中包含已到付息期但尚未领取的债券利息］
　　贷：银行存款

2. 短期投资持有期间的账务处理

（1）被投资单位宣告分派现金股利时：

借：应收股利
　　贷：投资收益

（2）在债务人应付利息日，按照分期付息、一次还本债券投资的票面利率计算的利息收入：

借：应收利息
　　贷：投资收益

3. 出售短期投资

借：银行存款/库存现金［实际收到价款］
　　贷：短期投资［账面余额］
　　　　应收股利［尚未收到的现金股利］
　　　　应收利息［尚未收到的债券利息］
　　　　投资收益［差额］

二、例题点津

【例题1·单选题】 小企业出售短期投资，收到的出售价款和短期投资账面余额的差额计入（　　）。

A. 公允价值变动损益
B. 投资收益
C. 管理费用
D. 财务费用

【答案】B

【解析】小企业出售短期投资时，应当按照实际收到的出售价款，借记"银行存款"或"库存现金"科目，按照该项短期投资的账面余额，贷记"短期投资"科目，按照尚未收到的现金股利或债券利息，贷记"应收股利"或"应收利息"科目，按照其差额，贷记或借记"投资收益"科目。

第三单元 应收及预付款项

应收及预付款项是指企业在日常生产经营过程中发生的各项债权，包括应收款项和预付款项。应收款项包括应收票据、应收账款、应收股利、应收利息和其他应收款等；预付款项则是指企业按照合同规定预付的款项，如预付账款等。

1 应收票据 ★

一、考点解读

（一）概述

1. 概念

应收票据是指企业因销售商品、提供服务等而收到的商业汇票。商业汇票分为商业承兑汇票和银行承兑汇票。

商业汇票的付款期限，最长不得超过6个月。

提示 要注意区分银行承兑汇票和银行汇票，银行承兑汇票是商业汇票，通过"应收票据"或"应付票据"科目核算；银行汇票存款属于企业其他货币资金，通过"其他货币资金"科目核算。

2. 科目设置

为了反映和监督应收票据取得、票款收回等情况，企业应当设置"应收票据"科目，借方登记取得的应收票据的面值，贷方登记到期收回票款或到期前向银行贴现的应收票据的票面余额，期末余额在借方，反映企业持有的商业汇票的票面余额。

（二）账务处理（见图3-7）

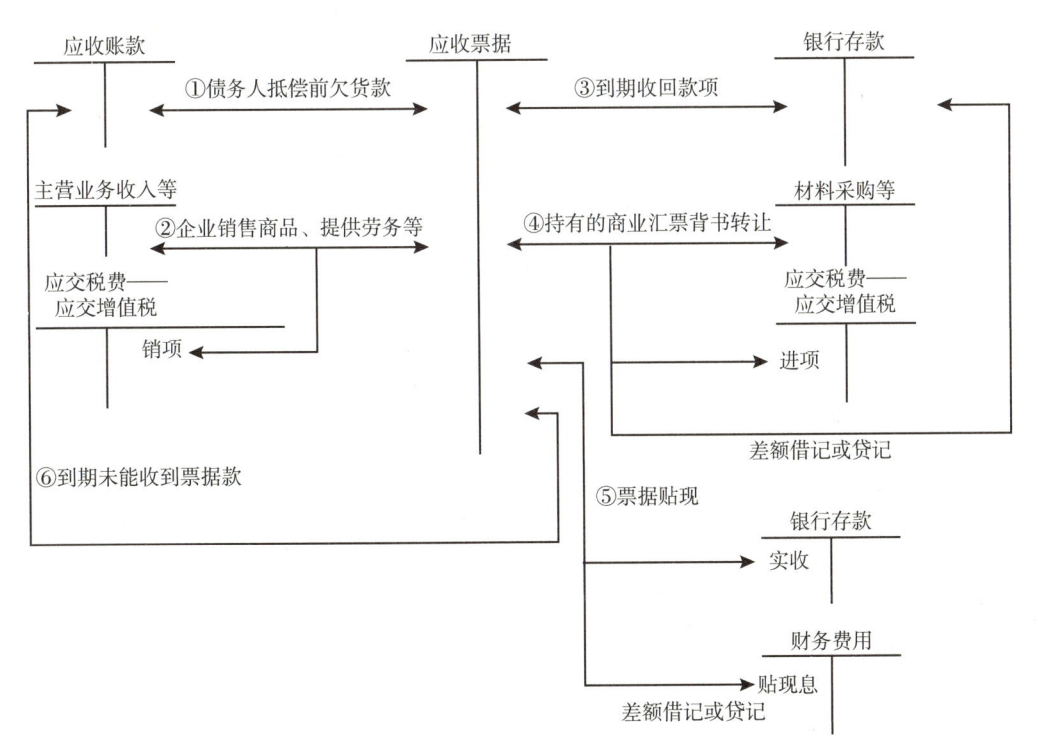

图 3-7 应收票据账务处理

二、例题点津

【例题1·多选题】 下列选项中，应记入"应收票据"科目借方的有（　　）。

A. 销售商品收到的银行汇票
B. 销售原材料收到的商业承兑汇票
C. 销售原材料收到的转账支票
D. 提供服务收到的银行承兑汇票

【答案】BD

【解析】应收票据是指企业因销售商品、提供劳务等而收到的商业汇票。商业汇票分为商业承兑汇票和银行承兑汇票，选项B、D属于"应收票据"。选项A，银行汇票属于企业的其他货币资金。选项C，转账支票属于支票，在企业的银行存款中反映。

【例题2·单选题】 企业将持有的商业汇票背书转让以取得所需物资时，按应计入取得物资成本的金额，借记"材料采购"等科目，按照增值税专用发票上注明的可抵扣的增值税税额，借记"应交税费——应交增值税（进项税额）"科目，按商业汇票的票面金额，贷记"应收票据"科目，如有差额，借记或贷记（　　）等科目。

A. 财务费用
B. 银行存款
C. 管理费用
D. 其他应收款

【答案】B

【解析】企业可以将自己持有的商业汇票背书转让。背书是指在票据背面或者粘单上记载有关事项并签章的票据行为。背书转让的，背书人应当承担票据责任。企业将持有的商业汇票背书转让以取得所需物资时，之间的差额以银行存款结算。

【例题3·单选题】 企业办理银行承兑汇票贴现，实际收到的金额与票面额之间的差额应记入的会计科目是（　　）。

A. 财务费用
B. 管理费用
C. 其他业务成本
D. 营业外支出

【答案】A

【解析】对于票据贴现，企业通常应按实际收到的金额，借记"银行存款"科目，按应收票据的票面金额，贷记"应收票据"科目，按其差额，借记或贷记"财务费用"科目。商业汇票的贴现息记入"财务费用"科目核算。

2 应收账款 ★★

一、考点解读

（一）概述

1. 概念

应收账款是指企业因销售商品、提供服务等经营活动，应向购货单位或接受服务单位收取的款项。

2. 内容

应收账款主要包括企业销售商品或提供服务等应向有关债务人**收取的价款**、**增值税**，以及**代购货单位垫付的包装费、运杂费等**。

3. 科目设置

为了反映和监督应收账款的增减变动及其结存情况，企业应设置"应收账款"科目。"应收账款"科目的借方登记应收账款的增加，贷方登记应收账款的收回及确认的坏账损失，期末余额一般在借方，反映企业尚未收回的应收账款；如果期末余额在贷方，一般为企业预收的账款。见图3-8。

提示 不单独设置"预收账款"科目的企业，预收的账款也在"应收账款"科目核算。

应收账款	应收账款——×××	应收账款——×××
××	××	××
↓	↓	↓
债权债务相抵的净额（不能据以编制资产负债表）	应收	预收

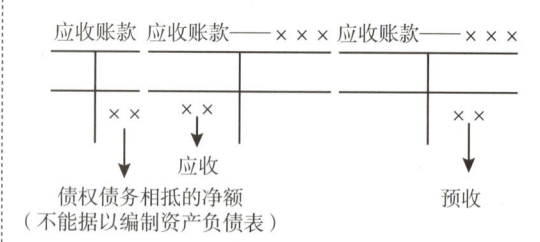

图3-8　"应收账款"账户解释

（二）账务处理（见图3-9）

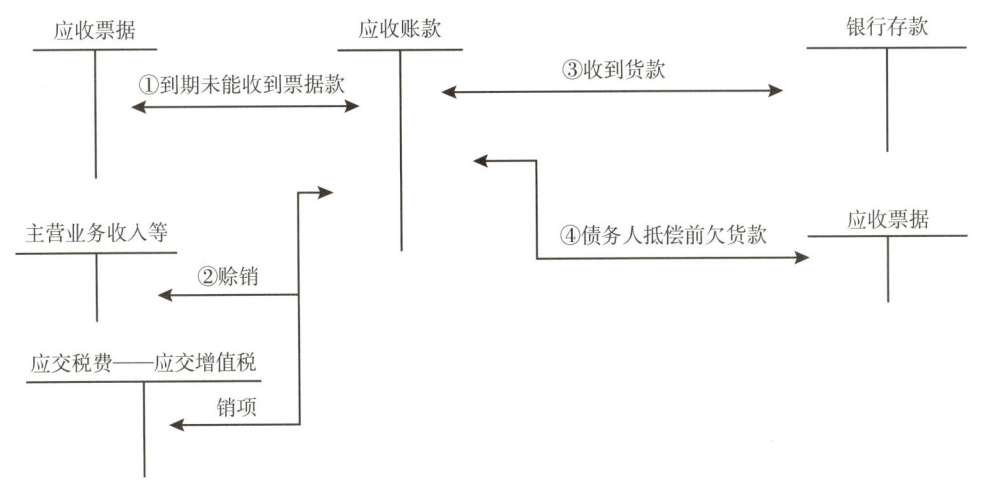

图 3-9 应收账款账务处理

二、例题点津

【例题1·多选题】下列各项中，不构成应收账款入账价值的有（　　）。
A. 应收包装物租金
B. 确认商品销售收入时尚未收到的增值税
C. 代购货方垫付的运杂费
D. 预付的货款
【答案】AD
【解析】选项 A，属于其他应收款；选项 B、C，属于应收账款；选项 D，属于预付账款。

【例题2·单选题】甲公司为增值税一般纳税人，向乙公司销售商品一批，商品价款20万元，增值税税额2.6万元；以银行存款支付代垫运费1万元，增值税税额0.09万元，上述业务均已开具增值税专用发票，全部款项尚未收到。不考虑其他因素，甲公司应收账款的入账金额为（　　）万元。
A. 21　　　　　　B. 22.6
C. 23.69　　　　　D. 20
【答案】C
【解析】应收账款是指企业因销售商品、提供服务等经营活动，应向购货单位或接受服务单位收取的款项，主要包括企业销售商品或提供服务等应向有关债务人收取的价款、增值税及代垫货单位垫付的包装费、运杂费等。本题应收账款入账金额＝20＋2.6＋1＋0.09＝23.69（万元）。

【例题3·单选题】因债务人抵偿前欠货款而取得的应收票据，借记"应收票据"科目，贷记（　　）科目。
A. 应收账款
B. 主营业务收入
C. 应交税费——应交增值税（销项税额）
D. 银行存款
【答案】A
【解析】企业应收账款改用应收票据结算，在收到承兑的商业汇票时，借记"应收票据"科目，贷记"应收账款"科目。

3 预付账款★

一、考点解读

（一）概述
1. 概念
预付账款是指企业按照合同规定预付的款项。
2. 科目设置
为了反映和监督预付账款的增减变动及其结存情况，企业应当设置"预付账款"科目。"预付账款"科目的借方登记预付的款项及补付的款项，贷方登记收到所购物资时根据有关发票账单记入"原材料"等科目的金额及收回多付款项的金额，期末余额在借方，反映企业实际预付的款项；期末余额在贷方，则反映企业应付或应补付的款项。见图 3-10。

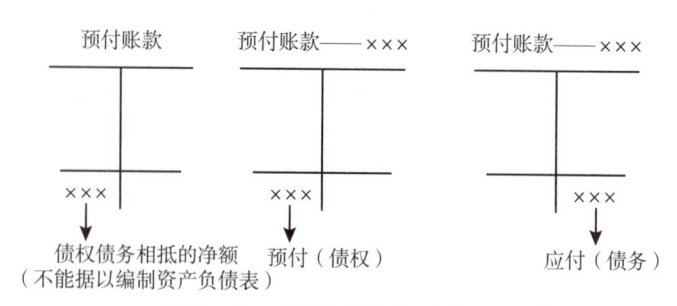

图 3-10 "预付账款"账户解释

[提示] 预付款项情况不多的企业，可以不设置"预付账款"科目，而将预付款项通过"应付账款"科目核算。

（二）账务处理（见图 3-11）

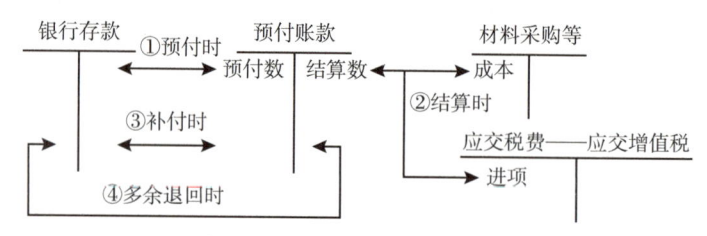

图 3-11 预付账款账务处理

二、例题点津

【例题 1·单选题】预付款项情况不多且未设置"预付账款"科目的企业，根据购货合同的规定向供应单位预付款项时，应借记（　　）科目。

A. 预付账款
B. 应付账款
C. 其他应收款
D. 应收账款

【答案】B

【解析】预付款项情况不多的企业，可以不设置"预付账款"科目，而将预付款项通过"应付账款"科目核算。

【例题 2·判断题】企业预付款项情况不多，没有设置"预付账款"科目，在期末编制资产负债表时不需要填列"预付款项"项目。（　　）

【答案】×

【解析】预付款项情况不多的企业，可以不设置"预付账款"科目，而将预付的款项通过"应付账款"科目的借方核算，期末"应付账款"明细科目借方余额需要填列在"预付款项"项目中。

4 应收股利和应收利息 ★

一、考点解读

（一）应收股利

1. 概念

应收股利是指企业应收取的**现金股利**和取其他单位分配的**利润**。企业应设置"应收股利"科目进行核算。

[提示] 应收股利仅指现金股利。

2. 账务处理（见图 3-12）

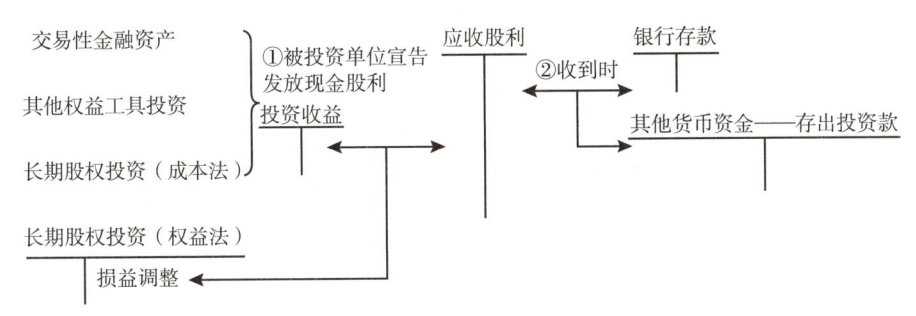

```
交易性金融资产         ①被投资单位宣告  应收股利      银行存款
其他权益工具投资       发放现金股利              ②收到时
长期股权投资(成本法)   投资收益                        其他货币资金——存出投资款
长期股权投资(权益法)
损益调整
```

图 3-12 应收股利账务处理

提示 企业收到被投资单位分配的现金股利或利润，应区别两种情况分别进行处理：对于企业通过证券公司购入上市公司股票所形成的股权投资取得的现金股利，应借记"其他货币资金——存出投资款"科目；对于企业持有的其他股权投资取得的现金股利或利润，应借记"银行存款"科目。

（二）应收利息

1. 概念

应收利息是指企业根据合同或协议规定应向债务人收取的利息。企业应设置"应收利息"科目进行核算。

2. 账务处理（见图 3-13）

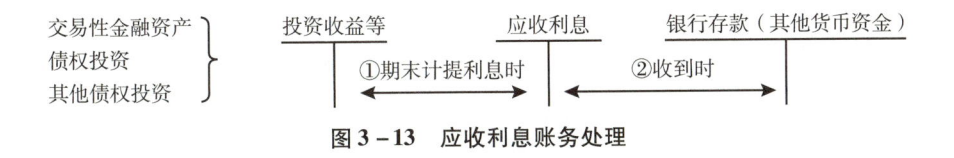

```
交易性金融资产  投资收益等    应收利息    银行存款(其他货币资金)
债权投资        ①期末计提利息时         ②收到时
其他债权投资
```

图 3-13 应收利息账务处理

二、例题点津

【例题1·多选题】企业收到被投资单位分配的现金股利，涉及的会计科目有（　　）。

A. 应收股利
B. 其他货币资金
C. 银行存款
D. 其他应收款

【答案】ABC

【解析】企业收到被投资单位分配的现金股利或利润，应贷记"应收股利"科目，而借记的会计科目应区别两种情况分别进行处理：对于企业通过证券公司购入上市公司股票所形成的股权投资取得的现金股利，应借记"其他货币资金——存出投资款"科目；对于企业持有的其他股权投资取得的现金股利或利润，应借记"银行存款"科目。

5 其他应收款★★

一、考点解读

（一）概述

1. 概念

其他应收款是指企业除应收票据、应收账款、预付账款、应收股利和应收利息以外的其他各种应收及暂付款项。

2. 内容

（1）应收的各种赔款、罚款；

（2）应收的出租包装物租金；

（3）应向职工收取的各种垫付款项，如垫付水电费、医药费、房租等；

（4）存出保证金，如租入包装物支付的押金；

(5) 其他各种应收、暂付款项。

提示 其他应收款的内容为高频考点。

3. 科目设置

为了反映和监督其他应收账款的增减变动及其结存情况，企业应当设置"其他应收款"科目进行核算。"其他应收款"科目的借方登记其他应收款的增加，贷方登记其他应收款的收回，期末余额一般在借方，反映企业尚未收回的其他应收项。

（二）账务处理（见图 3-14）

```
营业外收入 ←①应收的各种赔款、罚款— 其他应收款 ←⑥没收保证金→ 营业外支出
其他业务收入 ←②应收的出租包装物租金—
银行存款等 ←③应向职工收取的各种垫付款项—
         ←④存出保证金—
         ←⑤收回时—
```

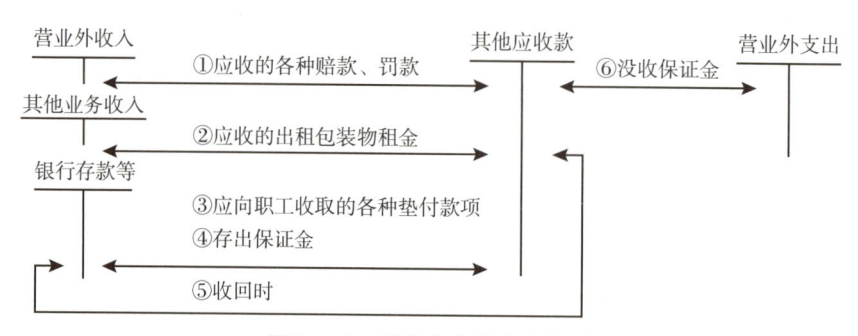

图 3-14 其他应收款账务处理

二、例题点津

【例题1·单选题】下列属于其他应收款的是（　　）。

A. 租入包装物支付的押金
B. 租入包装物支付的租金
C. 预付的货款
D. 应付的出租包装物的押金

【答案】A

【解析】选项 B，是其他应付款；选项 C，是预付账款；选项 D，是其他应付款。

【例题2·判断题】企业应向保险公司收取的财产损失赔款，应通过"应收账款"科目核算。（　　）

【答案】×

【解析】向保险公司收取的财产损失赔款，应通过"其他应收款"科目核算。

6 应收款项减值 ★★★

一、考点解读

企业的各项应收款项，可能会因债务人拒付、破产、死亡等信用缺失原因而使部分或全部无法收回。这类无法收回的应收款项通常称为坏账。企业因坏账而遭受的损失称为坏账损失。应收款项减值有两种核算方法，即直接转销法和备抵法。我国企业会计准则规定，应收款项减值的核算**应采用备抵法。小企业会计准则规定，应收款项减值采用直接转销法。**

（一）直接转销**法**

采用直接转销法时，日常核算中应收款项可能发生的坏账损失不进行会计处理，只有在实际发生坏账时，才作为坏账损失计入**当期损益（营业外支出）**。

1. 坏账损失的确认

小企业应收及预付款项符合下列条件之一的，减除可收回的金额后确认的无法收回的应收及预付款项，作为坏账损失：

（1）债务人依法宣告破产、关闭、解散、被撤销，或者被依法注销、吊销营业执照，其清算财产不足清偿的。

（2）债务人死亡，或者依法被宣告失踪、死亡，其财产或者遗产不足清偿的。

（3）债务人逾期 3 年以上未清偿，且有确凿证据证明已无力清偿债务的。

（4）与债务人达成债务重组协议或法院批准破产重整计划后，无法追偿的。

（5）因自然灾害、战争等不可抗力导致无法收回的。

（6）国务院财政、税务主管部门规定的其他条件。

2. 坏账损失的账务处理

小企业确认应收账款实际发生的坏账损失时：

借：银行存款［可收回的金额］
  营业外支出——坏账损失［**差额**］
   贷：应收账款［账面余额］
 3. 评价
 直接转销法的优点是账务处理简单，将坏账损失在实际发生时确认为损失符合其偶发性特征和小企业经营管理的特点。
 直接转销法的缺点是不符合权责发生制会计基础，也与资产定义存在一定的冲突。在这种方法下，只有坏账实际发生时，才将其确认为当期损益，导致资产和各期损益不实；另外，在资产负债表上，应收账款是按账面余额而不是按账面价值反映，这在一定程度上**高估期末应收款项**。

 （二）备抵法下预期信用损失的确认
 采用备抵法，需要对预期信用损失进行复杂的评估和判断，履行预期信用损失的确定程序。
 1. 预期信用损失的概念
 预期信用损失，是指以发生违约的风险为权重的金融工具信用损失的加权平均值。信用损失，是指企业按照实际利率折现的、根据合同应收的所有合同现金流量与预期收取的所有现金流量之间的差额。
 2. 预期信用损失的确定方法
 企业对于《企业会计准则第 14 号——收入》规范的交易形成且不含重大融资成分的应收款项，始终按照相当于**整个存续期内**预期信用损失的金额计量其损失准备。
 信用风险自初始确认后是否显著增加的判断。（1）企业应通过比较应收款项在初始确认时所确定的预计存续期内的违约概率与该工具在资产负债表日所确定的预计存续期内的违约概率，来判定金融工具信用风险是否显著增加。（2）如果企业确定应收款项在资产负债表日只具有较低的信用风险的，可以假设该应收款项的信用风险自初始确认后并未显著增加。通常情况下，如果**逾期超过 30 日**，则表明应收款项的信用风险已经显著增加。（3）在确定信用风险自初始确认后是否显著增加时，企业应考虑无须付出不必要的额外成本或努力即可获得的合理且有依据的信息，包括前瞻性信息。（4）对于应收款项，企业在单项应收款项层面无法以合理成本获得关于信用风险显著增加的充分证据，而在组合的基础上评估信用风险是否显著增加是可行的，企业应按照应收款项的类型、信用风险评级、初始确认日期、剩余合同期限为共同风险特征，对应收账款进行分组并以组合为基础考虑评估信用风险是否显著增加。

 在确定信用风险自初始确认后是否显著增加时，企业应考虑的具体信息包括：（1）债务人未能按合同到期日支付款项的情况；（2）已发生的或预期的债务人的外部或内部信用评级的严重恶化；（3）已发生的或预期的债务人经营成果的严重恶化；（4）现存的或预期的技术、市场、经济或法律环境变化，并将对债务人对本企业的还款能力产生重大不利影响。

 考虑到应收款项的流动性特征，实务中通常按照应收款项的**账面余额**和**预计可收回金额**的差额确定预计信用减值损失。
 3. 备抵法评价
 采用备抵法的优点主要有：符合**权责发生制**和会计**谨慎性**要求，在资产负债表中列示应收款项的**净额**，使财务报表使用者能了解企业应收款项预期可收回的金额和谨慎的财务状况；在利润表中作为营业利润项目列示，有利于落实企业管理者的经管责任，有利于企业外部利益相关者如实评价企业的经营业绩，作出谨慎的决策。

 采用备抵法的缺点是：预期信用损失的估计需要考虑的因素众多，且有部分估计因素带有一定的主观性，对会计职业判断的要求较高，可能导致预期信用损失的确定不够准确、客观；此外，预期信用减值损失影响各期营业利润金额的计算与确定，客观存在企业管理者**平滑利润进行盈余管理甚至利润操纵与舞弊的可能性**，增加会计职业风险，增加注册会计师审计难度和审计风险，同时，也增加政府和行业的会计监管难度和风险，这对会计制度的制定者、执行者和监管者等提出更高的要求。

 （三）备抵法下坏账准备的账务处理
 坏账准备可按以下公式计算：
  <small>当期应计提的坏账准备 = 当期按应收款项计算的坏账准备金额 -（或 +）"坏账准备"科目的贷方（或借方）余额</small>
 企业应当设置"坏账准备"科目，科目的贷方登记当期计提的坏账准备、收回已转销的应

收账款而恢复的坏账准备，借方登记实际发生的坏账损失金额和冲减的坏账准备金额，期末余额一般在贷方，反映企业已计提但尚未转销的坏账准备。

企业计提坏账准备时，按应减记的金额，借记"信用减值损失——计提的坏账准备"科目，贷记"坏账准备"科目。冲减多计提的坏账准备时，借记"坏账准备"科目，贷记"信用减值损失——计提的坏账准备"科目。

企业确实无法收回的应收款项按管理权限报经批准后作为坏账转销时，应当冲减已计提的坏账准备。已确认并转销的应收款项以后又收回的，应当按照实际收到的金额增加坏账准备的账面余额。企业实际发生坏账损失时，借记"坏账准备"科目，贷记"应收账款""其他应收款"等科目。

需要说明的是，除了"应收账款"外，"应收票据""其他应收款""预付账款"等科目的坏账计提也通过"坏账准备"科目核算。

二、例题点津

【例题1·单选题】下列选项中，企业计提应收款项坏账准备时应记入的会计科目是（ ）。

A. 营业外支出
B. 管理费用
C. 信用减值损失
D. 资产减值损失

【答案】C

【解析】计提应收款项坏账准备应通过"信用减值损失"科目核算。计提坏账准备的会计分录是：
借：信用减值损失
  贷：坏账准备

【例题2·多选题】下列情况下进行会计处理时，应记入"坏账准备"科目借方的有（ ）。

A. 期末"坏账准备"账户余额为贷方，且大于计提前坏账准备余额
B. 已转销的坏账当期又收回
C. 当期确认的坏账损失
D. 冲回多提的坏账准备

【答案】CD

【解析】选项A，补提坏账准备：
借：信用减值损失
  贷：坏账准备
选项B，已转销的坏账当期又收回：
借：银行存款
  贷：坏账准备
选项C，当期确认的坏账损失：
借：坏账准备
  贷：应收账款
选项D，冲回多提的坏账准备：
借：坏账准备
  贷：信用减值损失

【例题3·判断题】资产负债表日，应收账款的账面价值低于预计可收回金额的，应计提坏账准备。（ ）

【答案】×

【解析】资产负债表日，应收账款的账面价值高于预计可收回金额的，应计提坏账准备。

【例题4·单选题】甲企业年初"坏账准备"科目的贷方余额为30万元，本年收回上年已确认为坏账的应收账款5万元，经评估确认"坏账准备"科目年末贷方余额应为40万元。不考虑其他因素，该企业年末应计提的坏账准备为（ ）万元。

A. 5
B. 10
C. 15
D. 40

【答案】A

【解析】本年收回上年已确认为坏账的应收账款5万元：
借：应收账款   5
  贷：坏账准备   5
借：银行存款   5
  贷：应收账款   5
则坏账准备科目余额 = 30 + 5 = 35（万元）。经评估确认"坏账准备"科目年末贷方余额应为40万元，则需要补提5万元（40 - 35）。

第四单元　存　货

1 存货概述 ★★

一、考点解读

存货是指企业在日常活动中持有以备出售的产品或商品、处在生产过程中的在产品、在生产过程或提供劳务过程中储存的材料或物料等，包括各类材料、在产品、半成品、产成品、商品以及周转材料、委托代销商品等。

（一）存货的初始计量

企业取得存货应当按照成本计量。存货成本包括采购成本、加工成本和其他成本以及自制存货成本等。

1. 存货的采购成本

企业的外购存货主要包括原材料和商品。存货的采购成本，包括购买价款、相关税费、运输费、装卸费、保险费以及其他可归属于存货采购成本的费用。

（1）存货的购买价款是指企业购入的材料或商品的发票账单上列明的价款，但不包括按照规定可以抵扣的增值税进项税额。

（2）存货的相关税费是指企业购买存货发生的进口关税、消费税、资源税和不能抵扣的增值税进项税额以及相应的教育费附加等应计入存货采购成本的税费。

（3）其他可归属于存货采购成本的费用是指采购成本中除上述各项以外的可归属于存货采购的费用，如在存货采购过程中发生的仓储费、包装费、运输途中的合理损耗（如汽车在运输煤炭、化肥等的过程中自然散落以及易挥发产品在运输过程中的自然挥发等）、入库前的挑选整理费用（包括挑选整理中发生的工、费支出和挑选整理过程中所发生的数量损耗，并扣除回收的下脚废料价值）等。

（4）商品流通企业在采购商品过程中发生的运输费、装卸费、保险费以及其他可归属于存货采购成本的费用等进货费用，应当计入所购商品成本。企业也可以对这部分成本先进行归集，期末根据所购商品的存、销情况进行分摊。对于已售商品的进货费用，计入当期主营业务成本；对于未售商品的进货费用，计入期末存货成本。企业采购商品的进货费用金额较小的，可以在发生时直接计入当期销售费用。

商品的进货费用有三种处理方式：（1）全部计入所购商品成本；（2）先进行归集，期末分摊，已售商品的计入主营业务成本，未售商品的计入期末存货成本；（3）金额较小的，直接计入当期销售费用。

按照小企业会计准则规定，小企业（批发业、零售业）在购买商品过程中发生的费用（包括运输费、装卸费、包装费、保险费、运输途中的合理损耗和入库前的挑选整理费等），记入"销售费用"科目核算。

2. 加工取得存货的成本

企业通过进一步加工取得的存货，主要包括产成品、在产品、半成品、委托加工物资等，其成本由采购成本、加工成本构成。

存货的加工成本是指在存货的加工过程中发生的追加费用，包括直接人工以及按照一定方法分配的制造费用。

企业委托外单位加工完成的存货，包括加工后的原材料、包装物、低值易耗品、半成品、产成品等，其成本包括实际耗用的原材料或者半成品、加工费、装卸费、保险费、委托加工的往返运输费等费用以及按规定应计入存货成本的税费，见图 3-15。

委托外单位加工完成存货成本 { 所耗原材料或半成品成本 / 支付的加工费 / 支付的往返运杂费 }
↓
应税消费品
↓
向受托方支付消费税 { ①收回后用于直接销售，计入委托加工完成的存货成本 / ②收回后用于继续生产，计入应交税费——应交消费税 }

图 3-15　委托加工物资成本构成

3. 存货的其他成本

存货的其他成本是指除采购成本、加工成本以外的，**使存货达到目前场所和状态所发生的其他支出**。为特定客户设计产品所发生的、可直接认定的产品设计费用应计入存货的成本，但是企业设计产品发生的设计费用通常应计入当期损益。

4. 企业自制存货的成本

企业自制的存货，包括自制原材料、自制包装物、自制低值易耗品、自制半成品及库存商品等，其成本包括直接材料、直接人工和制造费用等的各项实际支出。

【提示】下列费用不应计入存货成本，而应在其发生时计入当期损益：

（1）非正常消耗的直接材料、直接人工和制造费用，应在发生时计入当期损益，不应计入存货成本。如由于自然灾害而发生的直接材料、直接人工和制造费用，应在发生时确认为当期损益（营业外支出）。

（2）仓储费用指企业在存货采购入库后发生的储存费用，应在发生时计入当期损益（管理费用）。但是，在生产过程中为达到下一个生产阶段所必需的仓储费用应计入存货成本。

（3）不能归属于使存货达到目前场所和状态的其他支出，应在发生时计入当期损益。

（二）发出存货的计价方法

企业发出的存货可以按实际成本核算，也可以按计划成本核算。

企业应当根据各类存货的实物流转方式、存货的性质、企业管理的要求等实际情况，合理地选择发出存货成本的计算方法，以合理确定当期发出存货的成本。

对于性质和用途相同的存货，应当采用相同的成本计价方法确定发出存货的成本。

在实际成本核算方式下，企业可以采用的发出存货成本的计价方法包括个别计价法、先进先出法、月末一次加权平均法和移动加权平均法等。按照小企业会计准则规定，小企业应当采用先进先出法、加权平均法或者个别计价法确定发出存货的实际成本。**计价方法一经选用，不得随意变更。**

如果采用计划成本核算，会计期末要对存货计划成本和实际成本之间的差异进行单独核算，最终将计划成本调整为实际成本。

1. 个别计价法

个别计价法是假设存货具体项目的实物流转与成本流转相一致，按照各种存货逐一辨认各批发出存货和期末存货所属的购进批别或生产批别，分别按其购入或生产时所确定的单位成本计算各批发出存货和期末存货成本的方法。在这种方法下，把每一种存货的实际成本作为计算发出存货成本和期末存货成本的基础。

个别计价法的成本计算准确，符合实际情况，但在存货收发频繁的情况下，其发出成本分辨的工作量较大。因此，这种方法通常适用于一般不能替代使用的存货、为特定项目专门购入或制造的存货以及提供的劳务，如珠宝、名画等贵重物品。

2. 先进先出法

先进先出法，是指以先购入的存货应先发出（即用于销售或耗用）这样一种存货实物流动假设为前提，对发出存货进行计价的一种方法。

采用这种方法，先购入的存货成本在后购入存货成本之前转出，据此确定发出存货和期末存货的成本。

具体方法是：收入存货时，逐笔登记收入存货的数量、单价和金额；发出存货时，按照先进先出的原则逐笔登记存货的发出成本和结存金额。

先进先出法可以随时结转存货发出成本，但较烦琐。如果存货收发业务较多，且存货单价不稳定时，其工作量较大。

【提示】在物价持续上升时，期末存货成本接近于市价，而发出成本偏低，会高估企业当期利润和库存存货价值；反之，会低估企业存货价值和当期利润。

3. 月末一次加权平均法

月末一次加权平均法，是指以本月全部进货数量加上月初存货数量作为权数，去除本月全部进货成本加上月初存货成本，计算出存货的加权平均单位成本，以此为基础计算本月发出存货的成本和期末结存存货的成本的一种方法。

计算公式如下：

$$存货单位成本 = \frac{月初库存存货成本 + 本月各批进货的实际单位成本 \times 本月各批进货的数量}{月初库存存货的数量 + 本月各批进货数量之和}$$

本月发出存货的成本＝本月发出存货的数量×存货单位成本

本月月末结存存货成本＝月末结存存货的数量×存货单位成本

或：

本月月末结存存货成本＝月初结存存货成本＋本月收入存货成本－本月发出存货成本

月末一次加权平均法可以简化成本计算工作，但不便于存货成本的日常管理与控制。

4. 移动加权平均法

移动加权平均法，是指以每次进货的成本加上原有结存存货的成本的合计额，除以每次进货数量加上原有结存存货的数量的合计数，据以计算加权平均单位成本，作为在下次进货前计算各次发出存货成本依据的一种方法。

计算公式如下：

$$存货单位成本 = \frac{原有结存存货成本＋本次进货的成本}{原有结存存货数量＋本次进货数量}$$

本次发出存货的成本＝本次发出存货数量×本次发货前存货的单位成本

本月月末结存存货成本＝月末结存存货的数量×本月月末存货单位成本

或：

本月月末结存存货成本＝月初结存存货成本＋本月收入存货成本－本月发出存货成本

采用移动加权平均法能够使企业管理层及时了解存货的结存情况，计算的平均单位成本以及发出和结存的存货成本比较客观。但计算工作量较大，对收发货较频繁的企业不太适用。

提示 采用不同发出存货的计价方法计算结果各不相同。在企业进货单价不断上升的情况下，不考虑其他影响利润的因素，采用先进先出法计算的利润额最高，采用月末一次加权平均法计算的利润额最低，这对准确评价企业盈利能力产生一定影响；发出存货成本高则期末存货成本低，对存货周转率、资产负债率等财务指标形成一定影响，进而对评价企业营运能力和偿债能力产生一定的影响；可见，不同存货计价方法的经济后果可能存在差异。因此，企业应在国家统一会计制度规定范围内尽可能选择发出存货成本偏高的计价方法，以使企业利益相关者特别是股东作出谨慎的经济决策。

二、例题点津

【例题1·单选题】甲企业为增值税一般纳税人，本期购入一批商品100千克，进货价格为100万元，增值税进项税额为13万元。所购商品到达后验收发现商品短缺25%，其中合理损失15%，另10%的短缺无法查明原因。该批商品的单位成本是（　　）万元。

A. 1　　　　　　　B. 1.4
C. 1.2　　　　　　D. 1.25

【答案】C

【解析】（1）运输途中的合理损耗计入采购商品的成本，不影响总成本。本题影响总成本的是10%的无法查明原因的短缺成本，因此商品总成本要减去这部分成本。商品总成本＝100×（1－10%）＝90（万元）。（2）计算单位成本时，商品数量按实际验收数量计算。商品单位成本＝90÷100×（1－25%）＝1.2（万元）。

【例题2·多选题】下列税费可以计入存货成本的有（　　）。

A. 企业购买存货发生的进口关税
B. 委托加工应税消费品支付的消费税（收回后用于继续生产）
C. 一般纳税人外购商品支付的增值税（取得增值税专用发票）
D. 小规模纳税人外购商品支付的增值税（取得增值税专用发票）

【答案】AD

【解析】选项B，计入应交税费——应交消费税；选项C，确认应交税费——应交增值税（进项税额）。

【例题3·单选题】某企业采用月末一次加权平均法核算发出材料成本。6月1日结存乙材料200件，单位成本35元；6月10日购入乙材料400件，单位成本40元；6月20日购入乙材料400件，单位成本45元。当月发出乙材料600件。不考虑其他因素，该企业6月份发出乙材料的成本为（　　）元。

A. 24 600　　　　B. 25 000
C. 26 000　　　　D. 23 000

【答案】A

【解析】该企业6月份发出乙材料的成本 = (200×35 + 400×40 + 400×45) ÷ (200 + 400 + 400) × 600 = 24 600（元）。

【例题4·多选题】下列应该计入存货成本的有（　　）。

A. 为特定客户设计产品所发生的、可直接确定的设计费用

B. 为产品进入下一阶段所必需的仓储费

C. 车间固定资产折旧费

D. 生产工人辞退福利

【答案】ABC

【解析】选项C，车间固定资产折旧费属于生产产品过程中发生的制造费用，即存货的加工成本。选项D，生产工人辞退福利计入管理费用，不计入存货成本。

【例题5·单选题】甲公司为增值税一般纳税人，适用的增值税税率为13%，外购一批原材料，价款100万元（不含税），支付运输费等2万元，发生运输途中合理损耗1万元，则该批材料采购成本为（　　）万元。

A. 100　　　　B. 102
C. 103　　　　D. 113

【答案】B

【解析】存货的采购成本，包括购买价款、相关税费、运输费、装卸费、保险费以及其他可归属于存货采购成本的费用。但不包括按照规定可以抵扣的增值税进项税额。采购成本 = 100 + 2 = 102（万元）。

【例题6·单选题】甲企业本期购进6批存货，已发出2批，在物价持续上升的情况下，与加权平均法相比，该企业采用先进先出法时（　　）。

A. 当期利润较低
B. 库存存货价值较低
C. 期末存货成本接近于市价
D. 发出的成本较高

【答案】C

【解析】企业采用先进先出法计量发出存货成本，在物价持续上升时，期末存货成本接近于市价，而发出成本偏低，会高估企业当期利润和库存存货价值；反之，会低估企业存货价值和当期利润。

2 原材料★★★

一、考点解读

原材料的日常收发及结存可以采用实际成本核算，也可以采用计划成本核算。

（一）采用实际成本核算

材料采用实际成本核算时，材料的收发及结存，无论是总分类核算还是明细分类核算，均按照实际成本计价。

按照实际成本计价，不存在成本差异的计算与结转等问题，具有方法简单、核算程序简便易行等优点；但是采用实际成本核算，日常不能直接反映材料成本的节约或超支情况，不便于对材料等及时实施监督管理，不便于反映和考核材料物资采购、储存及其耗用等业务对经营成果的影响。因此，这种方法通常适用于材料收发业务较少、监督管理要求不高的企业。在会计实务工作中，对于材料收发业务较多、监督管理复杂且要求较高、计划成本资料较为健全、准确的企业，一般可以采用计划成本进行材料收入、发出的核算。

1. 实际成本法下应设置的会计科目

采用实际成本核算，主要应设置的会计科目有"原材料""在途物资""应付账款"等科目。

（1）"原材料"科目。

本科目用于核算库存各种材料的收发与结存情况，见图3-16。

原材料（按实际成本核算）	
入库材料的实际成本	发出材料的实际成本
企业库存材料的实际成本	

图3-16

（2）"在途物资"科目。

本科目用于核算企业采用实际成本（进价）进行材料、商品等物资的日常核算、价款已付尚未验收入库的各种物资（即在途物资）的采购成本，本科目应当按照供应单位和物资品种进行明细核算，见图3-17。

在途物资	
企业购入的在途物资的实际成本	验收入库的在途物资的实际成本
企业在途物资的采购成本	

图 3-17

2. 实际成本下账务处理

（1）购入材料。

由于支付方式不同，原材料入库的时间与付款的时间可能一致，也可能不一致，在账务处理上也有所不同。

①货款已经支付或开出、承兑商业汇票，同时材料已验收入库：

借：原材料［实际成本］
　　应交税费——应交增值税（进项税额）
　　贷：银行存款/其他货币资金/应付票据/应付账款等

②货款已经支付或已开出、承兑商业汇票，材料尚未到达或尚未验收入库：

企业应通过"在途物资"科目核算采购的原材料；待材料到达入库后，再根据收料单，由"在途物资"科目转入"原材料"科目核算。

A. 购入时：

借：在途物资［实际成本］
　　应交税费——应交增值税（进项税额）
　　贷：银行存款/其他货币资金/应付票据/应付账款等

B. 收到材料时：

借：原材料
　　贷：在途物资

③货款尚未支付，材料已经验收入库：

A. 料到单到，无力支付（赊购）：

借：原材料［实际成本］
　　应交税费——应交增值税（进项税额）
　　贷：应付账款

B. 料到单未到，因而未付款：

对于材料已到达并已验收入库，但发票账单等结算凭证未到，货款尚未支付的采购业务，应于期末按材料的暂估价值入账：

借：原材料
　　贷：应付账款——暂估应付账款

下月初，用红字冲销原暂估入账金额，以便下月付款或开出、承兑商业汇票后，按正常程序，借记"原材料""应交税费——应交增值税（进项税额）"科目，贷记"银行存款"、"应付账款"或"应付票据"等科目。

④采用预付货款方式采购材料：

预付货款时：

借：预付账款
　　贷：银行存款

收到材料并验收入库：

借：原材料
　　应交税费——应交增值税
　　贷：预付账款

补付货款：

借：预付账款
　　贷：银行存款

（2）发出材料。

企业发出材料主要有以下几种情形：

①生产经营领用材料：

借：生产成本［生产产品领用］
　　制造费用［车间一般消耗］
　　销售费用［销售部门领用］
　　管理费用等［管理部门领用］
　　研发支出［研发环节领用］
　　贷：原材料［实际成本］

②出售材料结转成本：

借：其他业务成本
　　贷：原材料［实际成本］

③发出委托外单位加工的材料：

借：委托加工物资
　　贷：原材料［实际成本］

提示 企业可以选择采用个别计价法、先进先出法、月末一次加权平均法、移动加权平均法计算确定发出材料的实际成本。

（二）采用计划成本核算

采用计划成本核算材料，材料的收发及结存，无论是总分类核算还是明细分类核算，均按照计划成本计价。

材料实际成本与计划成本的差异，通过"材料成本差异"科目核算。月末，计算本月发出材料应负担的成本差异并进行分摊，根据领用材料的用途计入相关资产的成本或者当期损益，从而将发出材料的计划成本调整为实际成本。

在实务工作中，对于材料收发业务较多并且计划成本资料较为健全、准确的企业，一般可以采用计划成本进行材料收发的核算。

1. 计划成本法下应设置的会计科目

（1）"原材料"科目。

本科目用于核算库存各种材料的收发与结存情况。在材料采用计划成本核算时，本科目的借方登记入库材料的计划成本，贷方登记发出材料的计划成本，期末余额在借方，反映企业库存材料的计划成本。

（2）"材料采购"科目。

本科目借方登记采购材料的实际成本，贷方登记入库材料的计划成本。借方大于贷方表示超支，从"材料采购"科目的贷方转入"材料成本差异"科目的借方；贷方大于借方表示节约，从"材料采购"科目的借方转入"材料成本差异"科目的贷方；期末为借方余额，反映企业在途材料的采购成本。

提示 计划成本核算下才会设置"材料采购"科目，实际成本核算无须设置此科目。

（3）"材料成本差异"科目。

本科目反映企业已入库各种材料的实际成本与计划成本的差异，借方登记超支差异及发出材料应负担的节约差异，贷方登记节约差异及发出材料应负担的超支差异。期末如为**借方余额**，反映企业库存材料的实际成本大于计划成本的差异（即**超支差异**）；如为**贷方余额**，反映企业库存材料实际成本小于计划成本的差异（即**节约差异**）。

小企业也可以在"原材料""周转材料"等科目设置**"成本差异"**明细科目进行材料成本差异的核算。

计划成本法下账务处理见图 3-18。

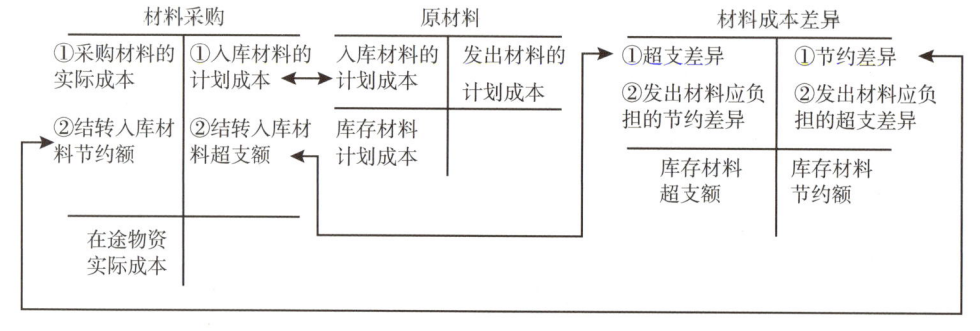

图 3-18 计划成本法下采购材料账务处理

2. 计划成本法下账务处理

（1）购入材料。

①货款已经支付，同时材料验收入库。

提示 在采用计划成本法的情况下，购入的材料无论是否验收入库，都要先通过"材料采购"科目进行核算，以反映企业所购材料的实际成本，从而与"原材料"科目相比较，计算确定材料差异成本。

　A. 购入时：
　借：材料采购［实际成本］
　　　应交税费——应交增值税（进项税额）
　　贷：银行存款等
　B. 收料时：
　借：原材料［计划成本］

　　　材料成本差异［超支额］
　　贷：材料采购［实际成本］
　　　材料成本差异［节约额］

②货款已经支付，材料尚未验收入库。

提示 尚未验收入库的材料通过"材料采购"科目进行核算。由于材料尚未入库，因此不借记"原材料"科目，也不计算材料成本差异。

分录步骤同上。

③货款尚未支付，材料已经验收入库。

　A. 料到单到，无力支付（赊购）：
购入时：
　借：材料采购［实际成本］
　　　应交税费——应交增值税（进项税额）
　　贷：应付账款

同时，收料时：

借：原材料［计划成本］
　　材料成本差异［超支额］
　　　贷：材料采购［实际成本］
　　　　　材料成本差异［节约额］

B. 料到单未到，因而未付款：

对于尚未收到发票账单的收料凭证，月末应按计划成本暂估入账。

借：原材料［计划成本］
　　　贷：应付账款——暂估应付账款［计划成本］

下期期初用红字予以冲回。

（2）发出材料。

企业采用计划成本核算，发出材料的几种情形同采用实际成本核算相同。平时发出材料时，一律用计划成本。月末，企业根据领料单等编制"发料凭证汇总表"结转发出材料的计划成本，按计划成本分别：

借：生产成本［计划成本］
　　制造费用［计划成本］
　　销售费用［计划成本］
　　管理费用等［计划成本］
　　　贷：原材料［计划成本］

（3）月末分配结转材料成本差异。

企业日常采用计划成本核算的，发出的材料成本应由计划成本调整为实际成本，通过"材料成本差异"科目进行结转，按照发出材料的用途，分别记入"生产成本""制造费用""销售费用""管理费用""其他业务成本""委托加工物资"等科目。发出材料应负担的成本差异应当按期（月）分摊，不得在季末或年末一次计算。

期末结转差异时：

借：生产成本等
　　　贷：材料成本差异［结转超支差］

借：材料成本差异［结转节约差］
　　　贷：生产成本等

有关材料成本差异的计算公式如下：

本月材料成本差异率 =
$$\frac{月初结存材料的成本差异 + 本月验收入库材料的成本差异}{月初结存材料的计划成本 + 本月验收入库材料的计划成本} \times 100\%$$

本月发出材料应负担的成本差异 = 本月发出材料的计划成本 × 本月材料成本差异率

如果企业的材料成本差异率各期之间是比较均衡的，也可以采用期初材料成本差异率分摊本期的材料成本差异。年度终了，应对材料成本差异率进行核实调整。

期初材料成本差异率 =
$$\frac{期初结存材料的成本差异}{期初结存材料的计划成本} \times 100\%$$

发出材料应负担的成本差异 = 发出材料的计划成本 × 期初材料成本差异率

二、例题点津

【例题1·多选题】"材料采购"科目贷方登记（　　）。

A. 采购材料的实际成本
B. 入库材料的计划成本
C. 结转入库材料节约额
D. 结转入库材料超支额

【答案】BD

【解析】材料采购科目借方登记采购材料的实际成本（选项A），贷方登记入库材料的计划成本（选项B）。借方大于贷方表示超支，从"材料采购"科目的贷方转入"材料成本差异"科目的借方（选项D）；贷方大于借方表示节约，从"材料采购"科目的借方的转入"材料成本差异"科目的贷方（选项C）。

【例题2·单选题】甲企业采用计划成本法进行材料核算，8月1日购入材料一批，取得增值税专用发票上注明的价款为300 000元，增值税税额为39 000元，计划成本为320 000元。8月3日，材料运达并验收入库。不考虑其他因素，下列各项中，关于材料入库的会计处理正确的是（　　）。

A. 借：原材料　　　　　　　320 000
　　　贷：材料采购　　　　　300 000
　　　　　材料成本差异　　　20 000

B. 借：原材料　　　　　　　300 000
　　　材料成本差异　　　　20 000
　　　贷：材料采购　　　　　320 000

C. 借：原材料　　　　　　　300 000
　　　材料成本差异　　　　20 000
　　　贷：在途物资　　　　　320 000

D. 借：原材料　　　　　300 000
　　贷：在途物资　　　　　　300 000
【答案】A
【解析】8月1日，购入材料时：
借：材料采购（实际成本）
　　　　　　　　　　　300 000
　　应交税费——应交增值税（进项税额）
　　　　　　　　　　　 39 000
　　贷：银行存款　　　　　　339 000
8月3日，材料验收入库时：
借：原材料（计划成本）　320 000
　　贷：材料采购　　　　　　300 000
　　　　材料成本差异　　　　 20 000

【例题3·单选题】企业采用计划成本法核算原材料，对于货款已付但尚未验收入库的在途材料，应记入的会计科目是（　　）。
A. 在途物资　　　B. 原材料
C. 材料采购　　　D. 周转材料
【答案】C
【解析】选项A，"在途物资"是在实际成本法下需要设置的会计科目。选项D，"周转材料"科目用来核算周转材料，这里企业采购的是原材料。周转材料，是指企业能够多次使用，不符合固定资产定义，逐渐转移其价值但仍保持原有形态的材料物品，包括包装物和低值易耗品等。选项B和选项C，计划成本法下，企业应设置的会计科目有"原材料""材料采购""材料成本差异"等。题目中原材料尚未入库，应以实际成本记入"材料采购"科目，入库时与"原材料"科目计划成本进行比较，计算确定材料成本差异。

【例题4·单选题】甲企业为增值税一般纳税人，增值税税率为13%；外购一批原材料100吨，每吨单价1万元（不含税），另支付运杂费2万元（不考虑增值税），甲企业开出转账支票，材料收到，验收入库。该批材料每吨计划单价1.1万元。则甲企业入库材料差异额为（　　）。
A. 节约8万元　　　B. 超支8万元
C. 节约24万元　　D. 超支24万元
【答案】A
【解析】材料差异额＝实际成本（100×1＋2）－计划成本（100×1.1）＝－8（万元）。

【例题5·单选题】某企业材料采用计划成本核算。月初结存材料计划成本为200万元，材料成本差异为节约20万元，当月购入材料一批，实际成本为135万元，计划成本为150万元，领用材料的计划成本为180万元。当月结存材料的实际成本为（　　）万元。
A. 153　　B. 162　　C. 170　　D. 187
【答案】A
【解析】材料成本差异率＝差异额÷计划成本＝[－20＋（135－150）]÷（200＋150）＝－10%，领用原材料的实际成本＝180×（1－10%）＝162（万元），当月结存材料的实际成本＝200－20＋135－162＝153（万元）。

【例题6·单选题】甲企业为增值税小规模纳税人，原材料采用计划成本核算，A材料计划成本为每千克20元，本期购进A材料6 000千克，收到增值税专用发票上注明的材料价款为102 000元，增值税税额为13 260元，另发生运杂费2 400元，保险费600元。原材料验收入库为5 995千克，运输途中合理损耗5千克。购进A材料发生的成本差异为（　　）元。
A. 节约1 740元　　B. 节约1 640元
C. 节约15 000元　　D. 节约14 900元
【答案】B
【解析】购入材料的实际成本＝102 000＋13 260＋2 400＋600＝118 260（元），甲企业为小规模纳税人，增值税进项税额要计入材料成本。购入材料计划成本＝20×5 995＝119 900（元）。购进A材料发生的成本差异＝118 260－119 900＝－1 640（元）。

【例题7·判断题】已验收入库但至月末尚未收到增值税扣税凭证的赊购货物，应按合同协议价格计算增值税进项税额暂估入账。（　　）
【答案】×
【解析】发票账单未到难以确定实际成本，期末应按照暂估价值先入账，在下月初，用红字冲销原暂估入账金额，待收到发票账单后再按照实际金额记账。期末按材料的暂估价值，借记"原材料"科目，贷记"应付账款——暂估应付账款"科目。但是这种情况不暂估增值税入账。

3　包装物★★★

周转材料，是指企业能够多次使用，不符合

固定资产定义，逐渐转移其价值但仍保持原有形态的材料物品。企业的周转材料包括包装物和低值易耗品，以及小企业（建筑业）的钢模板、木模板、脚手架等。

一、考点解读

（一）包装物的内容

包装物，是指为了包装商品而储备的各种包装容器，如桶、箱、瓶、坛、袋等。具体包括：

（1）生产过程中用于包装产品作为产品组成部分的包装物。

（2）随同商品出售而不单独计价的包装物。

（3）随同商品出售单独计价的包装物。

（4）出租或出借给购买单位使用的包装物。

（二）包装物的账务处理

1. 科目设置

为了反映和监督包装物的增减变动及其价值损耗、结存等情况，企业应当设置"周转材料——包装物"科目进行核算，借方登记包装物的增加，贷方登记包装物的减少，期末余额在借方，反映企业期末结存包装物的金额。

按照小企业会计准则规定，小企业的各种包装材料，如纸、绳、铁丝、铁皮等，应在"原材料"科目内核算；用于储存和保管产品、材料而不对外出售的包装物，应按照价值大小和使用年限长短，分别在"固定资产"科目或"原材料"科目核算。

2. 包装物发出

（1）生产领用包装物。

借：生产成本
　　贷：周转材料——包装物［发出包装物实际成本或计划成本］

（2）随同商品出售而**不单独计价**的包装物。

借：销售费用
　　贷：周转材料——包装物［发出包装物实际成本或计划成本］

（3）随同商品出售而**单独计价**的包装物。

借：银行存款
　　贷：其他业务收入
　　　　应交税费——应交增值税（销项税额）

同时，结转所销售包装物的成本：

借：其他业务成本
　　贷：周转材料——包装物［发出包装物实际成本或计划成本］

（4）出租或出借包装物。

①发出出租或出借包装物：

借：周转材料——包装物——出租包装物（或出借包装物）
　　贷：周转材料——包装物——库存包装物

②出租或出借包装物的押金和租金（存入保证金）：

A. 收取**押金**时：

借：库存现金/银行存款
　　贷：**其他应付款——存入保证金**

退还押金时，编制相反的会计分录。

B. 收取**租金**时：

借：库存现金/银行存款/其他应收款
　　贷：其他业务收入

③出租或出借包装物发生的相关费用：

A. 包装物的摊销费用：

借：其他业务成本［出租包装物］
　　销售费用［出借包装物］
　　贷：周转材料——包装物——包装物摊销

B. 包装物的维修费用：

借：其他业务成本［出租包装物］
　　销售费用［出借包装物］
　　贷：库存现金/银行存款/原材料/应付职工薪酬

以上业务，如果采用计划成本计价，应同时结转材料成本差异：

借：生产成本
　　销售费用
　　其他业务成本
　　贷：材料成本差异（发出包装物计划成本×材料成本差异率）

或作相反分录。

二、例题点津

【例题1·多选题】下列选项中，企业应通过"周转材料"科目核算的有（　　）。

A. 为维修设备采购的价值较低的专用工具

B. 购入用于出租出借的包装物
C. 为行政管理部门购买的低值易耗品
D. 在建工程购入的专项材料

【答案】ABC

【解析】周转材料，是指企业能够多次使用，不符合固定资产定义，逐渐转移其价值但仍保持原有形态的材料物品，包括包装物和低值易耗品等。选项 A、B、C 均为企业的周转材料。选项 D 为企业的在建工程物资，属于固定资产的核算内容，一般在"在建工程"科目核算。

【例题 2·单选题】甲公司 2×21 年 3 月 10 日，销售商品领用不单独计价包装物，其成本为 5 万元；销售商品领用单独计价包装物一批，其成本为 4 万元；出租包装物一批，租金 3 万元，本期摊销额为 2 万元，则包装物中应计入其他业务成本的金额是（　　）万元。

A. 11　　　　　　B. 6
C. 4　　　　　　　D. 7

【答案】B

【解析】销售商品领用不单独计价包装物的成本计入销售费用 5 万元；领用的单独计价包装物成本计入其他业务成本 4 万元；出租包装物租金计入其他业务收入 3 万元，包装物成本计入其他业务成本 2 万元。则计入其他业务成本金额 = 4 + 2 = 6（万元）。

【例题 3·多选题】下列关于包装物的会计处理表述正确的有（　　）。

A. 随同商品出售而单独计价的包装物成本，计入其他业务成本
B. 生产领用的包装物成本，计入生产成本
C. 随同商品出售但不单独计价的包装物成本，计入管理费用
D. 多次使用的包装物应当根据使用次数分次进行摊销，计入相应成本费用

【答案】ABD

【解析】选项 C，随同商品出售但不单独计价的包装物成本，应计入销售费用，而不是管理费用。

【例题 4·单选题】2×21 年 7 月 1 日，某企业销售商品领用不单独计价包装物的计划成本为 60 000 元，材料成本差异率为 -5%，下列选项中，对于该包装物的会计处理正确的是（　　）。

A. 借：销售费用　　　　　　　63 000
　　贷：周转材料——包装物　　　　　60 000
　　　　材料成本差异　　　　　　　　3 000

B. 借：销售费用　　　　　　　57 000
　　　材料成本差异　　　　　　3 000
　　贷：周转材料——包装物　　　　　60 000

C. 借：其他业务成本　　　　　63 000
　　贷：周转材料——包装物　　　　　60 000
　　　　材料成本差异　　　　　　　　3 000

D. 借：其他业务成本　　　　　57 000
　　　材料成本差异　　　　　　3 000
　　贷：周转材料——包装物　　　　　60 000

【答案】B

【解析】销售商品领用不单独计价包装物的成本计入销售费用。该包装物的成本差异额 = 60 000 × (-5%) = -3 000（元），实际成本 = 60 000 - 3 000 = 57 000（元），计划成本为 60 000 元，则选项 B 正确。

4 低值易耗品 ★

一、考点解读

（一）低值易耗品的内容

低值易耗品一般划分为一般工具、专用工具、替换设备、管理用具、劳动保护用品和其他用具等。

（二）低值易耗品的账务处理

1. 科目设置

为了反映和监督低值易耗品的增减变动及其结存情况，企业应当设置"周转材料——低值易耗品"科目，借方登记低值易耗品的增加，贷方登记低值易耗品的减少，期末余额在借方，通常反映企业期末结存低值易耗品的金额。

2. 低值易耗品发出

低值易耗品等企业的周转材料符合存货定义和条件的，按照使用次数分次计入成本费用；金额较小的，可在领用时一次计入成本费用。

(1) 一次摊销法：

借：制造费用［车间领用低值易耗品］
　　管理费用等［管理部门领用低值易耗品］
　　　贷：周转材料——低值易耗品［发出低值易耗品实际成本或计划成本］

如果采用计划成本计价，应同时结转材料成本差异：

借：制造费用［车间领用低值易耗品］
　　管理费用等［管理部门领用低值易耗品］
　　　贷：材料成本差异［发出低值易耗品计划成本×材料成本差异率］

或作相反分录。

（2）分次摊销法：

分次摊销法适用于可供多次反复使用的低值易耗品。在采用分次摊销法的情况下，需要单独设置"周转材料——低值易耗品——在用""周转材料——低值易耗品——在库""周转材料——低值易耗品——摊销"明细科目。

①领用时：
借：周转材料——低值易耗品——在用
　　贷：周转材料——低值易耗品——在库

②摊销时：
借：制造费用等
　　贷：周转材料——低值易耗品——摊销

③最后一次摊销时：
借：制造费用
　　贷：周转材料——低值易耗品——摊销

同时核销在用低值易耗品，注销使用部门的经管责任：
借：周转材料——低值易耗品——摊销
　　贷：周转材料——低值易耗品——在用

二、例题点津

【例题1·判断题】分次摊销法适用于可供多次反复使用的低值易耗品。（　　）

【答案】√

【例题2·判断题】"周转材料——低值易耗品"科目，借方登记低值易耗品的减少，贷方登记低值易耗品的增加，期末余额在贷方。（　　）

【答案】×

【解析】"周转材料——低值易耗品"科目，借方登记低值易耗品的增加，贷方登记低值易耗品的减少，期末余额在借方，通常反映企业期末结存低值易耗品的金额。

5 委托加工物资 ★★

一、考点解读

（一）委托加工物资的内容和成本

委托加工物资是指企业委托外单位加工的各种材料、商品等物资。

企业委托外单位加工物资的成本包括：
（1）加工中实际耗用物资的成本；
（2）支付的加工费用及应负担的运杂费；
（3）支付的税费等。

提示 （1）支付的税费中：

①支付的增值税，对于符合抵扣条件的一般纳税人，应记入"应交税费——应交增值税（进项税额）"科目；对于小规模纳税人，应记入"委托加工物资"科目。

②由受托方代收代缴的消费税，委托加工物资收回后用于直接销售的，记入"委托加工物资"科目；收回后用于继续加工的，记入"应交税费——应交消费税"科目。

（2）委托加工存货的成本构成为高频考点。

（二）委托加工物资的账务处理

1. 科目设置

为了反映和监督委托加工物资增减变动及其结存情况，企业应当设置"委托加工物资"科目，借方登记委托加工物资的实际成本，贷方登记加工完成验收入库的物资的实际成本和剩余物资的实际成本，期末余额在借方，反映企业尚未完工的委托加工物资的实际成本等。委托加工物资也可以采用计划成本或售价进行核算，其方法与库存商品相似。

2. 账务处理

（1）发出原材料时：
借：委托加工物资
　　贷：原材料［发出材料实际成本或计划成本］

如果采用计划成本计价，应同时结转材料成本差异：

借：委托加工物资

贷：材料成本差异［发出材料计划成本×材料成本差异率］

或作相反分录。

(2) 支付加工费、运杂费等：
借：委托加工物资
　　应交税费——应交增值税（进项税额）
　　贷：银行存款等

(3) 如果委托加工应税消费品，支付消费税时：

① 收回后，用于直接销售：
借：委托加工物资
　　贷：银行存款等

② 收回后，用于继续生产：
借：应交税费——应交消费税
　　贷：银行存款等

(4) 收回时：

① 收回后，用于直接销售：
借：库存商品［实际成本或计划成本］
　　贷：委托加工物资［实际成本］
　　　　产品成本差异［差额，也可借方］

提示 委托加工物资实际成本 =（1）+（2）+（3）

② 收回后，用于继续生产：
借：原材料［实际成本或计划成本］
　　贷：委托加工物资［实际成本］
　　　　材料成本差异［差额，也可借方］

提示 委托加工物资实际成本 =（1）+（2）

二、例题点津

【例题1·单选题】下列选项中，企业收回后用于连续生产应税消费品的委托加工物资在加工过程中发生的相关税费，不应计入委托加工物资成本的是（　　）。

A. 发出加工物资应负担的材料超支差异
B. 由受托方代收代缴的消费税
C. 企业支付给受托方的加工费
D. 企业发出物资支付的运费

【答案】B

【解析】企业收回后用于连续生产应税消费品的委托加工物资，由受托方代收代缴的消费税记入"应交税费——应交消费税"科目，不计入委托加工物资成本。

【例题2·多选题】"委托加工物资"科目贷方登记的内容有（　　）。

A. 委托加工物资的实际成本
B. 加工完成验收入库的物资的实际成本
C. 剩余物资的实际成本
D. 尚未完工的委托加工物资的实际成本

【答案】BC

【解析】为了反映和监督委托加工物资增减变动及其结存情况，企业应当设置"委托加工物资"科目，借方登记委托加工物资的实际成本（选项A），贷方登记加工完成验收入库的物资的实际成本和剩余物资的实际成本（选项B、C），期末余额在借方，反映企业尚未完工的委托加工物资的实际成本等（选项D）。

6 库存商品★★★

一、考点解读

(一) 库存商品的内容

1. 概念

库存商品是指企业完成全部生产过程并已验收入库、合乎标准规格和技术条件，可以按照合同规定的条件送交订货单位，或可以作为商品对外销售的产品以及外购或委托加工完成验收入库用于销售的各种商品。

2. 库存商品的内容

(1) 产成品；
(2) 外购商品；
(3) 存放在门市部准备出售的商品；
(4) 发出展览的商品；
(5) 寄存在外的商品；
(6) 接受来料加工制造的代制品；
(7) 为外单位加工修理的代修品等。

已完成销售手续但购买单位在月末未提取的产品，不应作为企业的库存商品，而作为代管商品在备查簿中登记。

(二) 库存商品的账务处理

库存商品可以采用实际成本核算，也可以采用计划成本核算，其方法与原材料相似。采用计划成本核算时，库存商品实际成本与计划成本的差异，可单独设置"产品成本差异"科目核算。

1. 科目设置

为了反映和监督库存商品的增减变动及其结存情况，企业应当设置"库存商品"科目，借方登记验收入库的库存商品成本，贷方登记发出的库存商品成本，期末余额在借方，反映各种库存商品的实际成本。

2. 制造业企业账务处理

（1）验收入库商品：

借：库存商品

　　贷：生产成本——基本生产成本

（2）发出商品：

借：主营业务成本

　　贷：库存商品

3. 商品流通企业商品核算

商品流通企业的库存商品可以采用毛利率法和售价金额核算法进行日常核算。

（1）毛利率法。

毛利率法是指根据本期销售净额乘以上期实际（或本期计划）毛利率匡算本期销售毛利，并据以计算本期发出存货和期末存货成本的一种方法。

这一方法的计算公式如下：

毛利率 = 销售毛利 ÷ 销售额 × 100%

销售净额 = 商品销售收入 − 销售退回与折让

销售毛利 = 销售净额 × 毛利率

销售成本 = 销售净额 − 销售毛利

期末存货成本 = 期初存货成本 + 本期购货成本 − 本期销售成本

提示 毛利率法是商品流通企业，尤其是商业批发企业常用的计算本期商品销售成本和期末库存商品成本的方法。

（2）售价金额核算法。

售价金额核算法是指平时商品的购入、加工收回、销售均按售价记账，售价与进价的差额通过"商品进销差价"科目核算，期末计算进销差价率和本期已销售商品应分摊的进销差价，并据以调整本期销售成本的一种方法。

这一方法的计算公式如下：

$$商品进销差价率 = \frac{期初库存商品进销差价 + 本期购入商品进销差价}{期初库存商品售价 + 本期购入商品售价} \times 100\%$$

本期销售商品应分摊的商品进销差价 = 本期商品销售收入 × 商品进销差价率

本期销售商品的成本 = 本期商品销售收入 − 本期销售商品应分摊的商品进销差价

期末结存商品的成本 = 期初库存商品的进价成本 + 本期购进商品的进价成本 − 本期销售商品的成本

如果企业的商品进销差价率各期之间比较均衡，也可以采用上期商品进销差价率分摊本期的商品进销差价。年度终了，再对商品进销差价进行核实调整。

提示 售价金额法适用于从事商业零售业务的企业，如百货公司、超市等。

采用售价金额核算法的账务处理如下：

① 商品入库时：

借：库存商品［售价］

　　应交税费——应交增值税（进项税额）

　　贷：银行存款/在途物资/委托加工物资

　　　　等［进价］

　　　　商品进销差价［差额］

② 销售发出商品结转成本：

借：主营业务成本［售价］

　　贷：库存商品［售价］

期（月）末分摊已销商品的进销差价：

借：商品进销差价

　　贷：主营业务成本

二、例题点津

【例题1·多选题】下列选项中，企业应通过"库存商品"科目核算的有（　　）。

A. 存放在门市部准备出售的商品

B. 接受来料加工制造的代制品

C. 发出展览的商品

D. 已完成销售手续但购买单位在月末未提取的产品

【答案】ABC

【解析】库存商品具体包括库存产成品、外购商品、存放在门市部准备出售的商品、发出展览的商品、寄存在外的商品、接受来料加工制造的代制品和为外单位加工修理的代修品等。企业应设置"库存商品"科目进行核算。已完成销售手续但购买单位在月末未提取的产品，不应作为企业的库存商品，而应作为代管商品处理，单独设置"代管商品"备查簿进行登记。

【例题2·单选题】 甲企业采用毛利率法对库存商品进行核算。4月1日，"库存商品"科目期初余额为150万元，本月购进商品一批，采购成本为250万元，本月实现商品销售收入300万元。上季度该类商品的实际毛利率为20%。不考虑其他因素，该企业本月月末"库存商品"科目的期末余额为（ ）万元。

A. 160 B. 100 C. 80 D. 110

【答案】A

【解析】销售毛利 = 300 × 20% = 60（万元）；本期销售成本 = 300 − 60 = 240（万元）；月末库存商品成本 = 150 + 250 − 240 = 160（万元）。

【例题3·单选题】 某商业企业采用售价金额核算法计算期末存货成本。本月月初存货成本为 20 000 元，售价总额为 30 000 元；本月购入存货成本为 100 000 元，其售价总额为 120 000 元；本月销售收入为 100 000 元。该企业本月销售成本为（ ）元。

A. 96 667 B. 80 000
C. 40 000 D. 33 333

【答案】B

【解析】本月销售成本 = 100 000 − 100 000 × (30 000 − 20 000 + 120 000 − 100 000) ÷ (30 000 + 120 000) × 100% = 80 000（元）。

【例题4·多选题】 下列选项中，关于库存商品售价金额核算法的表述正确的有（ ）。

A. 商品进价与售价的差额通过"商品进销差价"科目核算
B. 期末需根据已售商品应分摊的进销差价调整本期销售成本
C. 库存商品入库时按售价记账
D. 库存商品销售时按进价结转销售成本

【答案】ABC

【解析】售价金额核算法是指平时商品的购入、加工收回、销售均按售价记账，售价与进价的差额通过"商品进销差价"科目核算，期末计算进销差价率和本期已销售商品应分摊的进销差价，并据以调整本期销售成本的一种方法。根据此定义可知，选项A、B、C正确，选项D错误，库存商品销售时应按售价结转销售成本，期末再调整。

7 消耗性生物资产 ★

一、考点解读

（一）消耗性生物资产的确认与计量

生物资产，是指农业活动所涉及的活的动物或植物。生物资产分为消耗性生物资产、生产性生物资产和公益性生物资产。这里介绍消耗性生物资产的会计处理。

消耗性生物资产，是指企业（农、林、牧、渔业）生长中的大田作物、蔬菜、用材林以及存栏待售的牲畜等，如玉米和小麦等庄稼、用材林、存栏待售的牲畜、养殖的鱼等。

1. 消耗性生物资产的成本确定

企业自行栽培、营造、繁殖或养殖的消耗性生物资产的成本，应当按照下列规定确定：

（1）自行栽培的大田作物和蔬菜的成本包括：在**收获前**耗用的种子、肥料、农药等材料费、人工费和应分摊的间接费用。

（2）自行营造的林木类消耗性生物资产的成本包括：**郁闭前**发生的造林费、抚育费、营林设施费、良种试验费、调查设计费和应分摊的间接费用。

（3）自行繁殖的育肥畜的成本包括：**出售前**发生的饲料费、人工费和应分摊的间接费用。

（4）水产养殖的动物和植物的成本包括：在**出售或入库**前耗用的苗种、饲料、肥料等材料费、人工费和应分摊的间接费用。

2. 主要会计科目设置

（1）"消耗性生物资产"科目，核算企业（农、林、牧、渔业）持有的消耗性生物资产的实际成本，借方登记消耗性生物资产的增加金额，贷方登记销售消耗性生物资产的减少金额，期末借方余额，反映企业（农、林、牧、渔业）消耗性生物资产的实际成本。本科目应按照消耗性生物资产的种类、群别等进行明细核算。

（2）"农产品"科目，核算企业（农、林、牧、渔业）消耗性生物资产**收获**的农产品。

（二）消耗性生物资产的账务处理

（1）外购消耗性生物资产：

借：消耗性生物资产

贷：银行存款/应付账款

（2）自行栽培的大田作物和蔬菜、自行营造的林木类消耗性生物资产、自行繁殖的育肥畜、水产养殖的动植物：

借：消耗性生物资产［收获前、郁闭前、出售前发生的必要支出］
　　贷：银行存款/应付账款

（3）择伐、间伐或抚育更新性质采伐而补植林木类消耗性生物资产发生的后续支出：

借：消耗性生物资产
　　贷：银行存款/应付账款

（4）林木类消耗性生物资产达到**郁闭后**发生的管护费用等后续支出：

借：**管理费用**
　　贷：银行存款

（5）农业生产过程中发生的费用：

借：消耗性生物资产
　　贷：生产成本

（6）消耗性生物资产**收获**为农产品时：

借：农产品
　　贷：消耗性生物资产

（7）**出售**消耗性生物资产或农产品：

借：银行存款
　　贷：主营业务收入
借：主营业务成本
　　贷：消耗性生物资产/农产品

【提示】企业至少应当于每年年度终了对消耗性生物资产进行检查，有确凿证据表明由于遭受自然灾害、病虫害、动物疫病侵袭或市场需求变化等原因，使消耗性生物资产的可变现净值低于其账面价值的，应当按照可变现净值低于账面价值的差额，计提生物资产跌价准备，并计入当期损益。可变现净值应当分别按照存货减值的办法确定。

消耗性生物资产减值的影响因素已经消失的，减记金额应当予以恢复，并在原已计提的跌价准备金额内转回，转回的金额计入当期损益。

二、例题点津

【例题1·多选题】水产养殖的动物和植物的成本包括（　　）。

A. 出售或入库前耗用的材料费及人工费
B. 出售时或入库后耗用的材料费及人工费
C. 出售或入库前应分摊的间接费用
D. 出售时或入库后应分摊的间接费用

【答案】AC

【解析】水产养殖的动物和植物的成本包括在出售或入库前耗用的苗种、饲料、肥料等材料费、人工费和应分摊的间接费用。

8 存货清查★★

一、考点解读

（一）存货清查的概念

存货清查是指通过对存货的实地盘点，确定存货的实有数量，并与账面结存数核对，从而确定存货实存数与账面结存数是否相符的一种专门方法。

对于存货的盘盈、盘亏，应填写存货盘点报告（如实存账存对比表），及时查明原因，按照规定程序报批处理。

（二）科目设置

为了反映和监督企业在财产清查中查明的各种存货的盘盈、盘亏和毁损情况，企业应当设置"待处理财产损溢"科目，借方登记存货的盘亏、毁损金额及盘盈的转销金额，贷方登记存货的盘盈金额及盘亏的转销金额。企业清查的各种存货损益，应在期末结账前处理完毕，期末处理后，"待处理财产损溢"科目应**无余额**。

（三）存货盘盈的账务处理

1. 企业发生存货盘盈时

借：原材料/库存商品等
　　贷：待处理财产损溢

2. 在按管理权限报经批准后，冲减管理费用

借：待处理财产损溢
　　贷：**管理费用**

【提示】掌握存货盘盈的转销。

（四）存货盘亏及毁损的账务处理

1. 企业发生存货盘亏及毁损时

借：待处理财产损溢
　　贷：原材料/库存商品
　　　应交税费——应交增值税（进项税额转出）［**自然灾害不转出**］

2. 在按管理权限报经批准后

借：原材料［残料残值］

其他应收款［应由保险公司和过失人赔款部分］
管理费用［扣除残料价值和应由保险公司、过失人赔款后的净损失，属于一般经营损失的部分］
营业外支出［扣除残料价值和应由保险公司、过失人赔款后的净损失，属于非常原因的部分］
贷：待处理财产损溢

【提示】小企业存货发生毁损，按取得的处置收入、可收回的责任人赔偿和保险赔款，扣除其成本、相关税费后的净额，应当计入营业外支出或营业外收入。发生的存货盘盈，按实现的收益计入营业外收入；发生的存货盘亏损失应当计入营业外支出。

二、例题点津

【例题1·单选题】下列选项中，关于企业原材料盘亏及毁损会计处理表述正确的是（ ）。

A. 保管员过失造成的损失赔偿，计入管理费用

B. 因台风造成的净损失，计入营业外支出

C. 应由保险公司赔偿的部分，计入营业外收入

D. 经营活动造成的净损失，计入其他业务成本

【答案】B

【解析】企业发生原材料盘亏或毁损时，按管理权限报经批准后：
借：原材料等［收回的残料价值］
  其他应收款［应由保险公司或过失人赔偿］
  管理费用［管理不善］
  营业外支出［非常损失］
  贷：待处理财产损溢

【例题2·单选题】企业清查时发现一批因管理不善而发霉变质的材料，该批材料原价20 000元，增值税进项税额2 600元，收到保险公司赔款2 000元，则应计入管理费用的金额为（ ）元。

A. 18 000 B. 14 800
C. 20 600 D. 18 800

【答案】C

【解析】该业务的会计处理如下：
盘亏时：
借：待处理财产损溢   22 600
  贷：原材料   20 000
    应交税费——应交增值税（进项税额转出）   2 600
报经批准后：
借：其他应收款   2 000
  管理费用（22 600 − 2 000）20 600
  贷：待处理财产损溢   22 600

也可以直接计算计入管理费用金额 = 20 000 + 2 600 − 2 000 = 20 600（元）。

【例题3·单选题】甲公司原材料采用实际成本核算。6月30日该企业对存货进行全面清查，发现短缺原材料一批，账面成本12 000元，已计提存货跌价准备2 000元。经确认，应由保险公司赔款4 000元，由过失人员赔款3 000元。假定不考虑其他因素，该项存货清查业务应确认的净损失为（ ）元。

A. 3 000 B. 5 000 C. 6 000 D. 8 000

【答案】A

【解析】存货净损失是存货的账面价值扣除保险公司与过失人的赔款后的净额 = (12 000 − 2 000) − 4 000 − 3 000 = 3 000（元）。

9 存货减值 ★★

一、考点解读

（一）存货跌价准备的计提和转回

资产负债表日，存货应当按照成本与可变现净值孰低计量。

（1）成本是指期末存货的实际成本。

（2）可变现净值是指在日常活动中，存货的估计售价减去至完工时估计将要发生的成本、估计的销售费用以及估计的相关税费后的金额。

【提示】可变现净值 = 存货的估计售价 − 至完工时估计将要发生的成本 − 估计的销售费用以及相关税费（需要进一步加工的存货）

可变现净值 = 存货的估计售价 − 估计的销售费用以及相关税费（直接用于销售的存货）

（二）存货跌价准备的账务处理

为了反映和监督存货跌价准备的计提、转回和转销情况，企业应当设置"存货跌价准备"科目，贷方登记计提的存货跌价准备金额；借方登记实际发生的存货跌价损失金额和转回的存货跌价准备金额，期末余额一般在贷方，反映企业已计提但尚未转销的存货跌价准备。

（1）当存货成本高于其可变现净值时，存货按可变现净值计价，应确认减值损失计入当期损益（**资产减值损失**），并相应减少存货的账面价值。

借：资产减值损失［存货可变现净值低于成本的差额］
  贷：存货跌价准备

（2）以前减记存货价值的影响因素已经消失的，减记的金额应当予以恢复，并在**原已计提的存货跌价准备金额内转回**，转回的金额计入当期损益。

借：存货跌价准备
  贷：资产减值损失

（3）当存货成本低于其可变现净值时，存货按成本计价，不用进行账务处理。

（4）企业结转存货销售成本时，对于已计提存货跌价准备的，应当一并结转，同时调整销售成本。

①结转销货成本：
借：主营业务成本/其他业务成本
  贷：库存商品/原材料

②结转跌价准备：
借：存货跌价准备
  贷：主营业务成本/其他业务成本

需要强调的是，在资产负债表日，为生产而持有的材料等，用其生产的产成品的可变现净值高于成本的，该材料仍然按照成本计量；材料价格的下降表明产成品的可变现净值低于成本的，该材料按照可变现净值计量。也就是说，材料存货在期末通常按照成本计量，除非企业用其生产的产成品发生了跌价，并且该跌价是由材料本身的价格下跌所引发的，才需要考虑计算材料存货的可变现净值，然后将该材料的可变现净值与成本进行比较，从而确定材料存货是否发生了跌价问题。

二、例题点津

【例题1·多选题】 下列各项中，关于企业存货减值的相关会计处理表述正确的有（ ）。

A. 企业结转存货销售成本时，对于其已计提的存货跌价准备，应当一并结转

B. 资产负债表日，当存货期末账面价值低于其可变现净值时，企业应当按可变现净值计量

C. 资产负债表日，期末存货应当按照成本与可变现净值孰低计量

D. 资产负债表日，当存货期末账面价值高于其可变现净值时，企业应当按账面价值计量

【答案】AC

【解析】存货期末按成本与可变现净值孰低计量，因此，选项B、D错误，选项C正确。

【例题2·单选题】 甲公司2×21年末库存A材料成本为100万元，市价95万元。A材料是生产乙产品的主要材料，如将其全部消耗，可生产出200件乙产品，每件乙产品可变现净值为205万元。乙产品单位生产成本0.95万元。则甲公司2×21年末A材料在资产负债表中存货项目应列示的金额为（ ）万元。

A. 95   B. 100   C. 190   D. 205

【答案】B

【解析】乙产品成本＝200×0.95＝190（万元）；可变现净值＝205万元，说明乙产品不减值。乙产品不减值，则甲材料按成本100万元计量。

【例题3·单选题】 2×21年12月31日，某企业A材料的实际成本为120万元，加工该材料至完工产成品估计还将发生成本30万元，估计销售费用和相关税费5万元，估计该材料的产成品售价为130万元，则该存货的可变现净值为（ ）万元。

A. 130   B. 120   C. 90   D. 95

【答案】D

【解析】可变现净值＝存货的估计售价－至完工时估计将要发生的成本－估计的销售费用以及估计的相关税费（需要进一步加工的存货）；或，可变现净值＝存货的估计售价－估计的销售费用以及估计的相关税费（直接用于销售的存货）。对于本题，存货的可变现净值＝130－30－

5 = 95（万元）。

【例题 4·单选题】 下列关于企业计提存货跌价准备的表述不正确的是（　　）。

A. 当存货的成本低于其可变现净值时，存货按成本计价

B. 计提存货跌价准备的影响因素消失，价值得以恢复时应在原计提的跌价准备金额内转回

C. 转回存货跌价准备时，将转回的金额计入管理费用中

D. 企业计提存货跌价准备会减少企业当期营业利润

【答案】C

【解析】选项 C，转回存货跌价准备时，借记"存货跌价准备"科目，贷记"资产减值损失"科目，不计入管理费用。选项 D，企业计提的存货跌价准备计入当期损益，即借记"资产减值损失"科目，贷记"存货跌价准备"科目，减少当期营业利润。

本章综合题型精讲

【例题 1】 甲公司为增值税一般纳税人，存货按实际成本法核算。2×21 年 12 月初"应收账款"科目借方余额为 800 000 元（各明细科目无贷方余额），"应收票据"科目借方余额为 300 000 元，"坏账准备——应收账款"科目贷方余额为 80 000 元。

2×21 年 12 月甲公司发生如下经济业务：

（1）2 日，向乙公司销售一批商品，开具的增值税专用发票上注明价款 500 000 元，增值税税额 65 000 元；用银行存款为乙公司垫付运费 40 000 元，增值税税额 3 600 元，上述全部款项至月末尚未收到。

（2）10 日，购入一批原材料，取得的增值税专用发票上注明的价款为 270 000 元，增值税税额为 35 100 元，材料验收入库。甲公司背书转让面值 300 000 元、不带息的银行承兑汇票结算购料款，不足部分以银行存款补付。

（3）18 日，因丙公司破产，应收丙公司的账款 40 000 元不能收回，经批准确认为坏账并予以核销。

（4）31 日，经评估计算，甲公司"坏账准备——应收账款"科目的贷方余额应为 102 400 元。

要求：根据上述资料，不考虑其他条件，分析回答下列问题。

（1）根据资料（1），下列选项中，甲公司销售商品确认的应收账款的金额是（　　）元。

A. 608 600　　B. 605 000
C. 540 000　　D. 565 000

【答案】A

【解析】应收账款包括商品价款、增值税和垫付的运费。本题中，应收账款 = 500 000 + 65 000 + 40 000 + 3 600 = 608 600（元）。会计分录为：

借：应收账款　　　　　　608 600
　　贷：主营业务收入　　　　500 000
　　　　应交税费——应交增值税（销项税额）　　　　　　　68 600
　　　　银行存款　　　　　　40 000

（2）根据资料（2），下列选项中，甲公司采购材料相关会计科目处理正确的是（　　）。

A. 贷记"银行存款"科目 5 100 元
B. 贷记"应收票据"科目 300 000 元
C. 贷记"应收票据"科目 305 100 元
D. 借记"原材料"科目 270 000 元

【答案】ABD

【解析】该笔业务的会计分录为：

借：原材料　　　　　　　270 000
　　应交税费——应交增值税（进项税额）
　　　　　　　　　　　　　35 100
　　贷：应收票据　　　　　300 000
　　　　银行存款　　　　　　5 100

（3）根据资料（3），下列选项中，甲公司核销坏账的会计处理正确的是（　　）。

A. 借：信用减值损失——计提的坏账准备
　　　　　　　　　　　　　40 000
　　贷：应收账款——丙公司
　　　　　　　　　　　　　40 000

B. 借：坏账准备——应收账款
　　　　　　　　　　40 000
　　贷：信用减值损失——计提的坏账
　　　　准备　　　　　40 000
C. 借：信用减值损失——计提的坏账准备
　　　　　　　　　　40 000
　　贷：坏账准备——应收账款
　　　　　　　　　　40 000
D. 借：坏账准备——应收账款
　　　　　　　　　　40 000
　　贷：应收账款——丙公司
　　　　　　　　　　40 000

【答案】D

【解析】核销坏账时，借记"坏账准备"科目，贷记"应收账款"科目，因此选项D正确。在计提或冲减坏账准备时才涉及"信用减值损失"科目。

（4）根据期初资料、资料（1）～（4），下列选项中，关于甲公司12月末坏账准备会计处理表述正确的是（　　）。

A. 计提坏账准备前，"坏账准备——应收账款"科目为贷方余额80 000元
B. 本年末应计提坏账准备的金额为62 400元
C. 计提坏账准备前，"坏账准备——应收账款"科目为贷方余额40 000元
D. 本年末应计提坏账准备的金额为102 400元

【答案】BC

【解析】12月初的"坏账准备——应收账款"科目为贷方余额80 000元，18日核销坏账时借记"坏账准备——应收账款"40 000元，则在计提坏账准备前，"坏账准备——应收账款"科目为贷方余额40 000元，选项C正确。本年应计提坏账准备金额＝102 400－（80 000－40 000）＝62 400（元），选项B正确。

（5）根据期初资料、资料（1）～（4），12月31日甲公司资产负债表"应收账款"项目期末余额应列示的金额是（　　）元。

A. 1 408 600　　B. 1 306 200
C. 1 266 200　　D. 1 328 600

【答案】C

【解析】"应收账款"项目期末余额＝"应收账款"科目期初余额800 000＋资料（1）应收账款608 600－资料（3）冲销坏账40 000－坏账准备102 400＝1 266 200（元）。

【例题2】甲公司为一家上市公司，2×21年发生对外投资业务如下：

（1）1月1日，委托证券公司购入乙公司股票100万股，实际支付价款658万元（买价中含已宣告但尚未发放现金股利8万元）；另支付交易费用4万元，取得增值税专用发票注明增值税税额为0.24万元，甲公司将其划分为交易性金融资产。

（2）1月20日，收到乙公司之前宣告发放的现金股利8万元，存入银行。

（3）6月30日，甲公司持有的乙公司股票公允价值为680万元。

（4）7月4日，乙公司宣告以每股0.2元发放上年度的现金股利。7月16日，甲公司收到乙企业向其发放的现金股利，不考虑相关税费。

（5）7月26日，将持有的乙公司股票全部出售，售价为689.8万元，不考虑相关税费和其他因素。

要求：根据上述资料，分析回答下列问题。

（1）根据资料（1），该交易性金融资产的初始入账价值为（　　）万元。

A. 655　　B. 650
C. 659　　D. 654

【答案】B

【解析】借：交易性金融资产——成本
　　　　　　　　　　650
　　应收股利　　　　8
　　投资收益　　　　4
　　应交税费——应交增值税（进项税额）　　0.24
　　贷：其他货币资金　662.24

（2）根据资料（2），会计处理正确的是（　　）。

A. 应确认为当期损益8万元
B. 应确认为投资收益8万元
C. 应冲减应收股利8万元
D. 应冲减交易性金融资产8万元

【答案】C

【解析】借：其他货币资金　　8

贷：应收股利　　　　　8

（3）根据资料（3），下列会计处理正确的是（　　）。

A. 借记"交易性金融资产"科目30万元
B. 贷记"公允价值变动损益"科目21万元
C. 确认公允价值变动使当期营业利润增加30万元
D. 确认公允价值变动使当期营业利润增加26万元

【答案】AC

【解析】借：交易性金融资产——公允价值
　　　　　　　变动（680－650）30
　　　　　贷：公允价值变动损益　30

（4）根据资料（4），关于甲公司现金股利的会计处理结果表述正确的是（　　）。

A. 宣告发放股利时，确认投资收益20万元
B. 实际收到股利时，确认投资收益20万元
C. 宣告发放股利时，确认应收股利20万元
D. 实际收到股利时，冲减应收股利20万元

【答案】ACD

【解析】宣告时：
　　借：应收股利　　　　　　20
　　　　贷：投资收益　　　　　　　20
实际收到股利时：
　　借：其他货币资金　　　　20
　　　　贷：应收股利　　　　　　　20

（5）根据资料（1）~（5），下列会计处理正确的是（　　）。

A. 出售时计入投资收益的金额为9.8万元
B. 出售时影响当期损益的金额为9.8万元
C. 整个股票持有期间计入投资收益的金额为25.8万元
D. 整个股票持有期间对利润的影响为55.8万元

【答案】ABCD

【解析】选项A，出售时计入投资收益的金额＝689.8－680＝9.8（万元）。选项B，出售时影响损益的金额＝689.8－680＝9.8（万元）。选项C，整个股票持有期间计入投资收益的金额＝－4＋20＋9.8＝25.8（万元）。选项D，整个股票持有期间对利润的影响＝25.8＋30＝55.8（万元）。

【例题3】甲企业为增值税一般纳税人，增值税税率为13%；原材料采用计划成本核算，运输费等不考虑增值税。P材料单位计划成本为100元。4月初"原材料——P材料"余额为10 000元，"材料成本差异——P材料"余额为贷方100元，"材料采购——P材料"余额为20 000元。本月发生业务如下：

（1）5日，收到上月购入的P材料并入库，数量为210千克。

（2）13日，基本生产车间生产领用P材料100千克。

（3）15日，向银行申请银行汇票150 000元，款项已划拨。

（4）16日，持上述银行汇票购进P材料1 300千克，买价123 500元，增值税税额16 055元，运费3 000元，装卸费500元。材料验收入库时发现短缺5千克，经查为运输途中的合理损耗。收到银行余款退回通知，汇票余款已退回。

（5）23日，基本生产车间生产领用P材料1 000千克，车间管理部门领用100千克。

（6）28日，购进P材料500千克，买价48 500元，增值税进项税额6 305元，运杂费1 000元。款项尚未支付，材料尚未运达。

要求：根据上述资料，分析回答下列问题。

（1）根据资料（4），下列各项中，其会计处理结果正确的是（　　）。

A. 16日，甲企业确认原材料129 500元
B. 16日，甲企业确认增值税进项税额16 055元
C. 16日，甲企业确认管理费用500元
D. 16日，甲企业确认材料成本差异2 500元

【答案】ABD

【解析】该企业对于本题中资料（4）的经济业务，应编制的会计分录如下：
借：材料采购——P材料　127 000
　　应交税费——应交增值税（进项税额）
　　　　　　　　　　　　16 055
　　贷：其他货币资金——银行汇票
　　　　　　　　　　　　143 055
借：原材料——P材料〔（1 300－5）×100〕
　　　　　　　　　　　　129 500
　　贷：材料采购——P材料　127 000

　　　　材料成本差异　　　　　2 500
　　借：银行存款　　　　　　6 945
　　　　贷：其他货币资金——银行汇票
　　　　　　　　　　　　　　6 945
　　（2）根据资料（1）~（6），计算本期材料成本差异率为（　　）。
　　A. 2.24%　　　　B. -2.24%
　　C. 3.18%　　　　D. -3.18%
　　【答案】B
　　【解析】本月材料成本差异率=（期初结存材料成本差异额+本期验收入库材料成本差异额）÷（期初结存材料计划成本+本期验收入库材料计划成本）=（-100-1 000-2 500）÷（10 000+21 000+129 500）×100%=-2.24%。
　　（3）根据资料（1）~（6），计算本期发出材料应负担的成本差异为（　　）元。
　　A. -2 688　　　B. 3 816
　　C. -3 816　　　D. 2 688
　　【答案】A
　　【解析】发出材料应负担的成本差异=发出材料的计划成本×材料成本差异率=（10 000+100 000+10 000）×（-2.24%）=-2 688（元）。
　　（4）根据资料（1）~（6），计算本期发出材料的实际成本为（　　）元。
　　A. 123 816　　　B. 122 688
　　C. 117 312　　　D. 116 184
　　【答案】C
　　【解析】发出材料的实际成本=发出材料的计划成本+发出材料应负担的成本差异=（10 000+100 000+10 000）-2 688=117 312（元）。
　　（5）根据资料（1）~（6），计算月末结存材料的实际成本为（　　）元。
　　A. 35 724　　　B. 32 189
　　C. 30 466　　　D. 39 588
　　【答案】D
　　【解析】月末结存材料的实际成本=结存材料的计划成本+结存材料的成本差异=（10 000+21 000+129 500-10 000-100 000-10 000）+（-100-1 000-2 500+2 688）=39 588（元）。

本章考点巩固练习题

一、单项选择题

1. 企业在现金清查中发现现金溢余，无法查明原因，经批准后应记入的会计科目是（　　）。
   A. 营业外收入
   B. 以前年度损益调整
   C. 管理费用
   D. 其他应付款

2. 2×21年7月31日，某企业进行现金清查时发现库存现金短缺500元，经批准，应由出纳员赔偿200元，其余300元无法查明原因，由企业承担损失。不考虑其他因素，该业务对当期营业利润的影响金额为（　　）元。
   A. 0　　　　B. 200
   C. 300　　　D. 500

3. 企业将款项汇往异地银行开立采购专户，编制该业务的会计分录时应当（　　）。
   A. 借记"应收账款"科目，贷记"银行存款"科目
   B. 借记"其他货币资金"科目，贷记"银行存款"科目
   C. 借记"其他应收款"科目，贷记"银行存款"科目
   D. 借记"材料采购"科目，贷记"其他货币资金"科目

4. 下列各项中不会引起其他货币资金发生变动的是（　　）。
   A. 企业销售商品收到商业汇票
   B. 企业用银行本票购买办公用品
   C. 企业将款项汇往外地开立采购专业账户
   D. 企业为购买基金将资金存入在证券公司指定银行开立的账户

5. 甲企业于3月31日购入A公司股票4 000股，作为交易性金融资产。A公司已于3月

20 日宣告分派股利（至 3 月 31 日尚未支付），每股 0.2 元，企业以银行存款支付股票价款 48 000 元，另付手续费 400 元，增值税进项税额 24 元。该交易性金融资产的入账价值为（　　）元。
A. 48 400　　　　B. 48 000
C. 47 200　　　　D. 40 000

6. 企业取得一项交易性金融资产，在持有期间，被投资单位宣告分派股票股利，下列做法中正确的是（　　）。
A. 按企业应分得的金额计入当期投资收益
B. 按分得的金额计入营业外收入
C. 被投资单位宣告分派股票股利，投资单位无须进行账务处理
D. 企业应当在实际收到时才进行账务处理

7. A 公司 2×21 年 6 月 2 日从证券交易市场中购入 B 公司发行在外的普通股股票 1 000 万股作为交易性金融资产核算，每股支付购买价款 4 元，另支付相关交易费用 5 万元，2×21 年 6 月 30 日，该股票的公允价值为 4.3 元/股。则 A 公司购入该项金融资产对当期损益的影响金额为（　　）万元。
A. 295　　　　B. 300
C. 0　　　　　D. 305

8. 某公司 2×21 年 3 月 15 日购入 M 公司发行在外的普通股股票作为交易性金融资产核算。购买时支付价款 1 100 万元（其中包括已宣告但尚未发放的现金股利 100 万元），交易费用 20 万元，至 2×21 年 6 月 30 日，该股票的公允价值为 1 200 万元。2×21 年 8 月 19 日某公司将持有的 M 公司的股票全部出售，收取价款为 1 210 万元，则在处置时应当确认的投资收益为（　　）万元。
A. 10　　　　　B. 110
C. 80　　　　　D. 130

9. 甲公司为上市公司，2×21 年 5 月 10 日以 830 万元（含已宣告但尚未领取的现金股利 30 万元）购入乙公司股票 200 万股作为交易性金融资产核算，另支付手续费 4 万元，取得的增值税专用发票上注明的增值税额为 0.24 万元。5 月 30 日，甲公司收到现金股利 30 万元。6 月 30 日，乙公司股票每股市价为 3.95 元。7 月 20 日，甲公司以 920 万元出售该项交易性金融资产。甲公司因这项交易性金融资产而对利润表的影响金额为（　　）万元。
A. 146　　　　B. 116
C. 130　　　　D. 145

10. 某企业销售商品一批，增值税专用发票上注明的价款为 60 万元，适用的增值税税率为 13%，为购买方垫运杂费 2 万元，增值税额 0.18 万元，款项尚未收回。该企业确认的应收账款为（　　）万元。
A. 60　　　　　B. 62
C. 67.8　　　　D. 69.98

11. 企业应收账款明细账的贷方余额反映的是（　　）。
A. 应付账款　　B. 预收账款
C. 预付账款　　D. 其他应收款

12. 下列各项中，企业应通过"其他应收款"科目核算的是（　　）。
A. 出租包装物收取的押金
B. 为职工垫付的水电费
C. 代购货方垫付的销售商品运费
D. 销售商品，货款尚未收到

13. 下列各项中，不会引起应收账款账面价值发生变化的是（　　）。
A. 计提坏账准备　　B. 收回应收账款
C. 确认坏账损失　　D. 收回已转销的坏账

14. 下列各项中，不属于企业存货项目的是（　　）。
A. 包装物　　　　B. 工程物资
C. 低值易耗品　　D. 原材料

15. A 公司为增值税一般纳税人，2×21 年 6 月购入甲材料 2 000 千克，增值税专用发票上注明的买价为 100 000 元，增值税额为 13 000 元，该批材料在运输途中发生 2% 的合理损耗，在入库前发生挑选整理费用 400 元。该批入库材料的单位成本为（　　）元/千克。
A. 51.22　　　　B. 50
C. 57.86　　　　D. 50.20

16. 下列税金中，不应计入存货成本的是（　　）。
A. 一般纳税企业进口原材料支付的关税
B. 一般纳税企业购进原材料支付的增值税
C. 小规模纳税企业购进原材料支付的增值税

D. 一般纳税企业进口应税消费品支付的消费税

17. 某企业采用月末一次加权平均法计算发出材料成本。3月1日结存甲材料200件，单位成本40元；3月15日购入甲材料400件，单位成本35元；3月20日购入甲材料400件，单位成本38元；当月共发出甲材料500件。3月发出甲材料的成本为（　　）元。
   A. 18 500　　　　　B. 18 600
   C. 19 000　　　　　D. 20 000

18. 某企业采用先进先出法计算发出原材料成本，8月甲材料结存100千克，每千克实际成本为200元；9月7日购入甲材料350千克，每千克实际成本为210元；9月21日购买甲材料400千克，每千克实际成本为230元；9月28日发出甲材料500千克，9月份发出甲材料成本为（　　）元。
   A. 145 000　　　　B. 105 000
   C. 150 000　　　　D. 155 000

19. 某企业材料采用计划成本核算。月初结存材料计划成本为200万元，材料成本差异为节约20万元；本月购入材料一批，实际成本为135万元，计划成本为150万元；本月领用材料的计划成本为180万元。本月末结存材料的实际成本为（　　）万元。
   A. 153　　　　　　B. 162
   C. 170　　　　　　D. 187

20. 甲企业采用移动加权平均法计算发出甲材料的成本，4月初甲材料结存300千克，每千克实际成本为3元；当月3日，发出甲材料100千克；当月12日，购入甲材料200千克，每千克实际成本为10元；当月27日，发出甲材料350千克。甲材料本月末结存成本为（　　）元。
   A. 450　　　　　　B. 440
   C. 500　　　　　　D. 325

21. 企业出借给购买单位使用的包装物的摊销额应记入（　　）科目。
   A. 销售费用　　　　B. 生产成本
   C. 管理费用　　　　D. 其他业务成本

22. 甲公司和乙公司均为增值税一般纳税人，甲公司委托乙公司加工一批应税消费品（非金银首饰），发出材料成本280 000元，支付往返运杂费2 000元，乙公司收取的加工费为20 000元（不含税），并向甲公司开具了增值税专用发票，乙公司代收代缴消费税75 000元。甲公司收回该批商品后用于连续加工生产应税消费品。则甲公司收回该批委托加工物资的成本为（　　）元。
   A. 377 000　　　　B. 300 000
   C. 302 000　　　　D. 375 000

23. 应当缴纳消费税的委托加工物资收回后直接用于销售的，按规定受托方代收代缴的消费税应记入（　　）科目中。
   A. 生产成本　　　　B. 委托加工物资
   C. 应交税费　　　　D. 主营业务成本

24. 某商场库存商品采用售价金额核算法进行核算。月初库存商品进价成本为34万元，售价总额为45万元。当月购进商品的进价成本为126万元，售价总额为155万元。当月销售收入为130万元。月末结存商品的实际成本为（　　）万元。
   A. 30　　　　　　　B. 56
   C. 104　　　　　　D. 130

25. 企业发生存货盘盈时，在按管理权限报经批准后，应贷记的会计科目是（　　）。
   A. 营业外收入　　　B. 管理费用
   C. 资本公积　　　　D. 以前年度损益调整

26. 甲公司为增值税一般纳税人，适用13%的增值税税率，4月在财产清查中发现盘亏甲材料1 000千克，实际购入成本为300元/千克。经查属于管理不善造成的损失，由过失人赔款3 000元，则处理后有关存货盘亏的净损失为（　　）元。
   A. 336 000　　　　B. 297 000
   C. 339 000　　　　D. 300 000

27. 下列关于存货跌价准备的表述正确的是（　　）。
   A. 存货跌价准备一经计提在存货持有期间不得转回
   B. 转回存货跌价准备会减少存货的账面价值
   C. 存货的成本高于其可变现净值的差额为当期需要计提的存货跌价准备金额
   D. 企业出售存货时要将匹配的存货跌价准

备一并结转

28. 甲公司12月1日库存商品借方余额为1 200万元，对应的存货跌价准备贷方余额为30万元，当期销售库存商品结转的成本为400万元，当期完工入库的库存商品成本为500万元。12月31日库存商品的可变现净值为1 290万元，则甲公司12月31日需要计提的存货跌价准备为（　　）万元。
   A. 20　　　　　　　B. 0
   C. -10　　　　　　D. -20

二、多项选择题

1. 下列关于现金清查的相关表述中，正确的有（　　）。
   A. 对于现金的短缺应由责任人赔偿的部分，计入其他应收款
   B. 对于现金的短缺无法查明原因的，计入营业外支出
   C. 对于现金的盘盈应支付给相关人员的，计入其他应付款
   D. 对于现金的盘盈无法查明原因的，计入营业外收入

2. 下列各项中，属于其他货币资金的有（　　）。
   A. 银行本票存款　　B. 银行汇票存款
   C. 信用卡存款　　　D. 存出投资款

3. 下列各项中，关于其他货币资金业务表述不正确的有（　　）。
   A. 企业单位信用卡存款账户不可以存入销售收入
   B. 企业信用证保证金余额不可以转存其开户行结算户存款
   C. 企业银行汇票的收款人不得将其收到的银行汇票背书转让
   D. 企业外埠存款余额不可以转存其开户行结算户存款

4. 下列各项中，关于交易性金融资产的会计处理表述正确的有（　　）。
   A. 持有期间发生的公允价值变动计入公允价值变动损益
   B. 持有期间被投资单位宣告发放的现金股利计入投资收益
   C. 取得时支付的价款中包含的已宣告但尚未发放的现金股利计入初始成本
   D. 取得时支付的相关交易费用计入投资收益

5. 企业核算交易性金融资产持有期间的现金股利，可能涉及的会计科目有（　　）。
   A. 投资收益　　　　B. 交易性金融资产
   C. 应收股利　　　　D. 其他货币资金

6. 关于交易性金融资产的账务处理，下列说法中正确的有（　　）。
   A. 资产负债表日交易性金融资产应当按照公允价值计量
   B. 企业持有交易性金融资产期间对被投资单位宣告发放的利息收入应当确认为应收项目
   C. 资产负债表日，企业应将交易性金融资产的公允价值变动下降的部分确认为资产减值损失
   D. 处置交易性金融资产时，企业应将原记入"公允价值变动损益"科目的金额转入"投资收益"科目

7. 根据小企业会计制度，关于小企业购入的能随时变现并且持有时间不准备超过1年（含1年）的投资表述正确的有（　　）。
   A. 小企业应设置"短期投资"科目进行核算
   B. 实际支付购买价款中包含的已宣告但尚未发放的现金股利记入"应收股利"科目
   C. 持有该投资期间的收益记入"投资收益"科目
   D. 出售该投资时的损益记入"投资收益"科目

8. 下列各项中，会导致企业应收账款账面价值减少的有（　　）。
   A. 转销无法收回备抵法核算的应收账款
   B. 收回应收账款
   C. 计提应收账款坏账准备
   D. 收回已转销的应收账款

9. 下列各项中，会影响企业应收账款入账金额的有（　　）。
   A. 应收的销售商品价款
   B. 增值税的销项税额
   C. 应收的提供服务款
   D. 代购货单位垫付的运费

10. 应收票据终止确认时，涉及的会计科目有（　　）。
    A. 财务费用　　　　B. 原材料

C. 应交税费　　　D. 银行存款
11. 下列各项中，应通过"其他应收款"科目核算的有（　　）。
    A. 应收保险公司的赔款
    B. 代购货单位垫付的运杂费
    C. 应收出租包装物的租金
    D. 应向职工收取的各项垫支
12. 下列各项中，应计提坏账准备的有（　　）。
    A. 应收账款　　　B. 应收票据
    C. 预付账款　　　D. 其他应收款
13. 下列会计科目中，其期末余额应列入资产负债表"存货"项目的有（　　）。
    A. 库存商品　　　B. 材料成本差异
    C. 生产成本　　　D. 委托加工物资
14. 下列各项中，属于材料采购成本的有（　　）。
    A. 材料采购运输途中发生的合理损耗
    B. 材料入库前的挑选整理费用
    C. 购买材料的价款
    D. 购入材料的运杂费
15. 下列各项中，企业可以采用的发出存货成本计价方法有（　　）。
    A. 先进先出法
    B. 移动加权平均法
    C. 个别计价法
    D. 成本与可变现净值孰低法
16. 下列关于发出存货计价的方法表述中正确的有（　　）。
    A. 企业可以选择按实际成本法或计划成本法计算发出存货成本
    B. 企业采用实际成本法核算时，应当在个别计价法、先进先出法、加权平均法中进行选择
    C. 月末一次加权平均法计算简单，但平时无法从账上提供存货发出和结存的单价和金额
    D. 移动加权平均法计算的平均单位成本及发出和结存的存货成本比较客观，但工作量大
17. 企业采用计划成本核算发出存货成本，需要设置"材料成本差异"科目，下列关于"材料成本差异"科目的表述中正确的有（　　）。
    A. 其借方登记的是超支差
    B. 其贷方登记的是节约差
    C. 其借方登记的是结转的超支差

D. 其贷方登记的是结转的超支差
18. 某公司2×21年10月31日库存A材料账面余额为80 000元，预计可变现净值为75 000元，12月31日该批材料账面余额为80 000元，预计可变现净值为78 000元，在此期间，A材料没有发生购销业务，下列会计分录正确的包括（　　）。
    A. 10月31日：
    借：管理费用　　　　　　　　　5 000
    　　贷：存货跌价准备　　　　　　5 000
    B. 10月31日：
    借：资产减值损失——计提存货跌价准备
    　　　　　　　　　　　　　　　5 000
    　　贷：存货跌价准备　　　　　　5 000
    C. 12月31日：
    借：存货跌价准备　　　　　　　3 000
    　　贷：资产减值损失——计提存货跌价准备　　　　　　　　　　　　3 000
    D. 12月31日：
    借：资产减值损失——计提存货跌价准备
    　　　　　　　　　　　　　　　2 000
    　　贷：存货跌价准备　　　　　　2 000
19. 下列有关周转材料会计处理的表述中，正确的有（　　）。
    A. 多次使用的包装物应根据使用次数分次进行摊销
    B. 金额较小的低值易耗品可在领用时一次计入成本费用
    C. 随同商品销售出借的包装物的摊销额应计入管理费用
    D. 随同商品出售单独计价的包装物取得的收入应计入其他业务收入
20. 下列有关存货成本的表述中，正确的有（　　）。
    A. 商业企业采购商品的进货费用金额较小的，可以不计入存货成本
    B. 委托加工物资发生的加工费用应计入委托加工物资的成本
    C. 商业企业进货费用先行归集的，期末未售商品分摊的进货费用计入存货成本
    D. 企业为特定客户设计产品发生的设计费用计入产品成本

21. 下列各项中，一般纳税企业不需要计入收回委托加工物资成本的有（　　）。
    A. 支付的加工费
    B. 随同加工费支付的增值税
    C. 支付的收回后用于继续加工应税消费品的委托加工物资的消费税
    D. 支付的收回后用于直接销售的委托加工物资的消费税

22. 下列与存货相关会计处理的表述中，正确的有（　　）。
    A. 应收保险公司存货损失赔偿款计入其他应收款
    B. 资产负债表日存货应按成本与可变现净值孰低计量
    C. 按管理权限报经批准的盘盈存货价值冲减管理费用
    D. 结转商品销售成本的同时转销其已计提的存货跌价准备

23. 下列关于企业存货清查的表述中不正确的有（　　）。
    A. 盘盈的存货应计入营业外收入
    B. 盘亏的存货均计入营业外支出
    C. 所有盘亏存货所负担的增值税进项税额需要作转出处理
    D. 盘盈的存货应按差错进行追溯调整

24. 下列各项中，有关企业对财产清查中发现的盘盈存货的会计处理正确的有（　　）。
    A. 发生存货盘盈首先进行调账，达到账实相符
    B. 盘盈存货按管理权限报经批准后计入管理费用
    C. 盘盈存货按管理权限报经批准后计入营业外收入
    D. 盘盈存货会增加营业利润

25. 下列各项中，需要企业暂估入账的有（　　）。
    A. 月末已验收入库但发票账单未到的原材料
    B. 已发出商品但货款很可能无法收回的商品销售
    C. 已达到预定可使用状态但尚未办理竣工决算的办公楼
    D. 董事会通过但股东大会尚未批准的拟分配现金股利

三、判断题

1. 企业现金都有一定的限额，这一限额是由企业根据自己单位的实际情况自行制定的。（　　）

2. 某企业收到对方以转账支票形式支付的货款，记入"其他货币资金"账户。（　　）

3. 企业为取得交易性金融资产发生的交易费用应计入交易性金融资产成本。（　　）

4. 交易性金融资产取得价款中包含已宣告尚未发放的现金股利应当计入投资收益。（　　）

5. 企业出售交易性金融资产时，要将原计入公允价值变动损益的金额转入投资收益中。（　　）

6. 资产负债表日，交易性金融资产应当按照公允价值计量，公允价值与账面余额之间的差额记入"公允价值变动损益"科目。（　　）

7. 企业为职工垫付的水电费、应由职工负担的医药费等应通过"应收账款"科目核算。（　　）

8. 企业取得的商业承兑汇票到期承兑人无力支付款项时，企业应当将应收票据转入营业外支出中。（　　）

9. 企业预付款项不多时，可以不设置"预付账款"科目，而将预付的款项通过"预收账款"科目核算。（　　）

10. 企业出租包装物收取的租金，应通过"其他应收款"科目核算。（　　）

11. 应收股利是指企业应收取的现金股利和应收取其他单位分配的利润。（　　）

12. 企业在确定应收款项减值核算所采用的方法时，应当根据企业实际情况，按照成本效益原则，选择采用备抵法和直接转销法。（　　）

13. 坏账准备一经计提，以后期间不得转回。（　　）

14. 企业购入存货运输途中的合理损耗会导致存货总成本变动。（　　）

15. 已展出或委托代销的商品，均不属于企业的存货。（　　）

16. 为简化核算，对那些发票账单尚未到达的入库材料，月末可以暂时不进行会计处理，待收到发票账单时再按实际价款进行会计

处理。（　　）

17. 委托加工的物资收回后用于连续生产的，应将受托方代收代缴的消费税计入委托加工物资的成本。（　　）
18. 增值税小规模纳税人购进货物支付的增值税，应当直接计入有关货物的成本。（　　）
19. 林木类消耗性生物资产达到郁闭后发生的管护费用等后续支出记入"管理费用"科目。（　　）
20. 存货发生盘盈时应当冲减管理费用。（　　）
21. 期末，如果某项存货的成本低于其可变现净值，则企业应对该项存货计提存货跌价准备。（　　）
22. 存货跌价准备一经计提，在持有期间不得转回。（　　）
23. 结转销售产品的存货跌价准备应冲减资产减值损失。（　　）

四、不定项选择题

1. 甲公司为增值税一般纳税人，2×20年发生如下与交易性金融资产相关的经济业务：
（1）2月2日，从深圳证券交易所购入乙公司股票100万股，该股票的公允价值为860万元，另支付相关交易费用6万元，取得的增值税专用发票上注明的增值税税额为0.36万元，发票已通过税务机关认证。甲公司将该股票划分为交易性金融资产。
（2）4月10日，乙公司宣告以每股0.4元发放上年度的现金股利。
（3）5月12日，甲公司收到乙企业向其发放的现金股利，不考虑相关税费。
（4）6月30日，甲公司持有乙公司股票的市价为900万元。
要求：根据上述资料，分析回答下列问题。
（1）根据资料（1），甲公司购入该交易性金融资产的初始入账金额为（　　）元。
　　A. 860　　　　　B. 866
　　C. 866.36　　　D. 854
（2）根据资料（2），乙公司宣告发放现金股利，关于甲公司的账务处理正确的是（　　）。
　　A. 确认应收股利40万元
　　B. 确认投资收益40万元
　　C. 确认公允价值变动损益40万元
　　D. 冲减交易性金融资产成本40万元
（3）根据资料（3），甲公司的账务处理正确的是（　　）。
　　A. 冲减应收股利40万元
　　B. 确认投资收益40万元
　　C. 确认公允价值变动损益40万元
　　D. 确认应收股利40万元
（4）根据资料（1）~（4），甲公司6月30日应计入公允价值变动损益的金额为（　　）元。
　　A. 0　　　　　　B. 40
　　C. 34　　　　　D. 44
（5）根据资料（1）~（4），引起甲公司2×20年营业利润增加的金额为（　　）元。
　　A. 34　　　　　B. 80
　　C. 68　　　　　D. 74

2. 甲企业为增值税一般纳税人，适用增值税税率为13%，原材料采用实际成本核算。2×20年12月初，A材料账面余额90 000元。该企业12月发生的有关经济业务如下：
（1）5日，购入A材料1 000千克，增值税专用发票上注明的价款300 000元，增值税税额39 000元，购入该种材料发生保险费1 000元，发生运输费4 000元，已取得增值税专票上注明增值税税额360元，运输过程中发生合理损耗10千克，材料已验收入库，款项均已通过银行付清。
（2）15日，委托外单位加工B材料（属于应税消费品），发出B材料成本70 000元，支付加工费20 000元，取得的增值税专用发票上注明的增值税税额为2 600元，由受托方代收代缴的消费税为10 000元。材料加工完毕验收入库，款项均已支付，材料收回后用于继续生产应税消费品。
（3）31日，生产领用A材料一批，该批材料成本为75 000元。
要求：根据以上资料，分析回答下列问题。
（1）根据资料（1），下列各项中，应计入外购原材料实际成本的是（　　）。
　　A. 运输过程中的合理损耗
　　B. 采购过程中发生的保险费
　　C. 增值税专用发票上注明的价款

D. 增值税发票上注明的增值税税额
（2）根据资料（1），下列甲企业对采购A材料的会计处理中，结果正确的是（　　）。
　　A. 记入"原材料"科目的金额为305 000元
　　B. 记入"原材料"科目的金额为344 360元
　　C. 记入"应交税费——应交增值税（进项税额）"科目的金额为39 000元
　　D. 记入"应交税费——应交增值税（进项税额）"科目的金额为39 360元
（3）根据资料（2），关于甲企业委托加工业务会计处理，正确的是（　　）。
　　A. 收回委托加工物资的成本为90 000元
　　B. 收回委托加工物资的成本为100 000元
　　C. 受托方代收代缴的消费税10 000元应计入委托加工物资成本
　　D. 受托方代收代缴的消费税10 000元应借记"应交税费——应交消费税"科目
（4）根据资料（1）~（3），甲企业31日A材料的结存成本是（　　）元。
　　A. 304 800　　　　B. 31 500
　　C. 371 440　　　　D. 320 000

本章考点巩固练习题参考答案及解析

一、单项选择题

1. 【答案】A
【解析】企业应当定期进行现金清查，当发生现金溢余时，属于无法查明原因的现金溢余应当记入"营业外收入"科目。

2. 【答案】C
【解析】企业发生现金短缺，在报经批准处理前：
借：待处理财产损溢　　　500
　　贷：库存现金　　　　　　　500
报经批准后：
借：管理费用　　　　　　300
　　其他应收款　　　　　200
　　贷：待处理财产损溢　　　　500
管理费用300元对营业利润产生影响。

3. 【答案】B
【解析】为到外地进行临时或零星采购而汇往采购地银行开立采购专户的款项，应通过"其他货币资金"科目核算。

4. 【答案】A
【解析】选项A为商业汇票，在"应收票据"科目核算，不会引起其他货币资金发生增减变动。选项B、C、D分别通过银行本票、外埠存款、存出投资款核算，会引起其他货币资金发生增减变动。

5. 【答案】C
【解析】取得交易性金融资产实际支付的价款中，包含的已宣告但尚未发放的现金股利，应单独作为应收项目反映，不能作为交易性金融资产的初始入账价值。至于取得时发生的交易费用，则在取得时直接计入投资收益；增值税进项税额可以抵扣，也不计入成本。本例中，该交易性金融资产的入账价值＝48 000－4 000×0.2＝47 200（元）。

6. 【答案】C
【解析】被投资单位宣告分派股票股利，投资单位无须进行账务处理，分派现金股利时才进行账务处理。

7. 【答案】A
【解析】支付的交易费用5万元计入当期损益（投资收益）。6月30日，交易性金融资产以公允价值核算，公允价值与账面价值的差额计入当期损益（公允价值变动损益）。则A公司购入该项金融资产对当期损益的影响金额＝－5［投资收益］＋(4.3－4)×1 000［公允价值变动损益］＝295（万元）。

8. 【答案】A
【解析】处置时应当确认的投资收益＝1 210－1 200＝10（万元）。

3月15日，购入时：
借：交易性金融资产　　　　　1 000
　　应收股利　　　　　　　　　100
　　投资收益　　　　　　　　　 20
　　　贷：其他货币资金　　　　　　 1 120
6月30日：
借：交易性金融资产　　　　　　200
　　　贷：公允价值变动损益　　　　　200
8月19日，出售：
借：其他货币资金　　　　　　1 210
　　　贷：交易性金融资产　　　　　1 200
　　　　　投资收益　　　　　　　　 10
从以上分录可以看出，计算交易性金融资产出售时的投资收益＝出售价款（不含税）－交易性金融资产的账面价值。

9.【答案】B
【解析】该交易性金融资产对利润表的影响金额＝－4＋130－10＝116（万元）。
5月10日，购入时：
借：交易性金融资产　　　　　　800
　　应收股利　　　　　　　　　 30
　　投资收益　　　　　　　　　　4
　　应交税费——应交增值税（进项税额）
　　　　　　　　　　　　　　 0.24
　　　贷：其他货币资金　　　　　　834.24
5月30日，收到股利：
借：其他货币资金　　　　　　　 30
　　　贷：应收股利　　　　　　　　　 30
6月30日：
借：公允价值变动损益　　　　　 10
　　　贷：交易性金融资产　　　　　　 10
7月20日，出售：
借：其他货币资金　　　　　　　920
　　　贷：交易性金融资产　　　　　　790
　　　　　投资收益　　　　　　　　130

10.【答案】D
【解析】本题中应收的货款＝60×(1＋13%)＝67.8（万元）；代垫运杂费＝2＋0.18＝2.18（万元）。因此，应收账款＝67.8＋2.18＝69.98（万元）。

11.【答案】B
【解析】应收账款明细账的贷方余额反映的是预收账款。

12.【答案】B
【解析】选项A通过"其他应付款"科目核算；选项C通过"应收账款"科目核算；选项D通过"应收账款"科目核算。

13.【答案】C
【解析】应收账款账面价值＝应收账款账面余额－坏账准备
选项A，计提坏账准备：
借：信用减值损失
　　　贷：坏账准备
"坏账准备"抵减"应收账款"的账面价值。
选项B，收回应收账款：
借：银行存款
　　　贷：应收账款
应收账款账面价值减少。
选项C，确认坏账损失：
借：坏账准备
　　　贷：应收账款
二者金额相等，最终不影响应收账款的账面价值总额。
选项D，收回已转销的坏账：
借：应收账款
　　　贷：坏账准备
同时：
借：银行存款
　　　贷：应收账款
"坏账准备"抵减"应收账款"的账面价值。

14.【答案】B
【解析】存货是企业在日常活动中持有以备出售或消耗的物资，选项B是为购建固定资产购入的物资，不属于企业的存货。

15.【答案】A
【解析】购入的存货，其成本包括买价、运杂费、运输途中的合理损耗、入库前的挑选整理费用以及按规定应计入存货成本的税费和其他费用，但不包括可以抵扣的增值税。本题中入库材料总成本＝100 000＋400＝100 400（元）。入库数量按实际数量计算，则入库数量＝2 000－2 000×2%＝1 960（千克）。入库材料的单位成本＝100 400÷1 960＝51.22（元/千克）。

16. 【答案】B
【解析】一般纳税企业购进原材料支付的增值税记入"应交税费——应交增值税（进项税额）"科目的借方。

17. 【答案】B
【解析】月末一次加权平均单价＝（200×40＋400×35＋400×38）÷（200＋400＋400）＝37.2（元/件）；发出甲材料的成本＝37.2×500＝18 600（元）。

18. 【答案】B
【解析】9月份发出甲材料成本＝100×200＋350×210＋50×230＝105 000（元）。

19. 【答案】A
【解析】材料成本差异率＝（－20－15）÷（200＋150）×100%＝－10%；领用原材料的实际成本＝180×（1－10%）＝162（万元）；当月结存材料的实际成本＝200－20＋135－162＝153（万元）。

20. 【答案】D
【解析】4月12日，甲材料的加权平均单位成本＝[（300－100）×3＋200×10]÷（300－100＋200）＝6.5（元/千克）；4月末该企业甲材料的结存成本＝（300－100＋200－350）×6.5＝325（元）。

21. 【答案】A
【解析】企业出借给购买单位使用的包装物的摊销额应记入"销售费用"科目。

22. 【答案】C
【解析】甲公司收回该批商品后用于连续加工生产应税消费品，受托方代收代缴的消费税记入"应交税费——应交消费税"科目的借方，所以收回委托加工物资的成本＝材料成本＋运杂费＋加工费＝280 000＋2 000＋20 000＝302 000（元）。

23. 【答案】B
【解析】应当缴纳消费税的委托加工物资收回后直接用于销售的，应将受托方代收代缴的消费税计入委托加工物资成本。

24. 【答案】B
【解析】商品进销差价率＝（11＋29）÷（45＋155）×100%＝20%；本期销售商品的成本＝130－130×20%＝104（万元）；月末结存商品的实际成本＝34＋126－104＝56（万元）。

25. 【答案】B
【解析】企业发生存货盘盈时，在按管理权限报经批准后，应贷记"管理费用"科目。

26. 【答案】A
【解析】一般纳税人因管理不善造成存货的盘亏，增值税进项税额不得抵扣，要作进项税额转出处理。该业务的账务处理如下：
批准处理前：
借：待处理财产损溢　　　　　339 000
　　贷：原材料（1 000×300）　　　300 000
　　　　应交税费——应交增值税（进项税额转出）　　　　　　39 000
批准处理后：
借：其他应收款　　　　　　　　3 000
　　管理费用　　　　　　　　336 000
　　贷：待处理财产损溢　　　　　339 000
处理后有关存货盘亏的净损失＝1 000×300×1.13－3 000＝336 000（元）。

27. 【答案】D
【解析】计提存货跌价准备的影响因素已经消失，跌价准备应在原计提减值准备的金额内转回，所以选项A不正确；存货账面价值＝存货账面余额－存货跌价准备，转回存货跌价准备会增加存货账面价值，所以选项B不正确；存货的成本高于其可变现净值的差额为当期需要提足的存货跌价准备，如果期初有余额，则本期计提存货跌价准备的金额应当将期初余额因素考虑在其中，所以选项C不正确。

28. 【答案】C
【解析】库存商品期末余额＝1 200－400＋500＝1 300（万元），期末存货的可变现净值为1 290万元，需提足的存货跌价准备＝1 300－1 290＝10（万元）。存货跌价准备在未计提（转回）时的余额＝30－30×400÷1 200＝20（万元），所以甲公司12月31日存货跌价准备需计提的金额＝10－20＝－10（万元）。

二、多项选择题

1. 【答案】ACD
【解析】选项B，对于现金的短缺无法查明原因的计入管理费用。

2. 【答案】ABCD
   【解析】其他货币资金是指企业除库存现金和银行存款以外的其他各种货币资金，包括外埠存款、银行汇票存款、银行本票存款、信用卡存款和存出投资款等。

3. 【答案】BCD
   【解析】企业信用证保证金和企业外埠存款余额可以转存其开户行结算户存款，选项B、D错误；企业银行汇票的收款人可以将其收到的银行汇票背书转让，选项C错误。

4. 【答案】ABD
   【解析】取得时支付的价款中包含的已宣告但尚未发放的现金股利，应计入应收股利。

5. 【答案】ACD
   【解析】企业在持有交易性金融资产期间，对方宣告发放现金股利时，借记"应收股利"，贷记"投资收益"；收到现金股利时，借记"其他货币资金"，贷记"应收股利"。

6. 【答案】AB
   【解析】交易性金融资产是以公允价值计量的，不需要计提减值，选项C不正确；出售交易性金融资产，不需将公允价值变动损益转入投资收益，选项D不正确。

7. 【答案】ABCD

8. 【答案】BCD
   【解析】转销无法收回备抵法核算的应收账款，借：坏账准备，贷：应收账款，不会影响应收账款的账面价值，选项A错误；收回应收账款，借：银行存款等，贷：应收账款，减少应收账款的账面价值，选项B正确；计提应收账款的坏账准备，借：资产减值损失，贷：坏账准备，减少应收账款的账面价值，选项C正确；收回已转销的应收账款，借：应收账款，贷：坏账准备，同时，借：银行存款等，贷：应收账款，减少应收账款的账面价值，选项D正确。

9. 【答案】ABCD
   【解析】应收账款的入账金额应当包括销售商品或提供服务应向有关债务人收取的价款、增值税税额及代购货单位垫付的款项。

10. 【答案】ABCD
    【解析】企业将持有的商业汇票背书转让以取得所需物资时，会涉及"原材料""应交税费——应交增值税（进项税额）""银行存款"科目；如果贴现，会涉及"银行存款"和"财务费用"科目。所以，四个选项都是正确的。

11. 【答案】ACD
    【解析】代购货单位垫付的运杂费应在"应收账款"科目核算。

12. 【答案】ABCD
    【解析】应收账款、其他应收款、应收票据、预付账款等都是可以计提坏账准备的。

13. 【答案】ABCD
    【解析】资产负债表存货项目应根据"材料采购""原材料""低值易耗品""库存商品""周转材料""委托加工物资""委托代销商品""受托代销商品""生产成本"等科目的期末余额合计，减去"受托代销商品款""存货跌价准备"科目期末余额后的金额填列。

14. 【答案】ABCD
    【解析】材料采购的成本包括买价、相关税费、运输费、装卸费、运输途中合理损耗。

15. 【答案】ABC
    【解析】选项D，不是存货发出的计价方法，而是存货期末计量的方法。

16. 【答案】ABCD

17. 【答案】ABD
    【解析】"材料成本差异"科目借方核算的是购入存货的超支差以及发出存货结转的节约差；贷方核算购入存货的节约差以及发出存货结转的超支差。

18. 【答案】BC
    【解析】10月末计提存货跌价准备：
    借：资产减值损失　　　　　5 000
    　　贷：存货跌价准备（80 000 - 75 000）
    　　　　　　　　　　　　　5 000

    12月末存货可变现净值上升，转回多计提的存货跌价准备：
    借：存货跌价准备　　　　　3 000
    　　贷：资产减值损失（78 000 - 75 000）
    　　　　　　　　　　　　　3 000

19. 【答案】ABD

【解析】随同商品销售出借的包装物的摊销额，应计入销售费用。

20. 【答案】ABCD
【解析】存货采购时支付的可归属于存货采购成本的费用计入存货采购成本，不能直接归属于存货采购成本的费用计入当期损益。

21. 【答案】BC
【解析】随同加工费支付的增值税是可以抵扣的，不计入委托加工物资的成本；收回后用于连续生产应税消费品的，所支付代收代缴的消费税记入"应交税费——应交消费税"科目，不计入委托加工物资的成本。

22. 【答案】ABCD

23. 【答案】ABCD
【解析】选项A，盘盈的存货按管理权限批准后应冲减管理费用；选项B，盘亏的存货如果属于一般经营损失部分计入管理费用，属于非常损失部分计入营业外支出；选项C，一般纳税人盘亏存货负担的增值税进项税额作转出处理，但由于自然灾害等原因造成的存货毁损不需将增值税进项税额作转出处理；选项D，存货盘盈冲减本期管理费用即可，不需要进行追溯调整。

24. 【答案】ABD
【解析】盘盈存货按管理权限报经批准后计入管理费用，所以选项C错误。

25. 【答案】AC
【解析】选项B，确认发出商品的成本，不确认收入；选项D，董事会已通过但股东大会尚未批准的拟分配现金权利，此时不作账务处理。

三、判断题

1. 【答案】×
【解析】企业现金的限额是由开户银行根据单位的实际需要核定的，一般是按照单位3~5天日常零星开支所需确定的。

2. 【答案】×
【解析】支票不属于其他货币资金，收到支票计入银行存款。

3. 【答案】×
【解析】企业取得某项投资将其划分为交易性金融资产，初始取得时支付的相关交易费用计入投资收益。

4. 【答案】×
【解析】交易性金融资产取得价款中包含已宣告尚未发放的现金股利应当计入应收股利。

5. 【答案】×
【解析】企业出售交易性金融资产时，不需将原计入公允价值变动损益的金额转入投资收益。

6. 【答案】√

7. 【答案】×
【解析】企业为职工垫付的水电费、应由职工负担的医药费等应通过"其他应收款"科目核算。

8. 【答案】×
【解析】企业取得的商业承兑汇票到期承兑人无力支付款项时，企业应当将应收票据转入应收账款中。

9. 【答案】×
【解析】企业预付款项不多时，可以不设置"预付账款"科目，而将预付的款项记入"应付账款"科目的借方。

10. 【答案】√
【解析】其他应收款的内容包括应收的出租物租金，应收的各种赔款、罚款，应向职工收取的各种垫付的款项。

11. 【答案】√

12. 【答案】×
【解析】我国企业会计准则规定，应收款项的坏账（减值）只能采用备抵法进行核算，不能选择使用直接转销法。

13. 【答案】×
【解析】企业计提的坏账准备在影响减值的因素消失时，可以在原计提金额内进行转回。

14. 【答案】×
【解析】企业购入存货运输途中的合理损耗不会影响存货的总成本，只会增加存货的单位成本。

15. 【答案】×
【解析】已展出或委托代销的商品因法定的所有权未发生转移，所以仍属于企业的存货。

16. 【答案】×

【解析】材料入库账单未到的应在月末暂估入账，下月初用红字予以冲回。

17.【答案】×

【解析】如果委托方连续生产应税消费品，缴纳的消费税是记入"应交税费——应交消费税"科目的借方。收回以后直接出售的，消费税应该计入委托加工物资成本。

18.【答案】√

【解析】小规模纳税人购入货物支付的增值税进项税额不得抵扣，应直接计入存货成本。

19.【答案】√

20.【答案】√

21.【答案】×

【解析】计提存货跌价准备的前提是，存货的成本高于其可变现净值，也就是说可变现净值不足以收回成本了，存在潜在的损失，这时才计提存货跌价准备，其金额应是存货账面价值与可变现净值的差额。

22.【答案】×

【解析】资产负债表日，企业应当重新确定存货的可变现净值，如果以前减记价值的影响因素已经消失，则减记的金额应当予以恢复，并在原已计提的存货跌价准备金额内予以转回。

23.【答案】×

【解析】销售产品时结转的存货跌价准备，应冲减主营业务成本。

四、不定项选择题

1.（1）【答案】A

【解析】该笔业务的会计分录如下：
借：交易性金融资产——成本　860
　　投资收益　　　　　　　　　 6
　　应交税费——应交增值税（进项税额）
　　　　　　　　　　　　　　　0.36
　贷：其他货币资金　　　　　866.36
因此，选项A正确。

（2）【答案】AB

【解析】该笔业务的会计分录如下：
借：应收股利　　　　　　　　　40
　贷：投资收益　　　　　　　　 40

（3）【答案】A

【解析】该笔业务的会计分录如下：
借：其他货币资金　　　　　　　40
　贷：应收股利　　　　　　　　 40

（4）【答案】B

【解析】该笔业务的会计分录如下：
借：交易性金融资产——公允价值变动
　　　　　　　　　　　　　　　40
　贷：公允价值变动损益
　　　　　　　　　　　(900－860) 40

（5）【答案】D

【解析】该交易性金融资产对2×20年营业利润的影响＝－6＋40＋40＝74（万元）。

2.（1）【答案】ABC

【解析】购入材料的实际成本包括买价、保险费、运杂费、运输途中的合理损耗、入库前挑选整理费用、购入物资负担的税金（如关税等）和其他费用。增值税专用发票上注明的增值税税额不能计入材料成本。

（2）【答案】AD

【解析】甲企业采购A材料的成本＝300 000＋1 000＋4 000＝305 000（元）；
应交增值税进项税额＝39 000＋360＝39 360（元）。

（3）【答案】AD

【解析】委托加工物资收回后用于连续生产的，受托方代扣代缴的消费税按规定准予抵扣，记入"应交税费——应交消费税"科目的借方，不计入成本中，所以选项D正确，选项C错误。收回委托加工物资的成本＝70 000＋20 000＝90 000（元），选项A正确，选项B错误。

（4）【答案】D

【解析】甲企业31日A材料结存成本＝90 000＋305 000－75 000＝320 000（元）。

第四章　非流动资产

考情分析

本章是 2022 年初级会计实务教材中改动较大的一章，新内容较多且理解难度较大，包括债权投资、长期股权投资、投资性房地产、固定资产、使用权资产、生产性生物资产、无形资产、长期待摊费用。对于新加的内容理解上会有一定难度，可能会涉及各种题型的考核，考生在学习时需要克服畏难情绪、循序渐进、多次回顾。

教材变化

本章增加了债权投资、长期股权投资、使用权资产、生产性生物资产内容，同时整合了往年教材第二章中的固定资产、无形资产、长期待摊费用内容，一起合并为第四章：非流动资产。

考点提示

本章中长期股权投资的核算、投资性房地产的核算、在建工程和固定资产的核算、固定资产折旧方法和计提折旧以及固定资产减值的核算为重要内容，对于新增的内容，考生可以采用非流动资产的确认（确认条件、确认时间等）、计量（初始计量、后续计量等）、记录、报告的步骤学习，在本章的学习中，固定资产、无形资产仍为重要考核方向，投资性房地产、长期股权投资为新增的重要考点，极有可能出不定项选择题。

本章考点框架

```
                    ┌ 长期投资概述★
          长期投资  ┤ 债权投资★
                    └ 长期股权投资★★

                              ┌ 投资性房地产的概念★
          投资性房地产       ┤ 投资性房地产的确认与计量★★★
                              └ 投资性房地产的账务处理★★★

                    ┌ 固定资产的管理★★
                    │ 取得固定资产★★★
                    │ 固定资产折旧★★★
非流动资产 固定资产┤ 固定资产发生的后续支出★★★
                    │ 处置固定资产★★★
                    │ 固定资产清查★★★
                    │ 固定资产减值★★
                    └ 使用权资产的账务处理★

          生产性生物资产 ┤ 生产性生物资产的确认与计量★
                            └ 生产性生物资产的财务处理★

                              ┌ 无形资产概述★★
                              │ 取得无形资产★★★
          无形资产和长期待摊费用┤ 无形资产摊销★★★
                              │ 出售和报废无形资产★★★
                              │ 无形资产减值★★
                              └ 长期待摊费用的核算★
```

考点解读及例题点津

第一单元　长期投资

1 长期投资概述★

一、考点解读

（一）长期投资的内容

长期投资顾名思义，就是企业投资期限在1年以上的对外投资，这类投资具有期限长、稳定性和收益性相对较高等优点，但同时也具有资金占用时间长、资金周转慢等缺点。长期投资包括债权投资、其他债权投资、长期股权投资、其他权益工具投资等对外投资。

（1）债权投资，是指以摊余成本计量的金融资产中的债权投资。如企业投资普通债券通常可能符合本金加利息的合同现金流量的以摊余成本计量的金融资产。

按照小企业会计准则的相关规定归类为长期

债券投资进行核算和管理，即小企业准备长期（在1年以上）持有的债券投资。

（2）其他债权投资。既以收取合同现金流量为目标又以某个特定日期出售该金融资产为目标管理的金融资产投资，其性质属于以公允价值计量且其变动计入**其他综合收益**的金融资产。

（3）其他权益工具投资。以公允价值计量且其变动计入其他综合收益的金融资产包括权益投资和债权投资。其中，权益投资中除投资于普通股以外的各种权益金融工具投资分类为其他权益工具投资，如对优先股的投资等。

（4）长期股权投资。属于按照长期股权投资准则规范的股权投资，是根据投资方在获取投资后能够对被投资单位施加影响程度划分确定的，包括对**联营企业**、**合营企业**和**子公司**的投资。

（二）总结（见图4-1）

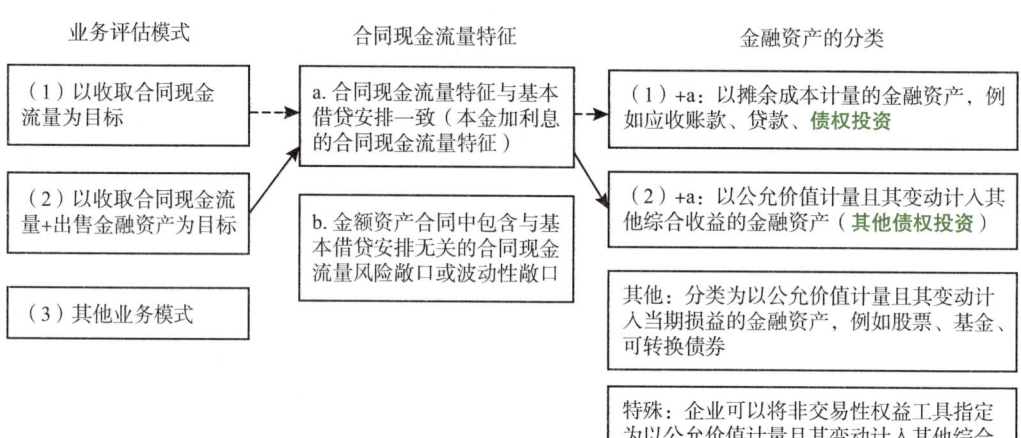

业务评估模式	合同现金流量特征	金融资产的分类
（1）以收取合同现金流量为目标	a.合同现金流量特征与基本借贷安排一致（本金加利息的合同现金流量特征）	（1）+a：以摊余成本计量的金融资产，例如应收账款、贷款、**债权投资**
（2）以收取合同现金流量+出售金融资产为目标	b.金额资产合同中包含与基本借贷安排无关的合同现金流量风险敞口或波动性敞口	（2）+a：以公允价值计量且其变动计入其他综合收益的金融资产（**其他债权投资**）
（3）其他业务模式		其他：分类为以公允价值计量且其变动计入当期损益的金融资产，例如股票、基金、可转换债券
		特殊：企业可以将非交易性权益工具指定为以公允价值计量且其变动计入其他综合收益的金融资产（**其他权益工具投资**）

图4-1

二、例题点津

【例题1·多选题】下列各项中，应作为长期股权投资核算的有（　　）。

A. 对子公司的投资
B. 对联营企业的投资
C. 对合营企业的投资
D. 小企业准备长期持有的权益性投资

【答案】ABCD

【解析】长期股权投资的确认与计量的范围包括投资方能够对被投资单位实施控制的权益性投资，即对子公司投资；投资方与其他合营方一同对被投资单位实施共同控制且对被投资单位净资产享有权利的权益性投资，即对合营企业投资；投资方对被投资单位具有重大影响的权益性投资，即对联营企业投资。按照小企业会计准则规定，长期股权投资是指小企业准备长期持有的权益性投资。

2 债权投资 ★

一、考点解读

（一）债权投资的确认与计量

（1）取得成本。取得时应当按照购买价款和相关税费作为成本进行计量。实际支付价款中包含的已到付息期但尚未领取的债券利息，应当**单独确认为应收利息**，不计入债权投资的成本。

（2）摊余成本的计算。

摊余成本＝初始确认金额－已偿还的本金＋（－）采用实际利率法将该初始确认金额与到期日金额之间的差额进行摊销形成的累计摊销额－计提的累计信用减值准备

（3）在持有期间发生的应收利息（实际利率法下考虑溢、折价摊销等利息调整后）应当确认为**投资收益**。处置债权投资，处置价款扣除其账面余额、相关税费后的净额，应当计入**投资**

收益。预期发生信用减值损失的还应计提债权投资减值准备。

（4）债权投资的后续计量分为实际利率法和直线法两种。实际利率法是指计算金融资产的摊余成本以及将利息收入分摊计入各会计期间的方法，优点是债权投资后续确认与计量时考虑市场实际利率的波动影响，计量与确认的摊余成本和投资收益比较准确，缺点是市场实际利息率的计算确定及相应的会计处理较为复杂。直线法是指债券投资的折价或者溢价在债券存续期间内于确认相关债券利息收入时采用直线法进行摊销，直线法下会计处理简便易行，缺点是债权投资后续计量与确认时不考虑市场实际利率的波动影响，使得摊余成本和投资收益的确认与计量不够准确。按照企业会计准则的规定要求应当采用实际利率法。小企业会计准则规定<u>小企业采用直线法</u>。

（二）债权投资的账务处理

该科目应设置"债权投资——成本"科目核算债券投资的面值；设置"债权投资——利息调整"科目核算其面值与实际支付的购买价款和相关费用之间的差额，以及实际利率法下后续计量的折价或者溢价摊销额。

对于一次还本付息债券，应设置"债权投资——应计利息"科目核算按票面利率计算确定的应收未收的利息；设置"投资收益"科目核算债券投资实际获得的债权投资的利息收入。分期确认利息收入时，借记"债权投资——应计利息"科目，借记或贷记"债权投资——利息调整"科目，贷记"投资收益"科目。

对于分期付息、一次还本债券投资，设置"应收利息"科目核算债券投资应按票面利率计算确定的<u>应收未收</u>的利息。分期确认利息收入时，借记"应收利息"科目，借记或贷记"债权投资——利息调整"科目，贷记"投资收益"科目。

小企业应当设置**"长期债券投资"**科目核算小企业准备长期（在1年以上）持有的债券投资。该科目应按照债券种类和被投资单位，分别设置"面值""溢折价""应计利息"等明细科目进行明细核算。假定因债务人依法宣告破产、关闭、解散、被撤销，或者被依法注销、吊销营业执照等原因，其清算财产不足清偿的。小企业应按其账面余额减除可收回的金额后确认的无法收回的长期债券投资，作为长期债券投资损失处理，应当于实际发生时计入<u>营业外支出</u>，同时冲减长期债券投资账面余额。

二、例题点津

【例题1·判断题】小企业实际发生的长期债券投资损失，应计入营业外支出。（　　）

【答案】√

【解析】假定因债务人依法宣告破产、关闭、解散、被撤销，或者被依法注销、吊销营业执照等原因，其清算财产不足清偿的。小企业应按其账面余额减除可收回的金额后确认的无法收回的长期债券投资，作为长期债券投资损失处理，应当于实际发生时计入营业外支出，同时冲减长期债券投资账面余额。

3 长期股权投资 ★★★

一、考点解读

根据投资方在股权投资后对被投资单位能够施加影响的程度，区分为应当按照金融工具准则进行核算和应当按照长期股权投资准则核算两种情况（见表4-1）。

表4-1

对外投资	长期股权投资	控制	对被投资单位实施控制的权益性投资：对子公司投资
		共同控制的合营企业	投资方与其他合营方一同对被投资单位实施共同控制且对被投资单位净资产享有权利的权益性投资
		重大影响的联营企业	投资方对被投资单位具有重大影响的权益性投资，即对联营企业投资

续表			
对外投资	长期股权投资	小企业会计准则规定	长期股权投资是指小企业准备长期持有的权益性投资
	金融工具确认和计量		不具有控制、共同控制和重大影响的股权投资；其他投资

1. 长期股权投资的初始计量

（1）以合并方式取得的长期股权投资（见图 4-2）。

同一控制

按取得被合并方所有者权益在**最终控制方**合并财务报表中的**账面价值**的份额作为初始投资成本计量

（1）合并方以支付现金、转让非现金资产或承担债务方式作为对价合并：
借：长期股权投资
　　资本公积——资本溢价或股本溢价
　　贷：银行存款
（2）合并方以权益性证券作为合并对价：
借：长期股权投资
　　贷：股本
　　　　资本公积——资本溢价或股本溢价
【注意】资本公积如果为借方差额，资本公积不足冲减的，依次借记"盈余公积""未分配利润"

非同一控制

（1）以支付现金、转让非现金资产或承担债务方式等作为合并对价的：按照确定的合并成本计量；
（2）发行权益性证券作为合并对价：按照发行的权益性证券的**公允价值**作为初始投资成本计量

（1）购买方以支付现金、转让非现金资产或承担债务方式等作为合并对价（以转让固定资产为例）：
借：长期股权投资——乙公司
　　累计折旧
　　固定资产减值准备
　　贷：固定资产
　　　　资产处置损益
（2）购买方以发行权益性证券作为合并对价：
借：长期股权投资——乙公司
　　贷：股本
　　　　资本公积——资本溢价或股本溢价
支付发行相关税费
借：资本公积——资本溢价或股本溢价
　　贷：银行存款

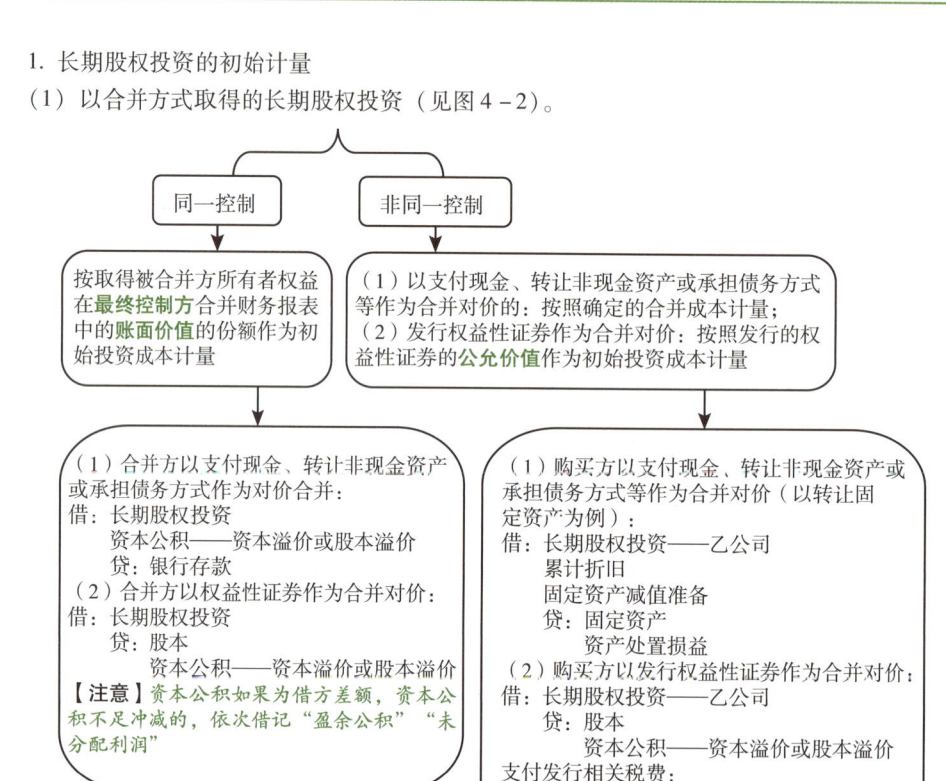

图 4-2

企业为企业合并发生的审计、法律服务、评估咨询等中介费用以及其他相关管理费用应作为**当期损益计入管理费用**。

【提示】1. 同一控制是指交易发生前后合并方、被合并方均在**相同的最终控制方**控制之下，最终控制方在企业合并前后能够控制的资产并没有发生变化，同一控制下企业合并实质是集团内部资产的重新配置与账面调拨，仅涉及集团内部不同企业间资产和所有者权益的变动，不具有商业实质，不应产生经营性损益和非经营损益。

2. 非同一控制本质上为市场化购买，是指参与合并各方在合并前后不受同一方或相同的多方最终控制的合并交易。

（2）以非合并方式取得的长期股权投资：应按现金、非现金货币性资产的公允价值或按照非货币性资产交换或债务重组准则**确定的初始投资成本**，借记以非企业合并方式形成的"长期股权投资"科目，贷记"银行存款"等科目，贷记或借记"资产处置损益"等处置非现金资产相关的科目。按照小企业会计准则规定，资产处置损益应分别**借记"营业外支出"科目或贷记"营业外收入"科目**。

（3）小企业的长期股权投资应当按照成本进行计量。以支付现金取得的长期股权投资，应当按照购买价款和相关税费作为成本进行计量。实际支付价款中包含的已宣告但尚未发放的现金股利，应当**单独确认为应收股利**，不计入长期股权投资的成本。通过非货币性资产交换取得的长期股权投资，应当按照换出非货币性资产的评估价值和相关税费作为成本进行计量。

2. 长期股权投资的后续计量（见表4-2）

表4-2

长期股权投资后续计量方法	控制（子公司）	成本法
	共同控制（合营企业）	权益法
	重大影响（联营企业）	

（1）成本法。

成本法的特点是，除追加投资或收回投资外，长期股权投资的账面价值一般应当保持不变。除取得投资时实际支付的价款或对价中包含的已宣告但尚未发放的现金股利或利润外，投资企业应当按照被投资单位宣告发放的现金股利或利润中应享有的份额确认投资收益，借记"应收股利"科目，贷记"投资收益"科目。

按照小企业会计准则规定，长期股权投资应当采用**成本法**进行会计处理。

（2）权益法。

权益法，是指取得长期股权投资以初始投资成本计价，后续根据投资企业享有被投资单位所有者权益份额的变动相应对其投资的账面价值进行调整的一种方法。其特点是，长期股权投资的账面价值随**被投资单位所有者权益的变动而变动**，在股权持有期间，长期股权投资的账面价值与享有被投资单位所有者权益的份额相对应。

①被投资单位可辨认净资产公允价值发生变动的会计处理（见表4-3）。

表4-3

长期股权投资的初始投资成本＞投资时应享有被投资单位可辨认净资产公允价值的份额	不调整已确认的初始投资成本
长期股权投资的初始投资成本＜投资时应享有被投资单位可辨认净资产公允价值的份额	按其初始投资成本和公允价值份额的差额： 借：长期股权投资——投资成本 贷：**营业外收入**

【注意】这一调整的目的是：长期股权投资初始投资成本应大于等于公允价值，不能小于公允价值，如果小于公允价值就要做出调整

②被投资单位实现盈利或发生亏损的会计处理。

被投资单位实现净利润时：

借：长期股权投资——损益调整

　　贷：投资收益

被投资单位发生净亏损时：

借：投资收益

　　贷：长期股权投资——损益调整

此时以"长期股权投资"科目的账面价值减记至零为限；还需承担的投资损失，应将其他实质上构成对被投资单位净投资的"长期应收款"等的账面价值减记至零为限；除按照以上步骤已确认的损失外，按照投资合同或协议约定将承担的损失，确认为预计负债。除上述情况仍未确认的应分担被投资单位的损失，应在账外备查登记。发生亏损的被投资单位以后实现净利润的，应按与上述相反的顺序进行处理（见图4-3）。

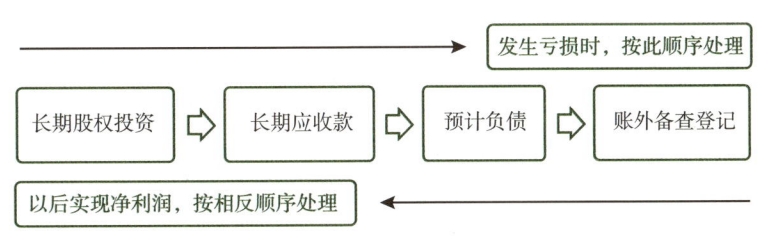

```
                    ┌─ 发生亏损时，按此顺序处理 ─→
长期股权投资 ⇒ 长期应收款 ⇒ 预计负债 ⇒ 账外备查登记
        ←─ 以后实现净利润，按相反顺序处理 ─┘
```

图4-3

③被投资单位分配股利或利润的会计处理。

取得长期股权投资后,被投资单位宣告发放现金股利或利润时,企业计算应分得的部分,借记"应收股利"科目,贷记"长期股权投资"科目(损益调整)。收到被投资单位发放的**股票股利,不进行账务处理**,但应在备查簿中登记。

发生亏损的被投资单位以后实现净利润的,企业计算应享有的份额,如有未确认投资损失的,应先弥补未确认的投资损失,弥补损失后仍有余额的,依次借记"长期应收款"科目和"长期股权投资"科目(损益调整),贷记"投资收益"科目。

④被投资单位除净损益、利润分配以外的其他综合收益变动或所有者权益的其他变动,企业按持股比例计算应享有的份额,借记"长期股权投资"科目(其他综合收益或其他权益变动),贷记"其他综合收益"或"资本公积——其他资本公积"科目。

3. 长期股权投资减值准备

资产负债表日,企业根据资产减值相关要求确定长期股权投资发生减值的,按应减记的金额:

借:资产减值损失
　　贷:长期股权投资减值准备

小企业发生长期股权投资减值损失采用直接转销法核算。根据小企业会计准则规定确认实际发生的长期股权投资损失,应当按照可收回的金额:

借:银行存款
　　营业外支出(差额)
　　贷:长期股权投资

4. 处置长期股权投资

①结转账面价值:

借:银行存款
　　长期股权投资减值准备
　　贷:长期股权投资

②尚未领取的现金股利或利润:

借:投资收益(也可能在贷方)
　　贷:应收股利

③处置采用权益法核算的长期股权投资时,结转其他综合收益或资本公积:

借(或贷):其他综合收益
　　贷(或借):投资收益

应按结转的长期股权投资的投资成本比例结转原记入"资本公积——其他资本公积"科目的金额:

借(或贷):资本公积——其他资本公积
　　贷(或借):投资收益

二、例题点津

【例题1·单选题】2×21年1月1日,甲公司以定向增发普通股1 500万股(每股面值为1元、公允价值为6元)的方式取得乙公司80%股权,另以银行存款支付股票发行费用300万元,相关手续于当日完成,取得了乙公司的控制权(该企业不属于反向购买)。当日,乙公司所有者权益的账面价值为12 000万元。本次投资前,甲公司与乙公司不存在关联方关系。不考虑其他因素,甲公司该长期股权投资的初始投资成本为(　　)万元。

A. 9 600　　　　B. 9 900
C. 9 300　　　　D. 9 000

【答案】D

【解析】甲公司取得乙公司的股权属于非同一控制下的企业合并,长期股权投资的初始投资成本=付出对价的公允价值=1 500×6=9 000(万元)。股票发行费用应冲减资本公积,资本公积不足冲减的,冲减留存收益。

【例题2·多选题】2×21年1月1日,甲公司以银行存款3 950万元取得乙公司30%的股份,另以银行存款50万元支付了与该投资直接相关的手续费,相关手续于当日完成,能够对乙公司施加重大影响。当日,乙公司可辨认净资产的公允价值为14 000万元。各项可辨认资产、负债的公允价值均与其账面价值相同。乙公司2×21年实现净利润2 000万元,其他债权投资的公允价值上升100万元(即乙公司其他综合收益增加100万元)。不考虑其他因素,下列各项中甲公司2×21年与该投资相关的会计处理中,正确的有(　　)。

A. 确认投资收益600万元
B. 确认财务费用50万元
C. 确认其他综合收益30万元
D. 确认营业外收入200万元

【答案】ACD

【解析】采用权益法核算的长期股权投资，投资方对于被投资方的净资产的变动应调整长期股权投资的账面价值。相关账务处理如下：

借：长期股权投资——投资成本
　　　{3 950 + 50 + [14 000 ×
　　　30% - (3 950 + 50)]} 4 200
　贷：银行存款 (3 950 + 50) 4 000
　　　营业外收入　　　　　　200
借：长期股权投资——损益调整
　　　(2 000 × 30%) 600
　贷：投资收益　　　　　　　600
借：长期股权投资——其他综合收益
　　　(100 × 30%) 30
　贷：其他综合收益　　　　　30

所以，选项A、C、D正确。

【例题3·多选题】采用权益法核算长期股权投资时，下列各项中，会影响长期股权投资账面价值的有（　　）。

A. 被投资单位资本公积发生变动
B. 被投资单位宣告发放现金股利
C. 被投资单位提取盈余公积
D. 被投资单位其他综合收益发生变动

【答案】ABD

【解析】选项C，被投资单位所有者权益总额不发生变动，投资方不需要调整长期股权投资账面价值。

【例题4·判断题】小企业发生长期股权投资，减值金额应计入资产减值损失。（　　）

【答案】×

【解析】小企业发生长期股权投资减值损失采用直接转销法核算。根据小企业会计准则规定确认实际发生的长期股权投资损失，应当按照可收回的金额，借记"银行存款"等科目，按照其账面余额，贷记"长期股权投资"科目，按照其差额，借记"营业外支出"科目。不应计入资产减值损失。

第二单元　投资性房地产

1 投资性房地产的概念 ★

一、考点解读

投资性房地产是指为**赚取租金**或**资本增值**，或**两者兼有而持有**的房地产，包括已出租的土地使用权、持有并准备增值后转让的土地使用权、已出租的建筑物（见表4-4）。

表4-4

属于投资性房地产的项目	不属于投资性房地产的项目
1. 已出租的土地使用权。 2. 持有并准备增值后转让的土地使用权。 3. 已出租的建筑物，指企业拥有产权并以经营租赁方式出租的房屋等建筑物，包括自行建造或开发活动完成后用于出租的建筑物	1. 对以经营租赁方式租入土地使用权再转租给其他单位的，不能确认为投资性房地产。 2. 按照国家有关规定认定的闲置土地，不属于持有并准备增值后转让的土地使用权。 3. 企业以经营租赁方式租入建筑物再转租的建筑物不属于投资性房地产。 4. 企业自用房地产和作为存货的房地产不属于投资性房地产，比如企业拥有并自行经营的旅馆饭店，其经营目的主要是通过提供客房服务赚取服务收入，该旅馆饭店不确认为投资性房地产

二、例题点津

【例题1·判断题】企业租入后再转租给其他单位的土地使用权，不能确认为投资性房地产。（　　）

【答案】√

【解析】企业租入的土地使用权，不属于企业的自有资产，转租后不能作为投资性房地产核算。

【例题2·多选题】下列各项关于企业土地使用权的会计处理的表述中,正确的有（　　）。

A. 工业企业持有并准备增值后转让的土地使用权作为投资性房地产核算

B. 工业企业将购入的用于建造办公楼的土地使用权作为无形资产核算

C. 工业企业将租出的土地使用权作为无形资产核算

D. 房地产开发企业将购入的用于建造商品房的土地使用权作为存货核算

【答案】ABD

【解析】工业企业将已出租的土地使用权作为投资性房地产核算,选项C错误。

2 投资性房地产的确认与计量★★★

一、考点解读

（一）投资性房地产的确认条件

投资性房地产在符合其定义的前提下,同时满足下列条件的予以确认：

（1）与该投资性房地产有关的经济利益很可能流入企业,即有证据表明企业能够获取租金或资本增值,或两者兼而有之。

（2）该投资性房地产的成本能够可靠地计量。

（二）投资性房地产的确认时点

（1）对已出租的土地使用权、已出租的建筑物,其作为投资性房地产的确认时点一般为**租赁期开始日**,即土地使用权、建筑物进入出租状态、开始赚取租金的日期。但对企业持有以备经营出租的空置建筑物,**董事会或类似机构作出书面决议**,明确表明将其用于经营出租且持有意图短期内不再发生变化的,即使尚未签订租赁协议,也应视为投资性房地产。

（2）对持有并准备增值后转让的土地使用权,其作为投资性房地产的确认时点为企业将**自用土地使用权停止自用,准备增值后转让的日期**。

（三）投资性房地产的计量（见表4-5）

表4-5

投资性房地产计量模式	科目设置及处理方法
成本模式	投资性房地产→核算其实际成本及增减变化 投资性房地产累计折旧（摊销） 投资性房地产减值准备 }核算计提的折旧、摊销和减值
公允价值模式 【注意】（1）不可计提折旧或摊销,不可计提减值准备。 （2）资产负债表日,公允价值变动记入"投资性房地产——公允价值变动"科目	投资性房地产初始计量采用实际成本核算,后续计量按照投资性房地产的公允价值进行计量： 投资性房地产——成本→核算其实际成本及增减变化 投资性房地产——公允价值变动→核算公允价值增减变动 公允价值变动损益→核算投资性房地产公允价值变动损益 其他综合收益→核算非投资性房地产转换为投资性房地产转换日的公允价值大于账面价值的差额

在处置投资性房地产时,成本模式和公允价值模式均设置"**其他业务收入**"和"**其他业务成本**"科目,核算处置收益和成本。

二、例题点津

【例题1·多选题】下列有关投资性房地产的定义与特征的表述中,正确的有（　　）。

A. 投资性房地产是为赚取租金或资本增值,或者两者兼有而持有的房地产

B. 投资性房地产应当能够单独计量和出售

C. 已出租的土地使用权确认为投资性房地产的时点一般为租赁期开始日

D. 投资性房地产有两种计量模式：成本模式和公允价值模式

【答案】ABCD

【解析】本题考查了投资性房地产的概念、确认条件、确认时点和计量模式。

【例题2·单选题】企业对其分类为投资性房地产的写字楼进行日常维护所发生的相关支出,应当计入的财务报表项目是（　　）。

A. 营业成本　　　B. 投资收益
C. 管理费用　　　D. 营业外支出

【答案】A

【解析】企业对其分类为投资性房地产的写字楼进行日常维护所发生的相关支出应计入其他业务成本,对应的报表项目为营业成本。

【例题3·单选题】甲公司持有一项投资性房地产,该项投资性房地产于2×21年12月31日取得,原价900万元,预计使用20年,预计净残值为0,采用年限平均法计提折旧。2×22年12月31日其公允价值为1 380万元,该项投资性房地产每月取得租金收入6万元,2×23年12月31日其公允价值为1 385万元,甲公司对投资性房地产采用成本模式进行后续计量。不考虑其他因素影响,则该项投资性房地产对甲公司2×23年利润总额的影响金额为(　　)万元。

A. 28.4　　　B. 27
C. 23.4　　　D. -23.4

【答案】B

【解析】在成本模式下,应当按照固定资产或无形资产的有关规定,对投资性房地产进行后续计量,按期(月)计提折旧或摊销,将该投资性房地产折旧的金额记到"其他业务成本"中,将取得的租金收入记到"其他业务收入"中,成本模式下是不受公允价值变动的影响的,所以最终影响利润总额的金额=其他业务收入(租金收入)-其他业务成本(折旧)=6×12-900÷20=27(万元)。

相应的分录:
借:其他业务成本　　　　　　　　45
　　贷:投资性房地产累计折旧　　　45
借:银行存款　　　　　　　　　　72
　　贷:其他业务收入　　　　　　　72

3 投资性房地产的账务处理 ★★★

一、考点解读

(一)初始确认(见表4-6)

取得时:在成本模式下或公允价值模式下均应按照取得时的**实际成本**核算。

表4-6

项目	外购	自行建造	自用房地产或存货转换为采用公允价值模式计量的投资性房地产
初始确认	外购的土地使用权和建筑物,按取得时的实际成本进行初始计量: 借:投资性房地产(购买价款、相关税费和可直接归属于该资产的其他支出) 　　贷:银行存款等	自行建造的投资性房地产,其成本由建造该项资产达到预定可使用状态前发生的必要支出构成: 借:投资性房地产(土地开发费、建筑成本、安装成本、应予以资本化的借款费用、支付的其他费用和分摊的间接费用等) 　　贷:银行存款等	投资性房地产应当按照转换日的公允价值计量: 公允价值<原账面价值,公允价值和账面价值的差额计入**当期损益(公允价值变动损益)**; 公允价值>原账面价值,公允价值和账面价值的差额计入**其他综合收益**

(二)后续计量(见表4-7)

表4-7

项目	成本模式(比照固定资产或无形资产)		公允价值模式	
后续计量	计提折旧或摊销	借:其他业务成本 　　贷:投资性房地产累计折旧(摊销)	公允价值变动	借或贷:投资性房地产——公允价值变动 　　贷或借:公允价值变动损益
	计提减值	借:资产减值损失 　　贷:投资性房地产减值准备		
	确认租金收入	借:其他应收款(或银行存款) 　　贷:其他业务收入		

（三）处置核算（见表 4-8）

表 4-8

项目	成本模式		公允价值模式
处置核算	结转成本	借：其他业务成本 　　　投资性房地产累计折旧（摊销） 　　　投资性房地产减值准备 　贷：投资性房地产	借：其他业务成本 　贷：投资性房地产——成本公允价值变动 （投资性房地产——公允价值变动有可能在借方）
	收到价款	借：银行存款 　贷：其他业务收入	

二、例题点津

【例题 1·单选题】2×21 年 12 月 31 日，甲公司以银行存款 12 000 万元外购一栋写字楼并立即出租给乙公司使用，租期 5 年，每年末收取租金 1 000 万元。该写字楼的预计使用年限为 20 年，预计净残值为零，采用年限平均法计提折旧。甲公司对投资性房地产采用成本模式进行后续计量。2×22 年 12 月 31 日，该写字楼出现减值迹象，可收回金额为 11 200 万元。不考虑其他因素，与该写字楼相关的交易或事项对甲公司 2×22 年度营业利润的影响金额为（　　）万元。

A. 400　　B. 800　　C. 200　　D. 1 000

【答案】C

【解析】2×22 年 12 月 31 日，在减值测试前投资性房地产的账面价值 = 12 000 - 12 000÷20 = 11 400（万元），可收回金额为 11 200 万元，应计提减值准备的金额 = 11 400 - 11 200 = 200（万元），与该写字楼相关的交易或事项对甲公司 2×22 年度营业利润的影响金额 = 租金收入 1 000 - 折旧金额 12 000÷20 - 减值金额 200 = 200（万元）。相关会计分录为：

①确认 2×22 年租金收入：

借：银行存款　　　　　　　　1 000
　贷：其他业务收入　　　　　　　1 000

②计提 2×22 年折旧：

借：其他业务成本
　　　　　　　　（12 000÷20）600
　贷：投资性房地产累计折旧　　600

③2×22 年 12 月 31 日计提减值准备：

借：资产减值损失　　　　　　200
　贷：投资性房地产减值准备　　200

【例题 2·多选题】下列各项中，不属于投资性房地产确认条件的有（　　）。

A. 投资性房地产，是指为赚取租金或资本增值，或者两者兼有而持有的房地产

B. 与该投资性房地产有关的经济利益很可能流入企业

C. 该投资性房地产的成本能够可靠地计量

D. 投资性房地产属于有形资产

【答案】AD

【解析】投资性房地产在符合定义的前提下，同时满足下列条件的，才能予以确认：①与该投资性房地产有关的经济利益很可能流入企业；②该投资性房地产的成本能够可靠地计量。选项 A 和选项 D 不属于投资性房地产的确认条件。

第三单元　固定资产

1 固定资产的管理★★

一、考点解读

（一）固定资产概念和特征

固定资产是指同时具有以下特征的有形资产：

（1）企业持有固定资产的目的，是用于生产商品、提供劳务、出租或经营管理。

（2）企业使用固定资产的期限超过一个会计年度。

（二）固定资产分类

（1）按固定资产的经济用途分类，可分为

生产经营用固定资产和非生产经营用固定资产。

（2）按固定资产的经济用途和使用情况等综合分类，可把企业的固定资产划分为：

①生产经营用固定资产。

②非生产经营用固定资产。

③租出固定资产。

④不需用固定资产。

⑤未使用固定资产。

⑥土地。

提示 指过去已经估价单独入账的土地。因征地而支付的补偿费，应计入与土地有关的房屋、建筑物的价值内，不单独作为土地价值入账。企业取得的土地使用权，应作为无形资产管理和核算，不作为固定资产管理和核算。

⑦租入固定资产（除短期租赁和低价值资产租赁租入的固定资产）。

（三）固定资产核算应设置的会计科目

1. "固定资产"科目

本科目核算企业固定资产的原价，借方登记企业增加的固定资产原价，贷方登记企业减少的固定资产原价，期末借方余额，反映企业期末固定资产的账面原价。

2. "累计折旧"科目

本科目属于"固定资产"的调整科目，核算企业固定资产的累计折旧，贷方登记企业计提的固定资产折旧，借方登记处置固定资产转出的累计折旧，期末贷方余额，反映企业固定资产的累计折旧额。

3. "在建工程"科目

本科目核算企业基建、更新改造等在建工程发生的支出，借方登记企业各项在建工程的实际支出，贷方登记完工工程转出的成本，期末借方余额，反映企业尚未达到预定可使用状态的在建工程的成本。

4. "工程物资"科目

本科目核算企业为在建工程而准备的各种物资的实际成本，借方登记企业购入工程物资的成本，贷方登记领用工程物资的成本，期末借方余额，反映企业为在建工程准备的各种物资的成本。

5. "固定资产清理"科目

本科目核算企业因出售、报废、毁损、对外投资、非货币性资产交换、债务重组等原因转入清理的固定资产价值以及在清理过程中发生的清理费用和清理收益，借方登记转出的固定资产账面价值、清理过程中应支付的相关税费及其他费用，贷方登记出售固定资产取得的价款、残料价值和变价收入。期末借方余额，反映企业尚未清理完毕的固定资产清理净损失，期末如为贷方余额，则反映企业尚未清理完毕的固定资产清理净收益。固定资产清理完成时，借方登记转出的清理净收益，贷方登记转出的清理净损失，结转清理净收益、净损失后，该科目无余额。企业应当按照被清理的固定资产项目设置明细账，进行明细核算。

此外，企业固定资产、在建工程、工程物资发生减值的，还应当设置"固定资产减值准备""在建工程减值准备""工程物资减值准备"等科目进行核算。

提示 "固定资产清理"的账户结构为高频考点。

二、例题点津

【例题1·多选题】 固定资产的特征主要有（　　）。

A. 使用寿命超过一个会计年度

B. 是有形资产

C. 不以投资和销售为目的而取得

D. 成本能够可靠计量

【答案】ABC

【解析】固定资产是指同时具有以下特征的有形资产：（1）为生产商品、提供劳务、出租或经营管理而持有；（2）使用寿命超过一个会计年度。

2 取得固定资产★★★

一、考点解读

（一）外购固定资产

企业外购的固定资产，应按实际支付的购买价款、相关税费、使固定资产达到预定可使用状态前所发生的可归属于该项资产的运输费、装卸费、安装费和专业人员服务费等，作为固定资产的取得成本。

【注意】 相关税费不包括按照现行增值税制

度规定，可以从销项税额中抵扣的增值税进项税额。这里的税费主要指契税、车辆购置税等。

1. 购入不需安装固定资产

企业作为一般纳税人，购入不需要安装的固定资产时：

借：固定资产（取得成本，即买价、运输费、装卸费和专业人员服务费等）
　　应交税费——应交增值税（进项税额）
　　（固定资产和其他费用的增值税进项税额之和）
　　贷：银行存款（或应付账款）

2. 购入需安装固定资产

企业作为一般纳税人，购入需要安装的固定资产时，应在购入的固定资产取得成本的基础上加上安装调试成本作为入账成本。

（1）购入时：

借：在建工程（固定资产取得成本）
　　应交税费——应交增值税（进项税额）
　　（可抵扣增值税）
　　贷：银行存款（或应付账款）

（2）发生安装调试成本时：

借：在建工程（安装调试成本）
　　应交税费——应交增值税（进项税额）
　　（安装调试费用的增值税进项税额）
　　贷：银行存款（或应付账款）

借：在建工程（耗用本单位材料和人工成本）
　　贷：原材料
　　　　应付职工薪酬

（3）安装完成达到预定可使用状态时：

借：固定资产
　　贷：在建工程

提示 2019年4月1日后，取得不动产或者不动产在建工程的增值税进项税额不再分2年抵扣，可以一次性在购入当期抵扣。

3. 小规模纳税人购入固定资产

按现行增值税制度规定，小规模纳税人购入固定资产发生的增值税进项税额不得从销项税额中抵扣，而应计入**固定资产成本**。购入需要安装的固定资产，其安装费及增值税进项税额也应一同计入固定资产成本。

4. 其他

企业以一笔款项购入多项没有单独标价的固定资产，应将各项资产单独确认为固定资产，并按各项固定资产公允价值的比例对总成本进行分配，分别确定各项资产的成本。

（二）建造固定资产

企业自行建造固定资产，应当按照建造该项资产达到预定可使用状态前所发生的必要支出，作为固定资产的成本。

自建固定资产应先通过"在建工程"科目核算，工程达到预定可使用状态时，再从"在建工程"科目转入"固定资产"科目。企业自建固定资产，主要有自营和出包两种方式，由于采用的建设方式不同，其会计处理也不同。

1. 自营工程

（1）购入工程物资时：

借：工程物资
　　应交税费——应交增值税（进项税额）
　　贷：银行存款（或应付账款）

（2）领用工程物资时：

借：在建工程
　　贷：工程物资

（3）在建工程领用本企业原材料时：

借：在建工程
　　贷：原材料

（4）在建工程领用本企业生产的商品时：

借：在建工程
　　贷：库存商品

（5）自营工程发生的其他费用（如分配工程人员薪酬等）：

借：在建工程
　　贷：银行存款
　　　　应付职工薪酬

（6）自营工程达到预定可使用状态时：

借：固定资产
　　贷：在建工程

2. 出包工程

企业采用出包方式进行的固定资产工程，其工程的具体支出主要由建造承包商核算，在这种方式下，"在建工程"科目主要是反映企业与建造承包商办理工程价款结算的情况，企业支付给建造承包商的工程价款作为工程成本，通过"在建工程"科目核算。

（1）企业按合理估计的发包工程进度和合

同规定向建造承包商结算进度款时：
借：在建工程
　　贷：银行存款等
（2）工程达到预定可使用状态时：
借：固定资产
　　贷：在建工程

二、例题点津

【例题1·单选题】 甲公司为增值税一般纳税人，购入需要安装的生产设备一台，增值税专用发票上注明的价款为 8 万元，增值税税额为 1.04 万元，发生的包装费取得的增值税专用发票上注明包装费 1 万元，增值税税额 0.06 万元，支付安装费取得的增值税专用发票上注明安装费 2 万元，增值税税额 0.18 万元，则该设备的入账价值为（　　）万元。

A. 8 　　　　　　B. 12.28
C. 11 　　　　　　D. 9.04

【答案】 C

【解析】 企业外购的固定资产，应按实际支付的购买价款、相关税费、运输费、装卸费、包装费、安装费和专业人员服务费等，作为固定资产的入账成本。但是，相关税费不包括按照现行增值税制度规定，可以从销项税额中抵扣的增值税进项税额。则该设备的入账价值 = 8 + 1 + 2 = 11（万元）。

【例题2·单选题】 甲公司一次性购入 A、B、C 三项没有单独标价的固定资产，取得增值税专用发票上注明的价款为 100 万元，增值税额为 13 万元。三项固定资产的公允价值分别为 30 万元、45 万元和 50 万元。C 固定资产的入账价值应为（　　）万元。

A. 125 　　　　　B. 100
C. 50 　　　　　　D. 40

【答案】 D

【解析】 C 固定资产应分配的固定资产价值比例 = 50 ÷ 125 × 100% = 40%；C 固定资产的成本 = 100 × 40% = 40（万元）。

【例题3·单选题】 甲企业为增值税一般纳税人，适用的增值税税率为 13%，2×21 年 6 月建造厂房领用材料实际成本 40 000 元，计税价格为 44 000 元，该项业务应计入在建工程成本

的金额为（　　）元。

A. 40 000 　　　　B. 46 400
C. 44 000 　　　　D. 51 040

【答案】 A

【解析】 领用外购的原材料用于建造厂房，按原材料成本计入工程成本。

3 固定资产折旧★★★

一、考点解读

（一）固定资产折旧概述

企业应当在固定资产的使用寿命内，按照确定的方法对应计折旧额进行系统分摊。所谓应计折旧额是指应当计提折旧的固定资产原价扣除其预计净残值后的金额，已计提减值准备的固定资产，还应当扣除已计提的固定资产减值准备累计金额。

提示 掌握应计折旧额的计算。

企业应当根据固定资产的性质和使用情况，合理确定固定资产的使用寿命和预计净残值。固定资产的使用寿命、预计净残值一经确定，不得随意变更。

1. 影响固定资产折旧的主要因素
（1）固定资产原价；
（2）预计净残值；
（3）固定资产减值准备；
（4）固定资产的使用寿命（包括固定资产的预计期间、固定资产所能生产产品或提供劳务的数量）。

2. 固定资产折旧范围
（1）空间范围。
企业应对所有固定资产计提折旧，但下列固定资产不包括在固定资产折旧范围内：
①已提足折旧仍继续使用的固定资产；
②单独计价入账的土地。

提示 上述空间范围同时满足两个基本前提：一是固定资产；二是本企业的固定资产。

在确定固定资产折旧时还应注意：
①固定资产提足折旧后，不论能否继续使用，均不再计提折旧。
②提前报废的固定资产，也不再补提折旧。
③已达到预定可使用状态但尚未办理竣工决

算的固定资产,应当按照估计价值确定其成本,并计提折旧;待办理竣工决算后,再按实际成本调整原来的暂估价值,但**不需要调整原已计提的折旧额**。

④计提减值准备后的固定资产计提折旧时,需要按最新的固定资产账面价值**重新计算折旧**,即按固定资产原值减去累计折旧和固定资产减值准备后的金额重新计算折旧。

⑤对于改扩建期间的固定资产,其已转入"在建工程"科目核算,不再计提折旧。

(2)时间范围。

固定资产应当按月计提折旧,**当月增加的固定资产,当月不计提折旧,从下月起计提折旧;当月减少的固定资产,当月仍计提折旧,从下月起不计提折旧**。

3. 固定资产使用寿命、预计净残值和折旧方法的复核

企业至少应当于每年年度终了,对固定资产的使用寿命、预计净残值和折旧方法进行复核。固定资产使用寿命、预计净残值和折旧方法的改变应当作为**会计估计变更**进行会计处理。

【提示】会计估计是指对结果不确定的交易或事项以最近可利用的信息为基础所作出的判断。

4. 固定资产折旧方法

企业应当根据与固定资产有关的经济利益的预期实现方式,合理选择固定资产折旧方法。可选用的折旧方法包括年限平均法(又称直线法)、工作量法、双倍余额递减法和年数总和法等。

(1)年限平均法。

年限平均法的特点是将固定资产的应计折旧额均衡地分摊到固定资产预计使用寿命内。

【提示】采用年限平均法计算的每期(月)折旧额是相等的。

年限平均法的计算公式如下:

年折旧率 =(1 - 预计净残值率)÷ 预计使用寿命(年)× 100%

月折旧率 = 年折旧率 ÷ 12

月折旧额 = 固定资产原价 × 月折旧率

或:

年折旧额 =(固定资产原价 - 预计净残值)÷ 预计使用寿命(年)

月折旧额 = 年折旧额 ÷ 12

(2)工作量法。

工作量法是指根据实际工作量计算固定资产每期应计提折旧额的一种方法。

工作量法的基本计算公式如下:

单位工作量折旧额 = 固定资产原价 ×(1 - 预计净残值率)/ 预计总工作量

某项固定资产月折旧额 = 该项固定资产当月工作量 × 单位工作量折旧额

(3)双倍余额递减法。

双倍余额递减法是指在不考虑固定资产预计净残值的情况下,根据每期期初固定资产原价减去累计折旧后的余额和双倍的直线法折旧率计算固定资产折旧的一种方法。

采用双倍余额递减法计提固定资产折旧,一般应在固定资产使用寿命到期前两年内,将固定资产账面净值扣除预计净残值后的余额平均摊销。

双倍余额递减法的计算公式如下:

年折旧率 = 2 ÷ 预计使用寿命(年)× 100%

折旧额 = 每个折旧年度年初固定资产账面净值 × 年折旧率

月折旧额 = 年折旧额 ÷ 12

双倍余额法下,在到期前的最后两年之前,固定资产年折旧率不变,固定资产账面净值逐年减少,固定资产使用早期计提折旧高,以后逐年递减。

【例4-1】甲公司为一般纳税人,2×20年3月1日购入不需安装的一台设备,价款100万元,增值税税额13万元,预计使用寿命5年,预计净残值1万元,采用双倍余额递减法计提折旧。

要求:

(1)计算各折旧年度折旧额。

第一年折旧额 = 第一个折旧年度年初固定资产账面净值(100 - 0)× 年折旧率 2/5 = 40(万元)

第二年折旧额 = 第二个折旧年度年初固定资产账面净值(100 - 40)× 年折旧率 2/5 = 24(万元)

第三年折旧额 = 第三个折旧年度年初固定资产账面净值(100 - 64)× 年折旧率 2/5 = 14.4(万元)

第四年折旧额（到期前的最后两年之前）= 固定资产账面净值扣除预计净残值后的余额（100 - 78.4 - 1）÷ 2 平均摊销 = 10.3（万元）

第五年折旧额 = 10.3 万元

（2）计算各会计年度折旧额。

由于本题中折旧年度和会计年度起止时间不同，因此应将各折旧年度折旧分摊到各会计年度。

2×20 年折旧额 = 40 × 9/12 = 30（万元）（当月增加当月不提，下月开始提）

2×21 年折旧额 = 40 × 3/12 + 24 × 9/12 = 28（万元）

2×22 年折旧额 = 24 × 3/12 + 14.4 × 9/12 = 16.8（万元）

2×23 年折旧额 = 14.4 × 3/12 + 10.3 × 9/12 = 11.325（万元）

2×24 年折旧额 = 10.3 × 3/12 + 10.3 × 9/12 = 10.3（万元）

2×25 年折旧额 = 10.3 × 3/12 = 2.575（万元）

原理如图 4 - 4 所示。

图 4 - 4

（4）年数总和法。

年数总和法是指将固定资产的原价减去预计净残值后的余额，乘以一个逐年递减的分数计算每年的折旧额，这个分数的分子代表固定资产尚可使用寿命，分母代表固定资产预计使用寿命逐年数字总和。

年数总和法的计算公式如下：

$$年折旧率 = \frac{预计使用寿命 - 已使用寿命}{预计使用寿命 \times (预计使用寿命 + 1)/2} \times 100\%$$

或：

年折旧率 = 尚可使用寿命 ÷ 预计使用寿命的年数总和 × 100%

年折旧额 = （固定资产原价 - 预计净残值）× 年折旧率

年数总和法下，固定资产原价减去预计净残值的余额始终保持不变，年折旧率逐年降低年折旧额逐年减少，逐年降低的幅度较双倍余额递减法有所减缓。所以，年数总和法和双倍余额递减法都为加速折旧法，前期计提折旧多，后期计提折旧少。

提示 折旧方法及其计算为高频考点。

（二）固定资产折旧的账务处理

固定资产应当按月计提折旧，计提的折旧应当记入"累计折旧"科目，并根据用途计入相关资产的成本或者当期损益。

企业期末计提固定资产折旧时：

借：在建工程（企业自行建造固定资产过程中使用的固定资产）
　　制造费用（基本生产车间所使用的固定资产）
　　管理费用（管理部门所使用的固定资产以及未使用和不需用固定资产）
　　销售费用（销售部门所使用的固定资产）
　　其他业务成本（经营租出的固定资产）
　　应付职工薪酬（自有资产免费提供职工使用作为非货币性福利）等
贷：累计折旧

二、例题点津

【例题 1 · 单选题】以下选项中的固定资产，需计提折旧的是（　　）。

A. 短期租赁方式租入的固定资产
B. 提前报废的固定资产
C. 已提足折旧继续使用的固定资产
D. 暂时闲置的固定资产

【答案】D

【解析】选项 A，短期租赁方式租入的固定资产不需计提折旧，出租方需要计提折旧；选项 B，提前报废的固定资产不再需要计提折旧；选项 C，已提足折旧继续使用的固定资产不需计提折旧；选项 D，季节性停用、经营业务变更停用、暂时闲置，以及不需用的固定资产，仍需计提折旧。

【例题2·判断题】固定资产使用寿命、预计净残值和折旧方法的改变应当作为会计政策变更处理。（　　）

【答案】×

【解析】固定资产使用寿命、预计净残值和折旧方法的改变应当作为会计估计变更处理。

【例题3·单选题】某项固定资产的原值为200 000元，预计净残值为2 000元，预计使用年限为5年。采用年数总和法计提折旧的情况下，该固定资产第二年的折旧额为（　　）元。

A. 26 400　　　　B. 52 800
C. 40 000　　　　D. 39 600

【答案】B

【解析】年数总和法下，第二年的折旧率＝(5－1)÷(5＋4＋3＋2＋1)＝4÷15；折旧额＝(200 000－2 000)×4÷15＝52 800（元）。

【例题4·单选题】甲企业一台生产设备原价为800万元，预计净残值为38.4万元，预计可使用5年，采用双倍余额递减法计提折旧。至2×19年12月31日，该设备已使用3年，账面净值为172.8万元，未计提固定资产减值准备。不考虑其他因素，该设备2×20年应计提的折旧额为（　　）万元。

A. 86.4　　　　B. 67.2
C. 53.76　　　　D. 69.12

【答案】B

【解析】双倍余额递减法最后两年考虑预计净残值，本题已到该设备预计使用寿命的最后两年，则2×20年应计提的折旧额＝(172.8－38.4)÷2＝67.2（万元）。

4 固定资产发生的后续支出★★★

一、考点解读

（一）固定资产后续支出概述

1. 固定资产的后续支出

固定资产的后续支出是指固定资产在使用过程中发生的更新改造支出、修理费用等。

2. 分类

按固定资产的更新改造、修理等后续支出是否满足固定资产确认条件，可分为：

（1）资本化后续支出，即：固定资产的后续支出，满足固定资产确认条件的，应当计入**固定资产成本**，如有被替换的部分，应同时将被替换部分的账面价值从该固定资产原账面价值中扣除。

（2）费用化后续支出，即：固定资产的后续支出，不满足固定资产确认条件的固定资产修理费用等，应当在发生时计入**当期损益（管理费用、销售费用）**。

（二）固定资产资本化后续支出的账务处理

固定资产发生的可资本化的后续支出，应当通过"在建工程"科目核算。

（1）首先应将该固定资产的原价、已计提的累计折旧和减值准备转销，将固定资产的账面价值转入在建工程：

借：在建工程（账面价值）
　　累计折旧
　　固定资产减值准备
　　贷：固定资产（原值）

（2）发生可资本化的后续支出时：

借：在建工程
　　应交税费——应交增值税（进项税额）
　　贷：银行存款/工程物资等

（3）如存在被替换部分，应按**账面价值**终止确认：

借：营业外支出（净损失）
　　原材料（残料残值）
　　贷：在建工程（被替换部分账面价值）

> **提示**　注意题目中被替换部分的表述，如果题目中给出的是被替换部分的账面原值，还需计算出其账面价值进行确认，即扣除被替换部分的已计提折旧和减值准备后的金额。

（4）在固定资产发生的后续支出完工并达到预定可使用状态时：

借：固定资产
　　贷：在建工程

（三）固定资产费用化后续支出的账务处理

企业行政管理部门和专设销售机构发生的费用化的后续支出，例如，发生的固定资产日常修理费用及其可抵扣的增值税进项税额，可作分录如下：

借：管理费用［行政管理部门］
　　销售费用（专设销售机构）
　　应交税费——应交增值税（进项税额）

贷：银行存款等

二、例题点津

【例题1·单选题】甲公司对一条生产线进行更新改造。该生产线的原价为100万元，已提折旧为60万元。改造过程中发生支出30万元，取得的增值税专用发票上注明的增值税进项税额为3.9万元，被替换部分的账面价值为5万元。该生产线更新改造后的入账价值为（　）万元。

A. 65　　　　　　B. 70
C. 125　　　　　　D. 130

【答案】A

【解析】改建后的入账价值=（100－60）+30－5=65（万元）。

【例题2·单选题】甲公司对一幢办公楼进行更新改造，该办公楼原值为1 000万元，已计提折旧500万元。更新改造过程中发生支出600万元，被替换部分账面原值为100万元，出售价款为2万元。不考虑相关税费，则新办公楼的入账价值为（　）万元。

A. 1 100　　　　　B. 1 050
C. 1 048　　　　　D. 1 052

【答案】B

【解析】被替换部分账面原值为100万元，需要计算其账面价值=100－100÷1 000×500=50（万元）。新办公楼入账价值=1 000－500－50+600=1 050（万元）。

【例题3·判断题】固定资产改扩建时，应通过"固定资产清理"科目进行核算。（　）

【答案】×

【解析】固定资产改扩建时，不通过"固定资产清理"科目核算，而应将固定资产账面价值转入在建工程。

5 处置固定资产★★★

一、考点解读

固定资产处置包括固定资产的出售、报废、毁损、对外投资、非货币性资产交换、债务重组等。处置固定资产应通过"固定资产清理"科目核算。包括以下几个环节：

1. 固定资产转入清理
借：固定资产清理（账面价值）
　　累计折旧（已计提）
　　固定资产减值准备（已计提）
　　贷：固定资产（原值）

2. 发生的清理费用等
借：固定资产清理（清理费用）
　　应交税费——应交增值税（进项税额）
　　贷：银行存款

3. 收回出售固定资产的价款、残料价值和变价收入等
借：银行存款
　　贷：固定资产清理（出售价款）
　　　　应交税费——应交增值税（销项税额）
借：原材料
　　贷：固定资产清理（残料残值）

4. 保险赔偿等的处理
借：其他应收款等
　　贷：固定资产清理

5. 结转清理净损益
（1）因生产经营期间已丧失使用功能或因自然灾害发生毁损等原因而报废清理：
①属于生产经营期间已丧失使用功能报废清理（正常原因）：
如为净损失：
借：营业外支出——非流动资产处置损失
　　贷：固定资产清理
如为净收益：
借：固定资产清理
　　贷：营业外收入——非流动资产处置利得
②因自然灾害发生毁损（非正常原因）：
借：营业外支出——非常损失
　　贷：固定资产清理
（2）因出售、转让等原因而处置固定资产：
如为净损失：
借：资产处置损益
　　贷：固定资产清理
如为净收益：
借：固定资产清理
　　贷：资产处置损益

提示 固定资产处置损益列支科目为高频考点。

二、例题点津

【例题1·单选题】甲企业出售一处房屋，其账面原价为40万元，已计提折旧20万元，计提减值准备2万元，出售时发生清理费用0.15万元，出售价格为50万元，增值税税额为4.5万元，不考虑其他因素，出售该房屋发生的净损益为（　　）万元。

A. 32　　　　　　　B. 31.85
C. 18　　　　　　　D. 49.85

【答案】B

【解析】出售该房屋应确认净损益＝50－（40－20－2）－0.15＝31.85（万元）。

【例题2·多选题】下列选项中，应通过"固定资产清理"科目核算的有（　　）。

A. 固定资产盘亏的账面价值
B. 固定资产更新改造支出
C. 固定资产毁损净损失
D. 固定资产出售的账面价值

【答案】CD

【解析】选项A，属于固定资产清查，通过"待处理财产损溢"科目进行核算；选项B，通过"在建工程"科目进行核算；选项C、D，属于固定资产的处置，通过"固定资产清理"科目核算。

6 固定资产清查★★★

一、考点解读

企业应当定期或者至少于每年末对固定资产进行清查盘点。

（一）固定资产的盘盈

企业在财产清查中盘盈的固定资产，作为重要的前期差错进行会计处理，在按管理权限报经批准处理前应先通过"以前年度损益调整"科目核算，按重置成本确定其入账价值。

借：固定资产（重置成本）
　　贷：以前年度损益调整

报批后，由于以前年度损益调整而增加的所得税费用：

借：以前年度损益调整

　　贷：应交税费——应交所得税

报批后，将以前年度损益调整科目余额转入留存收益：

借：以前年度损益调整
　　贷：盈余公积
　　　　利润分配——未分配利润

（二）固定资产的盘亏

企业在财产清查中盘亏的固定资产，应通过"待处理财产损溢"科目核算。

1. 盘亏

借：待处理财产损溢（账面价值）
　　累计折旧（已计提）
　　固定资产减值准备（已计提）
　　贷：固定资产（原值）

有不可抵扣的进项税额的，还应转出：

借：待处理财产损溢
　　贷：应交税费——应交增值税（进项税额转出）

2. 企业按照管理权限报经批准后处理

借：其他应收款（可收回的保险赔偿或过失人赔偿）
　　营业外支出——盘亏损失（净损失）
　　贷：待处理财产损溢

二、例题点津

【例题1·单选题】固定资产的盘亏净损失应计入（　　）。

A. 管理费用　　　　B. 营业外支出
C. 其他业务成本　　D. 资本公积

【答案】B

【解析】固定资产的盘亏净损失应计入营业外支出。

【例题2·单选题】下列选项中，报经批准后计入营业外支出的是（　　）。

A. 因管理不善造成的原材料盘亏
B. 固定资产盘亏净损失
C. 无法查明原因的现金短缺
D. 由过失人赔付的库存商品毁损

【答案】B

【解析】选项A，计入管理费用；选项B，计入营业外支出；选项C，计入管理费用；选项D，计入其他应收款。

7 固定资产减值★★

一、考点解读

由于固定资产使用年限较长，市场条件和经营环境的变化，以及科学技术的进步等原因，可能导致固定资产创造未来经济利益的能力大大下降，导致固定资产减值。

固定资产在资产负债表日存在可能发生减值的迹象时，其可收回金额低于账面价值的，企业应当将该固定资产的账面价值减记至可收回金额，减记的金额确认为减值损失，计入当期损益，同时计提相应的资产减值准备。

借：资产减值损失——固定资产减值损失
　　贷：固定资产减值准备

需要强调的是，固定资产减值损失一经确认，在以后会计期间不得转回。

二、例题点津

【例题1·判断题】以前因固定资产减值而减记固定资产价值的影响因素已经消失的，减记的金额应当予以恢复，并在原已计提的固定资产减值准备金额内转回。（　　）

【答案】×

【解析】固定资产减值损失一经确认，不论何种情况出现，在以后会计期间不得转回。

8 使用权资产的账务处理★

一、考点解读

（一）使用权资产的概念及核算范围

使用权资产的概念如图4-5所示。

使用权资产是指承租人可在租赁期内使用租赁资产的权利，使用权资产的核算范围，为核算承租人除采用简化处理的短期租赁和低价值资产租赁外的所有租赁业务取得的使用权资产。

短期租赁是指在租赁期开始日，租赁期不超过12个月的租赁，包含购买选择权的租赁不属于短期租赁

低价值资产租赁是指单项租赁资产为全新资产时价值较低的租赁（如笔记本电脑、普通办公家具等单价不超过10 000元、台式电脑等单价不超过5 000元等）。原租赁不属于低价值资产租赁而承租人转租或预期转租租赁资产的不属于低价值租赁

图4-5

对于短期租赁和低价值资产租赁，承租人可以选择不确认使用权资产和租赁负债。承租人应当将短期租赁和低价值资产租赁的租赁付款额，在租赁期内各个期间按照直线法或其他系统合理的方法计入相关资产成本或当期损益。

（二）使用权资产的科目设置及计量（见表4-9）

表4-9

科目设置	核算内容
使用权资产	核算企业使用权资产的成本。借方登记企业增加的使用权资产的成本，贷方登记企业减少的使用权资产的成本，期末借余额，反映企业期末使用权资产的成本余额
使用权资产累计折旧	"使用权资产"科目的调整科目，核算企业使用权资产的累计折旧，贷方登记企业计提的使用权资产折旧，借方登记租赁合约到期日行使购买选择权转作固定资产的累计折旧，期末贷方余额，反映企业使用权资产的累计折旧额

续表

科目设置	核算内容
租赁负债（应设置"租赁负债——租赁付款额"和"租赁负债——未确认融资费用"明细科目进行明细分类核算）	核算租赁使用权资产形成尚未偿付的负债，贷方登记租赁负债的增加额，借方登记租赁负债的减少额，贷方余额为尚未偿付的租赁负债额 借：使用权资产 　　租赁负债——未确认融资费用（差额） 　贷：租赁负债——租赁付款额（按照租赁期开始日尚未支付的租赁付款额的现值进行初始计量）
使用权资产减值准备	核算企业使用权资产的减值准备

1. 初始计量

使用权资产应当按照成本进行初始计量。其成本包括：

（1）租赁负债的初始计量金额。

（2）在租赁期开始日或之前支付的租赁付款额，存在租赁激励的，扣除已享受的租赁激励相关金额。租赁激励，是指出租人为达成租赁向承租人提供的优惠，包括出租人向承租人支付的与租赁有关的款项、出租人为承租人偿付或承担的成本等。

（3）承租人发生的初始直接费用。初始直接费用，是指为达成租赁所发生的增量成本。增量成本是指若企业不取得该租赁，则不会发生的成本。

（4）承租人为拆卸及移除租赁资产、复原租赁资产所在场地或将租赁资产恢复至租赁条款约定状态预计将发生的成本。

2. 后续计量

在租赁期开始日后，承租人应当采用成本模式对使用权资产进行后续计量。承租人应当参照固定资产有关折旧规定，对使用权资产计提折旧。承租人能够合理确定租赁期届满时取得租赁资产所有权的，应当在租赁资产剩余使用寿命内计提折旧。无法合理确定租赁期届满时能够取得租赁资产所有权的，应当在租赁期与租赁资产剩余使用寿命两者孰短的期间内计提折旧。

承租人应当按照资产减值的规定，确定使用权资产是否发生减值，并对已识别的减值损失进行会计处理。

计提租赁负债在租赁期内各期间利息费用的原则如图4-6所示。

承租人应当按照固定的周期性利率计算租赁负债在租赁期内各期间的利息费用，并计入当期损益或相关资产成本。

周期性利率，是指承租人对租赁负债进行初始计量时所采用的折现率或租赁合同发生变更而修订后的折现率。周期性利率的确定原则为，在计算租赁付款额的现值时，承租人应当采用租赁内含利率作为折现率；无法确定租赁内含利率的，应当采用承租人增量借款利率作为折现率。

承租人增量借款利率，是指承租人在类似经济环境下为获得与使用权资产价值接近的资产，在类似期间以类似抵押条件借入资金须支付的利率。

租赁内含利率，是指使出租人的租赁收款额的现值与未担保余值的现值之和等于租赁资产公允价值与出租人的初始直接费用之和的利率。未担保余值是指租赁资产余值中，出租人无法保证能够实现或仅由与出租人有关的一方予以担保的部分。

图4-6

二、例题点津

【例题1·判断题】租赁负债应当按照租赁期开始日尚未支付的租赁付款额的现值进行初始计量，记入"租赁负债——租赁付款额"科目的借方。（　　）

【答案】×

【解析】租赁负债应当按照租赁期开始日尚未支付的租赁付款额的现值进行初始计量，记入"租赁负债——租赁付款额"科目的贷方。

【例题2·多选题】使用权资产的成本包括（　　）。

A. 租赁负债的初始计量金额
B. 在租赁期开始日或之前支付租赁付款额
C. 租赁激励
D. 承租人发生的初始直接费用

【答案】ABD

【解析】使用权资产应当按照成本进行初始计量。其成本包括：

（1）租赁负债的初始计量金额。

（2）在租赁期开始日或之前支付的租赁付款额，存在租赁激励的，扣除已享受的租赁激励相关金额。租赁激励，是指出租人为达成租赁向承租人提供的优惠，包括出租人向承租人支付的与租赁有关的款项、出租人为承租人偿付或承担的成本等。

（3）承租人发生的初始直接费用。初始直接费用，是指为达成租赁所发生的增量成本。增量成本是指若企业不取得该租赁，则不会发生的成本。

（4）承租人为拆卸及移除租赁资产、复原租赁资产所在场地或将租赁资产恢复至租赁条款约定状态预计将发生的成本。所以选项C错误，选项A、B、D正确。

第四单元　生产性生物资产

1 生产性生物资产★

一、考点解读

（一）生产性生物资产的确认与计量

生产性生物资产，是指为产出农产品、提供劳务或出租等目的而持有的生物资产，包括**经济林、薪炭林、产畜和役畜**等。

（1）外购生物资产的成本：购买价款＋相关税费＋运输费＋保险费＋可直接归属于购买该资产的其他支出

（2）自行营造或繁殖的生产性生物资产的成本。

①自行营造的林木类生产性生物资产的成本：达到预定生产经营目的前发生的造林费＋抚育费＋营林设施费＋良种试验费＋调查设计费＋应分摊的间接费用等必要支出

②自行繁殖的产畜和役畜的成本：包括达到预定生产经营目的（成龄）前发生的饲料费＋人工费＋应分摊的间接费用等必要支出

（3）因择伐、间伐或抚育更新性质采伐而补植林木类生物资产发生的后续支出，应当计入**林木类生物资产的成本**。生物资产在郁闭或达到预定生产经营目的后发生的**管护、饲养费用等后续支出，应当计入当期损益**。

（二）主要科目设置（见表4-10）

表4-10

科目设置	核算内容
生产性生物资产（应按照"未成熟生产性生物资产"和"成熟生产性生物资产"，分别生物资产的种类、群别等进行明细核算）	核算企业（农、林、牧、渔业）持有的生产性生物资产的原价（成本）。借方登记外购、自行营造的林木、自行繁殖产畜和役畜等增加的生产性生物资产成本，贷方登记出售、报废、毁损、对外投资等减少的生产性生物资产原价（成本）。期末借方余额，反映企业（农、林、牧、渔业）生产性生物资产的原价（成本）
生产性生物资产累计折旧	核算企业（农、林、牧、渔业）成熟生产性生物资产的累计折旧。贷方登记企业按月计提成熟生产性生物资产的折旧，借方登记处置生产性生物资产结转的生产性生物资产累计折旧。期末贷方余额，反映企业成熟生产性生物资产的累计折旧额

(三) 账务处理

1. 企业外购的生产性生物资产

借：生产性生物资产（购买价款和相关税费）
　　应交税费——应交增值税（进项税额）
　　贷：银行存款

2. 自行营造的林木类生产性生物资产

将达到预定生产经营目的前发生的造林费、抚育费、营林设施费、良种试验费、调查设计费和应分摊的间接费用等必要支出计入生产性生物资产的成本。

借：生产性生物资产（未成熟生产性生物资产）
　　贷：原材料/银行存款/应付利息等

3. 自行繁殖的产畜和役畜

将达到预定生产经营目的前发生的饲料费、人工费和应分摊的间接费用等必要支出计入生产性生物资产的成本。

借：生产性生物资产（未成熟生产性生物资产）
　　贷：原材料/银行存款/应付利息等

4. 未成熟生产性生物资产达到预定生产经营目的

借：生产性生物资产（成熟生产性生物资产）[账面余额]
　　贷：生产性生物资产（未成熟生产性生物资产）

5. 育肥畜转为产畜或役畜

借：生产性生物资产
　　贷：消耗性生物资产

产畜或役畜淘汰转为育肥畜：

借：消耗性生物资产
　　生产性生物资产累计折旧
　　贷：生产性生物资产

6. 择伐、间伐或抚育更新等生产性采伐而补植林木类生产性生物资产发生的后续支出

借：生产性生物资产（未成熟生产性生物资产）
　　贷：银行存款等

生产性生物资产发生的管护、饲养费用等后续支出：

借：管理费用
　　贷：银行存款等

7. 生产性生物资产折旧

企业应当根据生产性生物资产的性质、使用情况和有关经济利益的预期实现方式，合理确定其使用寿命、预计净残值和折旧方法。可选用的折旧方法包括年限平均法、工作量法、产量法等。生产性生物资产的使用寿命、预计净残值和折旧方法一经确定，不得随意变更。

8. 生产性生物资产减值

企业至少应当于每年年度终了对生产性生物资产进行检查，有确凿证据表明由于遭受自然灾害、病虫害、动物疫病侵袭或市场需求变化等原因，使生产性生物资产的可收回金额低于其账面价值的，应当按照可收回金额低于账面价值的差额，计提生物资产减值准备，并计入当期损益。可收回金额应当按照资产减值的办法确定。**生产性生物资产减值准备一经计提，不得转回。**

9. 生产性生物资产成本结转

生产性生物资产收获的农产品成本，按照产出或采收过程中发生的材料费、人工费和应分摊的间接费用等必要支出计算确定，并采用加权平均法、个别计价法、蓄积量比例法、轮伐期年限法等方法，将其账面价值结转为农产品成本。

10. 生物资产后续计量的公允价值账务处理

根据规定，生物资产通常按照成本计量，但有确凿证据表明其公允价值能够持续可靠取得的除外。采用公允价值计量的生物资产，应当同时满足下列两个条件：

（1）生物资产有活跃的交易市场。活跃的交易市场，是指同时具有下列特征的市场：

市场内交易的对象具有同质性；可以随时找到自愿交易的买方和卖方；市场价格的信息是公开的。

（2）能够从交易市场上取得同类或类似生物资产的市场价格及其他相关信息，从而对生物资产的公允价值作出合理估计。同类或类似，是指生物资产的品种相同或类似、质量等级相同或类似、生长时间相同或类似、所处气候和地理环境相同或类似。

二、例题点津

【例题1·判断题】自行营造的林木类生产性生物资产的成本，包括达到预定生产经营目的

前发生的造林费、抚育费、营林设施费、良种试验费、调查设计费和应分摊的间接费用等必要支出。（　）

【答案】√

【例题2·判断题】生物资产在郁闭或达到预定生产经营目的后发生的管护、饲养费用等后续支出，应当计入生物资产的成本。（　）

【答案】×

【解析】生物资产在郁闭或达到预定生产经营目的后发生的管护、饲养费用等后续支出，应当计入当期损益。

第五单元　无形资产和长期待摊费用

1 无形资产概述 ★★

一、考点解读

（一）无形资产的概念和特征

无形资产是指企业拥有或者控制的没有实物形态的可辨认非货币性资产。无形资产具有四个特征：①具有资产基本特征；②不具有实物形态；③具有可辨认性；④属于非货币性资产。

提示 资产满足下列条件之一的，符合无形资产定义中的可辨认性标准：①能够从企业中分离或者划分出来，并能单独用于出售、转让。②源自合同性权利或其他法定权利，无论这些权利是否可以从企业或其他权利和义务中转移或者分离。企业自创商誉及内部产生的品牌报刊名等由于无法与企业的整体资产分离而存在，不具有可辨认性，不属于无形资产。

（二）无形资产的内容

无形资产主要包括专利权、非专利技术、商标权、著作权、土地使用权和特许权等。

（1）专利权。专利权包括发明专利权、实用新型专利权和外观设计专利权。企业从外单位购入的专利权，应按实际支付的价款作为专利权的成本。企业自行开发并按法律程序申请取得的专利权，应按照达到预定用途满足资本化条件的支出确定成本。

（2）非专利技术。非专利技术是指先进的、未公开的、未申请专利、可以带来经济效益的技术及诀窍。企业自己开发研究的非专利技术，应将达到预定用途满足资本化条件的开发支出，确认为无形资产。对于从外部购入的非专利技术，应将实际发生的支出予以资本化，作为无形资产入账。

（3）商标权。企业为宣传自创并已注册登记的商标而发生的相关费用，应在发生时直接计入当期损益。企业如果购入他人的商标，一次性支出费用较大，可以将购入商标的价款、支付的手续费及有关费用确认为商标权的成本。

提示 企业内部自创的品牌不是企业的无形资产。

（4）著作权。著作权又称版权，指作者对其创作的文学、科学和艺术作品依法享有的某些特殊权利。

提示 报刊名等不是企业的无形资产。

（5）土地使用权。土地使用权是指国家准许某一企业或单位在一定期间内对国有土地享有开发、利用、经营的权利。企业取得土地使用权，应将取得时发生的支出资本化，作为土地使用权的成本，记入"无形资产"科目核算。

（6）特许权。特许权又称经营特许权、专营权，指企业在某一地区经营或销售某种特定商品的权利或是一家企业接受另一家企业使用其商标、商号、技术秘密等的权利。

（三）无形资产核算应设置的会计科目

1. "无形资产"科目

"无形资产"科目核算企业持有的无形资产成本，借方登记取得无形资产的成本，贷方登记出售无形资产转出的无形资产账面余额，期末借方余额，反映企业无形资产的成本。

2. "累计摊销"科目

"累计摊销"科目属于"无形资产"的调整科目，类似于"累计折旧"科目相对于"固定资产"科目，核算企业对使用寿命有限的无形资产计提的累计摊销，贷方登记企业计提的无形资产摊销，借方登记处置无形资产转出的累计摊销，期末贷方余额，反映企业无形资产的累计摊销额。

此外，企业无形资产发生减值的，还应当设置"无形资产减值准备"科目进行核算。

二、例题点津

【例题1·多选题】 下列选项中，不应确认为无形资产的有（　　）。

A. 专利技术　　B. 客户资源
C. 人力资源　　D. 企业注册的商标

【答案】BCD

【解析】选项B、C、D，企业并不能控制其带来的经济利益，所以不符合无形资产的定义。

2 取得无形资产★★★

一、考点解读

无形资产应当按照成本进行初始计量。

（一）外购无形资产

外购无形资产的成本包括购买价款、相关税费以及直接归属于使该项资产达到预定用途所发生的其他支出。其中，相关税费不包括按照现行增值税制度规定，可以从销项税额中抵扣的增值税进项税额。

（二）自行研究开发无形资产

企业内部研究开发项目所发生的支出应区分研究阶段支出和开发阶段支出。

1. 研究阶段的支出和开发阶段的支出可以区分开

研究阶段发生的支出全部计入当期损益，发生时，借记"研发支出——费用化支出"科目，贷记"原材料""银行存款""应付职工薪酬"等科目；期末，借记"管理费用"科目，贷记"研发支出——费用化支出"科目。

开发阶段支出不满足资本化条件的，借记"研发支出——费用化支出"科目，满足资本化条件的，借记"研发支出——资本化支出"科目，贷记"原材料""银行存款""应付职工薪酬"等科目。自行研究开发无形资产发生的支出取得增值税专用发票可抵扣的进项税额，借记"应交税费——应交增值税（进项税额）"科目。

研究开发项目达到预定用途形成无形资产的，应当按照"研发支出——资本化支出"科目的余额，借记"无形资产"科目，贷记"研发支出——资本化支出"科目。期（月）末，应将"研发支出——费用化支出"科目归集的金额转入"管理费用"科目，借记"管理费用"科目，贷记"研发支出——费用化支出"科目。

2. 研究阶段的支出和开发阶段的支出区分不开

企业如果无法可靠区分研究阶段的支出和开发阶段的支出，应将发生的研发支出全部费用化，计入当期损益，记入"管理费用"科目的借方。

提示 内部研究开发无形资产为高频考点。

二、例题点津

【例题1·单选题】 某公司自行研发非专利技术共发生支出460万元，其中，研究阶段发生支出160万元；开发阶段发生支出300万元，符合资本化条件的支出为180万元。不考虑其他因素，该研发活动应计入当期损益的金额为（　　）万元。

A. 180　　B. 280
C. 340　　D. 160

【答案】B

【解析】研究阶段的支出全部费用化，计入当期损益；开发阶段的支出符合资本化的计入无形资产成本，不符合资本化的计入当期损益。应计入当期损益的金额 = 160 + (300 − 180) = 280（万元）。

【例题2·多选题】 下列选项中，应作为外购无形资产成本的有（　　）。

A. 购入无形资产取得的增值税普通发票上的增值税进项税额
B. 购入新商标后宣传的广告费
C. 购入新商标所支付的注册费和印花税
D. 购入无形资产取得的增值税专用发票上的增值税进项税额

【答案】AC

【解析】选项A、D，外购无形资产成本中不包括可以从销项税额中抵扣的增值税进项税额，但增值税普通发票上的税金不可抵扣，应计入无形资产成本；选项B，购入新商标所支付的广告费、管理费等不应计入无形资产成本；选项

C，注册费、印花税和契税等计入无形资产成本。

3 无形资产摊销 ★★★

一、考点解读

使用寿命有限的无形资产应进行摊销，通常其残值视为零。使用寿命不确定的无形资产不应摊销。

无形资产按月摊销，应当自可供使用（即其达到预定用途）当月起开始摊销，处置当月不再摊销（当月增加，当月开始；当月减少，当月停止）。

提示 这点与固定资产的"当月增加，下月计提；当月减少，当月照提"不同。

无形资产摊销方法包括年限平均法（即直线法）、生产总量法等。企业选择的无形资产摊销方法，应当反映与该项无形资产有关的经济利益的预期实现方式。无法可靠确定预期实现方式的，应当采用年限平均法（直线法）摊销。

无形资产的摊销额一般应当计入当期损益。企业管理用的无形资产，其摊销金额计入管理费用；出租的无形资产，其摊销金额计入其他业务成本；某项无形资产包含的经济利益通过所生产的产品或其他资产实现的，其摊销金额应当计入相关资产成本。

企业对无形资产进行摊销时，借记"管理费用""其他业务成本""生产成本""制造费用"等科目，贷记"累计摊销"科目。

二、例题点津

【例题1·单选题】企业将自拥有的无形资产出租，对该出租无形资产进行摊销时，其摊销的金额应记入的科目是（　　）。

A. 其他业务成本
B. 长期待摊费用
C. 销售费用
D. 管理费用

【答案】A

【解析】对于一般企业来说，出租无形资产属于其他业务，其出租无形资产取得的收入和发生的相关费用，应计入其他业务收入和其他业务成本。

【例题2·多选题】甲企业为增值税一般纳税人，2×21年1月4日购入一项无形资产，取得的增值税专用发票注明价款为880万元，增值税税额为52.8万元，该无形资产使用年限为5年，按年进行摊销，预计净残值为零。下列关于该项无形资产的会计处理中，正确的有（　　）。

A. 2×21年1月4日购入该项无形资产的成本为880万元
B. 2×21年12月31日该项无形资产的累计摊销额为176万元
C. 该无形资产自2×21年2月起开始摊销
D. 该无形资产的应计摊销额为932.8万元

【答案】AB

【解析】选项A正确，选项D错误，无形资产的成本不包括可抵扣增值税进项税额，因此其成本为880万元，应计摊销额也为880万元；选项B正确，选项C错误，无形资产自其可供使用（即其达到预定用途）当月起开始摊销，处置当月不再摊销，该无形资产应自2×21年1月开始摊销，2×21年12月31日的摊销额=880÷5=176（万元）。

4 出售和报废无形资产 ★★★

一、考点解读

（一）出售无形资产

企业出售无形资产，应当将取得的价款扣除该无形资产账面价值以及出售相关税费后的差额作为资产处置损益进行会计处理。

企业出售无形资产，应当按照实际收到或应收的金额等，借记"银行存款""其他应收款"等科目，按已计提的累计摊销，借记"累计摊销"科目，按照计提的减值准备，借记"无形资产减值准备"科目，按照实际支付的相关费用可抵扣的进项税额，借记"应交税费——应交增值税（进项税额）"科目，按照实际支付的相关费用，贷记"银行存款"等科目，按无形资产账面余额，贷记"无形资产"科目，按照其差额，贷记或借记"资产处置损益"科目。分录如下：

借：银行存款/其他应收款（实际收到或应收金额）

　　　　累计摊销
　　　　应交税费——应交增值税（进项税额）
　　　　无形资产减值准备
　　　　资产处置损益（借差）
　　　　贷：无形资产
　　　　　　应交税费——应交增值税（销项税额）
　　　　　　资产处置损益（贷差）
　　　　　　银行存款（实际支付）
　（二）报废无形资产
　　企业报废并转销无形资产时，应按已计提的累计摊销，借记"累计摊销"科目，按其账面余额，贷记"无形资产"科目，如果已计提减值准备的，还应同时结转减值准备，借记"无形资产减值准备"科目，按其差额，借记"营业外支出"科目。会计分录如下：
　　　　借：累计摊销
　　　　　　无形资产减值准备
　　　　　　营业外支出
　　　　　　贷：无形资产

二、例题点津

【例题1·单选题】2×21年7月，某制造企业转让一项专利权，开具的增值税专用发票上注明的价款为100万元，增值税税额为6万元，全部价款已存入银行。该专利权成本为200万元，已摊销150万元，不考虑其他因素，该企业转让专利权对利润总额的影响金额为（　　）万元。

　　A. -94　　　　　　B. 56
　　C. -100　　　　　 D. 50

【答案】D

【解析】出售无形资产过程中产生的增值税不影响无形资产的处置损益。对利润总额的影响金额=100-（200-150）=50（万元）。

【例题2·单选题】下列选项中，关于制造业企业让渡无形资产使用权的相关会计处理表述正确的是（　　）。

　　A. 转让无形资产使用权的收入计入营业外收入
　　B. 已转让使用权的无形资产应停止计提摊销
　　C. 已转让使用权的无形资产计提的摊销额计入管理费用
　　D. 转让无形资产使用权的收入计入其他业务收入

【答案】D

【解析】选项A错误，选项D正确，企业转让无形资产使用权的收入计入其他业务收入；选项B、C错误，企业转让使用权的无形资产仍应摊销，其摊销额计入其他业务成本。

5 无形资产减值 ★★

一、考点解读

无形资产在资产负债表日存在可能发生减值的迹象时，其可收回金额低于账面价值的，企业应当将该无形资产的账面价值减记至可收回金额，减记的金额确认为减值损失，计入当期损益，同时计提相应的资产减值准备。相关会计分录如下：

　　借：资产减值损失——计提的无形资产减值准备
　　　　贷：无形资产减值准备

需要强调的是，企业无形资产减值损失一经确认，在以后会计期间不得转回。

二、例题点津

【例题1·多选题】下列关于无形资产的说法中，正确的有（　　）。

　　A. 不再为企业带来经济利益的无形资产，其摊余价值应全部转入当期损益
　　B. 无形资产减值损失一经确认，不得转回
　　C. 出售无形资产形成的净损失应计入其他业务收入
　　D. 使用寿命不确定的无形资产不应摊销

【答案】ABD

【解析】选项A，不再为企业带来经济利益的无形资产，已经不符合资产的定义，应终止确认，摊余价值全部转入当期损益；选项C，出售无形资产形成的净损益应计入营业外收入或营业外支出。

6 长期待摊费用的核算 ★

一、考点解读

长期待摊费用是指企业已经发生但应由本期

和以后各期负担的分摊期限在一年以上的各项费用,如以租赁方式租入的固定资产发生的改良支出等。

企业应设置"长期待摊费用"科目对此类项目进行核算。"长期待摊费用"科目可按费用项目进行明细核算。

企业发生的长期待摊费用,借记"长期待摊费用"科目,取得可在当期抵扣的增值税进项税额,借记"应交税费——应交增值税(进项税额)"科目,贷记"原材料""银行存款"等科目。摊销长期待摊费用,借记"管理费用""销售费用"等科目,贷记"长期待摊费用"科目。"长期待摊费用"科目期末借方余额,反映企业尚未摊销完毕的长期待摊费用。

二、例题点津

【例题1·判断题】以租赁方式租入的使用权资产发生的改良支出应予费用化,计入管理费用。( )

【答案】×

【解析】以租赁方式租入的使用权资产发生的改良支出应予资本化,先计入长期待摊费用,再分期摊销计入管理费用、销售费用等。

本章综合题型精讲

【例题1】甲公司是增值税一般纳税人,2×21~2×22年相关业务如下:

(1)甲公司2×21年1月1日将2×19年12月31日取得并开始使用的一幢办公楼用于对外出租。由于公允价值不能持续可靠估计,甲公司采用成本模式进行后续计量。该办公楼当初购买价格为3 020万元。预计使用寿命为40年,预计净残值为20万元,甲公司采用直线法提取折旧。

(2)该办公楼的年租金为400万元,于每年末一次结清,租赁期开始日为2×21年1月1日。

(3)2×21年末该办公楼的可收回价值为2 560万元,预计净残值变为14万元,预计使用年限和折旧方法不变。

(4)2×22年12月31日,甲公司以2 800万元(不含增值税)的价格对外转让该办公楼。

要求:根据上述资料,不考虑其他条件,分析回答下列问题。

(1)根据资料(1),2×21年1月1日出租办公楼时,正确的会计分录是( )。

A. 借:投资性房地产　　　3 020
　　　贷:固定资产　　　　　　3 020
B. 借:投资性房地产——成本
　　　　　　　　　　　　3 020
　　　贷:固定资产　　　　　　3 020
C. 借:投资性房地产　　　3 020

　　　　累计折旧　　　　　　　75
　　　贷:固定资产　　　　　　3 020
　　　　　投资性房地产累计折旧　75
D. 借:投资性房地产　　　3 020
　　　　投资性房地产累计折旧　75
　　　贷:固定资产　　　　　　3 020
　　　　　累计折旧　　　　　　75

【答案】C

【解析】2×20年末累计计提的折旧额=(3 020-20)÷40=75(万元)。出租办公楼时的会计分录为:

借:投资性房地产　　　3 020
　　累计折旧　　　　　　75
　贷:固定资产　　　　　　3 020
　　　投资性房地产累计折旧　75

(2)根据资料(2),收取租金时,影响的会计科目为( )。

A. 投资收益　　B. 资产处置损益
C. 其他业务收入　D. 主营业务收入

【答案】C

【解析】2×21年末收取租金时,会计分录为:

借:银行存款　　　　　400
　贷:其他业务收入　　　　400

(3)根据资料(3),2×21年办公楼计提的折旧和减值金额为( )万元。

A. 75　　　　　　B. 150
C. 385　　　　　 D. 310

【答案】AD

【解析】2×21年末办公楼的账面价值 = 3 020 - 75 - 75 = 2 870（万元），相比此时的可收回金额，发生减值金额 = 2 870 - 2 560 = 310（万元），所以选项A、D正确。

（4）2×22年计提的折旧金额是（　　）万元。

A. 67　　　　　　B. 75
C. 66.8　　　　　D. 63.65

【答案】A

【解析】2×22年计提的折旧额 = (2 560 - 14) ÷ 38 = 67（万元），会计分录为：

借：其他业务成本
　　贷：投资性房地产累计折旧

（5）根据资料（4），2×22年12月31日对外转让办公楼时，对营业利润的影响为（　　）万元。

A. 240　　　　　 B. 307
C. 390　　　　　 D. 232

【答案】B

【解析】2×22年12月31日对外转让办公楼时，会计分录为：

借：银行存款　　　　　　2 800
　　贷：其他业务收入　　　　2 800
借：其他业务成本　　　　2 493
　　投资性房地产累计折旧
　　　　（75 + 75 + 67）217
　　投资性房地产减值准备　310
　　贷：投资性房地产　　　　3 020

所以对营业利润的影响金额 = 2 800 - 2 493 = 307（万元），选项B正确。

【例题2】甲公司对乙公司进行股票投资的相关交易或事项如下：

（1）2×21年1月1日，甲公司以银行存款7 300万元从非关联方取得乙公司20%的有表决权股份，对乙公司的财务和经营政策具有重大影响。当日，乙公司所有者权益的账面价值为40 000万元，各项可辨认资产、负债的公允价值均与其账面价值相同。本次投资前，甲公司不持有乙公司股份且与乙公司不存在关联方关系。甲公司的会计政策、会计期间与乙公司的相同。

（2）2×21年度乙公司实现净利润6 000万元，持有的其他债权投资因公允价值上升计入其他综合收益380万元。

（3）2×22年4月1日，乙公司宣告分派现金股利1 000万元，2×22年4月10日，甲公司按其持股比例收到乙公司发放的现金股利并存入银行。

要求：根据上述资料，不考虑增值税等相关税费及其他因素，分析回答下列问题。

（1）甲公司2×21年1月1日取得对乙公司的长期股权投资，与投资相关的会计分录正确的是（　　）。

A. 借：长期股权投资——投资成本
　　　　　　　　　　　　　7 300
　　贷：银行存款　　　　　7 300

B. 借：长期股权投资——投资成本
　　　　　　　　　　　　　8 000
　　贷：银行存款　　　　　7 300
　　　　营业外收入　　　　　700

C. 借：长期股权投资——投资成本
　　　　　　　　　　　　　8 000
　　贷：银行存款　　　　　8 000

D. 借：长期股权投资——投资成本
　　　　　　　　　　　　　8 000
　　贷：银行存款　　　　　7 300
　　　　投资收益　　　　　　700

【答案】B

【解析】2×21年1月1日，甲公司取得乙公司长期股权投资的初始投资成本是7 300万元，占乙公司所有者权益公允价值的份额 = 40 000 × 20% = 8 000（万元），初始投资成本小于所占乙公司所有者权益公允价值的份额，所以需要调整长期股权投资的初始入账价值。

借：长期股权投资——投资成本
　　　　　　　　　　　　　7 300
　　贷：银行存款　　　　　7 300
借：长期股权投资——投资成本
　　　　　　（8 000 - 7 300）700
　　贷：营业外收入　　　　　700

（2）根据资料（2），下列说法正确的是（　　）。

A. 甲公司2×21年度对乙公司股权投资应

确认的投资收益为 1 900 万元

B. 甲公司 2×21 年度对乙公司股权投资应确认的其他综合收益为 76 万元

C. 2×21 年 12 月 31 日长期股权投资账面价值为 9 276 万元

D. 2×21 年 12 月 31 日长期股权投资账面价值为 8 576 万元

【答案】BC

【解析】甲公司 2×21 年度对乙公司股权投资应确认的投资收益 = 6 000×20% = 1 200（万元）；甲公司 2×21 年度对乙公司股权投资应确认的其他综合收益 = 380×20% = 76（万元）；

2×21 年 12 月 31 日长期股权投资账面价值 = 7 300 + 700 + 1 200 + 76 = 9 276（万元）。

借：长期股权投资——损益调整　1 200
　　贷：投资收益　　　　　　　　　1 200
借：长期股权投资——其他综合收益
　　　　　　　　　　　　　　　　76
　　贷：其他综合收益　　　　　　　　76

（3）关于甲公司 2×22 年 4 月 1 日在乙公司宣告分派现金股利，以及 2×22 年 4 月 10 日收到现金股利时，下列会计分录正确的是（　　）。

A. 宣告分派现金股利时：
借：应收股利　　　　　　200
　　贷：投资收益　　　　　200

B. 收到现金股利时：
借：银行存款　　　　　　200
　　贷：应收股利　　　　　200

C. 宣告分派现金股利时：
借：应收股利　　　　　　200
　　贷：长期股权投资——损益调整
　　　　　　　　　　　　　200

D. 收到现金股利时：不进行账务处理，在备查簿中登记

【答案】BC

【解析】2×22 年 4 月 1 日宣告分派现金股利时：
借：应收股利（1 000×20%）200
　　贷：长期股权投资——损益调整
　　　　　　　　　　　　　200

2×22 年 4 月 10 日收到现金股利时：

借：银行存款　　　　　　200
　　贷：应收股利　　　　　200

【例题 3】甲公司系增值税一般纳税人，适用的增值税税率为 13%。

（1）2×19 年 11 月 5 日，甲公司用银行存款购入一台需要安装的生产设备，增值税专用发票上注明的设备买价为 200 000 元，增值税税额为 26 000 元，另支付包装费并取得增值税专用发票，注明包装费 6 000 元，增值税税额 360 元。2×19 年 12 月 2 日，甲公司用银行存款支付安装费并取得增值税专用发票，注明安装费 10 000 元，增值税税额 900 元，设备达到使用状态。设备预计使用年限 6 年，估计残值 6 000 元，使用年数总和法计提折旧。

（2）2×20 年 3 月，支付生产设备维修费 20 000 元，增值税税额为 2 600 元。

（3）2×21 年 12 月 31 日，甲公司售出该设备，开具的增值税专用发票上注明的价款为 140 000 元，增值税税额为 18 200 元，款项已收存银行，另以银行存款支付清理费用 20 000 元。

要求：根据上述资料，不考虑其他因素，分析回答下列问题。

（1）根据资料（1），甲公司购入 A 设备的入账价值为（　　）元。

A. 216 000　　　B. 210 000
C. 200 000　　　D. 212 000

【答案】A

【解析】甲公司购入 A 设备的入账价值 = 200 000 + 6 000 + 10 000 = 216 000（元）。

（2）根据资料（1），关于设备计提折旧说法正确的是（　　）。

A. 设备应计折旧总额为 210 000 元
B. 设备应从 2×19 年 12 月开始计提折旧
C. 设备 2×20 年的折旧额为 60 000 元
D. 设备 2×21 年的折旧额为 50 000 元

【答案】ACD

【解析】应计折旧额 = 原价 - 净残值 = 216 000 - 6 000 = 210 000（元），选项 A 正确；设备应从 2×20 年 1 月开始计提折旧，选项 B 错误；2×20 年设备折旧额 =（216 000 - 6 000）× 6/21 = 60 000（元），选项 C 正确；2×21 年设备折旧额 =（216 000 - 6 000）× 5/21 = 50 000

（元），选项 D 正确。

(3) 根据资料（1），下列关于计提折旧说法正确的是（　　）。

A. 提前报废的固定资产，不再补提折旧

B. 固定资产折旧方法的改变属于会计估计变更

C. 当月减少的固定资产，当月起停止计提折旧

D. 更新改造期间停止使用的设备继续计提折旧

【答案】AB

【解析】当月减少的固定资产，下月停止计提折旧，选项 C 错误；更新改造期间停止使用的固定资产停止计提折旧，选项 D 错误。

(4) 根据资料（2），关于生产设备维修费说法正确的是（　　）。

A. 生产设备维修费应计入在建工程

B. 生产设备维修费应计入管理费用

C. 生产设备维修费应当费用化

D. 生产设备维修费应计入制造费用

【答案】BC

【解析】生产设备维修费属于修理支出，应当费用化，计入管理费用。

(5) 根据资料（3），甲公司出售该设备以下说法正确的是（　　）。

A. 出售固定资产计入营业外收入的金额为 14 000 元

B. 出售固定资产计入资产处置损益的金额为 14 000 元

C. 出售固定资产应当通过"固定资产清理"科目核算

D. 出售固定资产业务不影响营业利润，影响利润总额

【答案】BC

【解析】出售该设备账务处理如下：

借：固定资产清理　　　　　　106 000
　　累计折旧　　　　　　　　110 000
　　　贷：固定资产　　　　　216 000
借：银行存款　　　　　　　　158 200
　　　贷：固定资产清理　　　140 000
　　　　　应交税费——应交增值税（销项税额）　　　　　　　18 200
借：固定资产清理　　　　　　20 000
　　　贷：银行存款　　　　　20 000
借：固定资产清理　　　　　　14 000
　　　贷：资产处置损益　　　14 000

出售固定资产影响营业利润，同时影响利润总额。

本章考点巩固练习题

一、单项选择题

1. 2×21 年 1 月 1 日，甲公司溢价购入乙公司当日发行的 3 年期到期一次还本付息债券，甲公司根据其管理该债券的业务模式和该债券的合同现金流量特征，将其作为债权投资进行核算，并于每年末计提利息。2×21 年末，甲公司按照票面利率确认应计利息 590 万元，利息调整的摊销额为 10 万元，甲公司 2×21 年末对该债券投资应确认投资收益的金额为（　　）万元。

A. 580　　　　　　B. 600
C. 10　　　　　　　D. 590

2. 丙公司为甲、乙公司的母公司，2×21 年 1 月 1 日，甲公司以银行存款 7 000 万元取得乙公司 60% 有表决权的股份，另以银行存款 100 万元支付与合并直接相关的中介费用，当日办妥相关股权划转手续后，取得了乙公司的控制权；乙公司在丙公司合并财务报表中的净资产账面价值为 9 000 万元。不考虑其他因素，甲公司该项长期股权投资在合并日的初始投资成本为（　　）万元。

A. 7 100　　　　　B. 7 000
C. 5 400　　　　　D. 5 500

3. 2×21 年 1 月 1 日，甲公司以定向增发 1 500 万股普通股（每股面值为 1 元、公允价值为 6

元）的方式取得乙公司80%股权，另以银行存款支付股票发行费用300万元，相关手续于当日完成，取得了乙公司的控制权，该企业合并不属于反向购买。当日，乙公司所有者权益的账面价值为12 000万元。本次投资前，甲公司与乙公司不存在关联方关系。不考虑其他因素，甲公司该长期股权投资的初始投资成本为（　　）万元。

A. 9 600　　　　　B. 9 900
C. 9 300　　　　　D. 9 000

4. 2×21年1月1日，甲公司以定向增发股票的方式购买同一集团内乙公司持有的A公司60%股权，能够控制A公司。为取得该股权，甲公司增发1 000万股普通股股票，每股面值为1元，每股公允价值为7元；另支付承销商佣金100万元。取得该股权时，A公司在最终控制方合并财务报表中的净资产的账面价值为9 000万元，可辨认净资产公允价值为12 000万元，甲公司和A公司采用的会计政策及会计期间相同，不考虑其他因素。甲公司取得该股权投资时应确认的"资本公积——股本溢价"为（　　）万元。

A. 7 000　　　　　B. 4 300
C. 5 900　　　　　D. 6 000

5. 甲公司持有乙公司35%的股权，对乙公司具有重大影响，采用权益法核算。2×21年12月31日，该项长期股权投资的账面价值为1 260万元。此外，甲公司还有一笔金额为300万元的应收乙公司的长期债权，该项债权没有明确的清收计划，且在可预见的未来期间不准备收回。乙公司2×22年发生净亏损5 000万元。取得投资时被投资单位各项资产、负债的公允价值等于账面价值，双方采用的会计政策、会计期间相同，且投资双方未发生任何内部交易。假定甲公司无须承担额外损失弥补义务。不考虑其他因素，则甲公司2×22年因该项投资应确认的投资损失为（　　）万元。

A. 190　　　　　　B. 1 260
C. 1 560　　　　　D. 1 750

6. 甲公司为一家上市公司，2×21年2月1日甲公司向乙公司股东发行股份1 000万股（每股面值1元）作为支付对价，取得乙公司20%的股权。当日，乙公司净资产账面价值为8 000万元，可辨认净资产公允价值为12 000万元，甲公司所发行股份的公允价值为2 000万元，为发行该股份，甲公司向证券承销机构支付200万元的佣金和手续费，取得股权后甲公司能够对乙公司施加重大影响。取得股权日甲公司对乙公司长期股权投资的账面价值是（　　）万元。

A. 2 200　　　　　B. 2 400
C. 2 000　　　　　D. 2 600

7. 甲公司和乙公司均为A公司的子公司，甲公司2×20年4月1日定向发行10 000万股普通股股票给乙公司的原股东（A公司），以此为对价取得乙公司90%的有表决权股份，所发行股票面值为每股1元，公允价值为每股6元，当日办理完毕相关手续。当日乙公司所有者权益相对于集团最终控制方而言的账面价值为10 000万元（原母公司未确认商誉），公允价值为15 000万元，甲公司对此投资采用成本法核算。乙公司2×20年6月3日宣告分派现金股利1 500万元，当年乙公司实现净利润6 000万元（假设每月均衡）。2×21年5月6日，乙公司宣告分派现金股利7 500万元；2×21年乙公司实现净利润9 000万元（假设每月均衡）。则根据上述资料，甲公司错误的会计处理是（　　）。

A. 2×20年4月1日初始投资成本为9 000万元
B. 对乙公司2×20年宣告分派的现金股利应确认投资收益1 350万元
C. 对乙公司2×21年宣告分派的现金股利应确认投资收益6 750万元
D. 2×21年12月31日长期股权投资的账面价值为14 400万元

8. 非同一控制下的企业合并，合并发生的审计、法律服务、评估咨询等中介费用以及其他相关管理费用，应计入（　　）。

A. 当期损益
B. 长期股权投资初始确认成本
C. 其他综合收益
D. 投资收益

9. 2×21年1月1日，甲公司将自用的写字楼转换为以成本模式进行后续计量的投资性房地产。当日的账面余额为5 000万元,已计提折旧500万元。已计提固定资产减值准备400万元。公允价值为4 200万元。甲公司将该写字楼转为投资性房地产核算时的初始入账价值为(　　)万元。

A. 4 500　　　　B. 4 200
C. 4 600　　　　D. 4 100

10. 企业对采用成本模式进行后续计量的投资性房地产取得的租金收入,应贷记(　　)科目。

A. 资本公积　　　B. 其他综合收益
C. 其他业务收入　D. 投资收益

11. 2×21年8月1日,甲公司将某厂房对外出租并采用公允价值模式进行后续计量,该厂房的原价为8 000万元,至租赁期开始日累计已计提折旧2 000万元,未计提减值准备。当日该厂房的公允价值为10 000万元。2×21年12月31日,该厂房的公允价值为10 200万元。甲公司该厂房在2×21年12月31日资产负债表中列示的金额为(　　)万元。

A. 8 000　　　　B. 6 000
C. 10 200　　　D. 10 000

12. 房地产开发企业将作为存货的商品房转换为采用公允价值模式进行后续计量的投资性房地产时,转换日商品房公允价值小于账面价值的差额应当计入(　　)。

A. 其他综合收益　B. 投资收益
C. 营业外收入　　D. 公允价值变动损益

13. 下列各项中,关于投资性房地产后续计量的表述不正确的是(　　)。

A. 同一企业对投资性房地产不能采用多种后续计量模式
B. 采用成本模式进行后续计量的投资性房地产按月计提折旧或摊销
C. 采用成本模式进行后续计量的投资性房地产在期末发生减值的应计提减值准备
D. 采用公允价值模式进行后续计量的投资性房地产期末公允价值变动计入投资收益

14. 企业发生的下列关于投资性房地产的经济业务中,不会影响营业利润的是(　　)。

A. 将自用房地产转为采用成本模式进行后续计量的投资性房地产
B. 采用成本模式进行后续计量的投资性房地产发生减值
C. 采用成本模式进行后续计量的投资性房地产按月计提折旧(摊销)
D. 出售投资性房地产取得处置收入

15. 甲公司2×21年7月31日收回租赁期届满的商铺,计划重新装修后继续用于出租。该商铺成本为4 800万元,至重新装修之日已计提折旧1 000万元,未发生减值。其中拆除的原装修支出的账面原值为300万元。装修工程于2×21年8月1日开始,于年末完工并达到预定可使用状态,共发生装修支出800万元(均符合资本化条件)。装修后预计租金收入将大幅增加。甲公司对投资性房地产采用成本模式进行后续计量。甲公司2×21年12月31日该项投资性房地产的账面价值为(　　)万元。

A. 3 800　　　　B. 4 300
C. 5 300　　　　D. 4 362.5

16. 甲公司2×20年2月1日购入一栋办公楼用于对外出租,支付购买价款1 200万元。甲公司预计该办公楼可以使用20年,预计净残值率为5%,采用年限平均法计提折旧。2×20年12月31日该办公楼的可收回金额为1 100万元,假定不考虑增值税等其他因素,甲公司取得办公楼当日直接对外出租,且采用成本模式进行后续计量,下列各项说法中正确的是(　　)。

A. 购入办公楼应作为固定资产核算
B. 办公楼折旧金额计入管理费用
C. 当年应计提的折旧金额为47.5万元
D. 办公楼在2×20年12月31日的账面价值为1 152.5万元

17. 甲公司为增值税一般纳税人,适用的增值税税率为13%,于2×20年8月3日购进一台不需要安装的设备,收到的增值税专用发票上标明的价款3 000万元,增值税税额390万元,款项已经支付,另支付保险费15万元,装卸费5万元,当日,该设备投入使用,假定不考虑其他因素,甲公司该设备的初始入账价值为(　　)万元。

A. 3 000　　　　　B. 3 020
C. 3 410　　　　　D. 3 390

18. 甲公司为一般纳税人企业，增值税税率为13%。2×20年6月1日，为降低采购成本，向乙公司一次性购进三套不同型号的生产设备A、B、C。甲公司为该批设备共支付货款1 000万元，增值税进项税额为130万元，装卸费用6万元，运杂费4万元，专业人员服务费10万元，全部以银行存款支付。假定设备A、B、C均满足固定资产的定义及其确认条件。设备A、B、C的公允价值分别为300万元、200万元、500万元；不考虑其他税费。甲公司账务处理不正确的是（　　）。
A. 固定资产的总成本为1 020万元
B. A设备入账价值为306万元
C. B设备入账价值为200万元
D. C设备入账价值为510万元

19. 甲公司为增值税一般纳税人，采用自营方式建造一栋库房，实际领用工程物资226万元（包含增值税26万元）。另外，领用本公司所生产的产品一批，账面价值为180万元，该产品适用的增值税税率为13%，计税价格为200万元；领用生产用原材料的实际成本为100万元，该原材料购入时进项税额为13万元；发生的在建工程人员工资和应付福利费分别为120万元和20.2万元。假定该库房已达到预定可使用状态，不考虑除增值税以外的其他相关税费。甲公司库房的入账价值为（　　）万元。
A. 695.2　　　　　B. 640.2
C. 672.2　　　　　D. 620.2

20. 甲公司为增值税一般纳税人，该公司2×20年6月10日购入需安装设备一台，价款为500万元，可抵扣增值税进项税额为65万元。为购买该设备发生运输途中保险费20万元。设备安装过程中，领用材料50万元，相关增值税进项税额为6.5万元；支付安装工人工资12万元。该设备于2×20年12月1日达到预定可使用状态。甲公司对该设备采用年数总和法计提折旧，预计使用10年，预计净残值为0。假定不考虑其他因素，2×21年该设备应计提的折旧额为（　　）万元。
A. 102.18　　　　B. 103.64
C. 105.82　　　　D. 120.64

21. 2×20年12月25日，甲公司为一般纳税人，购入一台设备并投入使用，其取得的增值税专用发票上注明的价款为25万元，增值税进项税额为3.25万元，预计使用年限5年，预计净残值1万元，采用双倍余额递减法计提折旧。假定不考虑其他因素，2×21年度该设备应计提的折旧额为（　　）万元。
A. 4　　　　　　　B. 8
C. 9　　　　　　　D. 10

22. 下列各项中，不属于固定资产计提折旧方法的是（　　）。
A. 生产总量法　　B. 年限平均法
C. 工作量法　　　D. 双倍余额递减法

23. 下列关于固定资产折旧的表述中不正确的是（　　）。
A. 车间管理用固定资产折旧计入制造费用
B. 生产车间闲置固定资产折旧计入制造费用
C. 工程用固定资产折旧计入在建工程
D. 售后部门固定资产折旧计入销售费用

24. 甲公司某项固定资产已完成改造，累计发生改造成本400万元，拆除部分的原价200万元，改造前，该固定资产原价800万元，已计提折旧250万元，不考虑其他因素，甲公司该固定资产改造后的价值为（　　）万元。
A. 750　　　　　B. 812.5
C. 950　　　　　D. 1 000

25. 某企业出售一台设备（假定不考虑相关税费），原价160 000元，已提折旧45 000元，出售设备时发生的各种清理费用3 000元，出售设备所得价款113 000元。该设备出售净损益为（　　）元。
A. -2 000　　　　B. 2 000
C. 5 000　　　　　D. -5 000

26. 企业处置固定资产应通过（　　）科目进行核算。
A. 固定资产　　　B. 固定资产清理
C. 在建工程　　　D. 以前年度损益调整

27. 下列各项中，不会导致固定资产账面价值发生增减变动的是（　　）。

A. 盘盈固定资产

B. 短期租赁租入设备

C. 计提减值准备

D. 以固定资产对外投资

28. 企业在年末财产清查中发现一台全新的未入账的设备，其同类设备的市场价格为5 000元，该设备按重置成本计价。下列关于该项经济业务的账务处理中，正确的是（　　）。

A. 借：固定资产清理　　　　5 000
　　　贷：固定资产　　　　　　　5 000

B. 借：固定资产　　　　　　5 000
　　　贷：固定资产清理　　　　　5 000

C. 借：待处理财产损溢　　　5 000
　　　贷：固定资产　　　　　　　5 000

D. 借：固定资产　　　　　　5 000
　　　贷：以前年度损益调整　　　5 000

29. 甲公司于2×19年3月用银行存款6 000万元购入不需安装的生产用固定资产。该固定资产预计使用寿命为20年，预计净残值为0，按直线法计提折旧。2×19年12月31日，该固定资产可收回金额为5 544万元，2×20年12月31日该固定资产可收回金额为5 475万元。无法合理确定该项资产的预计未来现金流量现值。假定不考虑其他因素，计提减值准备后固定资产的使用年限不变。2×20年末甲公司固定资产减值准备科目的余额为（　　）万元。

A. 0　　　　　　　　　B. 219

C. 231　　　　　　　　D. 156

30. 甲公司与出租人乙公司签订一份办公楼租赁合同，约定每年的租赁付款额为50 000元，于每年末支付；不可撤销租赁期为5年，合同约定在第5年末，甲公司有权选择以每年50 000元租金续租5年，也有权选择以1 000 000元的价格购买该办公楼。甲公司无法确定租赁内含利率，可以确定其增量借款利率为5%。甲公司在租赁开始时选择续租5年，即实际租赁期为10年。不考虑税费等相关因素，（P/A，5%，10）=7.72。甲公司取得使用权资产时，"租赁负债——未确认融资费用"的金额为（　　）元。

A. 500 000　　　　　B. 386 000

C. 114 000　　　　　D. 225 000

31. 2×19年7月1日，甲公司开始自行研发一项非专利技术。2×20年1月1日研发成功并达到预定可使用状态。该非专利技术研究阶段累计支出300万元（均不符合资本化条件），开发阶段累计支出800万元（其中不符合资本化条件的支出200万元），相关增值税税额为104万元。不考虑其他因素，甲公司该非专利技术的入账价值为（　　）万元。

A. 800　　　　　　　B. 900

C. 1 100　　　　　　D. 600

32. 2×19年8月1日，某企业开始研究开发一项新技术，当月共发生研发支出800万元，其中，费用化的金额650万元，符合资本化条件的金额150万元。8月末，研发活动尚未完成。该企业2×19年8月应计入当期利润总额的研发支出为（　　）万元。

A. 0　　　　　　　　B. 150

C. 650　　　　　　　D. 800

33. 下列有关无形资产摊销的表述中，不正确的是（　　）。

A. 使用寿命不确定的无形资产不应摊销

B. 出租无形资产的摊销额应计入管理费用

C. 使用寿命有限的无形资产处置当月不再摊销

D. 无形资产的摊销方法主要有直线法和生产总量法

34. 下列各项中一般不会引起无形资产账面价值发生增减变动的是（　　）。

A. 无形资产可收回金额大于账面价值

B. 对无形资产计提减值准备

C. 摊销无形资产

D. 转让无形资产所有权

35. 某企业2×20年3月开始自行研发一项非专利技术，至当年12月31日研发成功并达到预定可使用状态，为研发该非专利技术，累计发生研究支出160万元，累计发生开发支出500万元（其中符合资本化条件的支出为400万元）。该非专利技术使用寿命不能合理确定，假定不考虑其他因素，该业务导致企业 2×20 年度利润总额减少（　　）万元。
A. 100　　　　　　B. 160
C. 260　　　　　　D. 660

36. 甲公司 2×17 年初开始进行新产品研究开发，2×17 年度投入研究费用 300 万元，2×18 年度投入开发费用 690 万元（假定均符合资本化条件），至 2×19 年 1 月获得成功，并向国家专利局提出专利权申请且获得专利权。该项专利权法律保护年限为 10 年。则甲公司对该项专利权 2×19 年度应摊销的金额为（　　）万元。
A. 55　　　　　　B. 69
C. 80　　　　　　D. 96

37. 某企业转让一项专利权，与此有关的资料如下：该专利权的账面余额 50 万元，已摊销 20 万元，计提资产减值准备 5 万元，取得转让价款 28 万元，增值税税额 1.68 万元，款项已存入银行。假设不考虑其他因素，该企业应确认的转让无形资产净损益为（　　）万元。
A. −2　　B. 1.6　　C. 3　　D. 8

38. 甲企业 2×20 年初某无形资产账面余额为 82 万元，剩余摊销年限为 10 年，无形资产减值准备账户贷方余额 12 万元，年末企业经判断估计该无形资产可收回金额为 45 万元，则当年应计提的无形资产减值准备为（　　）万元。
A. 16.8　　　　　B. 18
C. 6　　　　　　D. 37

二、多项选择题

1. 下列各项中会引起长期股权投资账面价值发生增减变动的有（　　）。
A. 采用成本法核算的长期股权投资，持有期间被投资单位宣告分派现金股利
B. 采用权益法核算的长期股权投资，持有期间被投资单位宣告分派现金股利
C. 采用权益法核算的长期股权投资，被投资单位实现净利润
D. 采用权益法核算的长期股权投资，被投资单位接受其他股东的资本性投入

2. 下列关于成本法核算的长期股权投资的会计处理的说法中，表述正确的有（　　）。
A. 被投资单位宣告发放现金股利时，投资方应确认投资收益
B. 被投资单位实现净利润时，投资方需要调整长期股权投资的账面价值
C. 被投资单位其他债权投资发生公允价值变动时，投资方不需要调整长期股权投资的账面价值
D. 长期股权投资发生减值时，需要计提长期股权投资减值准备

3. 2×21 年 1 月 1 日，甲公司以银行存款 3 950 万元取得乙公司 30% 的股份，另以银行存款 50 万元支付了与该投资直接相关的手续费，相关手续于当日完成，能够对乙公司施加重大影响。当日，乙公司可辨认净资产的公允价值为 14 000 万元。各项可辨认资产、负债的公允价值均与其账面价值相同。乙公司 2×21 年实现净利润 2 000 万元，其他债权投资的公允价值上升 100 万元。不考虑其他因素，下列各项中甲公司 2×21 年与该投资相关的会计处理中，正确的有（　　）。
A. 确认投资收益 600 万元
B. 确认财务费用 50 万元
C. 确认其他综合收益 30 万元
D. 确认营业外收入 200 万元

4. A、B 公司为甲公司控制下的两家全资子公司。2×20 年 5 月 1 日，A 公司以账面原价为 1 000 万元、累计折旧 400 万元的一台设备作为对价，自甲公司处取得对 B 公司 80% 的控股股权，相关手续已办理，能够对 B 公司实施控制。合并当日，B 公司所有者权益在其最终控制方合并财务报表中的账面价值为 1 000 万元。假定 A 公司与 B 公司的会计年度和采用的会计政策相同，不考虑增值税等相关税费和其他因素的影响，以下选项正确的有（　　）。
A. 长期股权投资的初始投资成本为 1 000 万元
B. 长期股权投资的初始投资成本为 800 万元
C. 应在贷方确认资本公积 200 万元
D. 应在借方依次调整资本公积、盈余公积和未分配利润

5. 采用权益法核算的长期股权投资，下列各项

中，会引起其账面价值发生变动的有（　　）。
A. 收到被投资单位分配的股票股利
B. 被投资单位其他综合收益变动
C. 被投资单位因重大会计差错、会计政策变更而调整前期留存收益
D. 被投资单位盈余公积转增股本

6. 权益法下被投资单位发生亏损，下列说法中正确的有（　　）。
A. 首先应冲减长期股权投资的账面价值，减记至零为限
B. 首先应冲减构成被投资单位的长期应收款等长期权益
C. 如果协议约定，投资公司需承担额外损失弥补义务的，需要确认预计负债
D. 确认有关投资损失后，被投资单位以后期间实现盈利的，可按照亏损金额由大到小的顺序冲减当初确认的损失

7. 甲公司与乙公司签订合同，将其一栋办公楼于2×21年6月30日经营出租给乙公司，租期2年，年租金100万元，每半年支付一次。当日，该办公楼的公允价值为3 500万元。该办公楼取得时原价为4 500万元，截至出租时已计提折旧2 000万元，未计提减值准备。甲公司对投资性房地产采用公允价值模式进行后续计量。不考虑相关税费及其他因素的影响，下列关于甲公司会计处理的表述中，正确的有（　　）。
A. 甲公司2×21年应确认租金收入100万元
B. 2×21年6月30甲公司应确认其他综合收益1 000万元
C. 2×21年6月30甲公司应确认投资性房地产3 500万元
D. 2×21年6月30甲公司应确认公允价值变动损益1 000万元

8. 下列各项中对企业以成本模式计量的投资性房地产会计处理的表述中，正确的有（　　）。
A. 年末无须对其预计使用寿命进行复核
B. 应当按期计提折旧或摊销
C. 存在减值迹象时，应当进行减值测试
D. 计提的减值准备，在以后的会计期间不允许转回

9. 企业将自用房地产转换为以公允价值模式计量的投资性房地产时，转换日公允价值与原账面价值的差额，可能影响的财务报表项目的有（　　）。
A. 资本公积
B. 投资收益
C. 公允价值变动收益
D. 其他综合收益

10. 下列各项资产中属于投资性房地产的有（　　）。
A. 用于赚取租金的房地产
B. 持有并准备增值后转让的土地使用权
C. 赚取租金或资本增值或两者兼有而持有的房地产
D. 很可能对外出租的房地产

11. 下列关于投资性房地产核算的表述中，不正确的有（　　）。
A. 采用成本模式计量的投资性房地产应计提折旧或摊销，但不需要确认减值损失
B. 采用成本模式进行后续计量的投资性房地产计提的减值准备以后会计期间不可以转回
C. 采用公允价值模式进行后续计量的投资性房地产，公允价值的变动金额应计入其他综合收益
D. 采用公允价值模式进行后续计量的投资性房地产，符合条件时可转换为成本模式计量

12. 下列关于投资性房地产的确认时点的说法中，正确的有（　　）。
A. 已出租的土地使用权，其作为投资性房地产的确认时点一般为租赁期开始日
B. 租赁开始日，即土地使用权、建筑物进入出租状态、开始赚取租金的日期
C. 持有并准备增值后转让的土地使用权，确认时点为企业停止自用、准备增值后转让的日期
D. 企业持有的以备经营出租的空置建筑物，董事会或类似机构作出书面协议明确表明将其用于经营出租且持有意图短期内不变，但尚未签订租赁协议，则不能视为投资性房地产

13. 下列关于固定资产计提折旧的表述中，正确的有（　　）。
A. 提前报废的固定资产不再补提折旧

B. 固定资产折旧方法一经确定不得改变
C. 已提足折旧但仍继续使用的固定资产不再计提折旧
D. 自行建造的固定资产应自办理竣工决算时开始计提折旧

14. 下列各项中，影响固定资产折旧的因素有（　　）。
    A. 固定资产原价
    B. 固定资产的预计使用寿命
    C. 固定资产预计净残值
    D. 已计提的固定资产减值准备

15. 下列关于固定资产的后续支出表述正确的有（　　）。
    A. 固定资产的后续支出不满足资本化条件的计入当期损益
    B. 生产车间固定资产的日常修理费用计入制造费用
    C. 应当将满足资本化条件的后续支出金额计入固定资产更新改造前的固定资产原值中
    D. 固定资产发生可资本化的后续支出时应将固定资产的账面价值转入在建工程

16. 下列关于固定资产清查的表述中正确的有（　　）。
    A. 企业在财产清查中盘盈的固定资产应作为前期差错处理
    B. 盘盈的固定资产应当按照其重置成本入账
    C. 盘亏的固定资产应当按照其账面价值扣除保险公司或过失人赔偿后的净额计入营业外支出
    D. 企业盘亏固定资产时需通过"待处理财产损溢"科目核算

17. 企业处置固定资产需通过"固定资产清理"科目核算，下列各项中应记入"固定资产清理"科目借方核算的有（　　）。
    A. 结转清理的净收益
    B. 应支付的税费
    C. 发生的清理费用
    D. 应收取的保险公司赔款

18. 企业对固定资产预计使用寿命进行估计时应当考虑的因素有（　　）。
    A. 预计生产能力
    B. 预计有形和无形的损耗

C. 预计的实物产量
D. 法律或类似规定对资产使用的限制

19. 使用权资产的成本包括（　　）。
    A. 租赁负债的初始计量金额
    B. 在租赁期开始日或之前支付租赁付款额
    C. 租赁激励
    D. 承租人发生的初始直接费用

20. 下列各项中，达到预定生产经营目的前发生的（　　）计入自行营造的林木类生产性生物资产的成本。
    A. 造林费
    B. 抚育费
    C. 营林设施费
    D. 调查设计费

21. 下列选项中属于无形资产特征的有（　　）。
    A. 不具有实物形态
    B. 具有不可辨认性
    C. 具有可辨认性
    D. 属于非货币性长期资产

22. 构成无形资产入账价值的有（　　）。
    A. 购买价款
    B. 契税
    C. 广告宣传费
    D. 差旅费

23. 关于自行研究开发的无形资产，下列说法中不正确的有（　　）。
    A. 研究阶段的支出，应当资本化，确认为无形资产
    B. 研究阶段的支出，应当费用化，月末转入当期损益
    C. 研发支出，应当区分研究阶段支出与开发阶段支出
    D. 开发阶段的支出，应当资本化，确认为无形资产

24. 下列各项中属于无形资产摊销可能记入的科目有（　　）。
    A. 制造费用
    B. 管理费用
    C. 其他业务成本
    D. 研发支出

25. 甲企业2×17年1月1日购入一项专利技术，当日投入使用。取得的增值税专票上注明的价款为500万元，增值税税额为30万元，摊销年为10年，采用直线法摊销。2×20年12月31日该专利技术预计可收回金额为270万元。假定不考虑其他因素，以下该专利技术相关的会计处理结论正确的有（　　）。
    A. 2×20年12月31日该项专利技术的账面

价值为 270 万元

B. 2×17 年该专利技术摊销的金额为 50 万元

C. 2×17 年该专利技术摊销的金额为 53 万元

D. 2×20 年 12 月 31 日该专利技术的账面价值为 300 万元

26. 关于无形资产后续计量，下列说法中正确的有（　　）。

A. 无形资产均应确定预计使用年限并分期摊销

B. 无形资产的摊销方法，应当反映与该项无形资产有关的经济利益的预期实现方式

C. 使用寿命不确定的无形资产不应摊销

D. 使用寿命不确定的无形资产，摊销年限为 10 年

27. 下列关于无形资产会计处理的表述中，正确的有（　　）。

A. 出租的无形资产，其摊销的金额应当计入其他业务成本

B. 有偿取得的自用土地使用权应确认为无形资产

C. 内部研发项目开发阶段支出应全部确认为无形资产

D. 无形资产成本在取得的当月开始摊销，处置无形资产的当月不再摊销

28. 下列关于出售无形资产的表述中正确的有（　　）。

A. 应当按实际收到的金额计入银行存款

B. 按应支付的相关税费计入应交税费

C. 出售价款大于无形资产账面价值和出售相关税费的差额计入资产处置损益

D. 出售价款小于无形资产账面价值和出售相关税费的差额计入资产处置损益

29. 下列各项资产中，已计提减值准备后其价值又得以恢复，可以在原计提减值准备金额内予以转回的有（　　）。

A. 应收账款　　B. 无形资产

C. 固定资产　　D. 存货

30. 下列各项支出中应计入长期待摊费用的有（　　）。

A. 短期租赁方式租入设备的改良支出

B. 自有设备的改良支出

C. 企业发生的开办费

D. 短期租赁方式租入办公楼的装修费

三、判断题

1. 企业取得债权投资支付的价款中包含已到付息期但尚未领取的债券利息，应构成债权投资的初始确认金额。（　　）

2. 小企业债权投资的后续计量应采用实际利率法。（　　）

3. 购买方作为合并对价发行权益性证券的发行费用，应当冲减资本公积（资本溢价或股本溢价），资本公积（资本溢价或股本溢价）不足冲减的，依次冲减盈余公积和未分配利润。（　　）

4. 权益法核算确认被投资单位净利润时，被投资单位采用的会计政策及会计期间与投资企业不一致的，应按投资企业的会计政策及会计期间对被投资单位的财务报表进行调整。（　　）

5. 企业出租给本企业职工居住的宿舍属于投资性房地产。（　　）

6. 企业将其拥有的办公大楼由自用转为收取租金收益时，应将其转为投资性房地产。（　　）

7. 企业出售投资性房地产属于非日常活动，取得的收入属于影响当期损益的利得。（　　）

8. 原租赁不属于低价值租赁，而承租人转租或预期转租租赁资产的，仍属于低价值租赁。（　　）

9. 低价值资产租赁的判定不仅与资产的绝对价值有关，也受承租人规模、性质或其他情况影响。（　　）

10. 同一控制下的企业合并，合并成本为合并方在合并日为取得对被合并方的控制权而付出的资产、发生或承担的负债以及发行权益性证券的公允价值。（　　）

11. 增值税小规模纳税人购入固定资产支付的增值税，应当直接计入有关固定资产的成本。（　　）

12. 与固定资产有关的专业人员服务费应计入当期损益。（　　）

13. 企业更新改造的固定资产，应将发生的可资本化后续支出计入固定资产成本，同时应终止确认被替换部分的账面价值。（　　）

14. 企业以一笔款项购入多项没有单独标价的固定资产，应将该款项按各项固定资产账面价值占账面价值总额的比例进行分配，分别确定各项固定资产成本。（   ）
15. 企业应当根据与固定资产有关的经济利益预期实现方式合理选择折旧方法。（   ）
16. 企业盘盈的固定资产应当通过"待处理财产损溢"科目核算，将其净收益记入"营业外收入"科目中。（   ）
17. 企业将固定资产对外出售，收取的增值税不会影响最终计入损益的金额。（   ）
18. 企业内部研究开发项目的支出，应于发生当期全部计入当期损益。（   ）
19. 无法可靠确定与使用寿命有限的无形资产有关的经济利益的预期实现方式的，该项无形资产不摊销，但应于每个会计期间对其进行减值测试。（   ）
20. 使用寿命确定的无形资产，应当自可供使用（即达到预定用途）的下月起开始进行摊销，自处置下月起停止摊销。（   ）
21. 某企业以 50 万元外购一项专利权，同时还发生相关费用 6 万元，那么该外购专利权的入账价值为 56 万元。（   ）
22. 对自行开发并按法律程序申请取得的无形资产，按在研究与开发过程中发生的材料费用、直接参与开发人员的工资及福利费、开发过程中发生的租金、借款费用，以及注册费、聘请律师费等费用作为无形资产的实际成本。（   ）
23. 企业应根据期末无形资产公允价值的一定比例计提减值准备。（   ）
24. 无法区分研究阶段支出和开发阶段支出时，应当将其所发生的研发支出全部资本化，计入无形资产成本。（   ）
25. 企业以经营租赁方式租入的使用权资产发生的改良支出，应直接计入当期损益。（   ）

四、不定项选择题

1. 甲公司为增值税一般纳税人，出租和出售投资性房地产适用的增值税税率为 9%，相关交易或事项如下：
   （1）2×20 年 12 月 31 日购入一栋管理用办公楼，支付购买价款 13 080 万元（含增值税 1 080 万元）。该办公楼预计使用年限为 20 年，预计净残值为零，采用年限平均法计提折旧。
   （2）因公司迁址，2×23 年 6 月 30 日甲公司与乙公司签订租赁协议。该协议约定：甲公司将上述办公楼出租给乙公司，租赁期开始日为协议签订日，租期 2 年，年租金 500 万元（不含增值税），每半年支付一次。租赁协议签订日该办公楼的公允价值为 13 000 万元，该办公楼至 2×23 年 6 月 30 日未计提减值准备。甲公司对投资性房地产采用公允价值模式进行后续计量。
   （3）2×23 年 12 月 31 日，该办公楼的公允价值为 13 500 万元。
   假定不考虑增值税以外的其他相关税费。
   要求：根据上述资料，不考虑其他条件，分析回答下列问题。
   （1）根据资料（1），购入办公楼时正确的会计分录为（   ）。
   A. 借：固定资产   12 000
         应交税费——应交增值税（进项税额）   1 080
       贷：银行存款   13 080
   B. 借：固定资产   13 080
       贷：银行存款   13 080
   C. 借：固定资产   12 000
       贷：银行存款   12 000
   D. 借：投资性房地产   12 000
         应交税费——应交增值税（进项税额）   1 080
       贷：银行存款   13 080
   （2）根据资料（2），甲公司 2×23 年对该办公楼应计提的折旧额为（   ）万元。
   A. 600   B. 300
   C. 500   D. 400
   （3）根据资料（2）~（3）上述交易或事项对甲公司 2×23 年营业利润的影响金额为（   ）万元。
   A. 550   B. 450
   C. 500   D. 400
2. A 股份有限公司（以下简称"A 公司"）2×21~

2×22年发生与投资业务有关的资料如下：
(1) A、B公司为甲公司控制下的两家全资子公司。2×21年5月1日，A公司以账面原价为1 000万元、累计折旧400万元的一台设备作为对价，自甲公司处取得对B公司80%的控股股权，相关手续已办理，能够对B公司实施控制。合并当日，B公司所有者权益在其最终控制方合并财务报表中的账面价值为1 000万元。假定A公司与B公司的会计年度和采用的会计政策相同。
(2) 2×22年1月1日，A公司以银行存款280万元收购乙公司持有的S公司30%股权，对S公司能够施加重大影响，A公司和S公司为非同一控制下的两家独立公司。S公司可辨认净资产的公允价值与账面价值均为1 000万元。
(3) 2×22年5月1日，S公司股东大会通过2×21年度利润分配方案。该分配方案宣告分配现金股利200万元。
(4) 2×22年5月5日，A公司收到S公司分配的现金股利。
(5) 2×22年12月31日，S公司因其他债权投资公允价值变动增加其他综合收益50万元。

要求：根据上述资料，不考虑其他条件，分析回答下列问题。

(1) 根据资料（1），以下选项正确的是（　　）。
　　A. 长期股权投资的初始投资成本为1 000万元
　　B. 长期股权投资的初始投资成本为800万元
　　C. 应在贷方确认资本公积200万元
　　D. 应在借方依次调整资本公积、盈余公积和未分配利润

(2) 根据资料（2），2×22年1月1日A公司持有S公司长期股权投资的会计分录为（　　）。
　　A. 借：长期股权投资　　280
　　　　　贷：银行存款　　　　　280
　　B. 借：长期股权投资　　300
　　　　　贷：银行存款　　　　　300
　　C. 长期股权投资　　　　300
　　　　　贷：银行存款　　　　　280

营业外收入　　　　　　20
　　D. 长期股权投资　　　　300
　　　　　贷：银行存款　　　　　280
　　　　　　　资本公积　　　　　20

(3) 根据资料（3）~（5），说法正确的是（　　）。
　　A. 2×22年5月1日，应借记"长期股权投资——损益调整"60万元
　　B. 2×22年5月5日，应贷记"应收股利"200万元
　　C. 2×22年12月31日，应贷记"其他综合收益"15万元
　　D. 2×22年12月31日，A公司持有S公司长期股权投资的账面价值为255万元

3. 甲公司为增值税一般纳税人，其固定资产相关业务如下：
(1) 2×20年12月20日，甲公司向乙公司一次购进三台不同型号且具有不同生产能力的A设备、B设备和C设备，共支付价款4 000万元，增值税税额为520万元，包装费及运输费30万元，另支付A设备安装费18万元，B设备、C设备不需要安装，同时，支付购置合同签订、差旅费等相关费用2万元，全部款项已由银行存款支付。
(2) 2×20年12月28日，三台设备均达到预定可使用状态，三台设备的公允价值分别为2 000万元、1 800万元和1 200万元。该公司按每台设备公允价值的比例对支付的价款进行分配，并分别确定其入账价值。
(3) 三台设备预计的使用年限均为5年，预计净残值率为2%，使用双倍余额递减法计提折旧。
(4) 2×20年3月，支付A设备、B设备和C设备日常维修费用分别为1.2万元、0.5万元和0.3万元。
(5) 2×20年12月31日，对固定资产进行减值测试，发现B设备实际运行效率和生产能力验证未完全达到预计的状况，存在减值迹象，其预计可收回金额低于账面价值的差额为120万元，其他各项固定资产未发生减值迹象。

要求：根据上述资料，不考虑其他因素，分析回答下列问题。

（1）根据资料（1）和资料（2），下列各项中，关于固定资产取得会计处理表述正确的是（　　）。
　　A. 固定资产应按公允价值进行初始计量
　　B. 支付的相关增值税税额不应计入固定资产的取得成本
　　C. 固定资产取得成本与其公允价值差额应计入当期损益
　　D. 购买价款、包装费、运输费、安装费等费用应计入固定资产的取得成本
（2）根据资料（1）和资料（2），下列各项中，计算结果正确的是（　　）。
　　A. A设备的入账价值为1 612万元
　　B. B设备的入账价值为1 450.8万元
　　C. C设备的入账价值为967.2万元
　　D. A设备分配购进固定资产总价款的比例为40%
（3）根据资料（1）和资料（2），固定资产购置业务引起下列科目增减变动，正确的是（　　）。
　　A."银行存款"减少4 050万元
　　B."管理费用"增加2万元
　　C."制造费用"增加2万元
　　D."应交税费——应交增值税（进项税额）"增加520万元
（4）根据资料（3），下列各项中，关于甲公司固定资产折旧表述正确的是（　　）。
　　A. 前三年计提折旧所使用的折旧率为40%
　　B. A设备2×20年度应计提折旧额为652万元
　　C. B设备2×20年度应计提折旧额为580.32万元
　　D. 计提前三年折旧额时不需要考虑残值的影响
（5）根据资料（4），甲公司支付设备日常维修费引起下列科目变动，正确的是（　　）。
　　A."固定资产"增加2万元
　　B."管理费用"增加2万元
　　C."在建工程"增加2万元
　　D."营业外支出"增加2万元
（6）根据资料（5），甲公司计提资产减值准备对其利润表项目的影响是（　　）。
　　A. 资产减值损失增加120万元
　　B. 营业利润减少120万元
　　C. 利润总额减少120万元
　　D. 净利润减少120万元

4. 甲企业为增值税一般纳税人，2×18～2×20年发生的与无形资产有关的业务如下：
（1）2×18年1月10日，甲企业开始自行研发一项行政管理用非专利技术，截至2×18年5月31日，用银行存款支付外单位协作费74万元，领用本单位原材料成本26万元（不考虑增值税因素），经测试，该项研发活动已完成研究阶段。
（2）2×18年6月1日，研发活动进入开发阶段，该阶段发生研究人员的薪酬支出为35万元，领用材料成本为85万元（不考虑增值税因素），全部符合资本化条件。
（3）2×18年12月1日，该项研发活动结束，最终开发形成一项非专利技术，在行政管理部门投入使用。该非专利技术预计可使用年限为5年，预计净残值为0，采用直线法摊销。
（4）2×19年1月1日，甲企业将该非专利技术出租给乙企业，双方约定租赁期限为2年，每月末以银行转账结算方式收取租金3万元。
（5）2×20年12月31日，租赁期限届满，经减值测试，该非专利技术的可回收金额为52万元。
要求：根据上述资料，不考虑其他因素，分析回答下列问题（答案中的金额单位用万元表示）。
（1）根据资料（1）和资料（2），甲企业自行研究开发无形资产的入账价值是（　　）万元。
　　A. 100　　　　B. 120
　　C. 146　　　　D. 220
（2）根据资料（1）~（4），下列关于甲企业该非专利技术摊销的会计处理的表述中，正确的是（　　）。
　　A. 自可供使用的下月起开始摊销
　　B. 自可供使用的当月起开始摊销
　　C. 该非专利技术出租前的摊销额应计入管理费用

D. 摊销方法应当反映与该非专利技术有关的经济利益的预期实现方式
(3) 根据资料（4），下列甲企业 2×19 年 1 月对出租无形资产和收取租金的会计处理中，正确的是（　　）。
　　A. 借：其他业务成本　　　　2
　　　　　贷：累计摊销　　　　　　2
　　B. 借：管理费用　　　　　　2
　　　　　贷：累计摊销　　　　　　2
　　C. 借：银行存款　　　　　　3
　　　　　贷：其他业务收入　　　　3

D. 借：银行存款　　　　　　3
　　贷：营业外收入　　　　　　3
(4) 根据资料（5），甲企业该非专利技术的减值金额是（　　）万元。
　　A. 0　　　　　　B. 18
　　C. 20　　　　　D. 35.6
(5) 根据资料（1）~（5），甲企业 2×20 年 12 月 31 日资产负债表中"无形资产"项目的金额是（　　）万元。
　　A. 52　　　　　B. 70
　　C. 72　　　　　D. 88

本章考点巩固练习题参考答案及解析

一、单项选择题

1.【答案】A
【解析】因溢价购入该债券，初始确认时"债权投资——利息调整"科目在借方，后续相应的摊销在贷方，所以 2×21 年末确认投资收益的金额 = 590 - 10 = 580（万元）。会计分录为：
借：债权投资——应计利息　　　590
　　贷：投资收益　　　　　　　　　580
　　　　债权投资——利息调整　　　10

2.【答案】C
【解析】同一控制下企业合并形成的长期股权投资，合并方以支付现金、转让非现金资产或承担债务方式作为合并对价的，应在合并日按取得被合并方所有者权益在最终控制方合并财务报表中的账面价值的份额作为初始投资成本计量。长期股权投资的初始投资成本 = 被投资方相对于最终控制方而言的可辨认净资产账面价值份额 = 9 000 × 60% = 5 400（万元）。企业为企业合并发生的审计、法律服务、评估咨询等中介费用以及其他相关管理费用应作为当期损益计入管理费用。

3.【答案】D
【解析】甲公司取得乙公司的股权属于非同一控制下的企业合并，长期股权投资的初始投

资成本 = 付出对价的公允价值 = 1 500 × 6 = 9 000（万元）。

4.【答案】B
【解析】同一控制下企业合并计入资本公积的金额为长期股权投资初始投资成本和发行股票面值之差并扣除支付承销商佣金的金额。长期股权投资初始投资成本 = 9 000 × 60% = 5 400（万元），甲公司取得该股权投资时应确认的资本公积——股本溢价 = 5 400 - 1 000 × 1 - 100 = 4 300（万元）。
会计分录如下：
借：长期股权投资　　　　　　　5 400
　　贷：股本　　　　　　　　　　　1 000
　　　　资本公积——股本溢价　　　4 400
借：资本公积——股本溢价　　　100
　　贷：银行存款　　　　　　　　　100

5.【答案】C
【解析】被投资单位发生净亏损，借记"投资收益"科目，贷记"长期股权投资"科目（损益调整），但以"长期股权投资"科目的账面价值减记至零为限；还需承担的投资损失，应将其他实质上构成对被投资单位净投资的"长期应收款"等的账面价值减记至零为限；除按照以上步骤已确认的损失外，按照投资合同或协议约定将承担的损失，确认为预计负债。除上述情况仍未确认的应分担

被投资单位的损失,应在账外备查登记。发生亏损的被投资单位以后实现净利润的,应按与上述相反的顺序进行处理。

甲公司2×22年应承担的投资损失金额 = 5 000×35% = 1 750(万元),其中冲减长期股权投资并确认投资损失的金额为1 260万元,冲减长期应收款并确认投资损失的金额为300万元,合计确认投资损失 = 1 260 + 300 = 1 560(万元),剩余部分190万元(1 750 − 1 560)作备查登记。

会计分录如下:

借:投资收益　　　　　　　　　1 560
　　贷:长期股权投资——损益调整
　　　　　　　　　　　　　　　1 260
　　　　长期应收款　　　　　　　300

6.【答案】B

【解析】甲公司取得乙公司的20%股权,能够对乙公司实施重大影响,甲公司应该将其作为权益法核算的长期股权投资进行账务处理;在取得股权日,甲公司按照付出对价的公允价值2 000万元确认长期股权投资初始投资成本;初始投资成本2 000万元与应享有乙公司可辨认净资产公允价值的份额2 400万元(12 000×20%)比较,前者小于后者,应按照差额调整长期股权投资账面价值。因此取得投资日,甲公司长期股权投资的账面价值是2 400万元。

7.【答案】D

【解析】2×20年4月1日初始投资成本 = 10 000×90% = 9 000(万元),选项A正确;2×20年6月3日宣告分派现金股利应确认投资收益 = 1 500×90% = 1350(万元),选项B正确;2×21年5月6日宣告分派现金股利应确认投资收益 = 7 500×90% = 6 750(万元),选项C正确;2×21年12月31日长期股权投资的账面价值仍然为9 000万元,选项D错误。

8.【答案】A

【解析】企业为企业合并发生的审计、法律服务、评估咨询等中介费用及其他相关管理费用,应当于发生时借记"管理费用"科目,即记入当期损益。

9.【答案】D

【解析】自用写字楼转为成本模式计量的投资性房地产,以转换日的账面价值作为投资性房地产的入账价值,即投资性房地产的入账价值 = 5 000 − 500 − 400 = 4 100(万元)。

10.【答案】C

【解析】投资性房地产无论采用成本模式还是公允价值模式进行后续计量,取得的租金收入均记入"其他业务收入"科目。

11.【答案】C

【解析】甲公司该厂房为采用公允价值模式进行后续计量的投资性房地产,应按资产负债表日公允价值列示。

12.【答案】D

【解析】作为存货的非投资性房地产转换为采用公允价值模式后续计量的投资性房地产时,转换日公允价值大于账面价值的差额,应计入其他综合收益;转换日公允价值小于账面价值的差额,应计入公允价值变动损益。

13.【答案】D

【解析】采用公允价值模式进行后续计量的投资性房地产期末公允价值变动计入公允价值变动损益,选项D不正确。

14.【答案】A

【解析】选项A,相关科目对应结转,不涉及损益,不会影响营业利润;选项B,采用成本模式进行后续计量的投资性房地产发生的减值计入资产减值损失,会影响营业利润;选项C,成本模式后续计量的投资性房地产计提折旧(摊销)计入其他业务成本,会影响营业利润;选项D,出售投资性房地产取得的收入计入其他业务收入,会影响营业利润。

15.【答案】D

【解析】投资性房地产的账面价值 = (4 800 − 1 000) − (300 − 300×1 000÷4 800) + 800 = 4 362.5(万元)。

16.【答案】C

【解析】购入办公楼作为投资性房地产核算,选项A错误;办公楼的折旧金额计入其他业务成本,选项B错误;当年应计提的折旧金额 = (1 000 + 200)×(1 − 5%)÷20÷12×10 = 47.5(万元),选项C正确;资产负债表日计提减值前投资性房地产的账面价值 = 1 200 −

47.5 = 1 152.5（万元），可收回金额小于其账面价值，应按账面价值与可收回金额孰低计量，故该办公楼在 2×20 年 12 月 31 日的账面价值为 1 100 万元，选项 D 错误。

17.【答案】B
【解析】企业外购的固定资产，应按购买价款、相关税费、使固定资产达到预定可使用状态前所发生的可归属于该项资产的运输费、装卸费、安装费和专业人员服务费等，作为固定资产的取得成本。其中，相关税费不包括可以从销项税额中抵扣的增值税进项税额。本题中固定资产入账金额 = 3 000 + 15 + 5 = 3 020（万元）。

18.【答案】C
【解析】总成本 = 1 000 + 6 + 4 + 10 = 1 020（万元）；总公允价值 = 300 + 200 + 500 = 1 000（万元）。A、B、C 设备比例分别为 300 ÷ 1 000 = 30%、200 ÷ 1 000 = 20%、500 ÷ 1 000 = 50%，因此，其入账价值分别为 1 020 × 30% = 306（万元）；1 020 × 20% = 204（万元）；1 020 × 50% = 510（万元）。

19.【答案】D
【解析】甲公司库房的入账价值 = 200 + 180 + 100 + 120 + 20.2 = 620.2（万元）。

20.【答案】C
【解析】设备入账价值 = 500 + 20 + 50 + 12 = 582（万元）。该设备自 2×21 年 1 月开始计提折旧，2×21 年其尚可使用年限为 10 年，年折旧额 = 582 × 10 ÷ 55 = 105.82（万元）。
[注] 55 为固定资产预计使用寿命逐年数字总和。

21.【答案】D
【解析】该设备自 2×21 年 1 月开始计提折旧。双倍余额递减法开始计算折旧时不考虑固定资产预计净残值。该设备应计提的折旧 = 25 × 2 ÷ 5 = 10（万元）。

22.【答案】A
【解析】生产总量法属于无形资产摊销的方法。

23.【答案】B
【解析】生产车间闲置固定资产折旧计入管理费用。

24.【答案】B
【解析】固定资产更新改造，如果有被替换部分，应同时将被替换部分的账面价值从该固定资产原账面价值中扣除。注意，这里是账面价值，而题目中给的是替换部分的原值。拆除部分的账面价值 = 200 - 250 × 200 ÷ 800 = 137.5（万元）。改造后价值 = 800 - 250 - 137.5 + 400 = 812.5（万元）。也可以这样算，改造后价值 = (800 - 200) - (250 - 250 × 200 ÷ 800) + 400 = 812.5（万元）。

25.【答案】D
【解析】该设备出售净收益 = 113 000 - (160 000 - 45 000 + 3 000) = -5 000（元）。

26.【答案】B
【解析】企业处置固定资产应通过"固定资产清理"科目进行核算。

27.【答案】B
【解析】短期租赁租入设备不属于承租方的固定资产，属于出租方的固定资产，因此不会影响承租方固定资产的账面价值。

28.【答案】D
【解析】固定资产盘盈，在"以前年度损益调整"账户中核算。

29.【答案】C
【解析】该固定资产 2×19 年末账面价值 = 6 000 - 6 000 ÷ 20 × 9 ÷ 12 = 5 775（万元），高于可收回金额 5 544 万元，因此，应计提减值准备 = 5 775 - 5 544 = 231（万元）。2×20 年末该固定资产账面价值 = 5 544 - 5 544 ÷ (20 × 12 - 9) × 12 = 5 256（万元），低于可收回金额 5 475 万元，不允许转回已计提的减值准备，则 2×20 年末该固定资产减值准备的账面余额为 231 万元。

30.【答案】C
【解析】计算使用权资产和租赁负债：
租赁付款额 = 50 000 × 10 = 500 000（元）；
使用权资产的成本 = 租赁付款额的现值 = 50 000 × (P/A, 5%, 10) = 50 000 × 7.72 = 386 000（元）；
未确认融资费用 = 500 000 - 386 000 = 114 000（元）。

甲公司编制会计分录如下：
借：使用权资产　　　　　　386 000
　　租赁负债——未确认融资费用
　　　　　　　　　　　　　114 000
　　贷：租赁负债——租赁付款额
　　　　　　　　　　　　　500 000

31. 【答案】D
【解析】不符合资本化条件的支出 500 万元（300 + 200）计入研发支出，并于期末转入管理费用，符合资本化条件的支出 600 万元（800 - 200）形成该非专利技术的入账价值。

32. 【答案】C
【解析】研发支出中费用化部分在期末要转入管理费用，会影响当期利润总额。

33. 【答案】B
【解析】出租无形资产的摊销额记入"其他业务成本"科目。

34. 【答案】A
【解析】对无形资产计提减值准备、摊销无形资产、转让无形资产所有权，均会减少无形资产账面价值。无形资产可收回金额大于账面价值时，仍以其账面价值核算，不会引起无形资产账面价值变动。

35. 【答案】C
【解析】研究阶段支出 160 万元和开发阶段不符合资本化条件支出 100 万元应计入当期损益，该业务导致企业 2×20 年度利润总额减少 260 万元（100 + 160）。

36. 【答案】B
【解析】该项专利权的入账价值 = 690 万元，应按照 10 年期限摊销，2×19 年 1 月开始摊销，2×19 年度应摊销的金额 = 690 ÷ 10 = 69（万元）。

37. 【答案】C
【解析】该企业应确认的转让无形资产净收益 = 28 - (50 - 20 - 5) = 3（万元）。增值税对无形资产转让的净损益没有影响。

38. 【答案】B
【解析】资产的账面价值 = 资产的账面余额 - 资产的减值准备（坏账准备）。2×20 年应摊销的无形资产 = (82 - 12) ÷ 10 = 7（万元），2×20 年末无形资产账面余额 = 82 - 7 = 75（万元），此时无形资产可收回金额 = 45 万元，应累计计提的无形资产减值准备 = 75 - 45 = 30（万元），已经计提的无形资产减值准备为 12 万元。所以应补提的无形资产减值准备 = 30 - 12 = 18（万元）。

二、多项选择题

1. 【答案】BCD
【解析】成本法核算的长期股权投资，持有期间被投资单位宣告发放现金股利，投资企业应当进行的处理是：借记"应收股利"科目，贷记"投资收益"科目，不会引起长期股权投资账面价值发生增减变动。

2. 【答案】ACD
【解析】成本法下，被投资单位实现净利润时，投资方不需要进行会计处理，即不需要根据被投资单位实现的净利润调整长期股权投资的账面价值，选项 B 不正确。

3. 【答案】ACD
【解析】采用权益法核算的长期股权投资，投资方对于被投资方的净资产的变动应调整长期股权投资的账面价值。相关账务处理如下：
①取得长期股权投资：
借：长期股权投资——投资成本
　　　　　　　　　　　　　4 000
　　贷：银行存款　　　　　4 000
②对初始投资成本的调整：
借：长期股权投资——投资成本 200
　　贷：营业外收入　　　　　　200
③被投资方实现净利润：
借：长期股权投资——损益调整
　　　　　　　　（2 000 ×30%）600
　　贷：投资收益　（2 000 ×30%）600
④被投资方其他债权投资公允价值变动：
借：长期股权投资——其他综合收益
　　　　　　　　　　　　　　30
　　贷：其他综合收益　　　　30

4. 【答案】BC
【解析】本题账务处理为：
借：固定资产清理　　　　　600
　　累计折旧　　　　　　　400
　　贷：固定资产　　　　1 000

借：长期股权投资
　　　　　　　　（1 000×80%）800
　　贷：固定资产清理　　　　600
　　　　资本公积——股本溢价
　　　　　　　　（贷方差额）200

5.【答案】BC
【解析】选项A，被投资单位分配股票股利，所有者权益总额不变；选项D，被投资单位盈余公积转增股本，所有者权益总额不变。

6.【答案】AC
【解析】权益法下被投资单位发生超额亏损，首先，冲减长期股权投资的账面价值，冲至零为限；其次，冲减其他实质上构成被投资单位净投资的长期权益，冲至零为限；然后，如果协议约定，投资公司需承担额外损失弥补义务的，需要确认预计负债；最后，按照上述处理后仍存在未确认损失的，应在账外备查登记。被投资单位在以后期间实现盈利的，应按上述相反顺序冲减账外登记金额、已确认预计负债金额、恢复其他长期权益金额及长期股权投资金额。

7.【答案】BC
【解析】甲公司2×21年应确认租金收入=100×6÷12=50（万元），选项A错误；办公楼出租前的账面价值=4 500-2 000=2 500（万元），出租日转换为以公允价值模式计量的投资性房地产，公允价值与账面价值的差额应确认其他综合收益=3 500-2 500=1 000（万元），选项B正确，选项D错误；2×21年6月30甲公司应按照当日办公楼的公允价值确认投资性房地产3 500万元，选项C正确。

8.【答案】BCD
【解析】以成本模式计量的投资性房地产，需要计提折旧或摊销，则年末需要对其预计使用寿命进行复核，选项A错误。

9.【答案】CD
【解析】企业将自用房地产转换为以公允价值计量的投资性房地产时，转换日公允价值与原账面价值的差额，如果是借方差额，计入公允价值变动损益；如果是贷方差额，则计入其他综合收益。

10.【答案】ABC
【解析】已经出租的房地产才能作为投资性房地产核算，选项D不属于投资性房地产。

11.【答案】ACD
【解析】选项A，采用成本模式进行后续计量的投资性房地产期末应考虑确认减值损失；选项C，采用公允价值模式进行后续计量的投资性房地产公允价值变动应计入公允价值变动损益；选项D，公允价值模式进行后续计量的投资性房地产不能再转为成本模式计量，而采用成本模式进行后续计量的投资性房地产在符合一定的条件时可以转为公允价值模式计量。

12.【答案】ABC
【解析】对已出租的土地使用权、已出租的建筑物，其作为投资性房地产的确认时点一般为租赁期开始日，即土地使用权、建筑物进入出租状态、开始赚取租金的日期，选项A、B正确。但对企业持有以备经营出租的空置建筑物，董事会或类似机构作出书面决议，明确表明将其用于经营出租且持有意图短期内不再发生变化的，即使尚未签订租赁协议，也应视为投资性房地产，选项D错误。对持有并准备增值后转让的土地使用权，其作为投资性房地产的确认时点为企业将自用土地使用权停止自用、准备增值后转让的日期，选项C正确。

13.【答案】AC
【解析】选项B，固定资产的折旧方法一经确定不得随意变更，当与固定资产有关的经济利益预期实现方式有重大变更的，应当改变固定资产折旧方法；选项D，自行建造的固定资产，已经达到预定可使用状态但尚未办理竣工决算的，应当按照估计价值确定其成本，并计提折旧。

14.【答案】ABCD
【解析】影响固定资产折旧的因素包括：固定资产原价、预计净残值、固定资产减值准备、固定资产使用寿命。

15.【答案】AD
【解析】选项B，生产车间固定资产的日常维修费用计入管理费用；选项C，固定资产的更新改造等后续支出，满足固定资产确认条件的，应当计入更新改造后的固定资产成本。

16.【答案】ABCD

17.【答案】ABC
【解析】选项 D 应通过固定资产清理科目的贷方核算。

18.【答案】ABCD

19.【答案】ABD
【解析】使用权资产应当按照成本进行初始计量。其成本包括：
(1) 租赁负债的初始计量金额。
(2) 在租赁期开始日或之前支付的租赁付款额，存在租赁激励的，扣除已享受的租赁激励相关金额。租赁激励，是指出租人为达成租赁向承租人提供的优惠，包括出租人向承租人支付的与租赁有关的款项、出租人为承租人偿付或承担的成本等。
(3) 承租人发生的初始直接费用。初始直接费用，是指为达成租赁所发生的增量成本。增量成本是指若企业不取得该租赁，则不会发生的成本。
(4) 承租人为拆卸及移除租赁资产、复原租赁资产所在场地或将租赁资产恢复至租赁条款约定状态预计将发生的成本。所以选项 C 错误，选项 A、B、D 正确。

20.【答案】ABCD
【解析】自行营造的林木类生产性生物资产，达到预定生产经营目的前发生的造林费、抚育费、营林设施费、良种试验费、调查设计费和应分摊的间接费用等必要支出均计入生产成本。

21.【答案】ACD
【解析】无形资产具有可辨认性，选项 B 错误。

22.【答案】AB
【解析】选项 C 计入销售费用，选项 D 计入管理费用，都不构成无形资产的入账价值。

23.【答案】AD
【解析】研究阶段的支出，应当费用化，月末转入当期损益，选项 A 错误；开发阶段的支出，满足资本化条件的资本化，不满足费用化，选项 D 错误。

24.【答案】ABCD

【解析】为生产特定产品使用的无形资产摊销额计入制造费用；一般管理用无形资产摊销额计入管理费用；对外出租无形资产的摊销额计入其他业务成本；用于其他无形资产研发的无形资产的摊销额计入研发支出。

25.【答案】AB
【解析】该非专利技术的年摊销额 = 500÷10 = 50（万元），选项 B 正确。无形资产从购入当月开始进行摊销，从 2×17 年 1 月 1 日到 2×20 年 12 月 31 日该专利技术的累计摊销额 = 50×4 = 200（万元），所以 2×20 年 12 月 31 日该专利技术的账面价值 = 500 − 200 = 300（万元），大于 2×20 年 12 月 31 日专利技术预计可收回金额 270 万元，所以要计提减值准备，将无形资产的账面价值减记至可收回金额 270 万元，选项 A 正确。

26.【答案】BC
【解析】使用寿命有限的无形资产应进行摊销，使用寿命不确定的无形资产不应摊销。企业选择无形资产摊销方法，应当反映与该项无形资产有关的经济利益的预期实现方式，无法可靠确定预期实现方式的，采用直线法摊销。

27.【答案】ABD
【解析】选项 C，内部研究开发阶段符合资本化条件的支出，应当予以资本化，计入无形资产成本，不满足资本化条件的应当费用化。

28.【答案】ABCD

29.【答案】AD
【解析】固定资产、无形资产相关的减值准备一经计提，以后会计期间不得转回；应收账款、存货计提减值准备后价值得以恢复时，可以在原计提减值准备的金额范围内予以转回。

30.【答案】AD
【解析】选项 B，在满足资本化条件时计入在建工程；选项 C，企业发生的开办费计入管理费用。

三、判断题

1.【答案】×
【解析】企业取得债权投资支付的价款中包含

已到付息期但尚未领取的债券利息，应当单独确认为应收利息，不构成债权投资的成本。

2. 【答案】×

【解析】小企业会计准则规定小企业采用直线法。

3. 【答案】√

4. 【答案】√

5. 【答案】×

【解析】企业出租给本企业职工居住的宿舍，虽然也收取租金，但间接为企业自身的生产经营服务，因此属于自用房地产。

6. 【答案】√

7. 【答案】×

【解析】出售投资性房地产通过"其他业务收入"科目核算，不属于利得。

8. 【答案】×

【解析】原租赁不属于低价值资产租赁而承租人转租或预期转租租赁资产的不属于低价值租赁。

9. 【答案】×

【解析】低价值资产租赁的判定仅与资产的绝对价值有关，不受承租人规模、性质或其他情况影响。

10. 【答案】×

【解析】同一控制下的企业合并，合并成本为在合并日取得被合并方所有者权益相对于最终控制方而言的账面价值。

11. 【答案】√

【解析】小规模纳税人购入固定资产支付的增值税进项税额不得抵扣，应直接计入固定资产成本。

12. 【答案】×

【解析】应计入外购资产的成本。

13. 【答案】√

14. 【答案】×

【解析】企业以一笔款项购入多项没有单独标价的固定资产，应当按照各项固定资产的公允价值对总成本进行分配，分别确定各项资产的总成本。

15. 【答案】√

16. 【答案】×

【解析】固定资产的盘盈作为前期会计差错更正，通过"以前年度损益调整"科目进行核算，盘盈的固定资产按重置成本入账。

17. 【答案】√

【解析】增值税属于价外税，不会影响损益。

18. 【答案】×

【解析】符合资本化条件的支出应计入无形资产成本。

19. 【答案】×

【解析】无法可靠确定与使用寿命有限的无形资产有关的经济利益的预期实现方式的，应按直线法进行摊销。

20. 【答案】×

【解析】对于使用寿命确定的无形资产，应自可供使用（即达到预定用途）当月起开始摊销，处置当月不再摊销。

21. 【答案】√

【解析】外购无形资产的成本，包括购买价款、进口关税和其他税费以及直接归属于使该项资产达到预定用途所发生的其他支出。

22. 【答案】×

【解析】自行开发的无形资产研究阶段的支出，应该计入当期损益；开发阶段的支出，符合资本化条件的，应该计入无形资产的成本。

23. 【答案】×

【解析】企业应根据期末无形资产账面价值高于其预计可收回金额的数额计提减值准备。

24. 【答案】×

【解析】无法区分研究阶段支出和开发阶段支出时，应当将其所发生的研发支出全部费用化，计入当期损益（管理费用）。

25. 【答案】×

【解析】经营租入的使用权资产的改良支出应该计入长期待摊费用，以后分期摊销计入相应的成本和费用。

四、不定项选择题

1. (1)【答案】A

【解析】甲公司取得办公楼的会计分录为：

借：固定资产　　　　　　　　　　12 000
　　应交税费——应交增值税（进项税额）
　　　　　　　　　　　　　　　　1 080

　　　　贷：银行存款　　　　　　　　13 080
(2)【答案】B
【解析】2×23 年 1 月至 6 月应计提折旧额 = 12 000÷20×6÷12 = 300（万元）。以公允价值模式计量的投资性房地产不计提折旧，故 2×23 年 7~12 月不计提折旧。
(3)【答案】B
【解析】上述交易或事项对甲公司 2×23 年度营业利润的影响金额 = -300（折旧）+500÷2（租金收入）+(13 500-13 000)（公允价值变动损益）= 450（万元）。

2. (1)【答案】BC
【解析】A 公司对 B 公司实施控制属于同一控制下企业合并，A 公司以固定资产作为合并对价，应在合并日按取得 B 公司所有者权益在最终控制方合并财务报表中的账面价值的份额，借记"长期股权投资"科目（投资成本），按支付的合并对价的账面价值，贷记或借记固定资产相关科目，按其差额，贷记"资本公积——资本溢价或股本溢价"科目；如为借方差额，借记"资本公积——资本溢价或股本溢价"科目，资本公积（资本溢价或股本溢价）不足冲减的，应依次借记"盈余公积""利润分配——未分配利润"科目。
具体账务处理为：
借：固定资产清理　　　　　　　　600
　　累计折旧　　　　　　　　　　400
　　贷：固定资产　　　　　　　　1 000
借：长期股权投资
　　　　　　　(1000×80%) 800
　　贷：固定资产清理　　　　　　600
　　　　资本公积——股本溢价
　　　　　　　（贷方差额）　　　200
(2)【答案】C
【解析】会计分录如下：
借：长期股权投资　　　　　　　　280
　　贷：银行存款　　　　　　　　280
A 公司持有 S 公司长期股权投资初始投资成本 280 万元小于投资时应享有 S 公司可辨认净资产公允价值的份额 300 万元（1 000×30%），应调整长期股权投资的初始投资成本。
借：长期股权投资　　(300-280) 20

　　　　贷：营业外收入　　　　　　　　20
(3)【答案】CD
【解析】正确的会计处理为：
2×22 年 5 月 1 日：
借：应收股利　　　　　　(200×30%) 60
　　贷：长期股权投资——损益调整　60
2×22 年 5 月 5 日：
借：银行存款　　　　　　　　　　60
　　贷：应收股利　　　　　　　　60
2×22 年 12 月 31 日：
借：长期股权投资——其他综合收益
　　　　　　　　　　　(50×30%) 15
　　贷：其他综合收益　　　　　　15
2×22 年 12 月 31 日，A 公司持有的 S 公司长期股权投资的账面价值 = 300-60+15 = 255（万元）。

3. (1)【答案】BD
【解析】固定资产应按实际支付的购买价款、相关税费、使固定资产达到预定可使用状态前所发生的可归属于该项资产的运输费、装卸费、安装费和专业人员服务费等，作为固定资产的取得成本，增值税进项税额不计入固定资产取得成本。
(2)【答案】BCD
【解析】A 设备的入账价值 = (4 000+30)×2 000÷(2 000+1 800+1 200)+18 = 1 630（万元）；
B 设备的入账价值 = (4 000+30)×1 800÷(2 000+1 800+1 200) = 1 450.8（万元）；
C 设备的入账价值 = (4 000+30)×1 200÷(2 000+1 800+1 200) = 967.2（万元）。
A 设备分配购进固定资产总价款的比例 = 2 000÷(2 000+1 800+1 200)×100% = 40%。
(3)【答案】BD
【解析】该业务会计分录如下：
借：固定资产——A　　　　　　1 630
　　　　　——B　　　　　　1 450.8
　　　　　——C　　　　　　967.2
　　应交税费——应交增值税（进项税额）
　　　　　　　　　　　　　　　520
　　管理费用　　　　　　　　　　2

贷：银行存款　　　　　　　4 570
(4)【答案】ABCD
【解析】三台设备自 2×20 年 1 月开始计提折旧。
2×20 年 A 设备应计提的折旧额 = 1 630 × 2÷5 = 652（万元）；
2×20 年 B 设备应计提的折旧额 = 1 450.8 × 2÷5 = 580.32（万元）；
双倍余额递减法前三年的折旧率 = 2÷5 × 100% = 40%；前三年不考虑残值。
(5)【答案】B
【解析】固定资产日常维修费计入管理费用。
(6)【答案】ABC
【解析】计提资产减值准备的账务处理为：
　借：资产减值损失　　　　　　120
　　贷：固定资产减值准备　　　　　120
本题中该固定资产计提减值损失 120 万元，利润表中资产减值损失增加 120 万元，相应营业利润、利润总额均减少 120 万元。

4.(1)【答案】B
【解析】企业自行开发无形资产在研究阶段发生的支出不符合资本化条件，记入"研发支出——费用化支出"，最终计入当期损益；开发阶段符合资本化条件的支出记入"研发支出——资本化支出"，最终计入无形资产。所以甲企业自行研究开发无形资产的入账价值 = 35 + 85 = 120（万元）。
(2)【答案】BCD
【解析】对于使用寿命有限的无形资产，应当自可供使用的当月起开始摊销，处置当月不再摊销，所以选项 A 错误，选项 B 正确。该无形资产出租前由行政管理部门使用，所以出租前其摊销金额应计入管理费用，选项 C 正确；企业选择无形资产的摊销方法，应当反映与该项无形资产有关的经济利益的预期实现方式，选项 D 正确。
(3)【答案】AC
【解析】出租无形资产的摊销金额计入其他业务成本，租金收入计入其他业务收入，每月摊销金额 = 120÷5÷12 = 2（万元）。所以选项 A、C 正确。
(4)【答案】B
【解析】2×20 年 12 月 31 日，该无形资产已计提摊销金额 = 2×(1+12×2) = 50（万元）；计提减值损失前该无形资产的账面价值 = 120 - 50 = 70（万元）。可回收金额为 52 万元，所以计提减值金额 = 70 - 52 = 18（万元）。
(5)【答案】A
【解析】资产负债表中"无形资产"项目金额 = 无形资产账面原值 - 无形资产累计摊销 - 无形资产减值损失 = 120 - 50 - 18 = 52（万元）。

第五章　负　　债

考情分析

本章内容主要讲述流动负债，难度不大。通常会结合资产、收入等内容命题，大多考试题型集中在客观题，考点相对集中于应付职工薪酬和应交税费等。

教材变化

2022 年教材本章内容有以下变化：

1. 删除了应付账款附有现金折扣条款的相关内容。

2. 删除了应交个人所得税的相关内容。

3. 流动负债中增加了合同负债项目，增加了辞退后福利、其他长期职工福利等相关内容。

4. 新增了非流动负债的内容，包括长期借款和长期应付款等相关内容。

考点提示

流动负债的考点主要应围绕短期借款、应付票据、应付账款、应付职工薪酬、应交税费等。短期借款主要掌握与利息计提相关的账务处理；应付票据和应付账款更多地需结合购买存货、固定资产等进行学习。应付职工薪酬和应交税费则是本章的重中之重。应付职工薪酬应注意掌握职工薪酬的相关基本概念，非货币性福利和累积带薪缺勤的会计核算常常出现在不定项选择题型中。从购进资产到对外销售均涉及税费问题，所以增值税的内容更应重点掌握。

本章考点框架

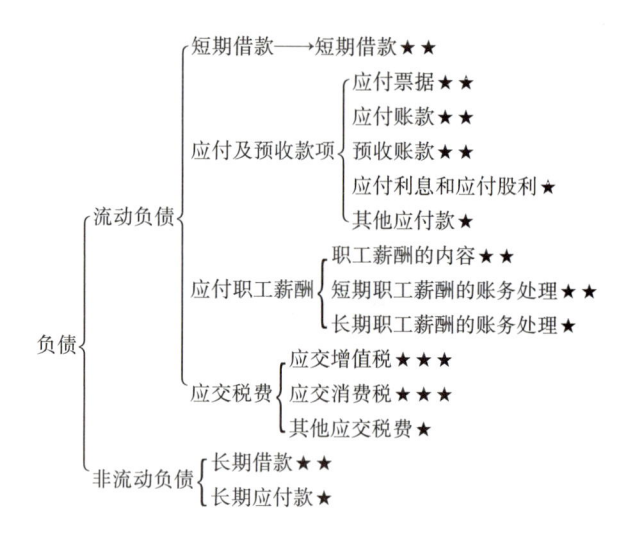

- 负债
  - 流动负债
    - 短期借款──短期借款★★
    - 应付及预收款项
      - 应付票据★★
      - 应付账款★★
      - 预收账款★★
      - 应付利息和应付股利★
      - 其他应付款★
    - 应付职工薪酬
      - 职工薪酬的内容★★
      - 短期职工薪酬的账务处理★★
      - 长期职工薪酬的账务处理★
    - 应交税费
      - 应交增值税★★★
      - 应交消费税★★★
      - 其他应交税费★
  - 非流动负债
    - 长期借款★★
    - 长期应付款★

考点解读及例题点津

负债是指企业过去的交易或者事项形成的、预期会导致经济利益流出企业的现时义务。

负债按偿还期限的长短可分为流动负债和非流动负债。

流动负债是指预计在1年或长于1年的一个营业周期内偿还的负债。流动负债的主要特点是偿还期限短等。

非流动负债是指除流动负债以外的其他负债。

第一单元　短期借款

1 短期借款★★

一、考点解读

（一）短期借款的概念

短期借款是指企业向银行或其他金融机构等借入的期限在1年以下（含1年）的各种款项。

提示 短期借款的偿还时间是1年以下（含1年）；短期借款具有借款金额小、时间短、利息低等特点。

（二）短期借款的账务处理

企业应设置"短期借款"科目，用来核算短期借款本金的借入和归还。"短期借款"属于负债类科目，它的基本账户结构如图5-1所示。

借方	短期借款	贷方
减少额：偿还借款本金的金额		**增加额**：取得借款本金的金额
		余额：尚未偿还的短期借款

图5-1

1. 企业取得短期借款的账务处理
借：银行存款

贷：短期借款（本金）

2. 短期借款利息的账务处理

短期借款应支付的利息属于筹资费用，应当于发生时直接计入当期损益。

（1）如果短期借款利息是按期（如按季度）支付，或者利息是在借款到期时连同本金一起归还，并且数额较大，企业于月末应对短期借款利息采用预提方式。

①在资产负债表日，应当按照计算确定的短期借款利息费用：

借：财务费用
　　贷：应付利息（本金×年利率×1÷12）

②实际支付利息时：

借：应付利息
　　贷：银行存款

（2）如果短期借款利息是按月支付，或者利息是在借款到期连同本金一起归还，但数额不大的，可不采用预提方式，在实际支付或收到银行的计息通知时，直接计入当期损益。

借：财务费用
　　贷：银行存款

3. 归还短期借款的账务处理

借：短期借款（本金）
　　贷：银行存款

二、例题点津

【例题1·判断题】"短期借款"科目只核算短期借款本金，不核算短期借款利息。（　　）

【答案】√

【解析】"短期借款"科目，用来核算短期借款本金的借入和归还。

【例题2·判断题】企业短期借款利息必须采用预提方式进行会计核算。（　　）

【答案】×

【解析】如果企业短期借款利息是按月支付，或者利息是在借款到期时一次还本付息，但数额不大，可以不采用预提方式，而是于实际支付或收到银行的计息通知时，直接计入当期损益。如果短期借款利息是按期（如按季度）支付，或者利息是在借款到期时连同本金一起归还，并且数额较大，应分月计提。

【例题3·单选题】如果短期借款利息是按月支付，或者利息是在借款到期连同本金一起归还，但数额不大的，可不采用预提方式，在实际支付或收到银行的计息通知时，直接计入当期损益，体现了（　　）。

A. 谨慎性
B. 权责发生制
C. 重要性
D. 实质重于形式

【答案】C

【解析】企业发生的短期借款利息，从支出的受益期来看，可能需要在若干会计期间进行分摊，但是因其数额不大，根据会计信息质量的重要性要求，可以一次性计入当期损益。

【例题4·单选题】如果短期借款利息是按期（如按季度）支付，或者利息是在借款到期时连同本金一起归还，并且数额较大，应分月计提，体现了（　　）。

A. 谨慎性
B. 权责发生制
C. 重要性
D. 实质重于形式

【答案】B

【解析】根据权责发生制，凡是当期已经实现的收入和已经发生或者应当负担的费用，无论款项是否收付，都应当作为当期的收入和费用，记入利润表。企业发生的短期借款利息，从支出的受益期来看，可能需要在若干会计期间进行分摊，并且数额较大，虽然没有按月实际支付，但应当分月计提，计入当期损益。

【例题5·多选题】下列各项中，关于制造业企业预提短期借款利息的会计科目处理正确的有（　　）。

A. 借记"财务费用"科目
B. 借记"制造费用"科目
C. 贷记"应付账款"科目
D. 贷记"应付利息"科目

【答案】AD

【解析】预提短期借款利息账务处理如下：

借：财务费用
　　贷：应付利息

第二单元　应付及预收款项

1 应付票据★★

一、考点解读

（一）概述

1. 概念

应付票据是指企业购买材料、商品和接受服务等而开出、承兑的商业汇票，包括商业承兑汇票和银行承兑汇票。

2. 科目设置

企业应通过"应付票据"科目，核算应付票据的发生、偿付等情况（见图 5-2）。

借方	应付票据	贷方
支付票据的金额	开出、承兑汇票的面值	
	余额：反映企业尚未到期的商业汇票的票面金额	

图 5-2

（二）账务处理

1. 企业因购买材料、商品和接受服务等而开出、承兑的商业汇票

借：材料采购/在途物资/原材料/库存商品/
　　应付账款
　　应交税费——应交增值税（进项税额）
　　贷：应付票据（面值）

2. 企业因开出银行承兑汇票而支付的<u>银行承兑汇票手续费</u>

借：财务费用
　　应交税费——应交增值税（进项税额）
　　贷：银行存款

提示　高频考点。

3. 企业开具的商业汇票到期支付

借：应付票据（面值）
　　贷：银行存款

4. 应付票据的转销

企业开具的商业汇票到期支付时如无力支付票款，应分为以下两种情况：

（1）应付<u>商业承兑汇票到期</u>，如无力支付票款：

借：应付票据
　　贷：应付账款

（2）应付<u>银行承兑汇票到期</u>，如无力支付票款：

借：应付票据
　　贷：短期借款

提示　高频考点。

二、例题点津

【例题1·多选题】下列可以作为应付票据的有（　　）。

A. 银行汇票　　　　B. 银行承兑汇票
C. 商业承兑汇票　　D. 银行本票

【答案】BC

【解析】应付票据是指企业购买材料、商品和接受服务等而开出、承兑的商业汇票，包括商业承兑汇票和银行承兑汇票。

【例题2·多选题】企业开具的商业汇票到期时，借记"应付票据"科目，贷记的科目可能有（　　）。

A. 银行存款　　B. 应付账款
C. 短期借款　　D. 应收账款

【答案】ABC

【解析】选项 A，企业开具的商业汇票到期支付时，则贷记"银行存款"科目；选项 B，应付商业承兑汇票到期，如无力支付票款，则贷记"应付账款"科目；选项 C，应付银行承兑汇票到期，如无力支付票款，则贷记"短期借款"科目；选项 D，"应收账款"科目和"应付票据"科目不能形成对应关系。

【例题3·单选题】2×21 年 7 月 1 日某企业购入原材料一批，开出一张面值为 113 000 元、期限为 3 个月的不带息的商业承兑汇票。2×21 年 10 月 1 日该企业无力支付票款时，下列会计处理正确的是（　　）。

A. 借:应付票据　　　　113 000
　　贷:短期借款　　　　　　113 000
B. 借:应付票据　　　　113 000
　　贷:其他应付款　　　　　113 000
C. 借:应付票据　　　　113 000
　　贷:应付账款　　　　　　113 000
D. 借:应付票据　　　　113 000
　　贷:预付账款　　　　　　113 000

【答案】C

【解析】应付票据到期时,如果企业无力支付票款,商业承兑汇票和银行承兑汇票的账务处理是不同的:商业承兑汇票应借记"应付票据"科目,贷记"应付账款"科目;银行承兑汇票应借记"应付票据"科目,贷记"短期借款"科目。

【例题4·单选题】下列各项中,企业对于到期无力支付票款的商业承兑汇票,转销时应贷记的会计科目是(　　)。

A. 短期借款　　　B. 应付账款
C. 其他应付款　　D. 预收账款

【答案】B

【解析】应付银行承兑汇票到期无力支付的应转入短期借款;应付商业承兑汇票到期无力支付票款的,应转入应付账款。

2 应付账款 ★★

一、考点解读

(一)概述

1. 概念

应付账款是指企业因购买材料、商品或接受服务等经营活动而应付给供应单位的款项。

2. 入账时间

(1)在材料、商品和发票账单**同时到达**的情况下,一般在所购材料、商品验收入库后,根据发票账单确认应付账款。

(2)在所购材料、商品已经验收入库,但是发票账单**未能同时到达**的情况下,在会计期末应将所购材料和相关的应付账款**暂估入账**,待下月初用**红字**将上月末暂估入账的应付账款予以**冲销**。

提示 高频考点。

3. 科目设置

企业通过"应付账款"科目,核算应付账款的发生、偿还、转销等情况(见图5-3)。

借方	应付账款	贷方
偿还的应付账款或者以商业汇票抵付的应付账款,或者无法支付的应付账款(应付未付款项的减少)		因购买材料、商品、服务应支付的款项(应付未付款项的增加)
		余额:反映企业尚未支付的应付账款

图 5-3

(二)账务处理

1. 企业购入材料、商品等所产生应付账款的账务处理

借:材料采购等
　　应交税费——应交增值税(进项税额)
　贷:应付账款

2. 企业接受供应单位提供服务而发生的应付未付款项的账务处理

借:生产成本/管理费用等
　　应交税费——应交增值税(进项税额)
　贷:应付账款

3. **偿还应付账款**的账务处理

借:应付账款
　贷:银行存款(偿还)
　　应付票据(开出商业汇票抵付)

4. **转销应付账款**的账务处理

由于债权单位撤销或其他原因而使应付账款无法清偿,此时企业应将确实无法支付的应付账款予以转销。

借:应付账款
　贷:营业外收入

提示 高频考点。

二、例题点津

【例题1·单选题】某一般纳税企业采用托收承付结算方式从其他企业购入原材料一批,货款为100 000元,增值税税额为13 000元;对方代垫运费3 000元,增值税税额为270元。该原材料已经验收入库。该购买业务所产生的应付账

款的入账价值为（　　）元。
A. 116 270　　　　B. 113 000
C. 103 000　　　　D. 100 000

【答案】A

【解析】企业购买原材料所发生的应付账款包括原材料价款、支付的增值税，还包括代垫的运费以及支付的相应增值税。故本题中应付账款的入账价值 = 100 000 + 13 000 + 3 000 + 270 = 116 270（元），选项A正确。

【例题2·判断题】企业购入材料、商品验收入库后，若发票账单尚未收到，应在月末按照估计的金额确认一项应付账款，并在资产负债表中列示。（　　）

【答案】√

【解析】根据现行规定，在发票账单未到的情况下，对于已验收入库的材料、商品，应在月末对其进行估价，并按估价确认相应的应付账款，待下月初用红字将上月末暂估入账的应付账款予以冲销。

【例题3·单选题】企业因债权人撤销而无法支付的应付账款，应转入（　　）科目。
A. 营业外收入　　B. 其他业务收入
C. 资本公积　　　D. 短期借款

【答案】A

【解析】因债权人撤销而无法支付的款项，属于与企业日常活动无关的利得，所以在将其转销时，应记入"营业外收入"科目，选项A正确。

【例题4·判断题】企业向供货单位采购原材料支付货款开出的银行承兑汇票，应通过"应付账款"科目核算。（　　）

【答案】×

【解析】企业向外单位开出的银行承兑汇票，通过"应付票据"科目核算。

3 预收账款★★

一、考点解读

（一）概述
1. 概念
预收账款是指企业按照合同规定预收的款项。
2. 科目设置
企业应通过"预收账款"科目，核算预收

账款的取得、偿付等情况（见图5-4）。

借方	预收账款	贷方
冲销的预收账款		发生的预收账款
余额：反映企业尚未转销的款项		余额：反映企业预收的款项

图5-4

预收货款业务不多的企业，可以不单独设置"预收账款"科目，其所发生的预收款，可通过"应收账款"科目核算。

提示　高频考点。

（二）账务处理
1. 取得预收账款的账务处理
借：银行存款
　　贷：预收账款（或应收账款）（预收款 - 销项税额）
　　　　应交税费——应交增值税（销项税额）（预收款×增值税税率）

2. 偿付预收账款的账务处理
（1）分期确认有关收入时：
借：预收账款（或应收账款）
　　贷：主营业务收入/其他业务收入
（2）企业收到客户补付款项时：
借：银行存款
　　贷：预收账款（或应收账款）（补付款 - 销项税额）
　　　　应交税费——应交增值税（销项税额）（补付款×增值税税率）
（3）退回客户多预付的款项时：
借：预收账款（或应收账款）（退回款 - 销项税额）
　　应交税费——应交增值税（销项税额）（退回款×增值税税率）
　　贷：银行存款

二、例题点津

【例题1·单选题】如果企业不设置"预收账款"科目，可以将预收的款项直接记入（　　）。
A. "应收账款"科目的贷方
B. "应付账款"科目的贷方

C. "应收账款"科目的借方
D. "应付账款"科目的借方
【答案】A
【解析】预收账款是企业向购货单位预收的款项,是一项负债,预收款业务不多的企业可以不单独设置"预收账款"科目,其所发生的预收款可通过"应收账款"科目进行核算,记在"应收账款"科目的贷方,会计分录为借记"银行存款"科目,贷记"应收账款"科目。

【例题2·判断题】企业设置"预收账款"科目,借方登记发生的预收账款金额,贷方登记企业冲销的预收账款金额。( )
【答案】×
【解析】企业设置"预收账款"科目,贷方登记发生的预收账款金额,借方登记企业冲销的预收账款金额。

4 应付利息和应付股利 ★

一、考点解读

(一)应付利息

1. 概念

应付利息是指企业按照合同约定应支付的利息。

2. 应付利息的内容

(1)预提短期借款利息;
(2)分期付息到期还本的长期借款应支付的利息;
(3)分期付息到期还本的企业债券应支付的利息。

[提示] 高频考点。

3. 科目设置

企业应通过"应付利息"科目,核算应付利息的发生、支付情况(见图5-5)。

借方	应付利息	贷方
实际支付的利息	按合同约定计算的应付利息	
	余额:应付未付的利息	

图5-5

4. 账务处理

(1)期末计提利息时:
借:财务费用等
　　贷:应付利息(合同利息或票面利息)
(2)实际支付利息时:
借:应付利息
　　贷:银行存款

(二)应付股利

1. 应付股利

应付股利是指企业根据股东大会或类似机构审议批准的利润分配方案确定分配给投资者的现金股利或利润。

2. 科目设置

企业应通过"应付股利"科目,核算企业确定或宣告发放但尚未实际支付的现金股利或利润(见图5-6)。

借方	应付股利	贷方
实际支付的现金股利或利润	应支付的现金股利或利润	
	余额:企业应付未付的现金股利或利润	

图5-6

应付股利仅指**现金股利**,企业分配的**股票股利不通过"应付股利"科目核算**。

3. 确认时间

企业根据股东大会或类似机构审议批准的利润分配方案,确认应付给投资者的现金股利或利润。

[提示] 企业董事会或类似机构通过的利润分配方案中拟分配的现金股利或利润,不需要进行账务处理,但应在附注中披露。

4. 账务处理

(1)企业确认应付给投资者的现金股利或利润时:
借:利润分配——应付现金股利或利润
　　贷:应付股利
(2)向投资者实际支付现金股利或利润时:
借:应付股利
　　贷:银行存款

二、例题点津

【例题 1·单选题】 2×21 年 7 月 1 日，某企业向银行借入生产经营用资金 100 000 元，期限为 6 个月，年利率为 6%，借款利息采取按月计提、季末支付的方式结算。不考虑其他因素，2×21 年 9 月 30 日该企业支付借款利息的会计处理正确的是（   ）。

A. 借：财务费用　　　　　 500
　　 应付利息　　　　　1 000
　　　贷：银行存款　　　　　 1 500

B. 借：财务费用　　　　　1 500
　　　贷：银行存款　　　　　 1 500

C. 借：财务费用　　　　　1 000
　　　贷：银行存款　　　　　 1 000

D. 借：财务费用　　　　　1 000
　　 应付利息　　　　　 500
　　　贷：银行存款　　　　　 1 500

【答案】 A

【解析】 支付借款利息的会计分录如下：
借：财务费用　　 500【当月计提的 500】
　　应付利息　1 000【已经计提，但尚未支付的两个月的利息】
　　　贷：银行存款　　　　　　 1 500

【例题 2·判断题】 企业根据股东大会或类似机构审议批准的利润分配方案中确认分配的股票股利，应通过"应付股利"科目核算。(   )

【答案】 ×

【解析】 应付股利是指企业根据股东大会或类似机构审议批准的利润分配方案确定分配给投资者的现金股利或利润。企业分配的股票股利不通过"应付股利"科目核算。

5 其他应付款 ★

一、考点解读

（一）概述

1. 概念

其他应付款是指企业除应付票据、应付账款、预收账款、应付职工薪酬、应交税费、应付利息、应付股利等经营活动以外的其他各项应付、暂收的款项。

2. 内容

（1）应付短期租赁固定资产租金；
（2）应付低价值资产租赁的租金；
（3）应付租入包装物租金；
（4）出租或出借包装物向客户收取的押金；
（5）存入保证金。

提示 高频考点。

3. 科目设置

企业应通过"其他应付款"科目，核算其他应付款的增减变动及其结存情况（见图 5-7）。

借方	其他应付款	贷方
偿还或转销的各种应付、暂收款项		发生的各种应付、暂收款项
	余额：反映企业应付未付的其他应付款项	

图 5-7

（二）账务处理

1. 企业发生其他各种应付、暂收款项的会计处理

借：管理费用等（应付短期租赁固定资产租金、租入包装物租金）
　　银行存款（存入保证金）
　　　贷：其他应付款

2. 支付或退回其他各种应付、暂收款项的会计处理

借：其他应付款
　　　贷：银行存款（支付或退回）
　　　　　营业外收入（没收保证金）

二、例题点津

【例题 1·多选题】 下列属于其他应付款的有（   ）。

A. 购买商品应支付的运费
B. 预收的货款
C. 预收的保证金
D. 应付短期租赁固定资产租金

【答案】 CD

【解析】 购买商品应支付的运费属于应付账款；预收的货款属于预收账款；预收的保证金和

应付短期租赁固定资产租金属于其他应付款。

【例题 2·单选题】 下列各项中，应通过"其他应付款"科目核算的是（　　）。

A. 应付存入保证金
B. 应付供货单位货款
C. 应付职工防暑降温费
D. 应付股东现金股利

【答案】A

【解析】其他应付款是指企业除应付票据、应付账款、预收账款、应付职工薪酬、应交税费、应付利息、应付股利等经营活动以外的其他各项应付、暂收的款项，如应付短期租赁固定资产租金、应付低价值资产租赁的租金、应付租入包装物租金、出租或出借包装物向客户收取的押金、存入保证金（选项 A）等。

第三单元　应付职工薪酬

1　职工薪酬的内容★★

一、考点解读

（一）概念

职工包括三类人员：一是与企业订立劳动合同的所有人员，含全职、兼职和临时职工；二是未与企业订立劳动合同，但由企业正式任命的企业治理层和管理层人员，如董事会成员、监事会成员；三是在企业的计划和控制下，虽未与企业订立劳动合同或未由其正式任命，但向企业所提供服务与职工所提供服务类似的人员，也属于职工的范畴。

职工薪酬是指企业为获得职工提供的服务或解除劳动关系而给予的各种形式的报酬或补偿。

企业提供给职工配偶、子女、受赡养人、已故员工遗属及其他受益人等的福利，也属于职工薪酬。

职工薪酬包括短期职工薪酬和长期职工薪酬。

提示　职工薪酬从时间看，既包括职工在职期间，也包括离职后；从支付对象看，既包括职工本人，也包括职工家属。

（二）内容

1. 短期职工薪酬

（1）概念。

短期薪酬是指企业在职工提供相关服务的年度报告期间结束后 **12 个月内**需要全部予以支付的职工薪酬，因解除与职工的劳动关系**给予的补偿除外**。

（2）内容。

①职工工资、奖金、津贴和补贴。
②职工福利费。
③医疗保险费、工伤保险费等社会保险费。

提示　养老保险、失业保险属于离职后福利，不属于短期薪酬。

提示　以商业保险形式提供给职工的各种保险待遇，也属于职工薪酬。

④住房公积金。
⑤工会经费和职工教育经费。
⑥短期带薪缺勤。
⑦短期利润分享计划。
⑧其他短期薪酬。

2. 长期职工薪酬

（1）离职后福利，是指企业为获得职工提供的服务而在职工退休或与企业解除劳动关系后，提供的各种形式的报酬和福利，短期薪酬和辞退福利除外。包括**设定提存计划**和设定受益计划。其中，设定提存计划包括养老保险费和失业保险费。

（2）辞退福利，是指企业在职工劳动合同到期之前解除与职工的劳动关系，或者为鼓励职工自愿接受裁减而给予职工的补偿。

（3）其他长期职工福利，是指除短期薪酬、离职后福利、辞退福利之外所有的职工薪酬。

（三）科目设置

企业应当设置"应付职工薪酬"科目，核算应付职工薪酬的计提、结算、使用等情况（见图 5-8）。

借方	应付职工薪酬	贷方
实际发放的职工薪酬		已分配计入有关成本费用的职工薪酬
		余额：反映企业应付未付的职工薪酬

图 5-8

二、例题点津

【例题 1·多选题】下列各项中，属于职工薪酬的有（   ）。

A. 社会保险费　　B. 非货币性福利

C. 养老保险费　　D. 辞退福利

【答案】ABCD

【解析】职工薪酬是指企业为获得职工提供的服务或解除劳动关系而给予的各种形式的报酬或补偿。职工薪酬包括短期薪酬和长期职工薪酬，其中，长期职工薪酬包括离职后福利、辞退福利和其他长期职工福利。社会保险费和非货币性福利属于短期薪酬，养老保险费属于离职后福利。

【例题 2·单选题】以下不属于短期薪酬的是（   ）。

A. 职工工资

B. 职工福利费

C. 短期利润分享计划

D. 养老保险

【答案】D

【解析】养老保险属于离职后福利。

【例题 3·单选题】下列各项中，不属于企业职工薪酬组成内容的是（   ）。

A. 为职工代扣代缴的个人所得税

B. 根据设定提存计划计提应向单独主体缴存的提存金

C. 为鼓励职工自愿接受裁减而给予职工的补偿

D. 按国家规定标准提取的职工教育经费

【答案】A

【解析】职工薪酬主要包括以下内容：（1）短期薪酬，具体包括：①职工工资、奖金、津贴和补贴；②职工福利费；③医疗保险费、工伤保险费等社会保险费；④住房公积金；⑤工会经费和职工教育经费（选项D）；⑥短期带薪缺勤；⑦短期利润分享计划；⑧非货币性福利；⑨其他短期薪酬。（2）离职后福利，分为设定提存计划和设定受益计划（选项B）。（3）辞退福利（选项C）。（4）其他长期职工福利，是指长期带薪缺勤、长期残疾福利、长期利润分享计划等。

【例题 4·多选题】下列各项中，属于"应付职工薪酬"科目核算内容的有（   ）。

A. 正式任命并聘请的独立董事津贴等

B. 已订立劳动合同的全职职工的奖金

C. 已订立劳动合同的临时职工的工资

D. 向住房公积金管理机构缴存的住房公积金

【答案】ABCD

【解析】选项A属于应付职工薪酬中短期薪酬的津贴；选项B属于应付职工薪酬中短期薪酬的奖金；临时工也属于职工的范畴，因此选项C也属于应付职工薪酬；选项D属于应付职工薪酬中短期薪酬的住房公积金，四个选项均正确。

2 短期职工薪酬的账务处理 ★★

一、考点解读

企业应当在职工为其提供服务的会计期间，将实际发生的短期薪酬确认为负债，并计入当期损益，其他会计准则要求或允许计入资产成本的除外。

存货准则要求生产工人、车间管理人员、劳务人员薪酬计入产品或合同履约成本；固定资产准则要求工程人员薪酬计入工程成本；无形资产准则要求研发人员薪酬计入研发支出等。

（一）货币性短期职工薪酬

1. 职工工资、奖金、津贴和补贴

（1）实际发生的职工工资、奖金、津贴和补贴等时：

借：生产成本/制造费用/合同履约成本等

贷：应付职工薪酬——工资

（2）实际支付时：

借：应付职工薪酬——工资

贷：银行存款等

（3）企业从应付职工薪酬中扣还的各种款项（**代垫的家属药费、个人所得税等**）：

借：应付职工薪酬

贷：其他应收款（先支付，后扣回）

其他应付款（先扣回，后支付）

应交税费——应交个人所得税（代扣代交的个人所得税）

2. 职工福利费（**核算原则，先提后支**）

（1）职工福利费实际发生时：

借：生产成本/制造费用/管理费用等

　　贷：应付职工薪酬——职工福利费

（2）支付时：

借：应付职工薪酬——职工福利费

　　贷：银行存款等

3. 国家规定计提标准的职工薪酬

（1）对于工会经费（工资总额的2%）和职工教育经费（工资总额的8%），计提时：

借：生产成本/制造费用/管理费用等

　　贷：应付职工薪酬——工会经费

　　　　　　　　　　——职工教育经费

实际上缴或者发生实际开支时：

借：应付职工薪酬——工会经费

　　　　　　　　——职工教育经费

　　贷：银行存款等

（2）对于社会保险费和住房公积金，**企业应缴纳的部分**：

借：生产成本/制造费用/管理费用等

　　贷：应付职工薪酬——工资

对于**职工个人承担的部分**：

借：应付职工薪酬——工资

　　贷：其他应付款——社会保险费、住房公积金

4. 短期带薪缺勤

（1）累积带薪缺勤，是指带薪权利可以结转下期的带薪缺勤，本期尚未用完的带薪缺勤权利可以在未来期间使用。

累积带薪缺勤应于职工提供服务而增加未来带薪缺勤权利时，按预期支付金额确认应付职工薪酬，同时计入当期损益或相关资产成本。

企业确认累积带薪缺勤时：

借：管理费用等

　　贷：应付职工薪酬

> [!TIP] 提示 高频考点。

（2）非累积带薪缺勤，是指带薪权利不能结转下期的带薪缺勤，本期尚未用完的带薪缺勤权利将予以取消，并且职工离开企业时也无权获得现金支付。

非累积带薪缺勤权利相关的薪酬，视同职工出勤确认的当期损益或相关资产成本。通常情况下，与非累积带薪缺勤相关的职工薪酬已经包括在企业每期向职工发放的工资等薪酬中，因此，不必额外作相应的账务处理。

（二）非货币性职工薪酬

1. 以其自产产品作为非货币性福利发放给职工（**视同销售**）

（1）决定发放时：

借：生产成本/制造费用/管理费用等

　　贷：应付职工薪酬——非货币性福利（含税公允价值）

（2）实际发放时：

借：应付职工薪酬——非货币性福利

　　贷：主营业务收入

　　　　应交税费——应交增值税（销项税额）

借：主营业务成本

　　贷：库存商品

2. 将拥有的房屋等资产无偿提供给职工

应当根据受益对象，将该住房每期应计提的折旧计入相关资产成本或当期损益，同时确认应付职工薪酬：

借：生产成本/制造费用/管理费用等

　　贷：应付职工薪酬——非货币性福利

借：应付职工薪酬——非货币性福利

　　贷：累计折旧

3. 租赁住房等资产供职工无偿使用

应当根据受益对象，将每期应付的租金计入相关资产成本或当期损益，并确认应付职工薪酬：

借：生产成本/制造费用/管理费用等

　　贷：应付职工薪酬——非货币性福利

借：应付职工薪酬——非货币性福利

　　贷：银行存款等

难以认定受益对象的非货币性福利，直接计入当期损益和应付职工薪酬。

> [!TIP] 提示 高频考点。

4. 以自产产品作为职工薪酬发放给职工

借：应付职工薪酬——非货币性福利

　　贷：主营业务收入

应交税费——应交增值税（销项税额）

二、例题点津

【例题1·单选题】 甲公司为增值税一般纳税人，适用的增值税税率为13%。2×21年6月甲公司董事会决定将本公司生产的500件产品作为福利发放给公司管理人员。该批产品的单件成本为1.2万元，市场销售价格为每件2万元（不含增值税）。不考虑其他税费，甲公司在2×21年因该项业务应计入应付职工薪酬的金额为（　　）万元。

A. 600　　　　　　B. 678
C. 1 000　　　　　D. 1 130

【答案】D

【解析】应计入应付职工薪酬的金额＝500×2×(1＋13%)＝1 130（万元）。

【例题2·判断题】 企业应当在职工发生实际缺勤的会计期间确认与累积带薪缺勤相关的应付职工薪酬。（　　）

【答案】×

【解析】由于职工提供服务本身不能增加其能够享受的福利金额，企业在职工未缺勤时不应当计提相关费用和负债。为此，企业应当在职工实际发生缺勤的会计期间确认与非累积带薪缺勤相关的职工薪酬。

【例题3·判断题】 某企业职工张某经批准休探亲假5天，根据企业规定确认为非累积带薪缺勤。该企业应当在其休假期间确认与非累积带薪缺勤相关的职工薪酬。（　　）

【答案】√

【解析】我国企业职工休婚假、产假、丧假、探亲假、病假期间的工资通常属于非累积带薪缺勤。企业应当在职工实际发生缺勤的会计期间确认与非累积带薪缺勤相关的职工薪酬。

3 长期职工薪酬的账务处理★

一、考点解读

1. 离职后福利

对于设定提存计划，企业应当根据在资产负债表日为换取职工在会计期间提供的服务而应向单独主体缴存的提存金，确认为应付职工薪酬，并计入当期损益或相关资产成本。

借：生产成本
　　制造费用
　　管理费用
　　销售费用
　贷：应付职工薪酬——设定提存计划

2. 辞退后福利

企业向职工提供辞退福利的，应当在"企业不能单方面撤回因解除劳动关系或裁减所提供的辞退福利时"和"企业确认涉及支付辞退福利的重组相关的成本或费用时"两者孰早日，确认辞退福利产生的职工薪酬负债，并计入当期损益。

借：管理费用
　贷：应付职工薪酬——辞退福利

3. 其他长期职工福利

企业向职工提供的其他长期职工福利，符合设定提存计划条件的，应当按设定提存计划的有关规定进行会计处理；符合设定受益计划条件的，应当按照设定受益计划的有关规定进行会计处理。

长期残疾福利水平取决于职工提供服务期间长短的，企业应在职工提供服务的期间确认应付长期残疾福利义务，计量时应当考虑长期残疾福利支付的可能性和预期支付的期限；与职工提供服务期间长短无关的，企业应当在导致职工长期残疾的事件发生的当期确认应付长期残疾福利。

二、例题点津

【例题1·单选题】 某企业与其销售经理达成协议：2年后利润达到500万元，其薪酬为利润的3%。下列各项中，该企业向销售经理提供薪酬的类别是（　　）。

A. 带薪缺勤　　　B. 辞退福利
C. 离职后福利　　D. 利润分享计划

【答案】D

【解析】利润分享计划，是指因职工提供服务而与职工达成的基于利润或其他经营成果提供薪酬的协议。

【例题2·判断题】 企业提前解除劳动合同给予职工解除劳动关系的补偿，应通过"应付职工薪酬——辞退福利"科目核算。（　　）

【答案】√

【解析】相关处理如下：

借：管理费用
　　贷：应付职工薪酬——辞退福利

第四单元　应交税费

企业应通过"应交税费"科目核算各种税费的应交、交纳等情况（见图5-9）。

借方	应交税费	贷方
实际交纳的税费		应交纳的各种税费
余额：反映企业多交或尚未抵扣的税费		余额：反映企业尚未交纳的税费

图5-9

提示 企业代扣代交的个人所得税等，也通过"应交税费"科目核算。而企业交纳的印花税、耕地占用税等不需要预计应交数的税金，不通过"应交税费"科目核算。

1 应交增值税★★★

一、考点解读

（一）概述

（1）增值税是以商品（含应税劳务、应税行为）在流转过程中实现的**增值额作为计税依据**而征收的一种流转税。

（2）增值税纳税人根据经营规模大小和会计核算水平的健全程度分为**一般纳税人和小规模纳税人**。增值税一般纳税人计算增值税大多采用一般计税方法；小规模纳税人一般采用简易计税方法；一般纳税人发生财政部和国家税务总局规定的特定应税销售行为，也可以采用简易计税方法，但是不得抵扣进项税额。

一般计税方法，即先按当期销售额和适用税率计算出销项税额，然后以该销项税额对当期购进项目支付的税款（即进项税额）进行抵扣，从而间接计算出当期的应纳税额。即：

应纳税额 = 当期销项税额 - 当期进项税额

简易计税方法是按照销售额与征收率的乘积计算应纳税额，不得抵扣进项税额。即：

应纳税额 = 销售额 × 征收率

（3）可以抵扣增值税进项税额的法定凭证通常包括：

①增值税专用发票注明的增值税税额；

②海关进口增值税专用缴款书上注明的增值税税额；

③购进农产品，按照农产品收购发票或者销售发票上注明的买价和规定的扣除率计算的进项税额。

提示 增值税是价外税，因为它是不包含在销售收入中的，是在价格以外另外收取的，它不会影响企业当期损益。

（二）一般纳税人的账务处理

为了核算企业应交增值税的发生、抵扣、交纳、退税及转出等情况，增值税一般纳税人应当在"应交税费"科目下设置"应交增值税""未交增值税""预交增值税""待抵扣进项税额""待认证进项税额""待转销项税额""简易计税"等明细科目。

1. 取得资产、接受劳务或服务（取得可抵扣凭证且属于可抵扣范围）

（1）一般纳税人购进货物、加工修理修配劳务、服务、无形资产或者不动产时：

借：材料采购/在途物资/原材料/库存商品/
　　生产成本/无形资产/固定资产等
　应交税费——应交增值税（进项税额）
　　　　　　（当月已认证的可抵扣增
　　　　　　值税额）
　　　　　——待认证进项税额（当月未
　　　　　　认证的可抵扣增值税额）
　贷：应付账款/应付票据/银行存款等

提示 购进货物等发生的退货，应根据税务机关开具的红字增值税专用发票编制相反的会计分录，如原增值税专用发票未做认证，应将发票退回并作相反的会计分录。

提示 企业购进农产品，除取得增值税专用发票或者海关进口增值税专用缴款书外，可以按照农产品收购发票或者销售发票上注明的农产品买价和规定的扣除率计算的进项税额，会计分录为：

借：材料采购/在途物资/原材料/库存商品等（买价－买价×扣除率）

应交税费——应交增值税（进项税额）（买价×扣除率）

贷：应付账款/应付票据/银行存款等（应付或实际支付的价款）

【提示】企业购进货物以及生产经营过程中支付的运费，按照取得的增值税专用发票上注明的税额作为进项税额。

（2）货物等**已验收入库但尚未取得增值税扣税凭证**。

企业购进的货物等已到达并验收入库，但尚未收到增值税扣税凭证并未付款的，应在月末按货物清单或相关合同协议上的价格**暂估入账**，不需要将增值税进项税额暂估入账。

下月初，用红字冲销原暂估入账金额，待取得增值税扣税凭证并经认证后：

借：原材料/库存商品/无形资产/固定资产等

应交税费——应交增值税（进项税额）

贷：应付账款/应付票据/银行存款等

【提示】高频考点。

（3）进项税额转出。

企业已单独确认进项税额的购进货物、加工修理修配劳务或者服务、无形资产或者不动产但其事后改变用途（如用于简易计税方法计税项目、免征增值税项目、非增值税应税项目等），或发生非正常损失，进项税额不得抵扣。这里所说的"**非正常损失**"，是指因**管理不善造成**被盗、丢失、霉烂变质，以及因违反法律法规造成货物或不动产被依法没收、销毁、拆除的情形。

进项税额转出的账务处理为：

借：待处理财产损溢/应付职工薪酬等

贷：应交税费——应交增值税（进项税额转出）

——待抵扣进项税额

——待认证进项税额

需要说明的是，一般纳税人购进货物、加工修理修配劳务、服务、无形资产或不动产，**用于**

简易计税方法计税项目、免征增值税项目、集体福利或个人消费等，即使取得的增值税专用发票上已注明增值税进项税额，该税额按照现行增值税制度规定也不得从销项税额中抵扣的，取得增值税专用发票时，应将待认证的目前不可抵扣的增值税进项税额：

借：应交税费——待认证进项税额

贷：银行存款/应付账款等

经税务机关认证为不可抵扣的增值税进项税额时：

借：应交税费——应交增值税（进项税额）

贷：应交税费——待认证进项税额

同时，将增值税进项税额转出：

借：相关成本费用或资产科目

贷：应交税费——应交增值税（进项税额转出）

2. 销售等业务的账务处理

（1）企业销售货物、加工修理修配劳务、服务、无形资产或不动产：

借：应收账款/应收票据/银行存款等

贷：主营业务收入/其他业务收入/固定资产清理等

应交税费——应交增值税（销项税额）

应交税费——简易计税

企业销售货物等**发生销售退回**时，应根据税务机关开具的红字增值税专用发票作相反的会计分录。

会计上收入或利得确认时点先于增值税纳税义务发生时点的，应将相关销项税额记入"应交税费——待转销项税额"科目，待实际发生纳税义务时再转入"应交税费——应交增值税（销项税额）"或"应交税费——简易计税"科目。

增值税纳税义务发生时点早于会计上收入或利得确认时点的，**应将应纳增值税额借记"应收账款"科目，贷记"应交税费——应交增值税（销项税额）"或"应交税费——简易计税"科目，待按规定确认收入或利得时，按扣除增值税销项税额后的金额确认收入。**

（2）视同销售。

企业将自产或委托加工的货物用于集体福利

或个人消费，将自产、委托加工或购买的货物作为投资、分配给股东或者投资者、无偿赠送他人等，税法规定应作为视同销售行为，计算确定增值税销项税额。

①**用于集体福利**：
借：应付职工薪酬
　　贷：主营业务收入
　　　　应交税费——应交增值税（销项税额）
同时，
借：主营业务成本
　　贷：库存商品

②**对外投资**：
借：长期股权投资
　　贷：主营业务收入
　　　　应交税费——应交增值税（销项税额）
同时，
借：主营业务成本
　　贷：库存商品

③**分配给股东或投资者**：
借：应付股利
　　贷：主营业务收入
　　　　应交税费——应交增值税（销项税额）
同时，
借：主营业务成本
　　贷：库存商品

④**无偿赠送他人**：
借：营业外支出
　　贷：库存商品
　　　　应交税费——应交增值税（销项税额）

[提示] 企业将自产或委托加工的货物用于对外捐赠，不确认销售收入，但应按计税价或者公允价或市场价计算增值税销项税额。

3. 交纳增值税
企业交纳当月应交的增值税：
借：应交税费——应交增值税（已交税金）
　　贷：银行存款
企业交纳以前期间未交的增值税：
借：应交税费——未交增值税
　　贷：银行存款

4. 月末转出多交增值税和未交增值税
月度终了，企业应将当月应交未交或多交的增值税自"应交增值税"明细科目转入"未交增值税"明细科目。
（1）对于当月应交未交的增值税：
借：应交税费——应交增值税（转出未交增值税）
　　贷：应交税费——未交增值税
（2）对于当月多交的增值税：
借：应交税费——未交增值税
　　贷：应交税费——应交增值税（转出多交增值税）

企业购入材料等不能取得增值税专用发票的，发生的增值税应计入材料采购成本，借记"材料采购""在途物资""原材料""库存商品"等科目，贷记"银行存款"等科目。

（三）小规模纳税人的账务处理

小规模纳税人核算增值税采用简化的方法，即购进货物、应税劳务或应税行为，取得增值税专用发票上注明的增值税，一律不予抵扣，直接计入相关成本费用或资产。

小规模纳税人销售货物、服务、无形资产或不动产时，按照不含税的销售额和规定的增值税征收率计算应交纳的增值税，但不得开具增值税专用发票。

一般来说，小规模纳税人采用销售额和应纳税额合并定价的方法并向客户结算款项，销售货物、应税劳务或应税行为后，应进行价税分离，确定不含税的销售额。不含税的销售额计算公式为：

不含税销售额 = 含税销售额 ÷ （1 + 征收率）
应纳税额 = 不含税销售额 × 征收率

1. 科目设置
小规模纳税人进行账务处理时，只需在"应交税费"科目下设置"应交增值税"明细科目，该明细科目不再设置专栏。"应交税费——应交增值税"科目贷方登记应交纳的增值税，借方登记已交纳的增值税；期末贷方余额反映小规模纳税人尚未交纳的增值税，借方余额反映多交纳的增值税。

2. 账务处理
小规模纳税人购进货物、应税劳务或应税

行为：

借：材料采购/在途物资/原材料/库存商品等
　　贷：应付账款/应付票据/银行存款等

销售货物、应税劳务或应税行为：

借：银行存款等【含税价】
　　贷：主营业务收入【不含税价】
　　　　应交税费——应交增值税【不含税价×征收率】

（四）差额征税的账务处理

根据财政部和国家税务总局"营改增"试点政策的规定，对于企业发生的某些业务无法通过抵扣机制避免重复征税的，应采用差额征税方式计算交纳增值税。

1. 企业按规定相关成本费用允许扣减销售额的账务处理

按现行增值税制度规定，企业发生相关成本费用允许扣减销售额的，发生成本费用时：

借：主营业务成本等
　　贷：应付账款/应付票据/银行存款等

待取得合规增值税扣税凭证且纳税义务发生时，按照允许抵扣的税额：

借：应交税费——应交增值税（销项税额抵减）
　　　应交税费——简易计税
　　　应交税费——应交增值税【小规模纳税人】
　　贷：主营业务成本等

2. 企业转让金融商品按规定以盈亏相抵后的余额作为销售额

按现行增值税制度规定，企业实际转让金融商品，月末，如产生转让收益，则按应纳税额：

借：投资收益等
　　贷：应交税费——转让金融商品应交增值税

如产生转让损失，则按可结转下月抵扣税额：

借：应交税费——转让金融商品应交增值税
　　贷：投资收益等【当月净损失】

交纳增值税时：

借：应交税费——转让金融商品应交增值税
　　贷：银行存款

年末，"应交税费——转让金融商品应交增值税"科目如有借方余额：

借：投资收益
　　贷：应交税费——转让金融商品应交增值税

（五）增值税税控系统专用设备和技术维护费用抵扣增值税的账务处理

按现行增值税制度规定，企业初次购买增值税税控系统专用设备支付的费用以及缴纳的技术维护费允许在增值税应纳税额中全额抵减。增值税税控系统专用设备，包括增值税防伪税控系统设备、货物运输业增值税专用发票税控系统设备、机动车销售统一发票税控系统和公路、内河货物运输业发票税控系统的设备。

企业初次购入增值税税控系统专用设备：

借：固定资产
　　贷：银行存款/应付账款等

按规定抵减的增值税应纳税额：

借：应交税费——应交增值税（减免税款）
　　贷：管理费用等

小规模纳税人应借记"应交税费——应交增值税"科目。

企业发生增值税税控系统专用设备技术维护费：

借：管理费用
　　贷：银行存款/应付账款等

按规定抵减的增值税应纳税额：

借：应交税费——应交增值税（减免税款）
　　贷：管理费用等

小微企业在取得销售收入时，应当按照现行增值税制度的规定计算应交增值税，并确认为应交税费，在达到增值税制度规定的免征增值税条件时，将有关应交增值税转入当期损益。

二、例题点津

【例题1·多选题】下列税费不通过"应交税费"科目核算的有（　　）。

A. 印花税　　　B. 耕地占用税
C. 资源税　　　D. 个人所得税

【答案】AB

【解析】印花税和耕地占用税不需要预计应交，而是实际发生时直接交纳，所以不通过"应交税费"科目核算。

【例题2·多选题】下列有关增值税的表述，

正确的有（　　）。

A. 增值税是一种流转税

B. 从海关取得的完税凭证上注明的增值税额可以抵扣

C. 企业购进生产用设备所支付的增值税额，应计入固定资产的成本

D. 小规模纳税企业不享有进项税额的抵扣权

【答案】ABD

【解析】选项A，增值税是以商品（含应税劳务、应税行为）在流转过程中实现的增值额作为计税依据而征收的一种流转税；选项B，从海关取得的完税凭证是可以抵扣增值税进项税额的法定凭证；选项C，企业购进生产经营用设备所支付的增值税额，在购置当期全部一次扣除；选项D，小规模纳税企业核算增值税采用简化的方法，即购进货物、应税劳务或应税行为，取得增值税专用发票上注明的增值税，一律不予抵扣，直接计入相关成本费用或资产。

【例题3·单选题】某企业2×21年5月20日购入农产品一批，农产品收购发票上注明的买价为100 000元，规定的扣除率为9%，货物已经到达并验收入库，价款已用银行存款支付。该企业所购这批农产品的入账价值为（　　）元。

A. 109 000　　B. 91 000
C. 100 000　　D. 113 000

【答案】B

【解析】该批农产品应交的增值税进项税额 = 100 000×9% = 9 000（元），农产品的入账价值 = 100 000 - 9 000 = 91 000（元），选项B正确。

【例题4·判断题】企业购进的商品等已到达并验收入库，但尚未收到增值税扣税凭证的，应按暂估价入账，并将未来可抵扣的增值税记入"应交税费——待认证进项税额"科目。（　　）

【答案】×

【解析】企业购进的商品等已到达并验收入库，但尚未收到增值税扣税凭证并未付款的，应在月末按购货清单或相关合同协议上的价格暂估入账，不需要将增值税进项税额暂估入账。

【例题5·单选题】某企业因管理不善发生火灾毁损一批库存材料，经确认该批材料的成本为10 000元，增值税额1 300元，其会计处理为（　　）。

A. 借：待处理财产损溢　　10 000
　　贷：原材料　　　　　　10 000

B. 借：待处理财产损溢　　11 300
　　贷：原材料　　　　　　11 300

C. 借：待处理财产损溢　　11 300
　　贷：原材料　　　　　　10 000
　　　　应交税费——应交增值税（进项税额转出）　　1 300

D. 借：待处理财产损溢　　11 300
　　贷：原材料　　　　　　10 000
　　　　应交税费——应交增值税（销项税额）　　1 300

【答案】C

【解析】企业购进的货物发生非正常损失，其进项税额应通过"应交税费——应交增值税（进项税额转出）"科目转入有关科目，选项C正确。

【例题6·判断题】一般纳税企业外购商品作为福利发放给职工，支付的增值税进项税额不得从销项税额中抵扣，直接将增值税进项税额转出。（　　）

【答案】×

【解析】一般纳税企业外购商品作为福利发放给职工，支付的增值税进项税额不得从销项税额中抵扣，取得增值税专用发票时，应将待认证的目前不可抵扣的增值税进项税额，借记"应交税费——待认证进项税额"科目，贷记"银行存款""应付账款"等科目。经税务机关认证为不可抵扣的增值税进项税额时，借记"应交税费——应交增值税（进项税额）"科目，贷记"应交税费——待认证进项税额"科目；同时，将增值税进项税额转出，借记相关成本费用或资产科目，贷记"应交税费——应交增值税（进项税额转出）"科目。

【例题7·判断题】企业购买增值税税控系统专用设备支付的费用以及缴纳的技术维护费允许在增值税应纳税额中全额抵减。（　　）

【答案】×

【解析】按现行增值税制度规定，企业初次购买增值税税控系统专用设备支付的费用以及缴纳的技术维护费允许在增值税应纳税额中全额抵减。

【例题8·判断题】企业初次购入增值税税控系统专用设备和发生的技术维护费，都应按实际支付或应付的金额，借记"管理费用"科目，贷记"银行存款""应付账款"等科目。（　）

【答案】×

【解析】企业初次购入增值税税控系统专用设备，按实际支付或应付的金额，借记"固定资产"科目，贷记"银行存款""应付账款"等科目。

【例题9·单选题】下列各项中，增值税一般纳税人当期发生（增值税专用发票已经税务机关认证）准予以后期间抵扣的进项税额，应记入的会计科目是（　）。

A. 应交税费——待转销项税额
B. 应交税费——未交增值税
C. 应交税费——待抵扣进项税额
D. 应交税费——应交增值税

【答案】C

【解析】"待抵扣进项税额"明细科目，核算一般纳税人已取得增值税扣税凭证并经税务机关认证，按照现行增值税制度规定准予以后期间从销项税额中抵扣的进项税额，选项C正确。

2 应交消费税★★★

一、考点解读

（一）概述

消费税是指在我国境内生产、委托加工和进口应税消费品的单位和个人，按其流转额交纳的一种税。

消费税有从价定率、从量定额、从价定率和从量定额复合计税（简称"复合计税"）三种征收方法。采取从价定率方法征收的消费税，以不含增值税的销售额为税基，按照税法规定的税率计算。企业的销售收入包含增值税的，应将其换算为不含增值税的销售额。采取从量定额计征的消费税，按税法确定的企业应税消费品的数量和单位应税消费品应交纳的消费税计算确定。采用复合计税计征的消费税，由以不含增值税的销售额为税基，按照税法规定的税率计算的消费税和根据税法确定的企业应税消费品的数量与单位应税消费品应缴纳的消费税计算的消费税合计确定。

提示 消费税是价内税，因为消费税是包含在销售收入中的税款，它会影响企业当期的损益。

（二）账务处理

企业应在"应交税费"科目下设置"应交消费税"明细科目，核算应交消费税的发生、交纳情况。该科目贷方登记应交纳的消费税，借方登记已交纳的消费税；期末贷方余额反映企业尚未交纳的消费税，借方余额反映企业多交纳的消费税。

1. **销售应税消费品**

借：税金及附加
　　贷：应交税费——应交消费税

2. **自产自用应税消费品**

企业将生产的应税消费品用于在建工程等非生产机构时，按规定应交纳的消费税：

借：在建工程等
　　贷：应交税费——应交消费税

3. **委托加工应税消费品**

企业如有应交消费税的委托加工物资，一般应**由受托方代收代交税款**。

（1）委托加工物资收回后，**直接用于销售**的：

借：委托加工物资等
　　贷：应付账款/银行存款等

（2）委托加工物资收回后用于**连续生产应税消费品的**：

借：应交税费——应交消费税
　　贷：应付账款/银行存款等

待用委托加工的应税消费品生产出应纳消费税的产品销售时，再交纳消费税。

4. **进口应税消费品**

企业进口应税物资交纳的消费税由海关代征。应交的消费税按照组成计税价格和规定的税率计算，消费税计入该项物资成本。

借：在途物资/原材料/材料采购/库存商品
　　贷：银行存款等

二、例题点津

【例题1·判断题】消费税的征收方法有从价定率和从量定额两种。（　）

【答案】×

【解析】消费税有从价定率、从量定额、从价定率和从量定额复合计税（简称"复合计税")三种征收方法。

【例题2·单选题】 应交消费税的委托加工物资收回后用于连续生产应税消费品的,按规定准予抵扣的由受托方代扣代交的消费税,应当计入( )。

A. 生产成本　　　B. 应交税费
C. 主营业务成本　D. 委托加工物资

【答案】 B

【解析】 企业如有应交消费税的委托加工物资,一般应由受托方代收代缴税款。委托加工物资收回后,直接用于销售的,应将受托方代收代缴的消费税计入委托加工物资的成本;委托加工物资收回后用于连续生产应税消费品的,按规定准予抵扣的,应将已由受托方代收代交的消费税记入"应交税费——应交消费税"科目的借方。

3 其他应交税费 ★

一、考点解读

其他应交税费包括应交资源税、应交城市维护建设税、应交土地增值税、应交所得税、应交房产税、应交土地使用税、应交车船税、应交教育费附加、应交个人所得税等。

1. 应交资源税

(1) **对外销售**应税产品应纳的资源税:
借:税金及附加
　　贷:应交税费——应交资源税

(2) **自产自用**应税产品应纳的资源税:
借:生产成本/制造费用等
　　贷:应交税费——应交资源税

2. **应交城市维护建设税**

城市维护建设税以纳税人实际交纳的增值税和消费税税额为计税依据,即:

应交城市维护建设税 = 应纳税额 = (<u>应交增值税 + 应交消费税</u>) × 适用税率

企业按规定计算出应纳交的城市维护建设税:
借:税金及附加等
　　贷:应交税费——应交城市维护建设税

3. **应交教育费附加**

教育费附加以各单位实际缴纳的增值税、消费税的税额为计征依据,按其一定比例分别与增

值税、消费税同时交纳。

按规定计算出应交纳的教育费附加:
借:税金及附加等
　　贷:应交税费——应交教育费附加

4. **应交土地增值税**

土地增值税按照转让房地产所取得的增值额和规定的税率计算征收。转让房地产的增值额是**转让收入减去税法规定扣除项目金额后的余额**。

(1) 企业转让的土地使用权连同地上建筑物及其附着物并在"固定资产"科目核算的,转让时应交的土地增值税:
借:<u>固定资产清理</u>
　　贷:应交税费——应交土地增值税

(2) <u>土地使用权在"无形资产"科目核算的</u>:
借:银行存款
　　累计摊销
　　无形资产减值准备
　　资产处置损益
　　贷:应交税费——应交土地增值税
　　　　无形资产
　　　　资产处置损益

(3) 房地产开发经营企业销售房地产应交纳的土地增值税:
借:税金及附加
　　贷:应交税费——应交土地增值税

5. **应交房产税、城镇土地使用税、车船税**

企业应交的房产税、城镇土地使用税、车船税:
借:税金及附加
　　贷:应交税费——应交房产税(或应交城镇土地使用税、应交车船税)

二、例题点津

【例题1·单选题】 某企业为增值税一般纳税人,2×21年应缴纳增值税800万元,消费税120万元,城市维护建设税50万元,车船税1万元,印花税1万元,企业所得税130万元,应记入"应交税费"科目贷方的金额是( )万元。

A. 1 102　　　　B. 920
C. 970　　　　　D. 1 101

【答案】 D

【解析】 应记入"应交税费"科目贷方的金

额 = 800 + 120 + 50 + 1 + 130 = 1 101（万元）。印花税不需要预计，不通过"应交税费"科目核算，发生时直接以库存现金或银行存款支付。

【例题2·多选题】 2×21年12月，某企业当月交纳增值税50万元，销售应税消费品交纳消费税20万元，经营用房屋交纳房产税10万元。该企业适用的城市维护建设税税率为7%，教育费附加为3%，不考虑其他因素。下列各项中，关于该企业12月份因交纳城市维护建设税和教育费附加的相关会计处理正确的有（　　）。

A. 借记"税金及附加"科目7万元

B. 贷记"应交税费——应交教育费附加"科目2.1万元

C. 贷记"应交税费——应交城市维护建设税"科目5.6万元

D. 借记"管理费用"科目7万元

【答案】AB

【解析】应交城市维护建设税 = （50 + 20）× 7% = 4.9（万元），选项C错误；应交教育费附加 = （50 + 20）×3% = 2.1（万元），选项B正确；企业的城市维护建设税以及教育费附加应计入税金及附加，所以因为本月城市维护建设税和教育费附加而计入税金及附加的金额 = 4.9 + 2.1 = 7（万元），选项A正确、选项D错误。

【例题3·单选题】 下列各项中，企业确认当期销售部门使用车辆应交纳的车船税，应借记的会计科目是（　　）。

A. 其他业务成本　　B. 税金及附加

C. 管理费用　　　　D. 销售费用

【答案】B

【解析】确认车船税时：

借：税金及附加

　　贷：应交税费——应交车船税

选项B正确。

【例题4·单选题】 下列各项中，企业依据税法规定计算应交的车船税应借记的会计科目是（　　）。

A. 主营业务成本　　B. 销售费用

C. 税金及附加　　　D. 管理费用

【答案】C

【解析】企业应交的房产税、城镇土地使用税、车船税均记入"税金及附加"科目。

第五单元　非流动负债

1 长期借款★★

一、考点解读

（一）概述

长期借款是指企业向银行或其他金融机构借入的期限**在1年以上（不含1年）**的各种借款，一般用于固定资产的购建、改扩建工程、大修理工程、对外投资以及为了保持长期经营能力等方面。

它是企业长期负债的重要组成部分，必须加强管理与核算。

长期借款会计处理的基本要求是反映和监督企业长期借款的借入、借款利息的结算和借款本息的归还情况，促使企业遵守信贷纪律，提高信用等级，同时也要确保长期借款有效使用。

（二）科目设置

企业应通过"**长期借款**"科目，核算长期借款的借入、归还等情况（见图5-10）。该科目按照贷款单位和贷款种类设置明细账，分"本金""利息调整"等进行明细核算。

借方	长期借款	贷方
长期借款本息的减少额		长期借款本息的增加额
		余额：反映企业尚未偿还的长期借款

图5-10

（三）账务处理

1. 取得长期借款

借：银行存款

　　贷：长期借款——本金

2. 发生长期借款利息

长期借款计算确定的利息费用，应当按以下原则计入有关成本、费用：属于筹建期间的，计入管理费用;属于生产经营期间的,计入财务费用。

如果长期借款用于购建固定资产等符合资本化条件的,在资产尚未达到预定可使用状态前,所发生的利息支出数应当资本化,计入在建工程等相关资产成本;资产达到预定可使用状态后发生的利息支出,以及按规定不予资本化的利息支出,计入财务费用。

借:在建工程
　　制造费用
　　财务费用
　　研发支出
　贷:应付利息(**分期付息**)
　　　长期借款——应计利息(**到期一次还本付息**)

3. **归还长期借款**
借:长期借款——本金(归还的金额)
　　应付利息(归还的分期付息的利息)
　　长期借款——应计利息(归还的到期一次还本付息的利息)
　贷:银行存款

二、例题点津

【例题1·单选题】某企业为增值税一般纳税人,于2×21年11月30日从银行借入资金100 000元,借款期限为2年,年利率为4.8%(到期一次还本付息,不计复利)。该企业于2×21年12月31日计提长期借款利息,应编制的会计分录为( )。

A. 借:财务费用　　　　　　　400
　　　贷:长期借款——应计利息400
B. 借:财务费用　　　　　　　400
　　　贷:应付利息　　　　　　400
C. 借:财务费用　　　　　　4 800
　　　贷:长期借款——应计利息
　　　　　　　　　　　　　4 800
D. 借:财务费用　　　　　　4 800
　　　贷:应付利息　　　　　4 800

【答案】A
【解析】长期借款按合同利率计算确定的应付未付利息;如果属于分期付息的,记入"应付利息"科目;如果属于到期一次还本付息的,记

入"长期借款——应计利息"科目。该企业2×21年12月31日应计提长期借款利息 = 100 000 × 4.8% ÷ 12 = 400(元),选项A正确。

【例题2·判断题】长期借款利息费用应当在资产负债表日按照实际利率法计算确定,实际利率与合同利率差异较小的,也可以采用实际利率计算确定利息费用。( )

【答案】×
【解析】长期借款利息费用应当在资产负债表日按照实际利率法计算确定,实际利率与合同利率差异较小的,也可以采用合同利率计算确定利息费用。

2 长期应付款★

一、考点解读

(一)概念

长期应付款,是指企业除长期借款和应付债券以外的其他各种长期应付款项,如以分期付款方式购入固定资产发生的应付款项等。

(二)科目设置

企业应设置"**长期应付款**"科目,用以核算企业应付的款项及偿还情况(见图5-11)。该科目可按长期应付款的种类和债权人进行明细核算。

借方	长期应付款	贷方
偿还的应付款项		发生的长期应付款
		余额:反映企业尚未偿还的长期应付款

图5-11

(三)账务处理

企业购买资产有可能延期支付有关价款。

如果延期支付的购买价款超过正常信用条件,实质上具有融资性质的,所购资产的成本不能以各期付款额之和确定,应当以延期支付购买价款的现值为基础确认。

固定资产购买价款的现值,应当按照各期支付的价款选择适当的折现率进行折现后的金额加以确定。

折现率是反映当前市场货币时间价值和延期

付款债务特定风险的利率。该折现率实质上是供货企业的必要报酬率。

各期实际支付的价款之和其现值之间的差额，应当在信用期间内采用实际利率法进行摊销，计入相关资产成本或当期损益。

借：固定资产
　　在建工程
　　财务费用
　　未确认融资费用（**应支付的价款总额－购买价款的现值**）
　　贷：长期应付款

二、例题点津

【**例题1·判断题**】长期应付款科目的贷方登记发生的长期应付款，借方登记偿还的应付款项，期末贷方余额反映企业尚未偿还的长期应付款。（　　）

【**答案**】√

【**解析**】长期应付款科目的贷方登记发生的长期应付款，借方登记偿还的应付款项，期末贷方余额反映企业尚未偿还的长期应付款。

本章综合题型精讲

【**例题**】甲企业为增值税一般纳税人，每月月初发放上月工资。2×21年12月初"应付职工薪酬——工资"科目的贷方余额为320万元。12月份该企业发生有关职工薪酬业务如下：

（1）7日，结算并发放上月应付职工薪酬320万元，其中代扣职工个人应缴纳的住房公积金25万元，代扣职工个人应缴纳的社会保险费30万元（不含基本养老保险和失业保险），通过银行转账发放货币性职工薪酬265万元。

（2）28日，以其生产的一批电脑作为非货币性福利发放给行政管理人员，该批电脑的生产成本为25万元，市场不含税售价为40万元，企业销售电脑使用的增值税税率为13%。

（3）31日，计提专设销售机构主管人员免费使用汽车的折旧费1万元，计提车间管理人员免费使用汽车的折旧费4万元。

（4）31日，分配本月货币性职工薪酬300万元，其中车间生产工人140万元，车间管理人员50万元，行政管理人员60万元，专设销售机构人员50万元。

要求：根据上述资料，不考虑其他因素，分析回答下列问题（答案中的金额单位用万元表示）。

（1）根据期初资料和资料（1），下列各项中，该企业结算并发放职工薪酬的会计科目处理正确的是（　　）。

A. 代扣职工个人应缴纳的住房公积金时，贷记"其他应付款——住房公积金"科目25万元

B. 代扣职工个人应缴纳的社会保险费时，贷记"应付职工薪酬——社会保险费"科目30万元

C. 结算并发放上月的应付职工薪酬时，借记"应付职工薪酬——工资"科目320万元

D. 通过银行转账发放货币性职工薪酬时，贷记"银行存款"科目265万元

【**答案**】ACD

【**解析**】该企业结算并发放工资的相关账务处理为：

借：应付职工薪酬——工资　　320
　　贷：其他应付款——住房公积金25
　　　　　　　　　——社会保险费30
　　　　银行存款　　　　　　　265

（2）根据资料（2），下列各项中，关于企业非货币性福利的会计处理正确的是（　　）。

A. 将非货币性福利确认为费用时：
借：管理费用　　　　　　　　25
　　贷：应付职工薪酬——非货币性福利
　　　　　　　　　　　　　　25

B. 发放非货币性福利时：
借：应付职工薪酬——非货币性福利
　　　　　　　　　　　　　　45.2
　　贷：主营业务收入　　　　40

应交税费——应交增值税（销项
税额） 5.2
C. 发放非货币性福利时：
借：应付职工薪酬——非货币性福利
25
贷：库存商品 25
D. 将非货币性福利确认为费用时：
借：管理费用 45.2
贷：应付职工薪酬——非货币性福利
45.2
【答案】BD
【解析】将企业自产的产品发给行政管理人员作为非货币性福利，按照产品的含税公允价值计入管理费用，同时确认应付职工薪酬；实际发放时，确认主营业务收入，同时结转相关成本。

（3）根据资料（3），下列各项中，关于企业非货币性福利的会计处理正确的是（ ）。
A. 确认管理费用5万元
B. 确认销售费用1万元
C. 确认制造费用4万元
D. 确认管理费用1万元
【答案】BC
【解析】该企业相关的账务处理为：
借：销售费用 1
  制造费用 4
  贷：应付职工薪酬 5
借：应付职工薪酬 5
  贷：累计折旧 5

（4）根据资料（4），下列各项中，分配本月货币性职工薪酬的会计处理正确的是（ ）。
A. 车间生产工人薪酬140万元应计入生产成本
B. 专设销售机构人员薪酬50万元应计入销售费用
C. 行政管理人员薪酬60万元应计入管理费用
D. 车间管理人员薪酬50万元应计入管理费用
【答案】ABC
【解析】该企业相关的账务处理：
借：生产成本 140
  制造费用 50
  管理费用 60
  销售费用 50
  贷：应付职工薪酬 300
车间管理人员薪酬计入制造费用，选项D错误。

（5）根据期初资料、资料（1）~（4），该企业2×21年12月31日资产负债表中"应付职工薪酬"项目"期末余额"栏应填列的金额是（ ）万元。
A. 305 B. 350.2
C. 380.2 D. 300
【答案】D
【解析】"应付职工薪酬"项目"期末余额"栏的金额=320（期初）−320（资料1）+45.2−45.2（资料2）+5−5（资料3）+300（资料4）=300（万元）。

本章考点巩固练习题

一、单项选择题

1. 某公司短期借款利息采取月末预提的方式核算，则下列预提短期借款利息的会计分录，正确的是（ ）。
   A. 借：财务费用
      贷：应付利息
   B. 借：管理费用
      贷：应付利息
   C. 借：财务费用
      贷：应付账款
   D. 借：管理费用
      贷：应付债券

2. 下列各项中，有关短期借款的说法不正确的是（ ）。
   A. 短期借款的债权人包括银行、其他非银行金融机构
   B. 短期借款利息属于筹资费用，通常发生时

直接计入当期财务费用

C. "短期借款"科目的借方和贷方只登记短期借款本金的取得和偿还

D. 短期借款的期限是1年以下（含1年）

3. 下列各项中，关于应付票据会计处理的说法不正确的是（　　）。

　A. 企业到期无力支付的商业承兑汇票，应按账面余额转入短期借款

　B. 企业支付的银行承兑汇票手续费，计入当期财务费用

　C. 企业到期无力支付的银行承兑汇票，应按账面余额转入短期借款

　D. 企业开出商业汇票，应当按其票面金额作为应付票据的入账金额

4. 下列各项中，企业对于到期无力支付票款的商业承兑汇票，转销时应贷记的会计科目是（　　）。

　A. 预收账款　　　　　B. 其他应付款

　C. 应付账款　　　　　D. 短期借款

5. 某公司2×21年6月1日购入原材料一批，开出一张面值为113 000元、期限为3个月的不带息商业承兑汇票。9月1日公司无力支付票款时，下列会计处理正确的是（　　）。

　A. 借：应付票据　　　　　113 000
　　　　贷：短期借款　　　　　113 000

　B. 借：应付票据　　　　　113 000
　　　　贷：其他应付款　　　　113 000

　C. 借：应付票据　　　　　113 000
　　　　贷：应付账款　　　　　113 000

　D. 借：应付票据　　　　　113 000
　　　　贷：预付账款　　　　　113 000

6. 企业因债权人撤销而转销无法支付的应付账款时，应按所转销的应付账款账面余额计入（　　）。

　A. 管理费用　　　　　B. 其他应付款

　C. 资本公积　　　　　D. 营业外收入

7. 企业转销无法支付的应付账款时，应将该应付账款账面余额计入（　　）。

　A. 资本公积　　　　　B. 营业外收入

　C. 其他应付款　　　　D. 其他业务收入

8. 预收货款不多的企业，可以不设置"预收账款"科目，将预收的货款记入（　　）。

　A. 应收账款的借方　　B. 应收账款的贷方

　C. 应付账款的借方　　D. 应付账款的贷方

9. 某企业2×21年7月1日向银行借入资金60万元，期限为6个月，年利率为6%，到期还本，按月计提利息，按季付息。该企业2×21年7月31日应计提的利息为（　　）万元。

　A. 0.3　　B. 0.6　　C. 0.9　　D. 3.6

10. 下列各项中，应列入资产负债表"其他应付款"项目的是（　　）。

　A. 应付短期租赁固定资产租金

　B. 预收的货款

　C. 结转到期无力支付的应付票据

　D. 应由企业负担的职工社会保险费

11. 下列关于负债表述正确的是（　　）。

　A. 职工薪酬，包括提供给职工配偶、子女或其他被赡养人的福利

　B. 企业对于确实无法支付的应付账款应按其账面余额计入预收账款

　C. 对确实无法支付的应付账款，应将其账面余额转入资本公积

　D. 购进货物发生的进项增值税一律记入"应交税费——应交增值税"账户的借方

12. 某企业以现金支付行政管理人员生活困难补助2 000元，下列各项中，会计处理正确的是（　　）。

　A. 借：其他业务成本　　　2 000
　　　　贷：库存现金　　　　2 000

　B. 借：营业外支出　　　　2 000
　　　　贷：库存现金　　　　2 000

　C. 借：管理费用　　　　　2 000
　　　　贷：库存现金　　　　2 000

　D. 借：应付职业薪酬——职工福利费
　　　　　　　　　　　　　　2 000
　　　　贷：库存现金　　　　2 000

13. 下列各项中，不应当在"应付职工薪酬"科目核算的是（　　）。

　A. 应付职工的医疗保险费

　B. 应付职工的差旅费

　C. 应付职工的离职后福利

　D. 应付职工的辞退福利

14. 月末，一般纳税企业对本月未抵扣的增值税进项税额，正确的会计处理是（　　）。

A. 保留在"应交增值税"明细账户的借方
B. 保留在"应交增值税"明细账户的贷方
C. 将其转入"未交增值税"明细账户的借方
D. 将其转入"未交增值税"明细账户的贷方

15. 企业为建造工程项目（动产）而购进物资负担的增值税额应当计入（　　）。
A. 应交税费——应交增值税（进项税额）
B. 工程物资
C. 固定资产
D. 营业外支出

16. 某公司购进的原材料因管理不善而毁损，毁损的材料成本为 1 000 元，对应的购进时的增值税进项税额是 130 元，下列会计处理中，正确的是（　　）。
A. 借：待处理财产损溢　　　1 130
　　贷：原材料　　　　　　　　1 000
　　　　应交税费——应交增值税（进项税额转出）　　130
B. 借：原材料　　　　　　　1 130
　　贷：应交税费——应交增值税（进项税额转出）　　130
　　　　待处理财产损溢　　　　1 000
C. 借：银行存款　　　　　　1 130
　　贷：原材料　　　　　　　　1 000
　　　　应交税费——应交增值税（销项税额）　　130
D. 借：应收账款　　　　　　1 130
　　贷：原材料　　　　　　　　1 000
　　　　应交税费——应交增值税（销项税额）　　130

17. 企业发生增值税税控系统专用设备技术维护费，按规定抵减的增值税应纳税额，应贷记（　　）科目。
A. 生产成本　　　　B. 制造费用
C. 固定资产　　　　D. 管理费用

18. 下列各项中，关于消费税核算的表述不正确的是（　　）。
A. 企业销售应税消费品应通过"税金及附加"科目核算
B. 企业在建工程领用应税消费品时，应当将消费税的金额计入在建工程成本中
C. 进口应税消费品直接出售的，进口环节交纳的消费税需要计入进口货物的成本中
D. 委托加工物资收回后直接销售的，受托方代收代缴的消费税应记入"应交税费——应交消费税"科目的借方

19. 某企业适用的城市维护建设税税率为 7%。2×21 年 8 月该企业实际交纳增值税 300 000 元、土地增值税 30 000 元、消费税 50 000 元、资源税 20 000 元，8 月该企业应记入"应交税费——应交城市维护建设税"科目的金额为（　　）元。
A. 16 100　　　　B. 24 500
C. 26 600　　　　D. 28 000

20. 下列各项中，企业依据税法规定计算应交的车船税应借记的会计科目是（　　）。
A. 主营业务成本　　B. 销售费用
C. 税金及附加　　　D. 管理费用

二、多项选择题

1. 下列各项中，关于制造业企业预提短期借款利息的会计处理正确的有（　　）。
A. 借记"制造费用"科目
B. 贷记"应付账款"科目
C. 贷记"应付利息"科目
D. 借记"财务费用"科目

2. 下列各项中，引起"应付票据"科目金额发生增减变动的有（　　）。
A. 开出商业承兑汇票购买原材料
B. 转销已到期无力支付票款的商业承兑汇票
C. 转销已到期无力支付票款的银行承兑汇票
D. 支付银行承兑汇票手续费

3. 企业收到预收货款时，下列账务处理中正确的有（　　）。
A. 借：库存现金/银行存款
　　贷：主营业务收入
　　　　应交税费——应交增值税（销项税额）
B. 借：库存现金/银行存款
　　贷：预收账款
　　　　应交税费——应交增值税（销项税额）
C. 借：库存现金/银行存款
　　贷：应收账款

D. 借：库存现金/银行存款
　　贷：应收账款
　　　　应交税费——应交增值税（销项税额）

4. "预收账款"科目贷方登记（　　）。
   A. 预收货款的数额
   B. 企业向购货方发货后冲销的预收货款的数额
   C. 收到购货单位补付货款的数额
   D. 退回购货方多付货款的数额

5. 下列各项中，股份有限公司应通过"应付股利"科目核算的有（　　）。
   A. 实际发放股票股利
   B. 宣告发放现金股利
   C. 宣告发放股票股利
   D. 实际发放现金股利

6. 下列各项中，关于"应付股利"的表述不正确的有（　　）。
   A. 应付股利是指企业根据股东大会或类似机构审议批准的利润分配方案确定分配给投资者的现金股利或利润
   B. 企业通过"应付股利"科目核算企业确定或宣告支付但尚未实际支付的现金股利或利润
   C. 该科目借方登记应支付的现金股利或利润，贷方登记实际支付的现金股利或利润
   D. 期末借方余额反映企业应付未付的现金股利或利润

7. 下列各项中，应计入其他应付款的有（　　）。
   A. 存入保证金
   B. 应付销货方代垫的运杂费
   C. 应付租入包装物租金
   D. 到期无力支付的商业承兑汇票

8. 下列各项中，应列入资产负债表"应付职工薪酬"项目的有（　　）。
   A. 支付临时工的工资
   B. 发放给困难职工的补助金
   C. 交纳职工的工伤保险费
   D. 支付辞退职工的经济补偿金

9. 下列各项中，属于短期薪酬的有（　　）。
   A. 职工福利费
   B. 医疗保险费等社会保险费
   C. 住房公积金
   D. 短期利润分享计划

10. 企业将自有房屋作为福利无偿提供给管理人员使用，以下会计分录正确的有（　　）。
    A. 借：管理费用
    　　贷：应付职工薪酬——非货币性福利
    B. 借：管理费用
    　　贷：累计折旧
    C. 借：应付职工薪酬——非货币性福利
    　　贷：累计折旧
    D. 借：制造费用
    　　贷：应付职工薪酬——非货币性福利

11. 下列各项中，属于长期职工薪酬的有（　　）。
    A. 提前解除劳动合同给予职工的补偿
    B. 按规定计提的基本养老保险
    C. 按规定计提的住房公积金
    D. 向职工发放的生活困难补助

12. 下列各项中，属于离职后福利的有（　　）。
    A. 养老保险　　　B. 辞退福利
    C. 失业保险　　　D. 医疗保险

13. 下列各项中，应通过"应交税费"科目核算的有（　　）。
    A. 印花税　　　　B. 个人所得税
    C. 房产税　　　　D. 教育费附加

14. 一般纳税人购进原材料，用于简易计税方法的计税项目，按照现行增值税制度规定不得从销项税额中抵扣的，下列关于增值税会计处理正确的有（　　）。
    A. 借：应交税费——待认证进项税额
    　　贷：银行存款或应付账款等
    B. 借：应交税费——应交增值税（进项税额）
    　　贷：应交税费——待认证进项税额
    C. 借：原材料
    　　贷：应交税费——应交增值税（进项税额转出）
    D. 借：应交税费——应交增值税（进项税额）
    　　贷：应交税费——应交增值税（进项税额转出）

15. 下列各项中，增值税一般纳税人需要转出进项税额的有（　　）。
    A. 自制产成品用于职工福利
    B. 自制产成品用于对外投资
    C. 外购的生产用原材料发生非正常损失
    D. 外购的生产用原材料改变用途，用于免

征增值税项目

16. 一般纳税企业发生的下列各项业务中，属于视同销售行为，要计算增值税销项税额的有（　　）。
    A. 将自产的产品用于建造办公楼
    B. 将自产的产品分配给股东
    C. 将外购的材料无偿赠送他人
    D. 将自产的产品用于集体福利

17. 按现行增值税制度规定，企业初次购入增值税税控系统专用设备，应编制的会计分录有（　　）。
    A. 借：固定资产
    　　应交税费——应交增值税（进项税额）
    　　贷：银行存款
    B. 借：固定资产
    　　贷：银行存款
    C. 借：应交税费——应交增值税（减免税款）
    　　贷：管理费用
    D. 借：应交税费——应交增值税（减免税款）
    　　贷：固定资产

18. 甲企业为增值税一般纳税人，委托外单位加工一批材料（属于应税消费品，且为非金银首饰）。该批原材料加工收回后用于连续生产应税消费品。甲企业发生的下列各项支出中，应增加收回委托加工材料实际成本的有（　　）。
    A. 支付的加工费　　B. 支付的增值税
    C. 负担的运杂费　　D. 支付的消费税

19. 下列各项中，关于消费税的会计处理表述正确的有（　　）。
    A. 企业销售应税消费品应交纳的消费税计入税金及附加
    B. 在建办公楼领用应税消费品应交的消费税计入在建工程
    C. 进口环节应交的消费税计入应交税费
    D. 委托加工环节受托方代扣代交的消费税计入委托加工物资的成本

20. 企业交纳的下列税金，应通过"应交税费"科目核算的有（　　）。
    A. 印花税　　　　B. 耕地占用税
    C. 房产税　　　　D. 土地增值税

三、判断题

1. 短期借款利息应按照用途不同，归集在"管理费用""财务费用""制造费用"等科目中。（　　）

2. 企业因开出银行承兑汇票而支付银行的承兑汇票手续费，应当计入当期财务费用。（　　）

3. 企业向供货单位采购原材料支付货款开出的银行承兑汇票，应通过"应付账款"科目核算。（　　）

4. 企业对于确实无法支付的应付账款，经核准应按其账面余额计入营业外收入。（　　）

5. 企业购入货物验收入库后，若货款尚未支付，发票账单尚未收到，应在月末按照估计的金额确认一笔负债，反映在资产负债表有关负债项目中。（　　）

6. 预收账款属于流动负债，因此，如果企业不单设"预收账款"科目，可以将预收账款并入"应付账款"科目核算。（　　）

7. 应付利息是指企业按实际利率约定应支付的利息。（　　）

8. 企业董事会通过的利润分配方案中拟分配的现金股利，不需要进行账务处理。（　　）

9. 经股东大会批准，企业对外宣告分配现金股利时，应确认一项负债。（　　）

10. 其他应付款是指企业除应付票据、应付账款、预收账款、应付职工薪酬、应交税费、应付股利等经营活动以外的其他各项应付、暂收的款项，包括应付短期租赁固定资产租金、租入包装物租金等，但是不包括存入保证金。（　　）

11. 企业为职工交纳的基本养老保险金、补充养老保险费，以及为职工购买的商业养老保险，均属于企业提供的职工薪酬。（　　）

12. 非累积带薪缺勤不必额外作相应的账务处理。（　　）

13. 企业购入材料不能取得增值税专用发票的，应当按适用的增值税税率计算已交纳的增值税额，并通过"应交税费"核算。（　　）

14. 按现行增值税制度规定，企业转让金融商品，月末如果产生转让收益，应纳税额计入投资收益。（　　）

15. 按现行增值税制度规定，一般纳税企业发生相关成本费用允许扣减销售额的，取得合规增值税扣税凭证且纳税义务发生时，按照允许抵扣的税额，借记"应交税费——应交增值税（销项税额抵减）"或"应交税费——简易计税"科目，贷记"主营业务收入"等科目。（ ）

16. 企业购进的货物发生非常损失，以及将购进货物改变用途的（如用于非应税项目、集体福利或个人消费等），其进项税额应通过"应交税费——应交增值税（进项税额转出）"科目核算。（ ）

17. 增值税小规模纳税人购进货物支付的增值税直接计入有关货物的成本。（ ）

18. 企业进口应税物资在进口环节应交的消费税，应记入"应交税费——应交消费税"科目中。（ ）

四、不定项选择题

1. 甲公司为增值税一般纳税人。2×21年12月甲公司发生与职工薪酬相关的经济业务如下：
（1）10日，购买小型取暖炉一批，价款100 000元，增值税税额13 000元，已取得可抵扣增值税专用发票，全部款项以银行存款支付。取暖炉购入后作为福利发给一线生产工人，并转出增值税进项税额。
（2）31日，公司为高级管理人员免费使用的5辆汽车计提折旧，每辆汽车应计提折旧费3 000元，作为非货币性薪酬核算。
（3）31日，根据在岗职工数量及其岗位，决定以补贴职工食堂支出的形式发放货币性职工薪酬，共计17 000元，其中生产工人12 000元、车间管理人员2 000元、行政管理人员1 500元、专设销售机构人员1 500元。
要求：根据上述资料，回答下列问题。
（1）根据资料（1），下列各项中，甲公司发放取暖炉相关会计处理表述正确的是（ ）。
　　A. 贷记"应交税费——应交增值税（进项税额转出）"科目13 000元
　　B. 贷记"库存商品"科目100 000元
　　C. 借记"应付职工薪酬"科目100 000元
　　D. 借记"应付职工薪酬"科目113 000元

（2）根据资料（2），下列各项中，甲公司计提车辆折旧费会计处理结果表述正确的是（ ）。
　　A. 固定资产账面价值减少15 000元
　　B. 管理费用增加15 000元
　　C. 应付职工薪酬增加15 000元
　　D. 累计折旧增加15 000元

（3）根据资料（1）~（3），下列各项中甲公司当月发生的非货币性职工薪酬是（ ）元。
　　A. 130 000   B. 145 000
　　C. 128 000   D. 100 000

2. 甲公司为一家彩电生产企业，共有员工600名，2×21年5月，公司发生以下业务：
（1）公司以其生产的每台成本为1 000元的某型号彩电作为福利发放给公司每名员工。该型号彩电的售价为每台2 000元，甲公司适用的增值税税率为13%。600名员工中500名为直接参加生产的员工，100名为总部管理人员。
（2）公司为总部部门经理级别以上职工每人提供一辆某品牌汽车免费使用。该公司总部共有部门经理级别以上职工15名，每辆该品牌汽车每月计提折旧1 000元；该公司还为其4名高级管理人员每人租赁一套公寓免费使用，月租金为每套7 000元。
（3）2×21年1月2日，公司决定将一条生产线停产进行改扩建，以提高其生产能力，工期预计超过1年。2×21年5月30日，应付安装工人的薪酬为435万元，应付安装技术人员住房租金3万元，以上款项均已开出转账支票支付；安装技术人员用车应计提折旧3.5万元。
要求：根据上述资料，回答下列问题。
（1）下列各项中，应通过"应付职工薪酬"科目核算的是（ ）。
　　A. 企业为职工缴纳的社会保险费
　　B. 企业为职工计提的职工教育经费和工会经费
　　C. 企业为职工缴纳的住房公积金
　　D. 企业提供给职工的非货币性福利
（2）根据资料（1），下列各项中，该企业会计处理正确的是（ ）。

A. 管理费用增加 22.6 万元
B. 生产成本增加 113 万元
C. 主营业务收入增加 120 万元
D. 主营业务成本增加 60 万元

（3）根据资料（2），下列各项中，该企业会计处理结果正确的是（　　）。

A. 借：管理费用　　　　43 000
　　贷：银行存款　　　　43 000
B. 借：管理费用　　　　43 000
　　贷：应付职工薪酬——非货币性福利　　　　43 000
C. 借：应付职工薪酬——非货币性福利　　　　28 000

　　贷：银行存款　　　　28 000
D. 借：应付职工薪酬——非货币性福利　　　　15 000
　　贷：累计折旧　　　　15 000

（4）根据资料（3），下列各项中，该企业会计处理结果正确的是（　　）。

A. "在建工程"增加 441.5 万元
B. 通过"应付职工薪酬——工资"核算的薪酬为 435 万元
C. 通过"应付职工薪酬——非货币性福利"核算的薪酬为 6.5 万元
D. "累计折旧"增加 3.5 万元

本章考点巩固练习题参考答案及解析

一、单项选择题

1.【答案】A
【解析】短期借款预提利息时所作的会计处理为借记"财务费用"科目，贷记"应付利息"科目。

2.【答案】A
【解析】短期借款的债权人不仅是银行，还包括其他非银行金融机构或者其他单位、个人。

3.【答案】A
【解析】企业到期无力支付的商业承兑汇票，应按账面余额转入应付账款。

4.【答案】C
【解析】应付商业承兑汇票到期，如企业无力支付票款，由于商业汇票已经失效，企业应将应付票据按账面余额转作应付账款，借记"应付票据"科目，贷记"应付账款"科目，选项 C 正确。

5.【答案】C
【解析】该企业开出的是不带息的商业承兑汇票，票据到期值与面值相等。商业承兑汇票到期无法支付应转作应付账款。银行承兑汇票到期无法支付应转作短期借款。选项 C 正确。

6.【答案】D
【解析】应付账款一般在较短期限内支付，但有时由于债权单位撤销或其他原因而使应付账款无法清偿。企业对于确实无法支付的应付账款应予以转销，按其账面余额计入营业外收入，借记"应付账款"科目，贷记"营业外收入"科目。

7.【答案】B
【解析】企业转销无法支付的应付账款时，应将其账面余额计入营业外收入。

8.【答案】B
【解析】预收货款不多的企业，可以不设置"预收账款"科目，将预收的货款记入"应收账款"的贷方。

9.【答案】A
【解析】该企业 2×21 年 7 月 31 日应计提的利息 = 60×6%×1÷12 = 0.3（万元）。

10.【答案】A
【解析】其他应付款包括应付短期租赁固定资产租金、租入包装物租金、存入保证金、应付的赔款或罚款等。选项 B，预收的货款应计入预收账款。选项 C，结转到期无力支付的应付票据应计入应付账款或短期借款。选项 D，应由企业负担的职工社会保险费计入应付职工薪酬。

11.【答案】A

【解析】选项A，职工薪酬，包括提供给职工配偶、子女或其他被赡养人的福利；选项B、C，企业对于确实无法支付的应付账款应按其账面余额计入营业外收入；选项D，一般纳税人购进货物取得可抵扣凭证且属于抵扣范围的进项税额应记入"应交税费——应交增值税（进项税额）"科目的借方，小规模纳税人取得增值税专用发票上注明的增值税直接计入相关费用或资产。

12.【答案】D

【解析】职工生活困难补助属于职工福利费，应通过"应付职工薪酬——职工福利费"科目核算。根据受益原则，行政管理人员的生活困难补助应计入管理费用。

13.【答案】B

【解析】职工薪酬包括短期薪酬、离职后福利、辞退福利和其他长期职工福利，职工医疗保险属于短期薪酬。应付职工的差旅费不属于职工薪酬，应当在"其他应付款"科目核算。

14.【答案】A

【解析】月末，一般纳税企业对本月未抵扣的增值税进项税额，保留在"应交增值税"明细账户的借方，可以下月继续抵扣。

15.【答案】A

【解析】企业为建造工程项目（动产）而购进物资负担的增值税额应当记入"应交税费——应交增值税（进项税额）"科目。

16.【答案】A

【解析】企业已单独确认进项税额的购进货物发生非正常损失，原已计入进项税额、待抵扣进项税额或待认证进项税额，不得从销项税额中抵扣，应作进项税额转出处理。

17.【答案】D

【解析】企业发生增值税税控系统专用设备技术维护费，按规定抵减的增值税应纳税额，借记"应交税费——应交增值税（减免税）"科目（小规模纳税人应借记"应交税费——应交增值税"科目），贷记"管理费用"等科目。

18.【答案】D

【解析】委托加工物资收回后直接出售，受托方代收代缴的消费税应计入委托加工物资成本中；委托加工物资收回后用于连续生产应税消费品的，受托方代收代缴的消费税应记入"应交税费——应交消费税"科目的借方。

19.【答案】B

【解析】增值税和消费税是城市维护建设税的计税基础。该企业应记入"应交税费——应交城市维护建设税"科目金额=（增值税+消费税）×7%=（300 000+50 000）×7%=24 500（元）。

20.【答案】C

【解析】企业应交的房产税、城镇土地使用税、车船税和矿产资源补偿费应记入"税金及附加"科目。

二、多项选择题

1.【答案】CD

【解析】企业预提利息的账务处理：

借：财务费用

　　贷：应付利息

2.【答案】ABC

【解析】选项A，增加"应付票据"科目余额；选项B、C，减少"应付票据"科目余额；选项D，计入财务费用，不影响"应付票据"科目余额。

3.【答案】BD

【解析】企业预收购货单位的款项时，按实际收到的全部预收款，借记"库存现金""银行存款"科目，按照预收款计算的应交增值税，贷记"应交税费——应交增值税（销项税额）"科目，全部预收款项扣除应交的增值税差额，贷记"预收账款"科目。预收货款业务不多的企业，可以不单独设置"预收账款"科目，其所发生的预收货款，可通过"应收账款"科目核算。

4.【答案】AC

【解析】"预收账款"科目贷方登记预收货款的数额和购货单位补付货款的数额，借方登记企业向购货方发货后冲销的预收货款的数额和退回购货方多付货款的数额。

5. 【答案】BD
【解析】企业分配的股票股利不通过"应付股利"科目核算。"应付股利"科目核算企业确定或宣告发放但尚未实际支付的现金股利或利润。

6. 【答案】CD
【解析】"应付股利"是负债类科目，贷方登记应支付的现金股利或利润，借方登记实际支付的现金股利或利润，期末贷方余额反映企业应付未付的现金股利或利润。

7. 【答案】AC
【解析】应付销货方的代垫运杂费和到期无力支付的商业承兑汇票应计入应付账款。

8. 【答案】ABCD
【解析】职工薪酬包括短期薪酬、离职后福利、辞退福利和其他长期职工福利。短期薪酬包括职工工资、奖金津贴和补贴，职工福利费，医疗保险、工伤保险等社会保险费，住房公积金，工会经费和职工教育经费，短期带薪缺勤，短期利润分享计划，其他短期薪酬。

9. 【答案】ABCD
【解析】短期薪酬具体包括：职工工资、奖金、津贴和补贴；职工福利费；医疗保险费、工伤保险费等社会保险费；住房公积金；工会经费和职工教育经费；短期带薪缺勤；短期利润分享计划；其他短期薪酬。

10. 【答案】AC
【解析】将企业拥有的房屋等资产无偿提供给管理人员使用，应将住房每期应计提的折旧计入当期损益，借记"管理费用"科目，贷记"应付职工薪酬——非货币性福利"科目，并且同时借记"应付职工薪酬——非货币性福利"科目，贷记"累计折旧"科目。

11. 【答案】AB
【解析】选项A属于辞退福利，选项B属于离职后福利，均属于长期职工薪酬。

12. 【答案】AC
【解析】离职后福利包括设定提存计划和设定受益计划，其中，设定提存计划包括养老保险和失业保险。医疗保险属于短期薪酬。

13. 【答案】BCD

【解析】印花税不需要预计，不通过"应交税费"科目核算，实际发生时，借记"税金及附加"科目，贷记"银行存款"科目。

14. 【答案】ABC
【解析】一般纳税人购进货物、加工修理修配劳务、服务、无形资产或不动产，用于简易计税方法计税项目、免征增值税项目、集体福利或个人消费等，即使取得的增值税专用发票上已注明增值税进项税额，该税额按照现行增值税制度规定也不得从销项税额中抵扣的，取得增值税专用发票时，应将待认证的目前不可抵扣的增值税进项税额，借记"应交税费——待认证进项税额"科目，贷记"银行存款""应付账款"等科目。经税务机关认证为不可抵扣的增值税进项税额时，借记"应交税费——应交增值税（进项税额）"科目，贷记"应交税费——待认证进项税额"科目；同时，将增值税进项税额转出，借记相关成本费用或资产科目，贷记"应交税费——应交增值税（进项税额转出）"科目。

15. 【答案】CD
【解析】自制产品用于职工福利、对外投资应视同销售，计算增值税销项税额；企业购进的货物由于管理不善等原因造成的非正常损失，以及将购进货物、加工修理修配劳务或服务、无形资产或不动产改变用途（如专用于简易计税项目、免税项目、集体福利或个人消费等），其进项税额不能再抵扣，转入"应交税费——应交增值税（进项税额转出）"科目。

16. 【答案】BCD
【解析】企业将自产或委托加工的货物用于集体福利或个人消费，将自产、委托加工或购买的货物作为投资、分配给股东、赠送他人等，应视同销售计算交纳增值税，借记"应付股利""营业外支出"等科目，贷记"应交税费——应交增值税（销项税额）"等科目。

17. 【答案】BC
【解析】企业初次购入增值税税控系统专用设备，按实际支付或应付的金额，借记"固定资产"科目，贷记"银行存款""应付账款"等科目。按规定抵减的增值税应纳税额，借记"应交税费——应交增值税（减免税款）"科目（小规模纳税人应借记"应交税费——应交增值税"科目），贷记"管理费用"等科目。

18.【答案】AC
【解析】支付的增值税应作为进项税额，不计入委托加工材料成本；因该批材料加工收回后用于连续生产应税消费品，所以支付的消费税应记入"应交税费——应交消费税"科目的借方，不计入委托加工材料成本。

19.【答案】AB
【解析】选项C，进口环节应交的消费税计入所购物资的成本；选项D，委托加工环节受托方代扣代缴的消费税，如果委托加工物资收回后，直接用于销售的，计入委托加工物资成本，如果连续生产应税消费品的，记入"应交税费——应交消费税"科目的借方。

20.【答案】CD
【解析】企业的印花税和耕地占用税不需要预计，不通过"应交税费"科目核算，实际发生时直接以库存现金或银行存款支付。

三、判断题

1.【答案】×
【解析】短期借款利息均记入"财务费用"科目。

2.【答案】√
【解析】根据现行规定，支付银行的承兑汇票手续费，应在发生时计入当期财务费用。取得增值税专用发票的，按注明的增值税进项税额，计入应交税费——应交增值税（进项税额）。

3.【答案】×
【解析】企业向外单位开出的银行承兑汇票，通过"应付票据"科目核算。

4.【答案】√
【解析】企业对于确实无法支付的应付账款应予以转销，按其账面余额计入营业外收入，借记"应付账款"科目，贷记"营业外收入"科目。

5.【答案】√
【解析】按照企业会计准则的规定，企业购入货物尚未支付货款，材料已验收入库应分情况处理。在货物和发票账单同时到达的情况下，应按发票账单确定的金额，确认为一笔负债；在货物到达而发票账单未到的情况下，期末在资产负债表上按照估计的金额确认为一笔负债，待下月月初作相反分录予以冲回。

6.【答案】×
【解析】预收账款不多的企业，若不设置"预收账款"科目，其所发生的预收货款应通过"应收账款"科目贷方核算。

7.【答案】×
【解析】应付利息是指企业按合同约定应支付的利息，即按名义利率计算的利息。

8.【答案】√
【解析】企业董事会或类似机构通过的利润分配方案中拟分配的现金股利或利润，不需要进行账务处理，但应在附注中披露。

9.【答案】√
【解析】企业向股东宣告的现金股利，应将其转入流动负债"应付股利"科目中。

10.【答案】×
【解析】其他应付款是指企业除应付票据、应付账款、预收账款、应付职工薪酬、应交税费、应付股利等经营活动以外的其他各项应付、暂收的款项，包括应付短期租赁固定资产租金、租入包装物租金、存入保证金等。

11.【答案】√
【解析】养老保险属于离职后福利，是职工薪酬的核算范围。

12.【答案】√
【解析】通常情况下，与非累积缺勤相关的职工薪酬已经包括在企业每期向职工发放的工资等薪酬中，因此，不必额外作相应的账务处理。

13.【答案】×
【解析】企业购入材料不能取得增值税专用发票的，发生的增值税应计入材料采购成本。

14.【答案】√
【解析】按现行增值税制度规定，企业实际转让金融商品，月末，如产生转让收益，则按应纳税额，借记"投资收益"等科目，贷记"应交税费——转让金融商品应交增值税"科目；如产生转让损失，则按可结转下月抵扣税额，借记"应交税费——转让金融商品应交增值税"科目，贷记"投资收益"等科目。交纳增值税时，应借记"应交税费——转让金融商品应交增值税"科目，贷记"银行存款"科目。年末，"应交税费——转让金融商品应交增值税"科目，如有借方余额，则借记"投资收益"科目，贷记"应交税费——转让金融商品应交增值税"科目。

15. 【答案】×
【解析】按现行增值税制度规定，企业发生相关成本费用允许扣减销售额的，发生成本费用时，按应付或实际支付的金额，借记"主营业务成本"等科目，贷记"应付账款""应付票据""银行存款"等科目。待取得合规增值税扣税凭证且纳税义务发生时，按照允许抵扣的税额，借记"应交税费——应交增值税（销项税额抵减）"或"应交税费——简易计税"科目（小规模纳税人应借记"应交税费——应交增值税"科目），贷记"主营业务成本"等科目。

16. 【答案】√
【解析】企业已单独确认进项税额的购进货物、加工修理修配劳务或者服务、无形资产或者不动产但其事后改变用途（如用于简易计税方法计税项目、免征增值税项目、非增值税应税项目等），或发生非正常损失，原已计入进项税额、待抵扣进项税额或待认证进项税额，按照现行增值税制度规定不得从销项税额中抵扣，应作进项税额转出处理。

17. 【答案】√
【解析】增值税小规模纳税人购进货物支付的增值税，不得抵扣，直接计入有关货物的成本。

18. 【答案】×
【解析】企业进口应税物资在进口环节应交的消费税，应计入该项物资的成本。

四、不定项选择题

1. (1)【答案】ABD

【解析】企业外购产品作为非货币性福利发放给职工，改变了外购产品的用途，需要作进项税额转出，借记"应付职工薪酬"科目，贷记"库存商品"科目，同时贷记"应交税费——应交增值税（进项税额转出）"科目。
借：应付职工薪酬——非货币性福利
　　　　　　　　　　　　113 000
　贷：库存商品　　　　100 000
　　　应交税费——应交增值税（进项税额转出）　 13 000

(2)【答案】ABD
【解析】企业将自有固定资产作为非货币性福利免费提供给职工使用，需要将固定资产计提的折旧费用计入应付职工薪酬，本题计提折旧的金额=3 000×5=15 000（元）。由于是给高级管理人员使用，所以确认应付职工薪酬时，应借记"管理费用"科目，贷记"应付职工薪酬"科目；同时借记"应付职工薪酬"科目，贷记"累计折旧"科目。会计分录如下：
借：管理费用　　　　15 000
　贷：应付职工薪酬　15 000
借：应付职工薪酬　　15 000
　贷：累计折旧　　　15 000
管理费用属于费用类，借方表示增加，选项B正确。累计折旧属于固定资产的备抵科目，借方表示减少，贷方表示增加，选项D正确。累计折旧增加，会使固定资产账面价值减少，所以A正确。应付职工薪酬一增一减，无影响。

(3)【答案】C
【解析】非货币性职工薪酬=113 000+15 000=128 000（元）。

2. (1)【答案】ABCD
【解析】应付职工薪酬包括企业为职工缴纳的社会保险费、计提的职工教育经费和工会经费、为职工缴纳的住房公积金、企业提供给职工的非货币性福利等，选项A、B、C、D均正确。

(2)【答案】ABCD
【解析】管理费用=100×0.2×(1+13%)=22.6（万元），生产成本=500×0.2×(1+13%)=113（万元），主营业务收入=600×

0.2=120（万元），主营业务成本=600×0.1=60（万元），选项 A、B、C、D 均正确。

(3)【答案】BCD

【解析】企业为职工每人提供一辆某品牌汽车免费使用，为高级管理人员每人租赁一套公寓免费使用，均属于应付职工薪酬，应通过"应付职工薪酬"科目核算，选项 B、C、D 正确。

(4)【答案】ABCD

【解析】应付安装技术人员住房租金 3 万元和安装技术人员用车应计折旧均属于应付职工薪酬——非货币性福利。计提时：

借：在建工程　　　　　　441.5
　　贷：应付职工薪酬——工资　　435
　　　　　　　　　——非货币性福利
　　　　　　　　　　　　　　6.5

发放时：

借：应付职工薪酬——工资　　435
　　　　　　　——非货币性福利
　　　　　　　　　　　　　6.5
　　贷：银行存款　　　　　　438
　　　　累计折旧　　　　　　3.5

第六章　所有者权益

考情分析

本章难度不大，主要讲述所有者权益各组成部分的确认与计量，考试中经常以客观题型出现，考点相对集中在实收资本、留存收益等，如果测试综合性题目，主要是将本章的内容与资产等知识结合考查。考试一般分值在 10 分左右。

教材变化

2022 年教材本章内容总体上变化不大。具体细节上充实了对实收资本、资本公积等概念的解释，增加了其他资本公积的叙述及账务处理。

考点提示

本章最大的特点是涉及的法律、法规比较多。考点主要围绕实收资本的核算、资本公积的来源及核算、留存收益的内容及核算。在学习时，不仅应把握好所有者权益的相关知识点，还应注意将实收资本、资本公积与有关资产相结合，将留存收益与收入、费用、利润相结合。

本章考点框架

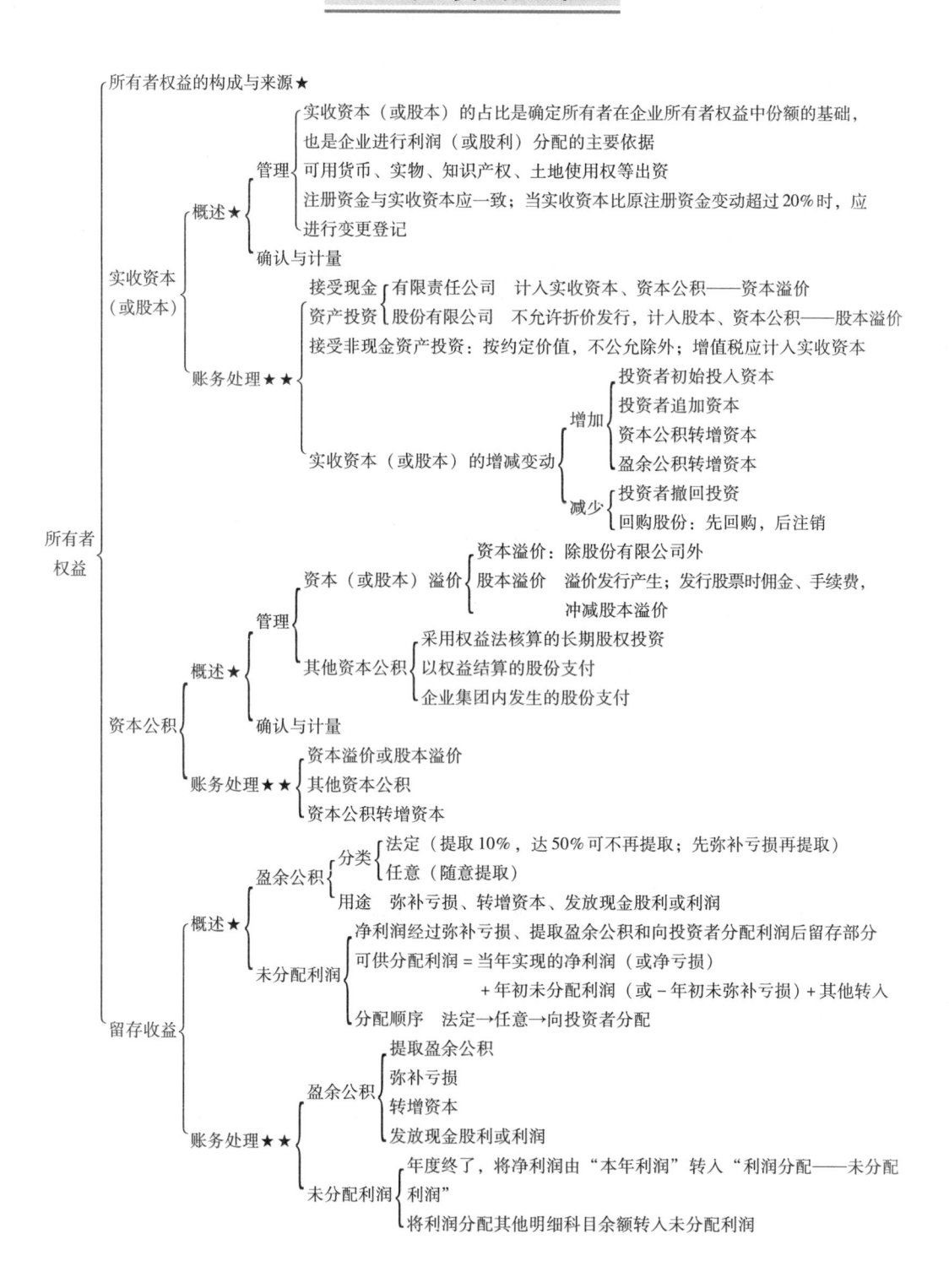

- 所有者权益
  - 实收资本（或股本）
    - 所有者权益的构成与来源 ★
    - 概述 ★
      - 管理
        - 实收资本（或股本）的占比是确定所有者在企业所有者权益中份额的基础，也是企业进行利润（或股利）分配的主要依据
        - 可用货币、实物、知识产权、土地使用权等出资
        - 注册资金与实收资本应一致；当实收资本比原注册资金变动超过20%时，应进行变更登记
      - 确认与计量
    - 账务处理 ★★
      - 接受现金资产投资
        - 有限责任公司　计入实收资本、资本公积——资本溢价
        - 股份有限公司　不允许折价发行，计入股本、资本公积——股本溢价
      - 接受非现金资产投资：按约定价值，不公允除外；增值税应计入实收资本
      - 实收资本（或股本）的增减变动
        - 增加
          - 投资者初始投入资本
          - 投资者追加资本
          - 资本公积转增资本
          - 盈余公积转增资本
        - 减少
          - 投资者撤回投资
          - 回购股份：先回购，后注销
  - 资本公积
    - 概述 ★
      - 管理
        - 资本（或股本）溢价
          - 资本溢价：除股份有限公司外
          - 股本溢价　溢价发行产生；发行股票时佣金、手续费，冲减股本溢价
        - 其他资本公积
          - 采用权益法核算的长期股权投资
          - 以权益结算的股份支付
          - 企业集团内发生的股份支付
      - 确认与计量
    - 账务处理 ★★
      - 资本溢价或股本溢价
      - 其他资本公积
      - 资本公积转增资本
  - 留存收益
    - 概述 ★
      - 盈余公积
        - 分类
          - 法定（提取10%，达50%可不再提取）；先弥补亏损再提取）
          - 任意（随意提取）
        - 用途　弥补亏损、转增资本、发放现金股利或利润
      - 未分配利润
        - 净利润经过弥补亏损、提取盈余公积和向投资者分配利润后留存部分
        - 可供分配利润＝当年实现的净利润（或净亏损）
          　　　　　　　＋年初未分配利润（或－年初未弥补亏损）＋其他转入
        - 分配顺序　法定→任意→向投资者分配
    - 账务处理 ★★
      - 盈余公积
        - 提取盈余公积
        - 弥补亏损
        - 转增资本
        - 发放现金股利或利润
      - 未分配利润
        - 年度终了，将净利润由"本年利润"转入"利润分配——未分配利润"
        - 将利润分配其他明细科目余额转入未分配利润

考点解读及例题点津

第一单元 所有者权益的构成与来源

1 所有者权益的构成与来源 ★

一、考点解读

所有者权益通常由实收资本（或股本）、其他权益工具（如优先股、永续债等）、资本公积、其他综合收益、专项储备、留存收益构成。其来源包括：所有者投入的资本、直接计入所有者权益的利得和损失、留存收益等。影响留存收益与所有者权益的因素分析如表6-1所示。

表6-1　影响留存收益与所有者权益变动的因素分析

业务	留存收益变动	所有者权益变动
1. 资本公积转增资本	不影响	不影响
2. 盈余公积转增资本	减少	不影响
3. 回购股票	不影响	减少
4. 注销股票		
（1）溢价回购（超过面值）	可能影响*	不影响
（2）折价回购（低于面值）	不影响	不影响
5. 计提盈余公积	不影响	不影响
6. 宣告发放现金股利	减少	减少
7. 宣告发放股票股利	不影响	不影响
8. 用盈余公积发放现金股利	减少	减少
9. 用盈余公积弥补亏损	不影响	不影响
10. 用税后利润弥补亏损	不影响	不影响

*股本溢价不足冲减的情况下，需依次冲减盈余公积和未分配利润。

二、例题点津

【例题1·单选题】下列各项中，不属于所有者权益的是（　　）。

A. 资本溢价
B. 计提的盈余公积
C. 投资者投入的资本
D. 应付高管人员基本薪酬

【答案】D

【解析】所有者权益包括实收资本（或股本）、资本公积、其他综合收益、留存收益等，选项A，资本溢价属于资本公积；选项B，计提的盈余公积属于留存收益；选项C，投资者投入的资本属于实收资本（或股本）；选项D，应付高管人员基本薪酬属于负债。

【例题2·单选题】下列各项中，导致企业所有者权益总额发生增减变动的业务事项是（　　）。

A. 当年实现净利润
B. 盈余公积转实收资本
C. 资本公积转实收资本
D. 盈余公积补亏

【答案】A

【解析】企业当年实现净利润会导致所有者权益增加。选项B、C、D属于所有者权益内部的一增一减，所有者权益总额不变。

【例题3·多选题】下列各项中，导致企业留存收益变动的有（　　）。

A. 用盈余公积发放现金股利
B. 接受投资者设备投资
C. 盈余公积转增资本
D. 资本公积转增资本

【答案】AC

【解析】选项A，借：盈余公积，贷：应付股利，留存收益减少；选项B，借：固定资产等，贷：实收资本或股本等，不影响留存收益；选项C，借：盈余公积，贷：实收资本或股本，留存收益减少；选项D，借：资本公积，贷：实收资本或股本，不影响留存收益。

【例题4·判断题】企业接受新投资者投资会导致所有者权益总额增加。（　　）

【答案】√

【解析】接受新投资，借记"库存现金""银行存款""固定资产"等科目，贷记"实收资本（或股本）""资本公积"等科目，会导致所有者权益总额增加。

第二单元　实收资本或股本

1 概述 ★

一、考点解读

实收资本是指企业按照章程规定或合同、协议约定，接受投资者投入企业的资本。实收资本的构成比例即投资者的出资比例或股东的股份比例，通常是确定所有者在企业所有者权益中所占的份额或参与企业生产经营决策的基础，也是企业进行利润或股利分配的依据，同时还是企业清算时确定所有者对净资产的要求权的依据。

注册资本是指企业成立时在工商行政管理部门登记注册的资本总额，是企业各方投入资本的总和，是企业的法定资本。

实收资本与注册资本的区别：由于公司认购股份以后，可以一次全部缴清，也可以分期缴纳，所以**实收资本在某段时间内可能小于注册资本，但公司的注册资本与实收资本最终应是一致的**。当实收资本比原注册资金增加或减少超过**20%**时，应持资金使用证明向原登记主管机关申请变更登记。

股东可以用货币出资，也可以用实物、知识产权、土地使用权等可以用货币估价并可以依法转让的非货币财产作价出资；但是，法律、行政法规规定不得作为出资的财产除外。

提示　投入资本是投资者（股东）实际投入企业财产物资的价值；而实收资本是投资者（股东）按公司章程或协议约定的应出资额（数量上等于注册资本×出资比例）。二者都是来自投资者，但范围大小不同，投入资本不仅包括实收资本，也包括资本公积（资本或股本溢价）。

二、例题点津

【例题1·判断题】实收资本与注册资本始终相等。（　　）

【答案】×

【解析】由于公司认购股份以后，可以一次全部缴清，也可以分期缴纳，所以实收资本在某段时间内可能小于注册资本，但公司的注册资本与实收资本最终应当是一致的。

2 账务处理★★

一、考点解读

股份有限公司应设"股本"科目，其他各类企业应设"实收资本"科目，反映和监督企业实际收到的投资者投入资本的情况。

实收资本的账务处理应根据投资者的出资方式及公司是否为股份有限公司，分不同情况来进行处理。

（一）接受现金资产出资

1. 股份有限公司以外的企业接受现金资产投资

借：银行存款等（实收数）
　　贷：实收资本（投资合同或协议约定的投资者在企业注册资本中所占额的部分）
　　　　资本公积——资本溢价（差额）

2. 股份有限公司接受现金资产投资

借：银行存款等（实收数）
　　贷：股本（每股股票面值和发行股份的乘积计算的金额）
　　　　资本公积——股本溢价（差额）

（二）接受非现金资产出资

应按投资合同或协议约定价值确定非货币性资产的入账价值（但投资合同或协议约定价值不公允的除外）。

借：原材料/固定资产/无形资产等（投资合同或协议约定的价值）
　　应交税费——应交增值税（进项税额）
　　贷：实收资本（或股本）（投资者在企业注册资本中所占份额的部分）
　　　　资本公积——资本溢价（或股本溢价）（差额）

（三）实收资本（或股本）的增减变动

一般情况下，企业的实收资本（或股本）应相对固定不变，但在某些特定情况下，也可能发生增减变化。

1. 实收资本（或股本）的增加

一般企业增加资本主要有三个途径：接受投资者追加投资、资本公积转增资本和盈余公积转增资本。

（1）接受投资者追加投资。

借：银行存款（实收数）
　　贷：实收资本（或股本）（投资者在企业注册资本中所占份额的部分）
　　　　资本公积——资本溢价（或股本溢价）（差额）

[提示] 本业务发生，导致所有者权益总额增加。

（2）资本公积转增资本。

借：资本公积——资本溢价（或股本溢价）
　　贷：实收资本（或股本）

[提示] 本业务发生，导致所有者权益内部一增一减，所有者权益总额不变。

（3）盈余公积转增资本。

借：盈余公积
　　贷：实收资本（或股本）

[提示] 本业务发生，导致所有者权益内部一增一减，所有者权益总额不变。

2. 实收资本（或股本）的减少

（1）非股份有限公司。

企业减少实收资本应按法定程序报经批准，按减少的注册资本金额减少实收资本。

（2）股份有限公司。

采用收购本公司股票方式减资的，通过"库存股"科目核算回购股份的金额。减资时，按股票面值和注销股数计算的股票面值总额冲减股本，**溢价回购时，按注销库存股的账面余额与所冲减股本的差额冲减"资本公积——股本溢价"科目，股本溢价不足冲减的，应依次冲减"盈余公积""利润分配——未分配利润"等科目**。如果回购股票支付的价款低于面值总额的（折价回购），所注销库存股的账面余额与所冲减股本的差额作为增加资本公积（股本溢价）处理。

①回购股票时：

借：**库存股**（回购价）
　　贷：**银行存款**

[提示] *库存股为所有者权益类备抵科目，故借方记增加，贷方记减少，期末余额在借方。本业务发生导致所有者权益总额减少。*

②注销库存股时:

如果回购价大于回购股份对应的股本(溢价回购)。

借:股本(面值)　　　┐依
　　资本公积——股本溢价　次
　　盈余公积　　　　　　冲
　　利润分配——未分配利润 ┘减
　贷:库存股(回购价)

如果回购价小于回购股份对应的股本(折价回购)。

借:股本(面值)
　贷:库存股(回购价)
　　　资本公积——股本溢价(差额)

有限责任公司和小企业减少注册资本。

借:实收资本、资本公积等
　贷:库存现金、银行存款等

提示 本业务发生,属于所有者权益内部的增减变动,所有者权益总额不变。

二、例题点津

【例题1·判断题】企业接受投资者以非现金资产投资时,应按投资合同或协议约定的价值确认资产的价值和在注册资本中享有的份额作为实收资本或股本,并将其差额确认为资本公积,但投资合同或协议约定价值不公允的除外。(　)

【答案】√

【解析】企业以非现金资产投入的,应按投资合同或协议约定价值入账,但投资合同或协议约定价值不公允的除外。

【例题2·多选题】M公司、N公司均为增值税一般纳税人,适用的增值税税率为13%,M公司接受N公司投入机器设备一台,设备原价100万元,已提折旧40万元,投资合同约定价值50万元,假设投资合同约定价值与公允价值相符,则M公司会计处理正确的有(　)。

A. M公司固定资产入账价值为60万元
B. M公司固定资产入账价值为50万元
C. M公司实收资本应增加67.8万元
D. M公司实收资本应增加56.5万元

【答案】BD

【解析】合同约定价值为公允价值则按合同约定价值作为固定资产入账价值,M公司实收资本增加 = 50×(1+13%) = 56.5(万元)。

【例题3·多选题】下列各项中,不会导致企业所有者权益总额变动的有(　)。

A. 资本公积转增资本
B. 接受投资者追加投资
C. 盈余公积转增资本
D. 接受非流动资产捐赠

【答案】AC

【解析】选项A、C属于所有者权益内部增减变动。

【例题4·单选题】甲公司2×21年12月31日的股本是1 000万股,每股面值1元,资本公积(股本溢价)500万元,盈余公积300万元,假定甲公司回购本公司股票200万股,以每股2元的价格收回,假定不考虑其他条件,则注销库存股时冲减的盈余公积是(　)万元。

A. 0　　B. 200　　C. 300　　D. 260

【答案】A

【解析】注销库存股时,先冲减资本公积,资本公积不够的再冲减盈余公积,本题中,回购的库存股一共400万元,股本200万元,所以应该冲减的资本公积是200万元,不需要冲减盈余公积。即注销本公司股票时,借记"股本"200万元,借记"资本公积——资本溢价"200万元,贷记"库存股"400万元。

【例题5·单选题】某股份有限公司股本为1 000万元(每股面值1元),资本公积(股本溢价)为150万元,盈余公积为100万元。经股东大会批准以每股3元价格回购本公司股票100万股并予以注销,不考虑其他因素,下列关于该公司注销库存股的会计处理正确的是(　)。

A. 借:股本　　　　　　　1 000 000
　　　资本公积——股本溢价
　　　　　　　　　　　　 1 500 000
　　　盈余公积　　　　　　 500 000
　　　贷:库存股　　　　　3 000 000

B. 借:股本　　　　　　　1 000 000
　　　资本公积——股本溢价
　　　　　　　　　　　　　 500 000
　　　盈余公积　　　　　 1 500 000
　　　贷:银行存款　　　　3 000 000

C. 借:库存股　　　　　　3 000 000

　　　　贷：银行存款　　　　3 000 000
　D. 借：股本　　　　　　　3 000 000
　　　　贷：银行存款　　　　3 000 000
【答案】A
【解析】本题中，回购的库存股一共300万元，股本100万元，所以应先冲减资本公积150万元，再冲减盈余公积50万元。因此，选项A正确。

【例题6·单选题】2×21年8月1日，某股份有限公司委托证券公司发行股票5 000万股，每股面值1元，每股发行价格6元，向证券公司支付佣金900万元，从发行收入中扣除。不考虑其他因素，该公司发行股票记入"资本公积——股本溢价"科目的金额为（　　）万元。
　A. 30 000　　　　　B. 5 000
　C. 24 100　　　　　D. 29 100
【答案】C
【解析】企业发行股票向证券公司支付的佣金手续费冲减发行的溢价收入，即冲减资本公积——股本溢价。发行溢价收入=（6-1）×5 000=25 000元，所以900元应从25 000元中冲减。
借：银行存款　　　　　　29 100
　贷：股本　　　　　　　　 5 000
　　　资本公积——股本溢价 24 100
故本题正确答案为C。

第三单元　资本公积

1 概述★

一、考点解读

资本公积是企业收到投资者出资额超出其在注册资本（或股本）中所占份额的部分，以及其他资本公积等。资本公积包括资本溢价（或股本溢价）和其他资本公积等。

（一）资本溢价
资本溢价是指投资者实际出资额超过其应出资额的部分。

（二）股本溢价
股本溢价是指股票发行价超过面值的部分。

（三）其他资本公积
其他资本公积是指除资本溢价（或股本溢价）、净损益、其他综合收益和利润分配以外所有者权益的其他变动。

二、例题点津

【例题1·多选题】下列各项中，应计入资本公积的有（　　）。
　A. 接受捐赠
　B. 投资者超额缴入的资本
　C. 股票发行的溢价
　D. 除资本溢价、净损益、其他综合收益和利润分配以外所有者权益的其他变动
【答案】BCD

【解析】选项A，接受捐赠应计入营业外收入。

【例题2·判断题】资本公积和其他综合收益都会影响企业的损益。（　　）
【答案】×
【解析】资本公积不会影响企业的损益。

2 账务处理★★

一、考点解读

（一）资本溢价
企业重组或有新的投资者加入时：
借：银行存款（实收数）
　贷：实收资本（股东在注册资本中所占份额）
　　　资本公积——资本溢价（差额）

（二）股本溢价
股份有限公司在收到认股款时：
借：银行存款（实收数）
　贷：股本（面值）
　　　资本公积——股本溢价（差额）
股份有限公司发行股票发生的手续费、佣金等交易费用，应从溢价中抵扣，冲减资本公积（股本溢价）。溢价不足抵扣的，冲减盈余公积和未分配利润。
借：资本公积——股本溢价
　贷：银行存款

（三）其他资本公积

其他资本公积是指除资本溢价（或股本溢价）以外所形成的资本公积。其他资本公积涉及的情况相对比较复杂，教材中简单介绍了三种：

（1）企业的长期股权投资采用权益法核算时，因被投资单位除净损益、其他综合收益以及利润分配以外的所有者权益的其他变动，投资企业按应享有份额而增加或减少的资本公积，直接计入投资方所有者权益（资本公积——其他资本公积）。在处置长期股权投资时，应转销与该笔投资相关的其他资本公积。

①变动发生时：
借：长期股权投资——其他权益变动
　　贷：资本公积——其他资本公积（如为应分担的减少数额，则作相反分录）

②处置长期股权投资时：
借：资本公积——其他资本公积
　　贷：投资收益
或作相反分录。

（2）以权益结算的股份支付换取职工或其他方提供服务的，应按照确定的金额，将当期取得的服务计入相关资产成本或当期费用，同时增加资本公积（其他资本公积）。

①授予时：
借：管理费用
　　贷：资本公积——其他资本公积

②行权时：
借：资本公积——其他资本公积
　　贷：实收资本（或股本）
　　　　资本公积——资本溢价（或股本溢价）（差额，也可能在借方）

（3）企业集团（由母公司和其全部子公司构成）内发生的股份支付交易，如结算企业为接受服务企业的投资者，应当按照授予日权益工具的公允价值或应承担负债的公允价值确认对接受服务企业的长期股权投资，同时确认资本公积（其他资本公积）或负债。

（四）资本公积转增资本

借：资本公积
　　贷：实收资本（或股本）

二、例题点津

【例题1·单选题】某股份有限公司首次公开发行普通股600万股，每股面值1元，每股发行价为6元，支付佣金72万元，手续费18万元，使企业资本公积增加的金额是（　　）万元。

A. 2 910　　　　B. 2 928
C. 3 000　　　　D. 2 982

【答案】A

【解析】应计入资本公积的金额=（6-1）×600-（72+18）=2 910（万元）。

【例题2·单选题】股份有限公司发行股票发生的手续费、佣金等交易费用，应从溢价中抵扣，冲减顺序为（　　）。

A. 股本、资本公积、盈余公积
B. 资本公积、盈余公积、未分配利润
C. 盈余公积、未分配利润、资本公积
D. 资本公积、盈余公积、股本

【答案】B

【解析】股份有限公司发行股票发生的手续费、佣金等交易费用，应从溢价中抵扣，冲减资本公积（股本溢价）。溢价不足抵扣的，冲减盈余公积和未分配利润。

【例题3·多选题】下列交易或事项影响企业损益的有（　　）。

A. 处置长期股权投资时，应转销与该笔投资相关的其他资本公积
B. 发行股票发生的手续费、佣金等交易费用
C. 购入股票确认交易性金融资产支付的手续费
D. 发行股票取得的溢价收入

【答案】AC

【解析】选项A，计入投资收益，从而影响损益；选项B，冲减资本公积，不影响损益；选项C，计入投资收益，从而影响损益；选项D，计入资本公积，不影响损益。

【例题4·判断题】资本公积既可以转增资本也可以弥补亏损。（　　）

【答案】×

【解析】资本公积不得用于弥补亏损。

【例题5·单选题】下列各项中，关于股份有限公司溢价发行股票相关会计处理表述正确的是（　　）。

A. 发行股票发生的交易费用应单独计入当期损益

B. 溢价总额不足以抵扣发行股票发生的交易费用的差额应冲减股本

C. 溢价总额高于发行股票发生的交易费用的差额作为资本公积入账

D. 溢价总额不足以抵扣发行股票发生的交易费用的差额应计入当期损益

【答案】C

【解析】发行股票相关的手续费、佣金等交易费用，如果是溢价发行股票的，应从溢价中抵扣，冲减资本公积（股本溢价），而不是计入当期损益，选项A错误；无溢价发行股票或溢价金额不足以抵扣交易费用的，应将不足以抵扣的部分依次冲减盈余公积和未分配利润，选项B、D错误；在溢价发行股票的情况下，企业发行股票取得的收入等于股票面值部分作为股本处理，超出股票面值的溢价收入应作为股本溢价处理，选项C正确。

【例题6·判断题】资本公积项目在满足一定的条件时可以重新分类确认为损益，成为企业利润的一部分。（　　）

【答案】√

第四单元　留 存 收 益

1 概述★

一、考点解读

（一）留存收益的概念

留存收益是指企业从历年实现的利润中提取或形成的留存于企业的内部积累，包括盈余公积和未分配利润两类。

（二）盈余公积

盈余公积是指企业按照有关规定从净利润（减弥补以前年度亏损，下同）中提取的积累资金。公司制企业的盈余公积包括法定盈余公积和任意盈余公积。

（1）法定盈余公积是指企业按照规定的比例从净利润中提取的盈余公积。

提示 ①如果以前年度未分配利润有盈余（即年初未分配利润余额为正数），在计算提取法定盈余公积的基数时，不应包括企业年初未分配利润；如果以前年度有亏损（即年初未分配利润余额为负数），应先弥补以前年度亏损再提取盈余公积。

②法定盈余公积提取达到注册资本的50%时，可以不再提取。

（2）任意盈余公积是指企业按照股东会或股东大会决议提取的盈余公积。

（3）盈余公积的用途：

①弥补亏损。企业弥补亏损的途径：税前利润补亏、税后利润补亏、盈余公积补亏。

②转增资本。

③发放现金股利或利润。

④扩大生产经营。

（三）未分配利润

未分配利润是指企业实现的净利润经过弥补亏损、提取盈余公积和向投资者分配利润后留存在企业的、历年结存的利润。

相对于所有者权益的其他部分来说，企业对于未分配利润的使用有较大的自主权。既可以发放现金股利或股票股利，也可以用于弥补亏损、扩大生产经营、转增资本等。

二、例题点津

【例题1·多选题】下列各项中，属于企业留存收益的有（　　）。

A. 发行股票的溢价收入

B. 按规定从净利润中提取的法定盈余公积

C. 累计未分配利润

D. 按股东大会决议从净利润中提取的任意盈余公积

【答案】BCD

【解析】发行股票的溢价收入应计入资本公积，资本公积不属于留存收益。

【例题2·单选题】下列各项中，引起企业留存收益总额发生变化的是（　　）。

A. 提取法定盈余公积

B. 宣告发放现金股利
C. 提取任意盈余公积
D. 用盈余公积弥补亏损

【答案】B

【解析】留存收益包括盈余公积和未分配利润两部分。选项A和选项C，借记"利润分配"科目，贷记"盈余公积"科目，不影响留存收益总额；选项B，借记"利润分配"科目，贷记"应付股利"科目，减少留存收益总额；选项D，借记"盈余公积"科目，贷记"利润分配"科目，不影响留存收益总额。

【例题3·单选题】下列各项中，关于盈余公积会计处理的表述正确的是（　　）。

A. 用盈余公积转增资本时，应借记"盈余公积"科目，贷记"资本公积"科目
B. 用盈余公积弥补亏损时，应借记"盈余公积"科目，贷记"利润分配——盈余公积补亏"科目
C. 提取盈余公积时，应借记"本年利润"科目，贷记"盈余公积"科目
D. 用盈余公积发放现金股利时，应借记"盈余公积"科目，贷记"利润分配——应付现金股利和利润"科目

【答案】B

【解析】选项A，用盈余公积转增资本时，应借记"盈余公积"科目，贷记"实收资本"或"股本"科目；选项C，提取盈余公积时，应借记"利润分配——未分配利润"科目，贷记"盈余公积"科目；选项D，用盈余公积发放现金股利时，应借记"盈余公积"科目，贷记"应付股利"科目。

2 账务处理 ★★

一、考点解读

（一）利润分配

利润分配是指企业根据国家有关规定和企业章程、投资者协议等，对企业当年可供分配的利润所进行的分配。

1. 可供分配利润的构成

可供分配的利润＝当年实现的净利润（或净亏损）＋年初未分配利润（－年初未弥补亏损）＋其他转入

提示 可供投资者分配的利润＝可供分配利润－提取的盈余公积。

2. 利润分配的顺序

（1）提取法定盈余公积；
（2）提取任意盈余公积；
（3）向投资者分配利润。

3. 利润分配的账务处理

年度终了，企业应将全年实现的净利润或发生的净亏损，自"本年利润"科目转入"利润分配——未分配利润"科目，并将"利润分配"科目所属其他明细科目的余额，转入"未分配利润"明细科目。结转后，"利润分配——未分配利润"科目如为贷方余额，表示累积未分配的利润数额；如为借方余额，则表示累积未弥补的亏损数额。账务处理如下：

（1）结转全年实现的净利润或发生的净亏损：

借：本年利润
　　贷：利润分配——未分配利润

如为净亏损则作相反分录。

提示 本业务发生，属于所有者权益内部一增一减，所有者权益总额不变，留存收益总额不变。

（2）提取法定盈余公积、任意盈余公积时：

借：利润分配——提取法定盈余公积
　　　　　　——提取任意盈余公积
　　贷：盈余公积——法定盈余公积
　　　　　　——任意盈余公积

提示 本业务发生，属于所有者权益内部一增一减，所有者权益总额不变，留存收益总额不变。

（3）企业经股东大会或类似机构决议，向股东（或投资者）发放现金股利（或利润）时：

借：利润分配——应付现金股利或利润
　　贷：应付股利

提示 本业务发生，导致所有者权益总额减少，留存收益总额减少。

实际支付现金股利（或应付利润）时：

借：应付股利
　　贷：银行存款

（4）未分配利润的结转。

分配完毕后，将"利润分配"科目下"提

取法定盈余公积""提取任意盈余公积""应付现金股利或利润"等明细科目余额转入"未分配利润"明细科目。结转后,"利润分配"科目除"未分配利润"明细科目外,其他明细科目应无余额。"利润分配——未分配利润"科目如为贷方余额,表示企业自成立以来累积的未分配利润;如为借方余额,则表示累积未弥补亏损。账务处理如下:

借:利润分配——未分配利润
　　贷:利润分配——提取法定盈余公积
　　　　　　　　——提取任意盈余公积
　　　　　　　　——应付现金股利或利润

如当年存在盈余公积补亏,还应结转"盈余公积补亏"科目:

借:利润分配——盈余公积补亏
　　贷:利润分配——未分配利润

提示 本业务发生,属于所有者权益内部一增一减,所有者权益总额不变,留存收益总额不变。

(二)盈余公积

公司应设置"盈余公积"科目并区分"法定盈余公积"和"任意盈余公积"来核算《公司法》所称的"法定公积金"和"任意公积金"。"盈余公积"科目借方反映盈余公积的使用数(减少数),贷方反映提取数(增加数),期末的贷方余额反映盈余公积的累积结存数。账务处理如下:

1. 企业按规定提取的盈余公积

借:利润分配——提取法定盈余公积
　　　　　　——提取任意盈余公积
　　贷:盈余公积——法定盈余公积
　　　　　　　　——任意盈余公积

提示 本业务发生,属于所有者权益内部增减变动,所有者权益总额不变,留存收益总额不变。

2. 盈余公积补亏

借:盈余公积
　　贷:利润分配——盈余公积补亏

提示 本业务发生,属于所有者权益内部一增一减,所有者权益总额不变,留存收益总额不变。

3. 盈余公积转增资本

借:盈余公积
　　贷:实收资本(或股本)

提示 本业务发生,属于所有者权益内部一增一减,所有者权益总额不变,留存收益总额不变。

4. 用盈余公积发放现金股利或利润

借:盈余公积
　　贷:应付股利

提示 本业务发生,导致所有者权益内总额减少,留存收益总额减少。

二、例题点津

【例题1·判断题】期初未分配利润有贷方余额,期末获利的情况下,按可供分配利润计提盈余公积。( )

【答案】×

【解析】如果以前年度未分配利润有盈余(即年初未分配利润余额为正数),在计算提取法定盈余公积的基数时,按当年净利润计提,不应包括企业年初未分配利润。

【例题2·单选题】2×21年初某企业"利润分配——未分配利润"科目借方余额20万元,2×21年度该企业实现净利润为160万元,根据净利润的10%提取盈余公积,2×21年末该企业可供分配利润的金额为( )万元。

A. 126　　　　　　B. 124
C. 140　　　　　　D. 160

【答案】C

【解析】2×21年末该企业的可供分配利润的金额=年初未分配利润+本年实现的净利润+其他转入=-20+160=140(万元)。

【例题3·判断题】年末"利润分配"科目除"未分配利润"明细科目外,其他明细科目均有余额。( )

【答案】×

【解析】结转后,"利润分配"科目除"未分配利润"明细科目外,其他明细科目应无余额。

【例题4·判断题】企业提取的盈余公积可用于发放现金股利。( )

【答案】√

【解析】企业提取的盈余公积可以用于弥补亏损、转增资本或发放现金股利或利润等。

【例题5·多选题】下列不影响企业留存收

益的有（　　）。
A. 提取盈余公积
B. 盈余公积补亏
C. 发放现金股利
D. 盈余公积转增资本

【答案】AB
【解析】选项A、B留存收益内部一增一减，留存收益总额不变；选项C，留存收益减少，负债增加；选项D，留存收益减少，实收资本增加。

本章综合题型精讲

【例题1】甲公司股份有限公司（以下简称"甲公司"），2×21年度所有者权益相关情况如下：

（1）2×21年初甲公司股本6 000万元，资本公积（股本溢价）为3 000万元，盈余公积为2 000万元。未分配利润为1 600万元。

（2）4月1日，为扩大经营规模，发行股票200万股，每股面值1元，每股发行价格为5元，按照发行收入的4%支付手续费和佣金。

（3）12月1日，经股东会批准，回购本公司股票500万股并注销，每股回购价格为10元。

（4）2×21年甲公司共实现净利润800万元，按净利润的10%提取法定盈余公积，按净利润的5%提取任意盈余公积。2×21年末甲公司宣告发放现金股利120万元。

要求：根据上述资料，不考虑其他相关因素，分析回答下列问题（答案中金额单位用万元表示）。

（1）根据资料（1），2×21年初，甲公司留存收益的金额为（　　）万元。
A. 5 000　　　　　B. 2 000
C. 1 600　　　　　D. 3 600
【答案】D
【解析】2×21年初，甲公司留存收益的金额＝盈余公积＋未分配利润＝2 000＋1 600＝3 600（万元）。

（2）根据资料（2），4月1日，甲公司因发行股票应该记入"资本公积——股本溢价"科目的金额为（　　）万元。
A. 670　　　　　B. 800
C. 960　　　　　D. 760
【答案】D

【解析】甲公司因发行股票记入"资本公积——股本溢价"科目的金额＝200×5－200－200×5×4%＝760（万元）。

（3）根据资料（3），12月1日，甲公司因注销库存股应该冲减的盈余公积为（　　）万元。
A. 0　　　　　B. 500
C. 740　　　　　D. 2 000
【答案】C
【解析】溢价回购后，注销库存股时，先冲减资本公积，资本公积不足冲减的再冲减盈余公积，本题中，回购的库存股一共5 000万元，股本500万元，甲公司拥有的资本公积3 760万元（3 000＋760）不够冲减，故需冲减盈余公积740万元（5 000－500－3 760）。相关分录如下：
借：股本　　　　　　　　500
　　资本公积　　　　　3 760
　　盈余公积　　　　　　740
　贷：库存股　　　　　　　5 000

（4）根据资料（3）～（4），下列各项中，能够引起甲公司所有者权益总额发生增减变动的是（　　）。
A. 计提法定盈余公积
B. 宣告发放现金股利
C. 计提任意盈余公积
D. 回购本公司股票
【答案】BD
【解析】宣告发放现金股利，会使得所有者权益减少；回购本公司股票也会使得所有者权益减少，所以选项B、D正确。计提法定盈余公积和任意盈余公积，属于所有者权益内部的此增彼减，不影响所有者权益总额，选项A、C错误。

（5）根据资料（1）~（4），2×21年末甲公司未分配利润科目的余额为（　　）万元。

A. 2 280　　　　B. 2 160
C. 2 400　　　　D. 2 280

【答案】B

【解析】年末未分配利润科目余额＝年初未分配利润（－年初未弥补亏损）＋当年实现的净利润（－净亏损）＋其他转入－当年计提盈余公积－用未分配利润分配现金股利、分配股票股利等＝1 600＋800×（1－10％－5％）－120＝2 160（万元）。

【例题2】2×21年1月1日，甲股份有限公司所有者权益的年初总额为9 200万元，其中：股本4 000万元，资本公积2 000万元，盈余公积1 200万元，未分配利润2 000万元。2×21年，公司发生相关业务资料如下：

（1）经股东大会批准并已履行相应增资手续，将资本公积500万元转增股本。

（2）经股东大会批准，宣告发放现金股利800万元。

（3）委托证券公司发行普通股100万股，每股面值1元，每股发行价格5元。按照发行价的2％向证券公司支付相关发行费用（不考虑增值税）。

（4）甲公司当年实现净利润200万元，按净利润的10％提取法定盈余公积。

要求：根据上述资料，不考虑其他因素，分析回答下列问题（选项中的金额单位用万元表示）。

（1）根据资料（1），下列各项中，关于该公司以资本公积转增股本的会计处理结果表述正确的是（　　）。

A. 股本增加500万元
B. 留存收益总额不变
C. 所有者权益总额增加500万元
D. 留存收益增加500万元

【答案】AB

【解析】
借：资本公积　　　　　　　500
　　贷：股本　　　　　　　　500

该业务不会引起留存收益的变化，也不会引起所有者权益总额的变化，资本公积减少500万元，股本增加500万元。因此选项A、B正确，选项C、D错误。

（2）根据资料（2），下列表述正确的是（　　）。

A. 所有者权益减少800万元
B. 留存收益总额不变
C. 留存收益减少800万元
D. 负债增加800万元

【答案】ACD

【解析】资料（2）的账务处理：
借：利润分配　　　　　　　800
　　贷：应付股利　　　　　　800

本业务引起负债增加800万元，所有者权益减少800万元，留存收益减少800万元，因此选项A、C、D正确。

（3）根据资料（3），甲公司增发股票计入资本公积的金额是（　　）万元。

A. 500　　　　B. 390
C. 490　　　　D. 400

【答案】B

【解析】资料（3）的账务处理：
借：银行存款
（100×5－100×5×2％）490
　　贷：股本　　　　　　　　100
　　　　资本公积——股本溢价　390

（4）根据资料（4），关于计提盈余公积，下列表述正确的是（　　）。

A. 盈余公积增加20万元
B. 留存收益增加20万元
C. 所有者权益增加20万元
D. 留存收益总额不变

【答案】AD

【解析】计提盈余公积的账务处理：
借：利润分配　　　　　　　20
　　贷：盈余公积　　　　　　20

引起盈余公积增加20万元，引起的是留存收益内容一增一减，总额不变，所有者权益总额不变。因此选项A、D正确。

（5）根据期初资料和资料（1）~（4），2×21年12月31日甲公司所有者权益的余额为（　　）万元。

A. 8 890　　　　B. 9 390

C. 8 910　　　　　D. 9 090

【答案】D

【解析】2×21年12月31日甲公司所有者权益的余额=9 200+500-500-800+100+390+200-20+20=9 090（万元）。

【例题3】甲有限责任公司（以下简称"甲公司"）由两位投资者各出资750万元设立。2×21年1月初甲公司资产负债表所有者权益项目金额如下：实收资本1 500万元，资本公积500万元，盈余公积300万元，未分配利润100万元，2×21年甲公司发生如下经济业务：

（1）1月10日，经股东会批准，按股东原出资比例将资本公积300万元转增资本。

（2）9月20日，为扩大经营规模，经股东会批准，引入新投资人加入甲公司，并将甲公司注册资本增加至2 000万元，按投资协议，新投资人投入资金300万元，占甲公司注册资本的比例为10%。

（3）12月31日，经计算本年度实现净利润400万元，经股东会批准，按净利润的10%提取法定盈余公积；按净利润的30%以现金方式向投资者分配利润。

要求：根据上述资料，不考虑其他因素，分析回答下列问题。（答案中的金额单位用万元表示）

（1）根据资料（1），下列各项中，甲公司以资本公积转增资本的会计处理正确的是（　　）。

A. 借记"资本公积"科目300万元
B. 贷记"盈余公积"科目300万元
C. 借记"实收资本"科目300万元
D. 贷记"实收资本"科目300万元

【答案】AD

【解析】以资本公积转增资本应当借记"资本公积"科目，贷记"实收资本"科目。

（2）根据资料（2），下列各项中，甲公司吸收新投资人投资的会计处理正确的是（　　）。

A. 借：银行存款　　　　　　300
　　贷：实收资本　　　　　　200
　　　　盈余公积　　　　　　100
B. 借：银行存款　　　　　　300
　　贷：实收资本　　　　　　200
　　　　资本公积　　　　　　100
C. 借：银行存款　　　　　　300
　　贷：实收资本　　　　　　300
D. 借：银行存款　　　　　　300
　　贷：实收资本　　　　　　200
　　　　营业外收入　　　　　100

【答案】B

【解析】企业接受现金资产投资时，应以实际收到的金额或存入企业开户银行的金额，借记"银行存款"等科目，按投资合同或协议约定的投资者在企业注册资本中所占份额的部分，贷记"实收资本"科目，企业实际收到或存入开户银行的金额超过投资者在企业注册资本中所占份额的部分，贷记"资本公积"科目。

（3）根据资料（3），下列各项中，甲公司年末结转净利润及利润分配的会计处理正确的是（　　）。

A. 年末结转净利润：
借：本年利润　　　　　　　400
　　贷：利润分配——未分配利润　400
B. 年末结转净利润：
借：利润分配——未分配利润　400
　　贷：本年利润　　　　　　　400
C. 提取法定盈余公积：
借：利润分配——提取法定盈余公积
　　　　　　　　　　　　　　40
　　贷：盈余公积　　　　　　　40
D. 向投资者分配利润：
借：利润分配——应付现金股利或利润
　　　　　　　　　　　　　　120
　　贷：应付股利　　　　　　　120

【答案】ACD

【解析】年度终了，企业应将全年实现的净利润或发生的净亏损，自"本年利润"科目转入"利润分配——未分配利润"科目，按规定提取盈余公积或发放现金股利时，应通过"利润分配""盈余公积""应付股利"等科目核算。

（4）根据期初资料、资料（1）~（3），下列各项中，12月31日甲公司"利润分配——未分配利润"科目的期末余额是（　　）万元。

A. 240　　　　　　　B. 460
C. 500　　　　　　　D. 340

【答案】D

【解析】12月31日甲公司"利润分配——未分配利润"科目的期末余额＝100＋400－400×10％－400×30％＝340（万元）。

（5）根据期初资料、资料（1）~（3），下列各项中，2×21年12月31日甲公司资产负债表中相关项目，"期末余额"栏填列正确的是（ ）。

A. "盈余公积"项目340万元
B. "资本公积"项目300万元
C. "实收资本"项目2 000万元
D. "所有者权益合计"项目2 980万元

【答案】ABCD

【解析】如下表所示：

单位：万元

业务	实收资本	资本公积	盈余公积	未分配利润	所有者权益合计
期初余额	1 500	500	300	100	2 400
资料1	＋300	－300	—	—	0
资料2	＋200	＋100	—	—	300
资料3			＋40	＋400－400×10％－400×30％	280
期末余额	2 000	300	340	340	2 980

【例题4】甲公司为增值税一般纳税人，是由乙、丙公司于2×19年1月1日共同投资设立的一家有限责任公司。甲公司注册资本为800万元，乙公司和丙公司的持股比例分别为60％和40％。2×21年1~3月甲公司所有者权益相关的交易或事项如下：

（1）2×21年初所有者权益项目期初余额分别为：实收资本800万元、资本公积70万元、盈余公积100万元、未分配利润200万元。

（2）2月23日，经股东会批准，甲公司对2×20年度实现的净利润进行分配，决定提取任意盈余公积10万元，发放现金股利40万元。

（3）3月18日，甲公司按照相关法定程序经股东会批准，注册资本增加至1 000万元。接受丁公司投资一项价值250万元的专利技术，取得的增值税专用发票上注明的价款为250万元（与公允价值相符），增值税进项税额为15万元（由投资方支付税款，并提供增值税专用发票），丁公司享有甲公司20％的股份。

要求：根据上述资料，不考虑其他因素，分析回答下列问题。（答案中的金额单位用万元表示）

（1）根据资料（2），下列各项中，甲公司决定提取任意盈余公积和发放现金股利会计处理正确的是（ ）。

A. 提取盈余公积：
借：盈余公积——任意盈余公积10
　　贷：利润分配——提取任意盈余公积
　　　　　　　　　　　　　　　　10

B. 决定发放现金股利：
借：盈余公积　　　　　　　　　40
　　贷：应付股利　　　　　　　　40

C. 提取盈余公积：
借：利润分配——提取任意盈余公积
　　　　　　　　　　　　　　　　10
　　贷：盈余公积——任意盈余公积10

D. 决定发放现金股利：
借：利润分配——应付现金股利或利润
　　　　　　　　　　　　　　　　40
　　贷：应付股利　　　　　　　　40

【答案】CD

【解析】从净利润中提取盈余公积和发放现金股利，利润分配减少，盈余公积和应付股利增加。

（2）根据资料（3），下列各项中，关于甲公司接受专利技术投资会计处理表述正确的是（ ）。

A. 贷记"资本公积"科目65万元
B. 丁公司对甲公司的实际投资额应为265万元
C. 贷记"实收资本"科目200万元

D. 丁公司对甲公司的实际投资额应为250万元

【答案】ABC

【解析】相关的账务处理为：
借：无形资产　　　　　　　　250
　　应交税费——应交增值税（进项税额）
　　　　　　　　　　　　　　 15
　贷：实收资本　　　　　　　200
　　　资本公积——资本溢价　 65

（3）根据资料（1）~（3），下列各项中，3月末甲公司实收资本和权益份额表述正确的是（　　）。

A. 甲公司的实收资本总额为1 000万元
B. 乙公司的权益份额为48%
C. 丁公司的权益份额为20%
D. 丙公司的权益份额为32%

【答案】ABCD

【解析】接受丁公司投资之前，甲公司的实收资本中，乙公司为480万元（800×60%），丙公司为320万元（800×40%）；接受丁公司投资之后，甲公司的实收资本总额为1 000万元，乙公司的占比为48%（480/1 000），丙公司占比32%（320/1 000），丁公司占比20%（200/1 000）。

（4）根据资料（1）~（3），2×21年3月31日甲公司资产负债表中"未分配利润"项目的"期末余额"栏填列正确的是（　　）万元。

A. 150　　　　B. 160
C. 190　　　　D. 200

【答案】A

【解析】2×21年3月31日，"未分配利润"项目的"期末余额"=200-40-10=150（万元）。

（5）根据资料（1）~（3），2×21年3月31日甲公司资产负债表中"所有者权益（或股东权益）合计"项目的"期末余额"栏填列正确的是（　　）万元。

A. 1 170　　　B. 1 385
C. 1 395　　　D. 1 435

【答案】C

【解析】2×21年3月31日，甲公司资产负债表中"所有者权益（或股东权益）合计"项目的"期末余额"=期初余额-分配现金股利+投资者投入=800+70+100+200-40+250+15=1 395（万元）。

本章考点巩固练习题

一、单项选择题

1. 下列项目中不属于所有者权益的是（　　）。
   A. 实收资本　　B. 专项储备
   C. 商誉　　　　D. 其他综合收益

2. 某有限责任公司接受A公司作为资本投入的非专利技术一项，该非专利技术投资合同约定价值为50 000元，增值税进项税额为3 000元（已取得增值税专用发票），该公司应确认的实收资本为（　　）元。
   A. 50 000　　　B. 53 000
   C. 47 000　　　D. 0

3. A股份有限公司由两位投资者各出资300万元成立，两年后为了扩大生产经营，将注册资本增加到900万元，并吸引第三位投资者加入，按照协议规定，新投资者需要缴入现金400万元，同时享有A公司1/3的股份，A公司吸收第三位投资者投资的会计分录是（　　）。

A. 借：银行存款　　　　　　　400
　　贷：股本　　　　　　　　400
B. 借：银行存款　　　　　　　400
　　贷：股本　　　　　　　　100
　　　　资本公积——股本溢价　300
C. 借：银行存款　　　　　　　400
　　贷：股本　　　　　　　　300
　　　　资本公积——股本溢价　100
D. 借：银行存款　　　　　　　400
　　贷：股本　　　　　　　　300
　　　　营业外收入　　　　　100

4. 某股份有限公司委托证券公司代理发行普通股 2 000 万股，每股面值 1 元，发行价格为每股 4 元。证券公司按发行收入的 2% 收取手续费，该公司因此项业务应计入资本公积的金额为（　　）万元。
   A. 5 840　　　　　B. 5 960
   C. 6 000　　　　　D. 5 880

5. 某股份有限公司按法定程序报经批准后采用收购本公司股票方式减资，购回股票支付价款低于股票面值总额的，所注销库存股账面余额与冲减股本的差额应计入（　　）。
   A. 盈余公积　　　B. 营业外收入
   C. 资本公积　　　D. 未分配利润

6. 股份有限公司注销库存股的账面余额大于其股本金额的部分，应首先冲减（　　）。
   A. 股本　　　　　B. 资本公积
   C. 盈余公积　　　D. 未分配利润

7. 下列各项中，不属于留存收益的是（　　）。
   A. 资本溢价　　　B. 任意盈余公积
   C. 未分配利润　　D. 法定盈余公积

8. 2×21 年 1 月 1 日某企业所有者权益情况如下：实收资本 200 万元，资本公积 26 万元，盈余公积 28 万元，未分配利润 59 万元。则该企业 2×21 年 1 月 1 日留存收益为（　　）万元。
   A. 32　　　　　　B. 38
   C. 70　　　　　　D. 87

9. 下列各项中，能够导致企业留存收益减少的是（　　）。
   A. 股东大会宣告发放现金股利
   B. 以资本公积转增资本
   C. 提取盈余公积
   D. 以盈余公积弥补亏损

10. 下列各项中，能够引起负债和所有者权益项目总额同时发生变动的是（　　）。
    A. 用盈余公积弥补亏损
    B. 董事会宣告将提取的法定盈余公积用于发放现金股利
    C. 提取盈余公积
    D. 经股东大会批准宣告分配现金股利

11. 下列项目中，能同时引起资产和所有者权益同时发生增减变化的项目是（　　）。
    A. 将盈余公积转增资本
    B. 分配股票股利
    C. 投资者投入资本
    D. 提取盈余公积

12. 某企业 2×21 年初未分配利润的贷方余额为 400 万元，当年度实现的净利润为 200 万元，分别按 10% 和 5% 提取法定盈余公积和任意盈余公积。假定不考虑其他因素，该企业 2×21 年末未分配利润的贷方余额应为（　　）万元。
    A. 410　　　　　B. 510
    C. 540　　　　　D. 570

二、多项选择题

1. 下列各项中，会导致企业实收资本增加的有（　　）。
   A. 盈余公积转增资本
   B. 接受投资者追加投资
   C. 资本公积转增资本
   D. 接受非流动资产捐赠

2. 实收资本的来源包括（　　）。
   A. 货币　　　　　B. 实物
   C. 知识产权　　　D. 土地使用权

3. 一般企业增加资本的途径有（　　）。
   A. 接受投资者追加投资
   B. 净利润转增资本
   C. 资本公积转增资本
   D. 盈余公积转增资本

4. 下列关于实收资本的说法中，正确的有（　　）。
   A. 是确定所有者在企业所有者权益中所占的份额
   B. 是企业进行利润分配或股利分配的依据
   C. 是企业清算时确定所有者对净资产的要求权的依据
   D. 是确定参与企业生产经营决策的基础

5. 下列各项中，属于资本公积来源的有（　　）。
   A. 盈余公积转入
   B. 其他资本公积
   C. 资本溢价或股本溢价
   D. 从企业实现的净利润中提取

6. 可以用来冲减发行股票相关的手续费、佣金等交易费用的有（　　）。
A. 股本　　　　　B. 资本公积
C. 盈余公积　　　D. 未分配利润

7. 股份有限公司委托其他单位发行股票支付的手续费或佣金等相关费用的金额，如果发行股票的溢价中不够冲减的，或者无溢价的，其差额不应记入的科目有（　　）。
A. 长期待摊费用　　B. 盈余公积
C. 管理费用　　　　D. 财务费用

8. 下列关于资本公积和留存收益的说法中，正确的有（　　）。
A. 二者均来自企业实现的利润
B. 资本溢价（或股本溢价）是资本公积的主要来源
C. 二者均可以转增资本
D. 二者均可作为所有者参与利润分配的依据

9. 下列各项中，关于盈余公积的用途表述正确的有（　　）。
A. 以盈余公积转增实收资本
B. 以盈余公积转增资本公积
C. 以盈余公积弥补亏损
D. 以盈余公积发放现金股利

10. 企业从税后利润中提取盈余公积时，涉及的账户有（　　）。
A. 借记"利润分配——提取法定盈余公积"
B. 借记"利润分配——提取任意盈余公积"
C. 借记"利润分配——未分配利润"
D. 贷记"盈余公积"

11. 下列各项中，不会引起留存收益总额发生增减变动的有（　　）。
A. 资本公积转增资本
B. 盈余公积转增资本
C. 盈余公积弥补亏损
D. 提取盈余公积

12. 关于企业所有者权益，下列说法中正确的有（　　）。
A. 资本公积可以弥补企业亏损
B. 盈余公积可以按照规定转增资本
C. 未分配利润可以弥补亏损
D. 资本公积可以按照规定转增资本

三、判断题

1. 因所有者权益和负债都是对企业资产的要求

权，故它们的性质是一样的。（　　）
2. 收入能够导致企业所有者权益增加，因此，导致所有者权益增加的一定都是收入。（　　）
3. 企业需要偿还所有的所有者权益和负债。（　　）
4. 企业增资扩股时，投资者实际缴纳的出资额大于其按约定比例计算的其在注册资本中所占的份额部分，也应该记入"实收资本"科目。（　　）
5. 企业接受投资者以非现金资产投资时，应按该资产的账面价值入账。（　　）
6. 企业溢价发行股票发生的手续费、佣金应从溢价中抵扣，溢价金额不足抵扣的调整留存收益。（　　）
7. 股份有限公司注销库存股的账面余额大于其股本金额的部分，应依次冲减盈余公积、资本公积和未分配利润。（　　）
8. 如果投资者投入的资本高于其在注册资本中占有的份额时，应当将高出部分计入营业外收入。（　　）
9. 资本公积包括资本溢价（或股本溢价）和其他资本公积等。（　　）
10. 企业当年只要实现利润，就应按一定比例提取盈余公积。（　　）
11. 企业不能用盈余公积分配现金股利。（　　）
12. 企业以盈余公积向投资者分配现金股利，不会引起留存收益总额的变动。（　　）
13. 企业计提法定盈余公积的基数是当年实现的净利润和企业年初未分配利润之和。（　　）

四、不定项选择题

1. B公司2×21年1月1日的所有者权益为2 000万元（其中：股本为1 500万元，资本公积为100万元，盈余公积为100万元，未分配利润为300万元）。B公司2×21年实现净利润为200万元，按实现净利润的10%提取法定盈余公积。2×22年B公司发生亏损50万元，用2×21年实现的净利润弥补亏损后，每股发放现金股利0.1元，每10股发放股票股利1股。

要求：根据上述资料，不考虑其他因素，分析回答下列问题。

(1) 针对 2×21 年的业务，下列各项中，会计处理正确的是（　　）。
　　A. 结转 2×21 年实现净利润的会计分录：
　　借：本年利润　　　2 000 000
　　　　贷：利润分配——未分配利润
　　　　　　　　　　　　2 000 000
　　B. 2×21 年提取盈余公积：
　　借：利润分配——提取法定盈余公积
　　　　　　　　　　　　200 000
　　　　贷：盈余公积——法定盈余公积
　　　　　　　　　　　　200 000
　　C. 2×21 年 12 月 31 日未分配利润余额为 500 万元
　　D. 2×21 年 12 月 31 日所有者权益总额为 2 200 万元
(2) 对于 2×22 年的业务，下列各项中，会计处理正确的是（　　）。
　　A. 结转 2×22 年发生亏损的会计分录：
　　借：利润分配——未分配利润
　　　　　　　　　　　　500 000
　　　　贷：本年利润　　500 000
　　B. 2×22 年宣告发放现金股利的会计分录：
　　借：利润分配——应付现金股利或利润
　　　　　　　　　　　　1 500 000
　　　　贷：应付股利　　1 500 000
　　C. 2×22 年宣告发放股票股利时的会计分录：
　　借：利润分配——转作股本的股利
　　　　　　　　　　　　1 500 000
　　　　贷：股本　　　　1 500 000
　　D. 结转利润分配的会计分录：
　　借：利润分配——未分配利润
　　　　　　　　　　　　3 000 000
　　　　贷：利润分配——应付现金股利或利润　　1 500 000
　　　　　　　　——转作股本的股利
　　　　　　　　　　　　1 500 000
(3) 2×22 年 12 月 31 日，下列各项目金额正确的是（　　）。
　　A. 股本为 1 500 万元

B. 盈余公积为 120 万元
C. 未分配利润为 130 万元
D. 所有者权益总额为 2 000 万元

2. 甲股份有限公司（以下简称"甲公司"），2×21 年度所有者权益相关情况如下：
(1) 2×21 年初未分配利润为 600 万元，资本公积为 2 000 万元，盈余公积为 3 000 万元。
(2) 2 月 1 日，为扩大经营规模，发行股票 500 万股，每股面值 1 元，每股发行价格为 4 元，按照发行收入的 3% 支付手续费和佣金。
(3) 12 月 1 日，经股东大会批准，以现金回购本公司股票 600 万股并注销，每股回购价格为 3 元。
(4) 2×21 年甲公司共实现净利润 1 000 万元，按净利润的 10% 提取法定盈余公积，按净利润的 5% 提取任意盈余公积。
(5) 2×21 年末甲公司宣告发放现金股利 100 万元。
要求：根据上述资料，不考虑其他相关因素，分析回答下列问题（答案中金额单位用万元表示）。
(1) 下列各项中，能够引起甲公司所有者权益总额发生增减变动的是（　　）。
　　A. 按净利润的 10% 计提法定盈余公积
　　B. 向投资者宣告发放现金股利 100 万元
　　C. 按净利润的 5% 计提任意盈余公积
　　D. 注销本公司股票 600 万股
(2) 2 月 1 日，甲公司因发行股票记入"资本公积——股本溢价"科目的金额为（　　）万元。
　　A. 1 440　　　B. 1 500
　　C. 1 515　　　D. 2 000
(3) 12 月 1 日，甲公司因注销库存股应该冲减的盈余公积为（　　）万元。
　　A. 640　　　　B. 0
　　C. 1 000　　　D. 540
(4) 根据上述资料，2×21 年末甲公司未分配利润科目的余额为（　　）万元。
　　A. 1 500　　　B. 1 000
　　C. 1 450　　　D. 1 350

本章考点巩固练习题参考答案及解析

一、单项选择题

1. 【答案】C
   【解析】所有者权益通常由实收资本（或股本）、其他权益工具、资本公积、其他综合收益、专项储备、留存收益构成，其中留存收益包括盈余公积和未分配利润。商誉属于资产，因此应选C。

2. 【答案】B
   【解析】该笔经济业务的会计分录为借记"无形资产"50 000元、"应交税费——应交增值税（进项税额）"3 000元，贷记"实收资本"53 000元。

3. 【答案】C
   【解析】对于追加投资，投资者投入的金额大于其在公司注册资本中享有份额的部分，应该记入"资本公积——股本溢价"科目，所以选项C正确。应记入"资本公积"科目的金额 = 400 - 900 ÷ 3 = 100（万元）。

4. 【答案】A
   【解析】发行股票支付的手续费 = 2 000 × 4 × 2% = 160（万元）；发行股票相关的手续费等交易费用，在溢价发行时，应从溢价中扣除，冲减资本公积。所以计入资本公积的金额 = 2 000 × 4 - 2 000 - 160 = 5 840（万元）。

5. 【答案】C
   【解析】如果购回股票支付的价款低于面值总额的，所注销库存股的账面余额与所冲减股本的差额应增加"资本公积——股本溢价"科目。

6. 【答案】B
   【解析】股份有限公司注销库存股的账面余额大于其股本金额的部分，应依次冲减资本公积、盈余公积和未分配利润。因此应选B。

7. 【答案】A
   【解析】留存收益包括盈余公积和未分配利润，盈余公积包括法定盈余公积和任意盈余公积。

8. 【答案】D
   【解析】留存收益 = 盈余公积 + 未分配利润 = 28 + 59 = 87（万元）。

9. 【答案】A
   【解析】股东大会宣告现金股利使得留存收益减少，负债增加；以资本公积转增资本不涉及留存收益；提取盈余公积和盈余公积补亏都是在留存收益内部发生变化，不影响留存收益总额的变化。

10. 【答案】D
    【解析】用盈余公积补亏应借记"盈余公积"科目，贷记"利润分配——盈余公积补亏"科目，属于所有者权益项目内部增减变动。只有经股东大会或类似权力机构批准后宣告发放现金股利才做会计处理。提取盈余公积应借记"利润分配"科目，贷记"盈余公积"科目，属于所有者权益项目内部增减变动。经股东大会批准宣告分配现金股利应借记"利润分配——应付现金股利或利润"科目，贷记"应付股利"科目，引起负债和所有者权益项目同时发生变动。

11. 【答案】C
    【解析】选项A、B、D均属于所有者权益内部项目一增一减。

12. 【答案】D
    【解析】年末未分配利润 = 400 + 200 - 200 × (10% + 5%) = 570（万元）。

二、多项选择题

1. 【答案】ABC
   【解析】接受捐赠记入"营业外收入"科目，不影响企业的实收资本。

2. 【答案】ABCD
   【解析】我国《公司法》规定，股东可以用货币出资，也可以用实物、知识产权、土地使用权等可以用货币估价并可以依法转让的非货币财产作价出资；但是，法律、行政法规规定不得作为出资的财产除外。因此，应选 ABCD。

3. 【答案】ACD
【解析】一般企业增加资本主要有三个途径：接受投资者追加投资、资本公积转增资本和盈余公积转增资本。因此应选 ACD。

4. 【答案】ABCD
【解析】实收资本的构成比例即投资者的出资比例或股东的股份比例，通常是确定所有者在企业所有者权益中所占的份额和参与企业生产经营决策的基础，也是企业进行利润分配或股利分配的依据，同时还是企业清算时确定所有者对净资产的要求权的依据。因此，应选 ABCD。

5. 【答案】BC
【解析】盈余公积不可以转为资本公积，不能从净利润中提取资本公积。

6. 【答案】BCD
【解析】发行股票相关的手续费、佣金等交易费用，如果是溢价发行股票的，应从溢价中抵扣，冲减资本公积（股本溢价）；无溢价发行股票或溢价金额不足以抵扣的，应将不足抵扣的部分冲减盈余公积，盈余公积不足抵扣的，冲减未分配利润。因此应选 BCD。

7. 【答案】ACD
【解析】与发行权益性证券直接相关的手续费、佣金等交易费用，如果是溢价发行股票的，应从溢价中抵扣，冲减资本公积——股本溢价；无溢价发行股票或溢价金额不足以抵扣的，应将不足抵扣的部分冲减盈余公积和未分配利润。

8. 【答案】BC
【解析】资本公积的来源不是企业实现的利润，而是企业收到投资者出资额超出其在注册资本（或股本）中所占份额的部分。留存收益是指企业从历年实现的利润中提取或形成的留存于企业的内部积累。资本公积与留存收益均可转增资本，但是二者均不体现各所有者的占有比例，也不能作为所有者参与企业财务经营决策或进行利润分配（或股利分配）的依据。因此，应选 BC。

9. 【答案】ACD
【解析】企业提取的盈余公积经批准可用于弥补亏损、转增资本、发放现金股利或利润等。

10. 【答案】ABD
【解析】企业按规定提取盈余公积时，借记"利润分配——提取法定盈余公积、提取任意盈余公积"科目，贷记"盈余公积"科目。

11. 【答案】ACD
【解析】提取盈余公积使留存收益内部项目一增一减，留存收益总额不发生变化。

12. 【答案】BCD
【解析】资本公积不可以弥补亏损，选项 A 不正确。

三、判断题

1. 【答案】×
【解析】所有者权益是所有者对企业净资产的要求权，负债是债权人对全部资产的要求权，二者的性质是不同的。

2. 【答案】×
【解析】导致所有者权益增加的不一定是收入，如接受投资者投资也会使所有者权益增加。

3. 【答案】×
【解析】除非发生减资、清算或发放现金股利，企业不需要偿还所有者权益。

4. 【答案】×
【解析】企业增资扩股时，投资者实际缴纳的出资额大于其按约定比例计算的其在注册资本中所占的份额部分，属于资本（股本）溢价，计入资本公积。

5. 【答案】×
【解析】企业接受投资者以非现金资产投资时，应按投资合同或协议约定的价值入账，但投资合同或协议约定的价值不公允的除外。

6. 【答案】√
【解析】股份有限公司发行股票发生的手续费佣金等交易费用，如果是溢价发行股票的应从溢价中抵扣，溢价金额不足抵扣的，依次冲减盈余公积和未分配利润。

7. 【答案】×
【解析】股份有限公司回购本公司股份时，如果回购股票支付的价款高于股票面值总额（溢价回购），按其差额，借记"资本公积——股本溢价"科目，股本溢价不足冲减的，应借记"盈余公积""利润分配——未分配利润"科目。也就是说股份有限公司注销库存股的账面余额大于其股本金额的部分，应依次冲减资本公积、盈余公积和未分配利润。

8.【答案】×
【解析】投资者投入的资本高于其在注册资本中占有的份额应记入"资本公积"科目。

9.【答案】√

10.【答案】×
【解析】如果以前年度有亏损（即年初未分配利润余额为负数），应先弥补以前年度亏损再提取盈余公积。

11.【答案】×
【解析】经股东大会批准，盈余公积可以分配现金股利。

12.【答案】×
【解析】企业用盈余公积向投资者分配现金股利，应借记"盈余公积"科目，贷记"应付股利"科目，会引起留存收益总额发生变动。

13.【答案】×
【解析】企业计提法定盈余公积是按当年实现的净利润作为基数计提的，该基数不应包括企业年初未分配利润贷方金额。

四、不定项选择题

1.（1）【答案】ABD
【解析】选项 A 和选项 B 分录正确；2×21 年 12 月 31 日未分配利润余额 = 300 + 200 ×（1 - 10%）= 480（万元），选项 C 错误；2×21 年 12 月 31 日所有者权益总额 = 2 000 + 200 = 2 200（万元），选项 D 正确。

（2）【答案】ABD
【解析】宣告发放股票股利不作会计分录，支付股票股利时，借记"利润分配——转作股本的股利"科目，贷记"股本"科目，选项

C 错误，其余选项正确。

（3）【答案】BCD
【解析】股本金额 = 1 500 + 150 = 1 650（万元），选项 A 错误；盈余公积 = 100 + 20 = 120（万元），选项 B 正确；未分配利润 = 300 + 200 - 20 - 50 - 1 500 × 0.1 - 1 500 ÷ 10 × 1 = 130（万元），选项 C 正确；所有者权益的余额 = 1 650 + 100 + 120 + 130 = 2 000（万元），选项 D 正确。

2.（1）【答案】B
【解析】向投资者宣告发放现金股利 100 万元，会使得所有者权益减少，选项 B 正确。计提法定盈余公积、任意盈余公积，注销本公司股票属于所有者权益内部此增彼减，不影响所有者权益总额，选项 A、C、D 错误。

（2）【答案】A
【解析】甲公司因发行股票记入"资本公积——股本溢价"科目的金额 = 500 × 4 - 500 - 500 × 4 × 3% = 1 440（万元）。

（3）【答案】B
【解析】溢价回购后，注销库存股时，先冲减资本公积，资本公积不足冲减的再冲减盈余公积，本题中，回购的库存股一共 1 800 万元，股本 600 万元，甲公司拥有的资本公积足够冲减，所以不需要冲减盈余公积。相关分录如下：

借：股本　　　　　　　　　　600
　　资本公积　　　　　　　1 200
　　贷：库存股　　　　　　　1 800

（4）【答案】D
【解析】年末未分配利润科目余额 = 年初未分配利润（或 - 年初未弥补亏损）+ 当年实现的净利润（或 - 净亏损）+ 其他转入 - 当年计提盈余公积 - 用未分配利润分配现金股利、分配股票股利等 = 600 + 1 000 ×（1 - 10% - 5%）- 100 = 1 350（万元）。

第七章 收入、费用和利润

考情分析

本章是全书的重点章节之一，也是初级考试历年来的难点。收入经常与资产、费用和利润结合在一起出题，各种考试题型都可能涉及，从历年的考试来看，本章所占分值较大，一般在20分左右。

教材变化

2022年本章"收入"一节增加了收入概述；对于某一时点履行的履约义务增加了不同销售方式下的具体账务处理；删除了原"商业折扣、现金折扣和销售退回"的账务处理，增加了"可变对价的账务处理"。"费用"一节增加了费用概述，删除了主营业务成本和其他业务成本的内容和账务处理。

考点提示

本章内容综合性强，学习时应重点掌握：（1）一般销售商品收入的核算；（2）在某一时段内完成的销售商品收入的核算；（3）合同取得成本和合同履约成本的核算；（4）将负债中应交税费的内容与税金及附加结合起来学习；（5）营业利润、利润总额和净利润的构成和计算，期间费用的核算内容等；（6）所得税的会计核算；（7）本年利润的结转。

本章考点框架

收入、费用和利润
- 收入
  - 收入概述★★
  - 收入的确认与计量★★
  - 会计科目设置★★
  - 一般商品销售收入的账务处理★★
  - 可变对价的账务处理★★
  - 在某一时段内完成的销售商品的账务处理★★
- 费用
  - 费用概述★★
  - 费用的账务处理★★
- 利润
  - 利润的构成★★
  - 营业外收入与营业外支出★★
  - 所得税费用★★
  - 本年利润的账务处理★★

考点解读及例题点津

第一单元　收　入

1 收入概述★★★

一、考点解读

收入是指企业在**日常活动**中形成的、会导致所有者权益增加的、与所有者投入资本无关的经济利益的总流入。

提示 日常活动是企业为完成经营目标所从事的经常性活动及与之相关的其他活动，与日常活动对应的概念是非日常活动（多为偶发或边缘业务），非日常活动产生的经济利益流入在我国确认为利得。

收入分为主营业务收入和其他业务收入。

2 收入的确认与计量★★★

一、考点解读

收入的确认与计量大致分为五个步骤。

第一步，识别与客户订立的合同。

提示 合同的存在是企业确认客户合同收入的前提。

1. 收入确认的原则

企业应当在履行了合同中的履约义务，即在客户**取得相关商品控制权时**确认收入。

取得商品控制权包括以下三个要素：

（1）客户必须拥有现时权利，能够主导该商品的使用并从中获得几乎全部经济利益。

例如，A企业为生产企业，从B企业购入原材料后，可决定该原材料的使用，如将购入的原材料投入生产，产出商品后用于销售获利等，则说明A企业拥有该原材料的现时权利。

（2）客户有权使用该商品，或者能够允许或阻止其他方使用该商品。

（3）客户能够获得几乎全部的经济利益。

提示 以上三个要素都是站在客户的角度。

2. 收入确认的前提条件

企业与客户之间的合同**同时满足**下列五项条件时，企业应当在客户**取得相关商品控制权时**确认收入：

（1）合同各方已批准该合同并承诺将履行各自的义务；

（2）该合同明确了合同各方与所转让商品相关的权利和义务；

（3）该合同有明确的与所转让商品相关的支付条款；

（4）该合同具有商业实质，即履行该合同将改变企业未来现金流量的风险、时间分布或金额；

（5）企业因向客户转让商品而有权取得的对价很可能收回。

第二步，识别合同中的单项履约义务。

履约义务，是指合同中企业向客户转让可明确区分商品或服务的承诺。**合同开始日**，企业应当对合同进行评估，识别该合同所包含的各单项履约义务。

（1）企业向客户转让可明确区分商品（或商品或服务的组合）的承诺。

例如，A 企业与 B 企业签订合同，为 B 企业专门订制一套专用设备，且仅有 A 企业能够提供安装后才能使用，其他企业无法提供该设备的安装，那么订制和安装服务应合为一项单项履约义务。

（2）企业向客户转让一系列实质相同且转让模式相同的、可明确区分的商品的承诺。

[提示] 企业应当将实质相同且转让模式相同的一系列商品作为单项履约义务，即使这些商品可明确区分。其中，转让模式相同，是指每一项可明确区分商品均满足在某一时段内履行履约义务的条件，且采用相同方法确定其履约进度。

例如，A 公司与 B 公司签订五年期的合同，约定在合同期内向 B 公司提供酒店管理服务，包括聘用及管理雇员、采购商品和服务以及酒店业务的营销，还将不定期提供客房清洁服务等。

该合同的性质是在合同期内提供酒店管理服务，并未指定服务的价格数量。虽然各天之间提供的酒店管理服务可能存在差异，但每天的服务均属于为履行 A 公司提供管理服务所必需的活动。因此，A 公司每天向 B 公司提供的服务实质上相同。A 公司认为每阶段的服务可明确区分，满足一段时间内确认收入的标准，并采用相同的方法来计量履约进度，因此，该酒店管理服务应作为单项履约义务。

第三步，确定交易价格。

交易价格，是指企业因向客户转让商品而预期**有权收取的对价金额**。企业代第三方收取的款项（例如增值税）以及企业预期将退还给客户的款项，应当作为负债进行会计处理，不作为交易价格。

[提示] 合同标价不一定代表交易价格。交易价格可能是固定的，也可能是可变的。

例如，企业销售附有销售退回条件的商品，合同约定的对价金额为 100 万元，企业估计退货率为 10%，那么企业在销售时只能确认收入 90 万元。

第四步，将交易价格分摊至各单项履约义务。

合同中包含两项或多项履约义务的，企业应当在合同开始日，按照各单项履约义务所承诺商品的**单独售价**的相对比例，将交易价格分摊至单项履约义务。

[提示] 如果合同中只涉及一项履约义务，不存在分摊交易价格的问题。当合同中包含的履约义务不止一项时，为了使企业分摊至每一单项履约义务的交易价格能够反映其因向客户转让已承诺的相关商品而预期有权收取的对价金额，企业应当在合同开始日，按照各单项履约义务所承诺商品的单独售价的相对比例，将交易价格分摊至各单项履约义务。

例如，2×21 年 3 月 1 日，甲公司与客户签订合同，向其销售 A、B 两项商品，A 商品的单独售价为 6 000 元，B 商品的单独售价为 24 000 元。该合同合同款为 25 000 元。

假定 A 商品和 B 商品分别构成单项履约义务，其控制权在交付时转移给客户。上述价格均不包含增值税，且假定不考虑相关税费影响。分摊至 A 商品的合同价款 = 6 000 ÷（6 000 + 24 000）× 25 000 = 5 000（元）；分摊至 B 商品的合同价款 = 24 000 ÷（6 000 + 24 000）× 25 000 = 20 000（元）。

第五步，履行各单项履约义务时确认收入。

当企业将商品转移给客户，客户取得了相关商品的控制权，意味着企业履行了合同履约义务，此时，企业应确认收入。企业将商品控制权转移给客户，可能是在某一时段内发生，也可能是在某一时点发生，企业应当判断履约义务是否满足在某一时段内履行的条件，如不满足，则该履约义务属于在某一时点履行的履约义务，即优先按时期确认，否则按时点确认收入。

例如，A企业与B企业签订合同，为B企业专门制造一台专用设备，该专用设备只能供B企业使用，具有不可替代用途，建造期限为1年，如果在一年中任意时点，A企业均有权收取累计至今的已完成建造部分的成本和合理利润，那么A企业应在一段期间内确认收入，否则只能在B企业拥有该专用设备控制权的时点确认收入。

以上收入确认和计量的五个步骤中，第一步、第二步和第五步主要与收入的确认有关，第三步和第四步主要与收入的计量有关。

提示 一般而言，确认和计量任何一项合同都需要经过上述五个步骤，但也有例外情况，例如，企业按照第二步确定某项合同仅有一项单项履约义务，那么就不存在分摊交易价格的问题，也就是说不需要第四步，应直接进入第五步确认收入。

二、例题点津

【例题1·多选题】A公司与B公司签订合同，约定为B公司生产并销售专用冰柜2台，并负责冰柜的安装与检验工作，如果冰柜不能正常运行，则A公司需要返修，然后再进行安装和检验，直至冰柜能正常使用。下列A公司的处理中正确的有（　　）。

A. 应将销售和安装检验冰柜分别作为单项履约义务

B. 应将销售和安装检验冰柜作为单项履约义务

C. 销售冰柜和安装检验冰柜可明确区分

D. 销售冰柜和安装检验冰柜不可明确区分

【答案】BD

【解析】销售冰柜和安装检验冰柜具有高度关联性，如果冰柜不能正常运行，则需要返修，所以在合同层面销售和安装检验是不可明确区分

的，应当将其作为单项履约义务。

【例题2·多选题】下列关于收入的计量，表述正确的有（　　）。

A. 交易价格是指企业因向客户转让商品已收取的对价

B. 企业代第三方收取的款项，应当作为负债进行会计处理

C. 企业应当按照分摊至单项履约义务的交易价格计量收入

D. 企业预期将退还给客户的款项，应当先作为收入进行会计处理

【答案】BC

【解析】交易价格，是指企业因向客户转让商品而有权收取的对价；企业预期将退还给客户的款项，应当作为负债进行会计处理。

3 会计科目设置★★★

一、考点解读

1."主营业务收入"科目

"主营业务收入"科目核算企业确认的销售商品、提供服务等主营业务的收入（见图7-1）。

借方	主营业务收入	贷方
期末转入"本年利润"科目的金额		主营业务活动实现的收入

图7-1

企业在履行了合同中的单项履约义务时，应按照已收或应收的合同价款，加上应收取的增值税额，编制如下会计分录：

借：银行存款/应收账款/合同资产
　　贷：主营业务收入
　　　　应交税费——应交增值税（销项税额）
　　　　　　　——待转销项税额

2."其他业务收入"科目

"其他业务收入"科目核算企业确认的除主营业务活动以外的其他经营活动实现的收入，包括出租固定资产、出租无形资产、出租包装物和商

品、销售材料等实现的收入**（见图 7-2）。

借方	其他业务收入	贷方
期末转入"本年利润"科目的金额		其他业务活动实现的收入

图 7-2

3."主营业务成本"科目

"主营业务成本"科目核算企业确认销售商品、提供服务等**主营业务收入**时应结转的成本（见图 7-3）。

借方	主营业务成本	贷方
应结转的主营业务成本		期末转入"本年利润"科目的金额

图 7-3

企业应根据本期销售各种商品、提供各种服务等实际成本，计算应结转的主营业务成本，编制如下会计分录：

借：主营业务成本
　　贷：库存商品/合同履约成本等

提示 "主营业务成本"是与"主营业务收入"科目相对应的，即确认了主营业务收入，与该项主营业务收入对应的成本就应计入主营业务成本。例如，销售企业所生产的产品，确认收入的同时，应将该产品的成本计入主营业务成本。

4."其他业务成本"科目

"其他业务成本"科目核算企业确认的除主营业务活动以外的其他经营活动所发生的支出，**包括销售材料的成本、出租固定资产的折旧费、出租无形资产的摊销额、出租包装物的成本或摊销额等**（见图 7-4）。

借方	其他业务成本	贷方
应结转的其他业务成本		期末转入"本年利润"科目的金额

图 7-4

企业发生的其他业务成本应编制如下会计分录：

借：其他业务成本
　　贷：原材料/周转材料等

提示 "其他业务成本"科目是与"其他业务收入"科目相对应的，即确认了其他业务收入，与该项其他业务收入对应的成本就应计入其他业务成本。例如，销售材料确认了收入，就应同时将该材料的账面价值计入其他业务成本。

5."合同取得成本"科目

"合同取得成本"核算企业取得合同发生的、预期能够收回的**增量成本**（见图 7-5）。

借方	合同取得成本	贷方
发生的合同取得成本		摊销的合同取得成本
尚未结转的合同取得成本		

图 7-5

提示 增量成本，是指为取得合同发生的佣金等，如果不取得合同，就不会发生该项成本。不论是否取得合同都会发生的费用，例如谈判合同发生的差旅费等，不属于增量成本，在发生时直接计入当期损益。

企业发生合同取得成本时，应编制如下会计分录：

借：合同取得成本
　　贷：银行存款/其他应付款

对合同取得成本进行摊销时，按其相关性编制如下会计分录：

借：销售费用等
　　贷：合同取得成本

如果涉及增值税，还应进行相应的处理。

6."合同履约成本"科目

"合同履约成本"科目核算企业为履行当前或预期取得的合同所发生的、不属于其他企业会计准则规范范围且按照收入准则**应当确认为一项资产**的成本，包括服务成本和工程施工（见图 7-6）。

借方	合同履约成本	贷方
发生的合同履约成本		摊销的合同履约成本
尚未结转的合同履约成本		

图 7-6

企业发生履约成本时,应编制如下会计分录:
　　借:合同履约成本
　　　　贷:银行存款/应付职工薪酬/原材料等
对合同履约成本进行摊销时,应编制如下会计分录:
　　借:主营业务成本/其他业务成本等
　　　　贷:合同履约成本
如果涉及增值税,还应进行相应的处理。

[提示] 合同确认收入时,相应的合同履约成本应转入主营业务成本或其他业务成本。

7."合同资产"科目

"合同资产"科目核算企业已向客户转让商品而有权收取对价的权利,<u>且该权利取决于时间流逝之外的其他因素</u>(见图7-7)。

借方	合同资产	贷方
因已转让商品而有权收取的对价金额		取得无条件收款权的金额
已向客户转让商品而有权收取的对价金额		

图7-7

企业在客户实际支付合同对价或在该对价到期应付前,已经向客户转让了商品,但收款还取决于时间流逝之外的其他因素时,应当按因转让商品而有权收取的对价金额,编制如下会计分录:
　　借:合同资产
　　　　贷:主营业务收入/其他业务收入等
待企业取得无条件收款权时,应编制如下会计分录:
　　借:银行存款/应收账款
　　　　贷:合同资产
如果涉及增值税,还应进行相应处理。

[提示] 应收款项代表的是无条件收取合同对价的权利,即企业仅仅随着时间的流逝即可收款,而合同资产并不是一项无条件收款权,该权利除了时间流逝之外,还取决于其他条件,例如,合同中同时规定有两项履约义务,其中一项义务已经履行完毕,但合同约定必须履行完合同中的全部履约义务才能收取相应的合同对价,所以只能待另一项义务履行完毕才有权收取对价。因此,与合同资产和应收款项相关的风险是不同的,应收款项仅承担信用风险,而合同资产除信用风险之外,还可能承担其他风险,如履约风险等。

8."合同负债"科目

"合同负债"科目核算企业**已收或应收客户对价**而应向客户转让商品的**义务**(见图7-8)。

借方	合同负债	贷方
向客户转让商品时冲销的金额		向客户转让商品之前,已经收到或已经取得无条件收取合同对价权利的金额
		向客户转让商品之前,已经收到的合同对价或已经取得的无条件收取合同对价权利的金额

图7-8

[提示] 合同负债是在某一时段内完成的销售商品业务中,向客户转让商品前,已收或应收的合同对价。

企业在向客户转让商品前,客户已支付了合同对价或企业已经取得了无条件收取合同对价权利的,企业应当在客户实际支付款项与到期应支付款项孰早时点,按照该已收或应收的金额,编制如下会计分录:
　　借:银行存款/应收账款/应收票据等
　　　　贷:合同负债
企业向客户转让相关商品时,应编制如下会计分录:
　　借:合同负债
　　　　贷:主营业务收入/其他业务收入等
如果涉及增值税,还应进行相应的处理。

二、例题点津

【例题1·判断题】合同资产和合同负债应当在资产负债表中单独列示,两者不能互相抵销。(　　)

【答案】×

【解析】同一合同下的合同资产和合同负债可以相互抵销,在资产负债表中以净额列示;不同合同下的合同资产和合同负债不能互相抵销。

【例题2·多选题】下列各项中,计入工业企业其他业务成本的有(　　)。

A. 生产车间领用低值易耗品的摊销额

B. 出租固定资产的折旧额
C. 结转销售原材料的成本
D. 单独出售包装物的成本

【答案】BCD

【解析】选项 A 计入制造费用，其余均于发生或者计提时计入其他业务成本。

4 一般商品销售收入的账务处理★★★

一、考点解读

（一）一般商品销售收入的确认

企业一般商品销售属于在某一时点履行的履约义务。对于在某一时点履行的履约义务，企业应当在客户取得相关商品控制权时点确认收入。

判断客户取得控制权的六个迹象：

（1）企业就该商品享有现时收款权利。

（2）企业已将该商品的法定所有权转移给客户。

（3）企业已将该商品实物转移给客户。

客户占有了某项商品实物并不意味着其就一定取得了该商品的控制权。例如，委托代销，企业通常应当在受托方售出商品后，按合同或协议约定的方法计算确定的手续费确认收入。如果受托方获得对受托代销商品的控制权的，委托方应该按照销售商品进行会计处理，不属于委托代销。

（4）企业已将该商品所有权上的主要风险和报酬转移给客户。

（5）客户已接受该商品。

（6）其他表明客户已取得商品控制权的迹象。

（二）现金结算方式销售业务的账务处理

企业以现金结算方式对外销售商品，在客户取得相关商品控制权时点确认收入。会计分录：

借：银行存款
　　贷：主营业务收入
　　　　应交税费——应交增值税（销项税额）
借：主营业务成本
　　贷：库存商品

（三）委托收款结算方式销售业务的账务处理

企业以委托收款结算方式对外销售商品，在其办妥托收手续且客户取得相关商品控制权时点确认收入。会计分录：

借：应收账款
　　贷：主营业务收入
　　　　应交税费——应交增值税（销项税额）
借：主营业务成本
　　贷：库存商品

（四）商业汇票结算方式销售业务的账务处理

企业以商业汇票结算方式对外销售商品，在收到商业汇票且取得相关商品控制权时点确认收入。会计分录：

借：应收票据
　　贷：主营业务收入
　　　　应交税费——应交增值税（销项税额）
借：主营业务成本
　　贷：库存商品

（五）赊销方式销售业务的账务处理

企业以赊销方式对外销售商品，在客户取得相关商品控制权时点确认收入。会计分录：

借：应收账款
　　贷：主营业务收入
　　　　应交税费——应交增值税（销项税额）
借：主营业务成本
　　贷：库存商品

（六）发出商品业务的账务处理

企业按合同发出商品，合同约定客户只有在商品售出取得价款后才支付货款。在发出商品时，企业不应确认收入，当收到货款或取得收取货款的权利时，再确认收入。会计分录：

发出商品时：

借：发出商品
　　贷：库存商品【成本】

如果发出商品被退回：

借：库存商品
　　贷：发出商品

如果发出商品后收到货款或取得收取货款权利时：

借：银行存款/应收账款等
　　贷：主营业务收入
　　　　应交税费——应交增值税（销项税额）

借：主营业务成本
　　贷：发出商品

（七）材料销售业务的账务处理

企业销售原材料、包装物等存货取得的收入应计入其他业务收入，结转的相关成本作为其他业务成本处理。会计分录：

借：银行存款等
　　贷：其他业务收入
　　　　应交税费——应交增值税（销项税额）

借：其他业务成本
　　贷：原材料

（八）销售退回业务的账务处理

企业销售商品发生退货，表明企业履约义务的减少和客户商品控制权及其相关经济利益的丧失。除属于资产负债表日后事项的外，应编制与确认销售收入相反的会计分录：

借：主营业务收入
　　应交税费——应交增值税（销项税额）
　　贷：银行存款、应收账款、应收票据等
借：库存商品
　　贷：主营业务成本

二、例题点津

【例题1·多选题】甲公司是增值税一般纳税人。2×21年7月，甲公司向乙公司售出商品600件，单价（不含增值税）为50元/件，适用的增值税税率为13%，单位成本为30元/件，货已发出，并向乙公司开具增值税专用发票，且收取了对方开具的转账支票，该项销售商品业务属于在某一时点履行的履约义务并确认销售收入。2×21年9月，上述售出的商品中有60件因产品质量问题，乙公司要求退货，双方就此达成一致意见，甲公司将退还的货物暂时入库等待处理，同时向乙公司开具相应的红字专用发票，并开具支票退还相应部分的款项。在发生销售退回时，甲公司正确的会计处理包括（　　）。

A. 借：主营业务收入　　　　　3 000
　　　应交税费——应交增值税（销项税额）　　390
　　　贷：银行存款　　　　　3 390
B. 借：库存商品　　　　　　　1 800
　　　贷：主营业务成本　　　1 800
C. 借：资产减值损失　　　　　3 000
　　　应交税费——应交增值税（进项税额）　　390
　　　贷：银行存款　　　　　3 390
D. 借：主营业务收入　　　　　3 000
　　　应交税费——应交增值税（进项税额）　　390
　　　贷：应付票据　　　　　3 390

【答案】AB

【解析】已确认销售商品收入的售出商品发生销售退回的，除属于资产负债表日后事项的外，企业收到退回的商品时，应退回货款或冲减应收账款，并冲减主营业务收入和增值税销项税额，同时增加库存商品，冲减主营业务成本。所以选项A、B正确。

【例题2·多选题】下列关于采用支付手续费方式委托代销商品的会计处理中，错误的有（　　）。

A. 委托方应在发出商品时确认收入
B. 委托方将商品交给受托方时，受托方即取得了商品的控制权
C. 委托方在受托方将商品销售给最终客户时确认销售商品收入，同时需向受托方开具增值税发票
D. 受托方对商品没有取得控制权

【答案】AB

【解析】委托方将商品交给受托方后，受托方虽然已经承担商品的实物保管责任，但仅为接受委托的委托销售商品，并根据实际销售的数量赚取一定比例的手续费。委托方有权要求收回商品或将其销售给其他的客户，受托方并不能主导这些商品的销售，这些商品对外销售与否、是否获利以及获利多少等不由受托方控制，受托方没有取得这些商品的控制权。因此，委托方将商品发送至受托方时，不应确认收入，而应当在受托方将商品销售给最终客户时确认收入。

【例题3·判断题】销售退回的处理通常既涉及收入的减少及增值税税额的调整，也涉及成本和存货的调整。（　　）

【答案】√

【解析】确认销售商品收入的售出商品发生

销售退回的,除属于资产负债表日后事项外,一般应在发生时冲减当期销售商品收入,同时冲减当期销售商品成本。如按规定允许扣减增值税税额的,应同时扣减已确认的应交增值税销项税额。

【例题4·多选题】甲公司向乙公司销售一批商品,开出的增值税专用发票上注明的价款为50 000元,增值税税额为6 500元;商品已经发出并已向银行办妥托收手续;该批商品的成本为40 000元,下列说法中正确的有( )。

A. 主营业务成本增加40 000元
B. 主营业务收入增加56 500元
C. 主营业务收入增加50 000元
D. 应收账款增加56 500元

【答案】ACD

【解析】该项业务的会计分录如下:
借:应收账款　　　　　　　　56 500
　　贷:主营业务收入　　　　　50 000
　　　　应交税费——应交增值税(销项税额)　　　　　　　　　6 500
借:主营业务成本　　　　　　40 000
　　贷:库存商品　　　　　　　40 000

【例题5·单选题】下列各项中,企业已经发出但不符合收入确认条件的商品成本借记的会计科目是( )。

A. 主营业务成本　　B. 发出商品
C. 销售费用　　　　D. 其他业务成本

【答案】B

【解析】企业对于发出的商品,不符合收入确认条件的,应按其实际成本由"库存商品"科目转入"发出商品"科目。所以应借记"发出商品",贷记"库存商品"。

5 可变对价的账务处理 ★★

一、考点解读

(一)可变对价的管理

可变对价是指企业与客户之间因折扣、价格折让、返利、退款、奖励积分、激励措施、业绩奖金、索赔等因素导致的对价金额不固定。根据一项或多项或有事项的发生而收取不同对价金额,也属于可变对价。例如,A杯具公司为客户生产M杯具1 000套,合同中约定,价款10万元,30天交货,如A杯具公司,不能按时交付M杯具,需要承担违反合同价款10%的违约金,直接从价款中扣除。A杯具公司与客户的M杯具合同包含10万元的固定价格和1万元的可变对价。

1. 可变对价的估计方法

根据《企业会计准则第14号——收入》的规定,合同中存在可变对价的,企业应当按照期望值或最可能发生金额确定可变对价的最佳估计数。

(1)期望值。期望值是通过各种可能发生的对价金额与其发生概率计算确定的金额。例如,甲公司向乙公司以100元的单价销售A商品100件,甲公司与乙公司在合同中约定,如果一年以内A商品降价,甲公司需要将差价退回乙公司。甲公司预计一年内A商品的单价变动情况为:上涨10元的概率为30%,不变的概率为40%,下降10元的概率为20%,下降20元的概率为10%。则甲公司根据期望值预测有权收取的对价金额为9 600元{100×[100×(30%+40%)+(100-10)×20%+(100-20)×10%]}。

(2)最可能发生金额。最可能发生金额是一系列可能发生的对价金额中最可能发生的单一金额。例如,甲公司向乙公司销售A商品,合同约定:如果2×21年采购量小于100件,单价为100元,如果采购量大于100件,则单价为90元。假设2×21年6月,乙公司采购A商品30件,甲公司预计年内采购量不会超过100件,甲公司应确认的销售A商品收入为3 000元(30×100)。2×21年9月,乙公司又采购A商品50件,此时甲公司预计年内采购量将超过100件,此时甲公司应确认的销售A商品收入为4 200元[(30+50)×90-3 000]。

但是,企业不能在期望值和最可能发生金额这两种方法中随意选择。如果企业根据合同可以统计出可能产生的多个结果,且每一种结果发生概率都能合理估计,则采用期望值法比较合理。如果合同中只包含两种可能的结果,采用最可能发生金额法可能比较恰当。

2. 可变对价确认收入的限制

包含可变对价的交易价格,应当不超过在相

关不确定性消除时，累计已确认的收入极可能不会发生重大转回的金额。即要同时符合两个条件：

（1）不发生转回的可能性是"极可能"；
（2）转回金额的比重"不重大"。

（二）可变对价的账务处理

1. 销售折让

发生销售折让时，应就发生折让部分编制与确认收入相反的会计分录，但不应冲回已确认的成本，因为发生销售折让只会导致确认收入的减少，与结转成本无关。

客户取得商品控制权时：
借：银行存款、应收账款等
　　贷：主营业务收入
　　　　应交税费——应交增值税（销项税额）
借：主营业务成本
　　贷：库存商品

发生销售折让时：
借：主营业务收入
　　应交税费——应交增值税（销项税额）
　　贷：银行存款、应收账款等

2. 销售折扣

企业发生销售折扣时，应将销售折扣直接从应确认的销售商品收入中扣除，按扣除销售折扣后的金额确认销售商品收入即可。

3. 现金折扣

企业对于现金折扣应按最佳估计数确认销售商品收入，如果最终应确认的收入大于按最佳估计数确认的收入，则按差额补充确认收入和增值税，即按差额确认主营业务收入和增值税销项税额；如果最终应确认的收入小于按最佳估计数确认的收入，则按差额冲回已确认的收入和增值税，即按差额编制与确认收入相反的会计分录。

4. 价格保护

例如，甲公司向乙公司以100元的单价销售A商品100件，A商品成本为60元。甲公司已将A商品交付乙公司，乙公司取得A商品的控制权。甲公司与乙公司在合同中约定，如果一年以内A商品降价，甲公司需要将差价退回乙公司。甲公司预计一年内A商品的单价变动情况为：上涨10元的概率为30%，不变的概率为40%，下降10元的概率为20%，下降20元的概率为10%。则甲公司根据期望值预测有权收取的对价金额为9 600元。甲公司应编制的会计分录为：

借：应收账款　　　　　　　10 848
　　贷：主营业务收入　　　　9 600
　　　　应交税费——应交增值税（销项税额）　　　　　　　1 248
借：主营业务成本　　　　　6 000
　　贷：库存商品　　　　　　6 000

二、例题点津

【例题1·单选题】甲公司属于一般纳税人，产品适用增值税税率为13%，其对外销售的商品明码标价为500元/件，该商品的单位成本为300元。某日甲公司向老客户丁公司签订10 000件的商品销售合同，作为对老客户的一种优惠，给予丁公司20%的商业折扣。货已发出，并据实开具增值税专用发票，账款尚未收取。该项销售业务属于在某一时点履行的履约义务。则对于甲公司而言，下列会计处理正确的是（　　）。

A. 借：应收账款　　　　　4 850 000
　　贷：主营业务收入　　　4 000 000
　　　　应交税费——应交增值税（销项税额）　　　　　　　850 000

B. 借：应收账款　　　　　4 520 000
　　贷：主营业务收入　　　4 000 000
　　　　应交税费——应交增值税（销项税额）　　　　　　　520 000

C. 借：应收账款　　　　　4 520 000
　　　财务费用　　　　　1 000 000
　　贷：主营业务收入　　　5 000 000
　　　　应交税费——应交增值税（销项税额）　　　　　　　520 000

D. 借：应收账款　　　　　4 850 000
　　　财务费用　　　　　1 000 000
　　贷：主营业务收入　　　5 000 000
　　　　应交税费——应交增值税（销项税额）　　　　　　　850 000

【答案】B

【解析】对于给予客户的商业折扣，公司按照实际销售价格确认销售收入，并按照该实际价款计算应纳增值税销项税额。即甲公司应确认销售收入4 000 000元（500×10 000×80%），应确认增值税520 000元（4 000 000×13%）。

【例题2·单选题】 某企业为增值税一般纳税人，适用的增值税率为13%。6月1日，该企业向某客户销售商品20 000件，单位售价为20元（不含增值税），单位成本为10元，给予客户10%的商业折扣，当日发出商品，并符合收入确认条件。销售合同约定的现金折扣条件为2/10，1/20，N/30。该企业预计客户30天内付款的概率为10%，30天后付款的概率为90%。该销售商品属于在某一时点履行的履约义务。不考虑其他因素，该企业6月1日应确认的收入为（　　）元。

A. 400 000　　　　B. 360 000
C. 390 000　　　　D. 324 000

【答案】 B

【解析】 该企业6月1日应确认销售商品的收入=20 000×20×（1-10%）=360 000（元）。

【例题3·多选题】 甲公司为一家健身器材销售公司，为增值税一般纳税人，2×21年6月1日，甲公司按合同约定向乙公司销售5万件健身器材，单位销售价格为500元，健身器材已交付乙公司。合同约定，乙公司7月31日前有权退还健身器材。假定甲公司根据过去的经验，估计该批健身器材的退货率约为20%，在不确定性消除时，80%的收入极可能不会发生重大转回。下列说法中正确的有（　　）。

A. 2×21年6月1日甲公司应确认的收入为2 500万元
B. 2×21年6月1日甲公司应确认的收入为2 000万元
C. 2×21年6月1日甲公司应确认的收入为0
D. 如果80%的收入极可能发生重大转回，则不应该确认收入

【答案】 BD

【解析】 2×21年6月1日甲公司应确认的收入=5×500×（1-20%）=2 000（万元）。包含可变对价的交易价格，应当不超过在相关不确定性消除时，累计已确认的收入可能不会发生重大转回的金额。

6 在某一时段内完成的销售商品收入的账务处理★★★

一、考点解读

对于在某一时段内履行的履约义务，企业应当在该段时间内**按照履约进度**确认收入，履约进度不能合理确定的除外。

满足下列条件之一的，属于在某一时段内履行的履约义务：

（1）客户在企业履约的同时即取得并消耗企业履约所带来的经济利益。

例如，A公司与B公司签订合同，将一批商品从甲地运输至丙地，假定该批商品在途经乙地时，由C公司接替A公司继续提供该运输服务，由于甲地到乙地的运输服务已经执行完毕，不用重新执行，这表明B公司在A公司履约的同时取得并消耗了A公司履约带来的经济利益，因此，A公司提供的运输服务属于在某一时段内履行的履约义务。

（2）客户能够控制企业履约过程中在建的商品。

例如，施工企业在客户的场地上为客户建造厂房，施工企业可以控制在建造过程中的厂房，应在建造期间确认收入。

（3）企业履约过程中所产出的商品具有不可替代用途，且该企业在整个合同期间内有权就累计至今已完成的履约部分收取款项。

例如，A企业与B企业签订合同，为B企业专门制造一台专用设备，该专用设备只能供B企业使用，具有不可替代用途，建造期限为1年，如果在一年中任意时点，A企业均有权收取累计至今的已完成建造部分的成本和合理利润，那么A企业应在一段期间内确认收入，否则只能在B企业拥有该专用设备控制权的时点确认收入。

当期收入=合同的交易价格总额×履约进度-以前会计期间累计已确认的收入

当履约进度**不能合理确定时**，企业已经发生的成本预计能够得到补偿的，应当**按照已经发生的成本**金额确认收入，直到履约进度能够合理确定为止。

履约进度的确定方法包括采用实际测量的完工进度、评估已实现的结果、时间进度、已完工或交付的产品等产出指标，或采用投入的材料数量、花费的人工工时、机器工时，发生的成本和时间进度等投入指标。

（一）合同成本与合同负债

1. 合同取得成本

为了取得合同，可能会发生销售佣金、差旅费、投标费等，在会计处理时有两个去向：资本化和费用化。

（1）资本化。企业为取得合同发生的增量成本预期能够收回的，应当作为合同取得成本确认为一项资产。增量成本，是指企业**不取得合同就不会发生**的成本，例如销售佣金等。

（2）费用化。①合同取得成本确认为资产摊销期限不超过1年的，为简化处理，可以在发生时计入当期损益。②企业为取得合同发生的、除预期能够收回的增量成本之外的其他支出，计入当期损益。例如，无论是否取得合同均会发生的差旅费、投标费、为准备投标资料发生的相关费用等，应当在发生时计入当期损益。

2. 合同履约成本

为了履行合同义务，必然有投入，这就产生了合同履约成本。合同履约成本在会计处理时有三种办法：确认为存货等的履约成本；确认为资本的合同履约成本；计入当期损益的合同履约成本。

（1）确认为存货等的履约成本。属于存货、固定资产、无形资产等规范范围的，应当按照相关规定进行会计处理。

（2）确认为资产的合同履约成本。不属于其他章节规范范围且同时满足下列条件的，应当作为合同履约成本确认为一项资产：

①该成本与一份当前或预期取得的合同直接相关；

②该成本增加了企业未来用于履行（或持续履行）履约义务的资源；

③该成本预期能够收回。

（3）计入当期损益的合同履约成本。

①管理费用，除非这些费用明确由客户承担；

②非正常消耗的直接材料、直接人工和制造费用，这些支出为履行合同发生，但未反映在合同价格中；

③与履约义务中已履行部分相关的支出，即该支出与企业过去的履约活动相关；

④无法在尚未履行的与已履行的履约义务之间区分的相关支出。

3. 合同负债

合同负债是指企业已收或应收客户对价而应向客户转让商品的义务。需要说明的是，对于尚未向客户履行转让商品的义务而已收或应收客户对价中的增值税部分，不应确认为合同负债。

（二）合同取得成本及销售收入的账务处理

发生合同取得成本时：

借：合同取得成本

　　贷：银行存款/应付职工薪酬等

摊销合同取得成本时：

借：销售费用等

　　贷：合同取得成本

（三）合同履约成本及销售收入的账务处理

发生合同履约成本时：

借：合同履约成本

　　贷：银行存款/应付职工薪酬/原材料等

摊销合同履约成本时：

借：主营业务成本/其他业务成本

　　贷：合同履约成本

二、例题点津

【例题1·多选题】下列各项中，属于在某一时段内履行履约义务的有（　　）。

A. 客户在企业履约的同时即取得并消耗企业履约所带来的经济利益

B. 客户能够控制企业履约过程中在建的商品

C. 企业履约过程中所产出的商品具有不可替代用途

D. 企业履约过程中所产出的商品具有不可替代用途，且该企业在整个合同期间内有权就累计到今已完成的履约部分收取款项

【答案】ABD

【解析】满足下列条件之一的，属于在某一时段内履行的履约义务：（1）客户在企业履约的同时即取得并消耗企业履约所带来的经济利益。（2）客户能够控制企业履约过程中在建的

商品。(3) 企业履约过程中所产出的商品具有不可替代用途，且该企业在整个合同期间内有权就累计至今已完成的履约部分收取款项。

【例题 2·单选题】 甲公司为增值税一般纳税人，2×21年10月18日对外承揽一项大型设备安装业务，安装调试期为半年，合同约定安装费收入总额为60 000元，安装业务适用的增值税税率为9%。达成合同时预先收取20 000元的预付款，其余款项和增值税安装结束验收合格后一次付清。截至2×21年末，经专业测量师测量后，确定该项劳务的完工程度为37.5%。假定该业务属于甲公司的主营业务，全部由其自行完成；该装修服务构成单项履约义务，并属于在某一时段内履行的履约义务；甲公司按照实际测量的完工进度确定履约进度。甲公司2×21年应确认的该项业务收入为（　　）元。

A. 20 000　　　　B. 22 500
C. 15 000　　　　D. 60 000

【答案】 B

【解析】 甲公司2×21年应确认的收入 = 60 000 × 37.5% = 22 500（元）。

【例题 3·判断题】 当履约进度不能合理确定时，企业已经发生的成本预计能够得到补偿的，应当按照已经发生的成本金额确认收入。（　　）

【答案】 √

【解析】 当履约进度不能合理确定时，企业已经发生的成本预计能够得到补偿的，应当按照已经发生的成本金额确认收入，直到履约进度能够合理确定为止。

【例题 4·多选题】 下列各项中，属于与合同直接相关的成本有（　　）。

A. 为履行合同耗用的原材料
B. 支付给直接为客户提供所承诺服务的人员的奖金
C. 为履行合同的场地清理费
D. 为履行合同组织生产的管理人员的工资

【答案】 ABCD

【解析】 与合同直接相关的成本包括直接人工、直接材料、制造费用或类似费用、明确由客户承担的成本以及仅因该合同而发生的其他成本。

【例题 5·多选题】 下列各项中，不应作为合同履约成本确认为合同资产的有（　　）。

A. 为取得合同发生但预期能够收回的增量成本
B. 为组织和管理企业生产经营发生的但非由客户承担的管理费用
C. 无法在尚未履行的与已履行（或已部分履行）的履约义务之间区分的支出
D. 为履行合同发生的非正常消耗的直接材料、直接人工和制造费用

【答案】 ABCD

【解析】 为取得合同发生但预期能够收回的增量成本应作为合同取得成本确认为一项资产；为组织和管理企业生产经营发生的但非由客户承担的管理费用，非正常消耗的直接材料、直接人工和制造费用，无法在尚未履行的与已履行（或已部分履行）的履约义务之间区分的支出，应计入当期损益。

【例题 6·多选题】 对合同履约成本进行摊销时可能涉及的会计科目有（　　）。

A. 合同履约成本　　B. 主营业务成本
C. 管理费用　　　　D. 其他业务成本

【答案】 ABD

【解析】 企业发生合同履约成本时，借记"合同履约成本"科目，贷记"银行存款""应付职工薪酬""原材料"等科目；对合同履约成本进行摊销时，借记"主营业务成本""其他业务成本"等科目，贷记"合同履约成本"科目。涉及增值税的，还应进行相应的处理。

【例题 7·判断题】 为取得合同发生的差旅费属于增量成本。（　　）

【答案】 ×

【解析】 增量成本，是指企业不取得合同就不会发生的成本。为取得合同发生的差旅费，不管是否取得合同都会发生，所以不属于增量成本。

【例题 8·单选题】 甲公司是一家咨询公司，其通过竞标赢得一个新客户，为取得该客户的合同，甲公司发生下列支出：(1) 聘请外部律师进行尽职调查的支出为15 000元；(2) 因投标发生的差旅费为10 000元；(3) 销售人员佣金为5 000元。甲公司预期这些支出未来能够收回。此外，甲公司根据其年度销售目标、整体盈

利情况及个人业绩等,向销售部门经理支付年度奖金1 000元。甲公司应当将其作为合同取得成本确认为一项资产的金额是(　　)元。

　　A. 30 000　　　　B. 40 000
　　C. 15 000　　　　D. 5 000

【答案】D

【解析】甲公司向销售人员支付的佣金5 000元属于为取得合同发生的增量成本,应当将其作为合同取得成本确认为一项资产。甲公司聘请外部律师进行尽职调查发生的支出、为投标发生的差旅费无论是否取得合同都会发生,不属于增量成本,因此应当于发生时直接计入当期损益。甲公司向销售部门经理支付的年度奖金也不是为取得合同发生的增量成本,这是因为该奖金发放与否以及发放金额还取决于其他因素(包括公司的盈利情况和个人业绩),其并不能直接归属于合同增量成本。

第二单元　费　　用

1 费用概述 ★★

一、考点解读

费用包括企业**日常活动**所发生的经济利益的总流出。

会计准则界定的费用是日常活动形成的,这与收入相对应,不包括非日常活动形成的损失。

费用包括**营业成本**、**税金及附加和期间费用**。

(一)营业成本

营业成本是指企业为生产产品、提供劳务等发生的**可归属于产品成本**、**劳务成本等**的费用,应当在确认销售商品收入、提供劳务收入等时,将已销售商品、已提供劳务的成本等计入当期损益。

营业成本的确认时间,是在确认销售商品收入、提供劳务收入等时。

营业成本包括主营业务成本和其他业务成本,日常核算中使用"主营业务成本"科目和"其他业务成本"科目加以核算,在编制利润表时,两者合计即为报表上的"营业成本"项目。

(二)税金及附加

税金及附加是指企业**经营活动**应负担的相关税费,包括消费税、城市维护建设税、教育费附加、资源税、土地增值税、房产税、环境保护税、城镇土地使用税、车船税、印花税等。

> **提示** 税金及附加的内容,高频考点。

(三)期间费用

期间费用是指企业日常活动发生的**不能计入特定核算对象**的成本,而应计入发生当期损益的费用,包括销售费用、管理费用和财务费用。

期间费用的形成包含以下两种情况:一是企业发生的支出不产生经济利益,或者即使产生经济利益但不符合或者不再符合资产确认条件的,应当在发生时确认为费用,计入当期损益。二是企业发生的交易或者事项导致其承担了一项负债,而又不确认为一项资产的,应当在发生时确认为费用计入当期损益。

1. 销售费用

销售费用是指企业销售商品和材料、提供服务的过程中发生的各种费用。

销售费用包括保险费、包装费、展览费和广告费、商品维修费、预计产品质量保证损失、运输费、装卸费等,以及为销售本企业商品而专设的销售机构(含销售网点、售后服务网点等)的职工薪酬、业务费、折旧费等经营费用。企业发生的与专设销售机构相关的固定资产修理费用等后续支出也属于销售费用。

> **提示** 销售费用的内容,高频考点。

销售费用是与企业销售商品活动有关的费用,但不包括销售商品本身的成本和服务成本,这两类成本属于主营业务成本。

2. 管理费用

管理费用是指企业为组织和管理生产经营发生的各种费用。

管理费用包括企业在筹建期间内发生的开办费、董事会和行政管理部门在企业的经营管理中发生的以及应由企业统一负担的公司经费(包括行政管理部门职工薪酬、物料消耗、低值易耗品摊销、办公费和差旅费等）、**行政管理部门负担的工会经费**、**董事会费**（包括董事会成员津贴、会议费和差旅费等）、**聘请中介机构费**、**咨询费**（含顾问费）、**诉讼费**、**业务招待费**、**技术转让费**、**研究费用**等。企业**行政管理部门发生的固定资产修理费用**等后续支出，也作为管理费用核算。

提示 管理费用的内容，高频考点。

3. 财务费用

财务费用是指企业为筹集生产经营所需资金等而发生的筹资费用。

财务费用包括**利息支出（减利息收入）、汇兑损益以及相关的手续费**等。

提示 财务费用的内容，高频考点。

费用应按照**权责发生制**确认，即凡属于本期发生的费用，即使款项尚未支付，也应确认为本期的费用；凡不属于本期发生的费用，即使款项已经支付，也不应确认为本期的费用。

二、例题点津

【例题1·单选题】甲公司为增值税一般纳税人，某年度从事商品销售实际交纳的增值税1 200万元、消费税900万元，应交城市维护建设税税率为7%、教育费附加为3%，不考虑其他特殊情况，则甲公司当年记入"税金及附加"科目的金额为（　　）万元。

A. 2 310　　　　B. 1 110
C. 1 020　　　　D. 990

【答案】B

【解析】甲公司当年应记入"税金及附加"的金额 = 900 + (1 200 + 900) × (7% + 3%) = 1 110（万元）。

【例题2·多选题】下列关于期间费用的说法，正确的有（　　）。

A. 期间费用于发生的当期全部计入当期损益
B. 期间费用越多，营业利润就越少
C. 期间费用不一定减少营业利润，但会减少利润总额
D. 期间费用与产品生产具有较为直接的关系

【答案】AB

【解析】期间费用直接减少营业利润，所以选项C错误；期间费用一般与产品生产没有直接关系，不能计入产品成本，而在发生期间计入当期损益，所以选项D错误。

【例题3·多选题】下列各项中，属于销售费用的有（　　）。

A. 随同产品销售而不单独计价的包装物成本
B. 为销售产品支付的广告宣传费用
C. 已售出的商品的成本
D. 对售出商品计提的产品质量保证损失

【答案】ABD

【解析】选项C，计入营业成本，不属于销售费用。

【例题4·多选题】下列各项中，不应计入企业销售费用的有（　　）。

A. 销售退回
B. 现金折扣
C. 支付代销手续费
D. 商业折扣

【答案】ABD

【解析】选项A，通常冲减主营业务收入；选项B、D属于可变对价，直接影响销售收入金额的确认，不计入销售费用。

【例题5·单选题】下列各项中，不应计入企业管理费用的是（　　）。

A. 企业在筹建期间发生的开办费
B. 计提的生产车间职工养老保险
C. 聘请中介机构费
D. 差旅费

【答案】B

【解析】计提的生产车间职工养老保险应计入生产成本或制造费用。

【例题6·单选题】企业某期间支付给管理人员的工资50万元，发生业务招待费20万元，展览费30万元，违约金5万元，则计入管理费用的金额是（　　）万元。

A. 55　　　　B. 50
C. 70　　　　D. 100

【答案】C

【解析】计入管理费用的有管理人员的工资50万元和业务招待费20万元，展览费应计入销售费用，违约金一般计入营业外支出。

【例题7·多选题】下列各项中，不应计入

财务费用的有（　　）。
　　A. 银行承兑汇票的手续费
　　B. 发行股票的手续费
　　C. 外币应收账款的汇兑损失
　　D. 销售商品的现金折扣
【答案】BD
【解析】选项B发行股票时的手续费冲减股票发行的溢价收入，没有溢价收入的，冲减已有的资本公积。选项D，销售商品的现金折扣在确认收入时根据最佳估计数影响收入确认金额，不计入财务费用。

2 费用的账务处理 ★★★

一、考点解读

（一）税金及附加的账务处理

企业应当设置"税金及附加"科目，核算企业经营活动发生的消费税、城市维护建设税、教育费附加、资源税、房产税、环境保护税、城镇土地使用税、车船税、印花税等相关税费。

提示 "税金及附加"科目核算的内容可能包括这些税种，但并不是发生这些税收业务就一定记入"税金及附加"科目，也有可能记入其他科目，比如委托加工物资收回后直接用于销售的，支付给受托方的消费税就计入委托加工物资成本，等等。

按规定计算确定的与经营活动相关的消费税、城市维护建设税、资源税、教育费附加、房产税、城镇土地使用税、车船税等税费时：
　　借：税金及附加
　　　　贷：应交税费

提示 印花税不通过"应交税费"科目核算，购买印花税票时，直接借记"税金及附加"科目，贷记"银行存款"科目。

期末，应将"税金及附加"科目余额转入"本年利润"科目：
　　借：本年利润
　　　　贷：税金及附加
结转后，"税金及附加"科目无余额。

（二）销售费用的账务处理

企业应设置"销售费用"科目，核算企业销售费用的发生和结转情况。

发生销售费用时：
　　借：销售费用
　　　　贷：银行存款/应付职工薪酬等

期末，应将"销售费用"科目余额转入"本年利润"科目：
　　借：本年利润
　　　　贷：销售费用
结转后，"销售费用"科目无余额。

（三）管理费用的账务处理

企业应设置"管理费用"科目，核算企业管理费用的发生和结转情况。商品流通企业管理费用不多的，可以不设置"管理费用"科目，直接并入"销售费用"科目核算。

发生销售费用时：
　　借：管理费用
　　　　贷：银行存款/应付职工薪酬等

期末，应将"管理费用"科目余额转入"本年利润"科目：
　　借：本年利润
　　　　贷：管理费用
结转后，"管理费用"科目无余额。

（四）财务费用的账务处理

企业应设置"财务费用"科目，核算企业财务费用的发生和结转情况。

发生财务费用时：
　　借：财务费用
　　　　贷：银行存款等

期末，应将"财务费用"科目余额转入"本年利润"科目：
　　借：本年利润
　　　　贷：财务费用
结转后，"财务费用"科目无余额。

二、例题点津

【例题1·单选题】某企业2×21年销售商品20万件，并承诺未来一年当中如果产品质量出现问题给予免费修理或者更换，为此估计未来一年可能发生的产品质量保证损失为360万元。则该企业正确的会计处理是（　　）。
　　A. 计入2×21年的销售费用360万元
　　B. 计入2×22年的销售费用360万元
　　C. 冲减2×21年的销售收入360万元

D. 增加 2×21 年的存货减值损失 360 万元

【答案】A

【解析】预计产品质量保证损失属于销售费用核算的内容，由于是因 2×21 年度的销售而发生的，所以该笔销售费用应计入 2×21 年，与当年的销售收入形成因果上的配比。

【例题 2·多选题】某企业在正常经营活动中形成的如下税收负担，一般在纳税义务发生时通过"税金及附加"科目核算的有（ ）。

A. 销售自产产品应交纳的增值税
B. 销售自产产品应交纳的消费税
C. 应交纳的城镇土地使用税
D. 根据实际交纳的增值税和消费税计算的城市维护建设税

【答案】BCD

【解析】增值税属于价外税，相应税收不构成企业损益，所以选项 A 错误。

【例题 3·单选题】下列经济业务产生应交消费税中，应记入"税金及附加"科目的是（ ）。

A. 企业将生产的应税消费品用于在建工程等非生产机构时，按规定应交纳的消费税
B. 企业销售应税消费品应交的消费税
C. 企业进口应税物资交纳的消费税
D. 委托加工物资收回后，直接用于销售的，受托方代扣代缴的消费税

【答案】B

【解析】选项 A，用于在建工程的应税消费品应交纳的消费税计入在建工程。选项 C，企业进口应税物资在进口环节应交的消费税，应计入该项物资的成本。选项 D，委托加工物资收回后，直接用于销售的计入委托加工物资成本。

【例题 4·不定项选择题】某企业为增值税一般纳税人，适用的增值税税率为 13%，原材料采用实际成本计算，月末采用一次加权平均法计算发出甲材料的成本。2×21 年 6 月发生有关交易或事项如下：

（1）月初结存甲材料 2 000 千克，每千克实际成本 300 元，10 日购入甲材料 500 千克，每千克实际成本为 320 元，25 日发出甲材料 1 800 千克，其中用于仓库日常维修 500 千克，财务部房屋日常维修 300 千克，其余材料用于产品生产。

（2）月末，计提固定资产折旧费 1 650 000 元，其中车间管理用设备折旧 100 000 元、企业总部办公大楼折旧 800 000 元、行政管理部门用汽车折旧 50 000 元、专设销售机构房屋折旧 700 000 元。

（3）本月发生行政管理部门固定资产维修费 42 120 元，全部款项以银行存款支付。

要求：根据上述资料，回答下列问题。

（1）根据期初资料和资料（1），该企业发出甲材料的每千克实际成本为（ ）元。

A. 310   B. 304
C. 320   D. 300

【答案】B

【解析】在月末一次加权平均法下，材料平均单位成本 =（2 000×300+500×320）÷（2 000+500）=304（元）。

（2）根据资料（1），下列各项中，领用甲材料的会计处理结果正确的是（ ）。

A. 计入管理费用 243 200 元
B. 计入生产成本 304 000 元
C. 计入财务费用 91 200 元
D. 计入在建工程 152 000 元

【答案】B

【解析】仓库日常维修及财务部房屋日常维修费用计入管理费用，管理费用金额 =（500+300）×304×（1+13%）=274 816（元）；生产领用材料部分计入生产成本，生产成本金额 =（1 800-500-300）×304=304 000（元）。

（3）根据资料（2），下列各项中，该企业计提固定资产折旧的会计处理正确的是（ ）。

A. 制造费用增加 100 000 元
B. 管理费用增加 950 000 元
C. 销售费用增加 700 000 元
D. 管理费用增加 850 000 元

【答案】ACD

【解析】车间管理用设备折旧 100 000 元应计入制造费用；总部办公大楼折旧费 800 000 元与行政管理部门用汽车折旧费 50 000 元，都计入管理费用；专设销售机构房屋折旧费 700 000 元应计入销售费用。

（4）根据资料（3），下列各项中，关于行政管理部门发生固定资产日常维修费的处理正确

的是（　　）。
　A．借：在建工程　　　　42 120
　　　　贷：银行存款　　　　　42 120
　B．借：营业外支出　　　42 120
　　　　贷：银行存款　　　　　42 120
　C．借：生产成本　　　　42 120
　　　　贷：银行存款　　　　　42 120
　D．借：管理费用　　　　42 120
　　　　贷：银行存款　　　　　42 120

【答案】D
【解析】行政管理部门固定资产日常维修费属于"管理费用"科目核算的内容，应在发生时计入管理费用。

第三单元　利　　润

1 利润的构成 ★★★

一、考点解读

利润是指企业在一定会计期间的经营成果。

利润包括**收入减去费用后的净额**、**直接计入当期利润的利得和损失等**。

利得是指由企业非日常活动所形成的、会导致所有者权益增加的、与所有者投入资本无关的经济利益的流入。损失是指由企业非日常活动所发生的、会导致所有者权益减少的、与向所有者分配利润无关的经济利益的流出。

1. 营业利润

营业利润＝营业收入－营业成本－税金及附加－销售费用－管理费用－研发费用－财务费用＋其他收益＋投资收益（－投资损失）＋净敞口套期收益（－净敞口套期损失）＋公允价值变动收益（－公允价值变动损失）－信用减值损失－资产减值损失＋资产处置收益（－资产处置损失）

其中，营业收入是指企业经营业务所实现的收入总额，包括主营业务收入和其他业务收入。

营业成本是指企业经营业务所发生的实际成本总额，包括主营业务成本和其他业务成本。

研发费用是指企业计入管理费用的进行研究与开发过程中的费用化支出，以及计入管理费用的自行开发无形资产的摊销。

资产减值损失是指企业计提各项资产减值准备所形成的损失。

公允价值变动收益（－损失）是指企业交易性金融资产等公允价值变动形成的应计入当期损益的利得（－损失）。

投资收益（－损失）是指企业以各种方式对外投资所取得的收益（－发生的损失）。

信用减值损失是指企业计提各项金融工具信用减值准备所确认的信用损失。

资产处置收益（－损失）反映企业出售划分为持有待售的非流动资产（金融工具、长期股权投资和投资性房地产除外）或处置组（子公司和业务除外）时确认的处置利得或损失，以及处置未划分为持有待售的固定资产、在建工程、生产性生物资产及无形资产而产生的处置利得或损失，还包括非货币性资产交换中换出非流动资产产生的利得或损失。

其他收益主要是指与企业日常活动相关，除冲减相关成本费用以外的政府补助，以及其他应计入其他收益的内容。

2. 利润总额

利润总额＝营业利润＋营业外收入－营业外支出

其中，营业外收入是指企业发生的与其日常活动无直接关系的各项利得。

营业外支出是指企业发生的与其日常活动无直接关系的各项损失。

3. 净利润

净利润＝利润总额－所得税费用

其中，所得税费用是指企业确认的应从当期利润总额中扣除的所得税费用。

二、例题点津

【例题1·单选题】下列各项中，导致企业当期营业利润减少的是（　　）。

A. 租出非专利技术的摊销额
B. 对外捐赠的商品成本
C. 支付的税收滞纳金
D. 自然灾害导致生产线报废净损失

【答案】A

【解析】选项A，计入其他业务成本，减少营业利润；选项B、C、D，均计入营业外支出，不影响营业利润。

【例题2·多选题】下列各项中，不影响企业当期营业利润的有（　　）。

A. 无法查明原因的现金短缺
B. 公益性捐赠支出
C. 固定资产处置净损失
D. 支付的合同违约金

【答案】BD

【解析】选项A计入管理费用，影响营业利润；选项C，计入资产处置损益；选项B、D计入营业外支出，不影响营业利润，只影响利润总额。

【例题3·单选题】下列各项中，不属于利润表"利润总额"项目内容的是（　　）。

A. 确认的资产减值损失
B. 无法查明原因的现金溢余
C. 确认的所得税费用
D. 收到政府补助确认的其他收益

【答案】C

【解析】净利润＝利润总额－所得税费用，计算利润总额时不需要考虑所得税费用，所以选项C不属于"利润总额"项目的内容。

2 营业外收入与营业外支出★★

一、考点解读

（一）营业外收入

1. 营业外收入核算的内容

营业外收入是指企业确认的**与其日常活动无直接关系**的各项利得。营业外收入并不是企业经营资金耗费所产生的，实际上是经济利益的净流入，不需要与有关的费用进行配比。

营业外收入主要包括**非流动资产毁损报废收益**、**与企业日常活动无关的政府补助**、**盘盈利得**、**捐赠利得等**。

其中，非流动资产毁损报废收益，指因自然灾害等发生毁损、已丧失使用功能而报废非流动资产所产生的清理收益。

与企业日常活动无关的政府补助指企业从政府无偿取得货币性资产或非货币性资产，且与企业日常活动无关的利得。

盘盈利得，指企业对现金等资产清查盘点时发生盘盈，报经批准后计入营业外收入的金额。

捐赠利得，指企业接受捐赠产生的利得。

2. 营业外收入的账务处理

企业应设置"营业外收入"科目，核算企业营业外收入的发生和结转情况。

发生营业外收入时：

借：固定资产清理/库存现金/待处理财产损溢等
　　贷：营业外收入

期末，应将"营业外收入"科目余额转入"本年利润"科目：

借：营业外收入
　　贷：本年利润

结转后，"营业外收入"科目无余额。

（二）营业外支出

1. 营业外支出核算的内容

营业外支出是指企业发生的**与其日常活动无直接关系的各项损失**，主要包括**非流动资产毁损报废损失**、**盘亏损失**、**捐赠支出**、**罚款支出**、**非常损失等**。

其中，非流动资产毁损报废损失，指因自然灾害等发生毁损、已丧失使用功能而报废非流动资产所产生的清理损失。

盘亏损失，主要指对于财产清查盘点中盘亏的资产，查明原因并报经批准计入营业外支出的损失。

捐赠支出，指企业对外进行捐赠发生的支出。

罚款支出，指企业支付的行政罚款、税务罚款，以及其他违反法律法规、合同协议等而支付的罚款、违约金、赔偿金等支出。

非常损失，指企业对于因客观因素（如自然灾害等）造成的损失，扣除保险公司赔偿后应计入营业外支出的净损失。

2. 营业外支出的账务处理

企业应设置"营业外支出"科目，核算企

业营业外支出的发生和结转情况。

发生营业外支出时：

借：营业外支出
  贷：银行存款/固定资产清理/无形资产等

期末，应将"营业外支出"科目余额转入"本年利润"科目：

借：本年利润
  贷：营业外支出

结转后，"营业外支出"科目无余额。

二、例题点津

【例题1·多选题】下列各项中，不应计入营业外收入的有（　　）。

A. 大型设备处置利得
B. 存货收发计量差错形成的盘盈
C. 无形资产出售利得
D. 无法支付的应付账款

【答案】ABC

【解析】大型设备处置利得计入资产处置损益；存货收发计量差错形成的盘盈冲减管理费用；无形资产出售利得计入资产处置损益。

【例题2·单选题】下列各项中，应列入"营业外收入"项目的是（　　）。

A. 接受社会捐赠收到的款项
B. 处置无形资产利得
C. 无形资产的租金收入
D. 原材料收发计量差错而导致的盘盈金额

【答案】A

【解析】处置无形资产利得计入资产处置损益；无形资产的租金收入应计入其他业务收入；原材料收发计量差错而导致的盘盈应冲减管理费用。

【例题3·单选题】报经批准后计入营业外支出的是（　　）。

A. 结转售出材料的成本
B. 采购原材料运输途中合理损耗
C. 管理原因导致的原材料盘亏
D. 自然灾害导致的原材料损失

【答案】D

【解析】结转售出材料成本计入其他业务成本；采购原材料运输途中的合理损耗计入原材料成本；管理原因导致的原材料盘亏计入管理费用；自然灾害导致的原材料损失属于非正常损失，应计入营业外支出。

【例题4·多选题】下列各项中，应计入营业外支出的有（　　）。

A. 出售交易性金融资产净损失
B. 罚款支出
C. 处置无形资产净损失
D. 捐赠支出

【答案】BD

【解析】出售交易性金融资产的净损失记入"投资收益"科目的借方；处置无形资产净损失计入资产处置损益。罚款支出和捐赠支出计入营业外支出。

【例题5·单选题】下列各项中，会导致"营业成本"本期金额增加的是（　　）。

A. 结转销售原材料的成本
B. 处置固定资产的净损失
C. 广告费
D. 库存商品盘亏净损失

【答案】A

【解析】结转原材料的成本应计入其他业务成本，其他业务成本增加会导致营业成本增加；处置固定资产净损失计入资产处置损益，资产处置损益不属于营业成本；广告费应计入销售费用，销售费用不属于营业成本；库存商品盘亏净损失属于一般经营损失的，计入管理费用，属于非常损失的，应计入营业外支出。

3 所得税费用★★

一、考点解读

（一）应交所得税

应交所得税是指企业按照企业所得税法规定计算确定的针对当期发生的交易和事项，应交纳给税务部门的所得税金额，即当期应交所得税。应纳税所得额是在企业税前会计利润（即利润总额）的基础上调整确定的，计算公式为：

应纳税所得额＝税前会计利润＋纳税调整增加额－纳税调整减少额

（1）纳税调整增加额主要包括企业所得税法规定允许扣除的项目中，企业已计入当期费用但超过税法规定扣除标准的金额：①超过企业所得税法规定标准的职工福利费、工会经费、职工教育经费、业务招待费、公益性捐赠支出、广告费和业务宣传费等。②企业已计入当期损失但企业所得税法规定不允许扣除项目的金额（如税收滞纳金、罚金、罚款）。

（2）纳税调整减少额主要包括按企业所得税法规定允许弥补的亏损和准予免税的项目：①前五年内未弥补亏损；②国债利息收入；③符合条件的居民企业之间的股息、红利等权益性投资收益等。

企业当期应交所得税的计算公式为：

应交所得税＝应纳税所得额×所得税税率

（二）所得税费用的账务处理

企业的所得税费用**包括当期所得税和递延所得税**两个部分。企业根据会计准则的规定，计算确定的当期所得税和递延所得税之和，即为应从当期利润总额中扣除的所得税费用。即：

所得税费用＝当期所得税＋递延所得税

递延所得税包括递延所得税资产和递延所得税负债。递延所得税资产是指以未来期间很可能取得用来抵扣可抵扣暂时性差异的应纳税所得额为限确认的一项资产。递延所得税负债是指根据应纳税暂时性差异计算的未来期间应付所得税的金额。

递延所得税＝（递延所得税负债期末余额－递延所得税负债期初余额）－（递延所得税资产期末余额－递延所得税资产期初余额）

企业应设置"所得税费用"科目，核算企业所得税费用的确认和结转情况。

确认所得税费用时：

借：所得税费用
　　贷：应交税费——应交所得税
　　　　递延所得税负债（或借记）
　　　　递延所得税资产（或借记）

期末，应将"所得税费用"科目余额转入"本年利润"科目：

借：本年利润
　　贷：所得税费用

结转后，"所得税费用"科目无余额。

二、例题点津

【例题1·多选题】下列各项中，计算应纳税所得额需要进行纳税调整的项目有（　　）。

A. 税收滞纳金
B. 超过税法规定标准的业务招待费
C. 国债利息收入
D. 超过税法规定标准的职工福利费

【答案】ABCD

【解析】税收滞纳金、超过税法规定标准的业务招待费和职工福利费在计算应纳税所得额时应做纳税调增；国债利息收入在计算应纳税所得额时应做纳税调减。

【例题2·单选题】某公司2×21年计算的当年应交所得税为100万元，递延所得税负债年初数为30万元、年末数为35万元，递延所得税资产年初数为20万元，年末数为18万元。不考虑其他因素，该公司2×21年应确认的所得税费用为（　　）万元。

A. 103　　B. 97　　C. 127　　D. 107

【答案】D

【解析】递延所得税＝（递延所得税负债的期末余额－递延所得税负债的期初余额）－（递延所得税资产的期末余额－递延所得税资产的期初余额）＝（35－30）－（18－20）＝7（万元），所得税费用＝应交所得税＋递延所得税＝100＋7＝107（万元），选项D正确。

【例题3·单选题】2×21年某企业取得债券投资利息收入15万元，其中国债利息收入5万元，全年税前利润总额为150万元，所得税税率为25%，不考虑其他因素，2×21年该企业的净利润为（　　）万元。

A. 112.5　　　　B. 113.75
C. 116.75　　　D. 111.25

【答案】B

【解析】2×21年该企业的净利润＝利润总额－所得税费用＝150－（150－5）×25%＝113.75（万元）。

【例题4·单选题】A公司2×21年税前会计利润为2 000万元，其中本年国债利息收入120万元，行政罚款20万元，企业所得税税率为25%，假定不考虑其他因素，该企业2×21年度所得税费用为（　　）万元。

A. 465　　　　B. 470
C. 475　　　　D. 500

【答案】C

【解析】国债利息收入应调减应纳税所得额，行政罚款应调增应纳税所得额，因此A公司2×21年应纳税所得额＝2 000－120＋20＝1 900（万元）；因无递延所得税，所以所得税费用＝1 900×25%＝475（万元）。会计分录为：

借：所得税费用　　　　　　　475
　　贷：应交税费——应所得税　475

4 本年利润的账务处理★★★

一、考点解读

（一）本年利润的结转方法

会计期末结转本年利润的方法有**表结法和账结法**两种。

1. 表结法

表结法下，各损益类科目每月月末只需结计出本月发生额和月末累计余额，不结转到"本年利润"科目，只有**在年末时才将全年累计余额结转入"本年利润"科目**，年中损益类科目无须结转入"本年利润"科目，从而**减少了转账环节和工作量**，同时并**不影响利润表的编制**及有关损益指标的利用。

2. 账结法

账结法下，**每月月末均需编制转账凭证**，将在账上结计出的各损益类科目的余额结转入"本年利润"科目。结转后"本年利润"科目的本月余额反映当月实现的利润或发生的亏损，"本年利润"科目的本年余额反映本年累计实现的利润或发生的亏损。账结法在**各月均可通过"本年利润"科目提供当月及本年累计的利润（或亏损）额**，但增加了转账环节和工作量。

（二）结转本年利润的会计处理

企业应设置"本年利润"科目，核算企业本年度实现的净利润（或发生的净亏损）。会计期末，企业应将企业所有损益类科目的余额转入"本年利润"科目。结转后"本年利润"科目**如为贷方余额**，表示**当年实现的净利润**；如为**借方余额**，表示当年发生的净亏损。账务处理如下：

（1）结转收入、利得类科目的发生额：

借：主营业务收入
　　其他业务收入
　　其他收益
　　公允价值变动损益（如为净收益）
　　投资收益（如为净收益）
　　资产处置损益（如为净收益）
　　营业外收入等
　　贷：本年利润

（2）结转费用、损失类科目的发生额：

借：本年利润
　　贷：主营业务成本
　　　　其他业务成本
　　　　税金及附加
　　　　资产减值损失
　　　　销售费用
　　　　管理费用
　　　　财务费用
　　　　投资收益（如为净损失）
　　　　公允价值变动损益（如为净损失）
　　　　资产处置损益（如为净损失）
　　　　营业外支出
　　　　所得税费用

（3）年度终了，结转"本年利润"科目的本年累计余额：

借：本年利润（或贷记）
　　贷：利润分配——未分配利润（或借记）

结转后"本年利润"科目应无余额。

二、例题点津

【例题1·判断题】在表结法下，每月月末均需编制转账凭证，将在账上结算出的各损益类科目的余额转入"本年利润"科目。（　　）

【答案】×

【解析】账结法下，每月月末均需编制转账凭证，将在账上结算出的各损益类科目的余额结转入"本年利润"科目。

【例题2·单选题】下列各项中，关于结转本年利润的方法表述不正确的是（　　）。

A. 表结法减少了月末转账环节工作量，且不影响利润表的编制

B. 账结法无须每月编制转账凭证，仅在年末一次性编制

C. 表结法下每月月末需将损益类科目本月发生额合计数填入利润表的本月数栏目

D. 期末结转本年利润的方法有表结法和账结法两种

【答案】B

【解析】账结法下，每月月末均需编制转账凭证，将在账上结出的各损益类科目的余额结转入"本年利润"科目。

【例题3·多选题】下列关于结转本年利润账结法的表述中，正确的有（   ）。

A. 年末时需将各损益类科目的全年累计余额结转入"本年利润"科目

B. 每月月末各损益类科目需将本月的余额结转入"本年利润"科目

C. 各月均可通过"本年利润"科目提供当月及本年累计的利润（或亏损）额

D. "本年利润"科目本年余额反映本年累计实现的净利润或发生的亏损

【答案】BCD

【解析】账结法下，年末时不需将各损益类科目的全年累计余额结转入"本年利润"科目，选项A错误。

【例题4·单选题】某企业2×21年度实现主营业务收入200万元，主营业务成本160万元，其他业务收入120万元，其他业务成本80万元，计提的资产减值损失48万元，税金及附加15万元，销售费用6万元，管理费用12万元，投资收益24万元，行政罚款8万元，假定不考虑其他因素，则该企业2×21年12月31日结转后"本年利润"科目余额为（   ）万元。

A. 23   B. 15
C. 0   D. -1

【答案】B

【解析】该企业2×21年12月31日结转后"本年利润"科目余额 = 200 - 160 + 120 - 80 - 48 - 15 - 6 - 12 + 24 - 8 = 15（万元）。

本章综合题型精讲

【例题1】甲公司为增值税一般纳税人，适用的增值税税率为13%。2×21年4月甲公司发生以下经济业务：

（1）1日，甲公司与丙公司签订合同，委托丙公司销售W商品200件，W商品已经发出，每件成本为60元。合同约定丙公司应按每件100元对外销售，甲公司按不含增值税的销售价格的10%向丙公司支付手续费，未销售出去的W商品丙公司有权退回，甲公司也可将W商品销售给其他客户。2×21年4月，丙公司对外销售该商品100件，开出的增值税专用发票上注明的销售价款为10 000元，增值税税额为1 300元，款项已收到。2×21年4月30日，甲公司收到丙公司的代销清单时，向丙公司开具了一张相同金额的增值税专用发票。

（2）15日，甲公司与零售商B公司签订销售合同，向其销售10 000台M商品，每台合同价100元，单位成本为80元。当日开具增值税专用发票，货款尚未收到。16日，甲公司收到B公司支付的全部款项。商品尚未发出。

（3）20日，甲公司通过竞标赢得一个新客户，为取得该客户合同，甲公司发生以下支出：聘请外部律师进行尽职调查支出15 000元；因投标发生差旅费10 000元；支付销售人员佣金5 000元。甲公司预期这些支出未来能够收回。此外，甲公司根据其年度销售目标、整体盈利情况及个人业绩等，向销售部门经理支付年度奖金10 000元。

要求：根据上述资料回答下列问题。

（1）根据资料（1），甲公司2×21年4月1日应作的会计处理是（   ）。

A. 库存商品减少12 000元

B. 发出商品增加12 000元

C. 合同资产增加20 000元

D. 库存商品减少20 000元

【答案】AB

【解析】甲公司委托丙公司销售W商品，丙公司并未取得W商品的控制权，所以甲公司不应确认收入，在将W商品交给丙公司时应按成本价反映库存商品的减少，编制如下会计分录：

借：发出商品　　　　　　12 000
　　　　贷：库存商品　　　　　　12 000
（2）根据资料（1），甲公司2×21年4月30日收到代销清单时应作的会计处理是（　　）。
　A. 主营业务收入增加10 000元
　B. 应收账款增加10 240元
　C. 销售费用增加1 000元
　D. 主营业务成本增加6 000元
【答案】ABCD
【解析】甲公司收到代销清单应编制的会计分录如下：
　　借：应收账款　　　　　　11 300
　　　　贷：主营业务收入　　　　10 000
　　　　　　应交税费——应交增值税（销项税额）　　　　　　　　　　1 300
　　借：主营业务成本　　　　 6 000
　　　　贷：发出商品　　　　　　 6 000
　　借：销售费用　　　　　　 1 000
　　　　应交税费——应交增值税（进项税额）　　　　　　　　　　 60
　　　　贷：应收账款　　　　　　 1 060
（3）根据资料（1），丙公司实现对外销售时应作的会计处理是（　　）。
　A. 委托代销商品款减少10 000元
　B. 受托代销商品减少10 000元
　C. 主营业务收入增加10 000元
　D. 主营业务成本增加6 000元
【答案】B
【解析】丙公司实现在对外销售时应编制的会计分录如下：
　　借：银行存款　　　　　　11 300
　　　　贷：受托代销商品　　　　10 000
　　　　　　应交税费——应交增值税（销项税额）　　　　　　　　　　1 300
　　借：应交税费——应交增值税（进项税额）　　　　　　　　　　1 300
　　　　贷：应付账款　　　　　　 1 300
　　借：受托代销商品款　　　 10 000
　　　　贷：应付账款　　　　　　 10 000
　　借：应付账款　　　　　　113 000
　　　　贷：银行存款　　　　　 111 940
　　　　　　其他业务收入　　　　 1 000

　　　　　　应交税费——应交增值税（销项税额）　　　　　　　　　　 60
（4）根据资料（2），甲公司应作的会计处理是（　　）。
　A. 主营业务收入增加1 000 000元
　B. 库存商品减少800 000元
　C. 银行存款增加1 130 000元
　D. 合同负债增加1 000 000元
【答案】CD
【解析】甲公司虽然收到货款，但是尚未履行履约义务，B公司尚未取得商品控制权，所以甲公司不应确认收入，对于收到的款项应作为合同负债处理，应编制的会计分录如下：
　　借：银行存款　　　　　 1 130 000
　　　　贷：合同负债　　　　　1 000 000
　　　　　　应交税费——应交增值税（销项税额）　　　　　　　　　130 000
（5）根据资料（3），下列说法中正确的是（　　）。
　A. 合同取得成本为5 000元
　B. 合同取得成本为15 000元
　C. 合同取得成本为25 000元
　D. 合同取得成本为40 000元
【答案】A
【解析】甲公司因签订该客户合同而向销售人员支付的佣金属于取得合同发生的增量成本，应当将其作为合同取得成本确认为一项资产。律师尽职调查支出、投标发生的差旅费无论是否取得合同均会发生，不属于合同取得成本，应当在发生时计入当期损益。向销售部门经理支付的年度奖金不能直接归属于该新取得的合同，也不能作为合同取得成本，应计入当期损益。

【例题2】甲公司为增值税一般纳税人，主要从事机械制造。2×21年1月1日所有者权益总额为5 400万元，其中实收资本4 000万元，资本公积400万元，盈余公积800万元，未分配利润200万元。2×21年度甲公司发生如下经济业务：
（1）经批准，甲公司接受A公司投入不需要安装的设备一台并交付使用，合同约定的价值为3 500万元（与公允价值相等），增值税税额为455万元；同时甲公司增加实收资本2 000万元，相关法律手续已办妥。

（2）出售一项非专利技术，售价25万元，款项已存入银行（不考虑增值税）。该项专利技术实际成本50万元，累计摊销额38万元，未计提减值准备。

（3）持有的交易性金融资产的公允价值净增加300万元。

（4）结转出售固定资产清理净收益81万元。

（5）年末某研发项目完成并形成无形资产，该项目研发支出资本化金额为200万元。

（6）除上述经济业务外，甲公司当年实现营业收入10 500万元，发生营业成本4 200万元，税金及附加600万元，销售费用200万元，管理费用300万元，财务费用200万元，信用减值损失300万元，经计算确定营业利润为5 094万元。

按税法规定当年准予税前扣除的职工福利费120万元，实际发生并计入当年利润总额的职工福利费150万元。除此之外，假定不存在其他纳税调整项目，也未发生递延所得税。企业所得税税率为25%。

（7）确认并结转全年所得税费用。

（8）年末将"本年利润"科目贷方余额3 813万元结转至未分配利润。

（9）年末提取法定盈余公积381.3万元，提取任意盈余公积360万元。

（10）年末将"利润分配——提取法定盈余公积""利润分配——提取任意盈余公积"明细科目结转至未分配利润。

要求：假定除上述资料外，不考虑其他相关因素，分析回答下列问题（答案中金额单位用万元表示）。

（1）根据资料（1）~（4），甲公司下列会计处理正确的是（　　）。

A. 接受A公司投入不需要安装的设备：
借：固定资产　　　　　　　　3 500
　　应交税费——应交增值税（进项税额）
　　　　　　　　　　　　　　　455
　　贷：实收资本　　　　　　2 000
　　　　资本公积　　　　　　1 955

B. 出售专用技术：
借：银行存款　　　　　　　　　25
　　累计摊销　　　　　　　　　38
　　贷：无形资产　　　　　　　50

资产处置损益　　　　　　　　　13

C. 交易性金融资产的公允价值变动：
借：交易性金融资产——公允价值变动
　　　　　　　　　　　　　　　300
　　贷：公允价值变动损益　　　300

D. 结转固定资产清理净收益：
借：固定资产清理　　　　　　　81
　　贷：资产处置损益　　　　　81

【答案】ABCD

（2）根据资料（5），甲公司下列会计处理正确的是（　　）。

A. 借记"无形资产"200万元
B. 借记"管理费用"200万元
C. 贷记"研发支出——资本化支出"200万元
D. 贷记"研发支出——费用化支出"200万元

【答案】AC

【解析】研发项目完成将应资本化的研发支出转入无形资产。

（3）根据资料（2）~（6），甲公司下列计算结果正确的是（　　）。

A. 利润总额为5 094万元
B. 利润总额为5 063万元
C. 应交所得税为1 281万元
D. 应交所得税为1 273.25万元

【答案】AC

【解析】利润总额 = 13 + 300 + 81 + 10 500 − 4 200 − 600 − 200 − 300 − 200 − 300 = 5 094（万元）。应交所得税 = (5 094 + 30) × 25% = 1 281（万元）。

（4）根据资料（7）~（10），甲公司下列会计处理正确的是（　　）。

A. 确认并结转全年所得税费用：
借：所得税费用　　　　　　　1 281
　　贷：应交税费——应交所得税
　　　　　　　　　　　　　　1 281
借：本年利润　　　　　　　　1 281
　　贷：所得税费用　　　　　1 281

B. 年末将本年利润结转至未分配利润：
借：本年利润　　　　　　　　3 813
　　贷：利润分配——未分配利润
　　　　　　　　　　　　　　3 813

C. 年末提取法定盈余公积和任意盈余公积：
借：利润分配——提取法定盈余公积
　　　　　　　　　　　　381.3
　　　　——提取任意盈余公积
　　　　　　　　　　　　360
　贷：盈余公积——法定盈余公积
　　　　　　　　　　　　381.3
　　　　——任意盈余公积
　　　　　　　　　　　　360
D. 年末将"利润分配——提取法定盈余公积""利润分配——提取任意盈余公积"明细科目余额结转至未分配利润：
借：利润分配——未分配利润
　　　　　　　　　　　　741.3
　贷：利润分配——提取法定盈余公积
　　　　　　　　　　　　381.3

　　　——提取任意盈余公积
　　　　　　　　　　　　360
【答案】ABCD
（5）根据以上资料，下列有关甲公司2×21年12月31日资产负债表中相关项目计算结果正确的是（　　）。
A. "实收资本"项目金额为6 000万元
B. "其他综合收益"项目金额为300万元
C. "盈余公积"项目金额为1 541.3万元
D. "未分配利润"项目金额为3 271.7万元
【答案】ACD
【解析】"实收资本"项目 = 4 000 + 2 000 = 6 000（万元）；"其他综合收益"项目金额为0；"盈余公积"项目金额 = 800 + 741.3 = 1 541.3（万元）；"未分配利润"项目金额 = 200 + 3 813 - 741.3 = 3 271.7（万元）。

本章考点巩固练习题

一、单项选择题

1. （　　）是企业确认客户合同收入的前提。
   A. 合同　　　　B. 收款
   C. 风险转移　　D. 所有权转移
2. 企业已向客户转让商品而有权收取对价的权利，且该权利取决于时间流逝之外的其他因素（如履行合同中的其他履约义务），则应将该权利记入（　　）科目。
   A. 应收账款　　B. 预收账款
   C. 合同资产　　D. 合同负债
3. 下列项目中，在正常情况下应当通过"主营业务收入"科目核算的是（　　）。
   A. 某钢铁公司销售钢铁制品的收入
   B. 某设备安装公司销售多余零配件的收入
   C. 某石油公司出租办公设备的租金收入
   D. 某农业公司出租包装物的租金收入
4. 下列项目通常应通过"其他业务成本"科目核算的是（　　）。
   A. 制造企业销售自产产品而结转其产品生产成本
   B. 修理企业对外承揽修理业务而发生的成本
   C. 制造企业对于经营出租设备计提折旧
   D. 施工企业承揽建筑工程发生的成本
5. 对于某一时点履行履约义务，企业应在（　　）确认收入。
   A. 实际收到货款时
   B. 取得收货款权利时
   C. 将商品交给客户时
   D. 客户取得相关商品控制权时
6. 甲公司委托乙公司销售商品一批，其价款为500万元（不考虑增值税），该商品的成本为300万元。商品已发出但乙公司没有取得商品控制权，则甲公司正确的会计处理是（　　）。
   A. 借：应收账款　　　　3 000 000
   　　贷：库存商品　　　　　3 000 000
   B. 借：主营业务成本　　3 000 000
   　　贷：发出商品　　　　　3 000 000
   C. 借：发出商品　　　　3 000 000
   　　贷：库存商品　　　　　3 000 000
   D. 借：应收账款　　　　5 000 000
   　　贷：库存商品　　　　　3 000 000
   　　　　发出商品　　　　　2 000 000
7. 2×21年4月28日，甲公司销售一批商品给乙公司，开出的增值税专用发票上注明的售价为100 000元，增值税税额为13 000元。该批商品的成本为70 000元。该销售业务属于在某一时点履行的履约义务。5月12日，乙公司发现有5%的商品质量不符合合同要求，要求将这部分商品退回。6月20日，甲公司同意退回并办妥了相关手续，同时向乙公司开具红字增值税专用发票。假定此前甲公司已确认该批商品的销售收入，销售款项尚未收到。则甲公司正确的会计处理是（　）。

A. 冲减2×21年4月份的主营业务收入5 000元
B. 增加2×21年4月份的销售费用5 000元
C. 冲减2×21年6月份的主营业务收入5 000元
D. 增加2×21年6月份的销售费用5 000元

8. 甲公司是增值税一般纳税人，适用的增值税税率为13%，产品不含税销售价格为每件200元，2×21年10月10日，甲公司向乙公司销售产品1万件，并给予乙公司10%的商业折扣。该销售业务属于在某一时点履行的履约义务，则甲公司应确认的收入为（　）万元。

A. 180　　　　　　B. 200
C. 210.6　　　　　D. 234

9. 2×21年11月1日，A公司与B公司签订合同，合同约定A公司在B公司的土地上为其建造厂房，建设期5个月，合同价款1 000万元，预计合同成本600万元。当日A公司已预收B公司材料款200万元。至12月31日，A公司已发生建造成本300万元，预计还将发生建造成本300万元，经专业测量师测量后，确定该项劳务的完工程度为50%；不考虑其他因素，A公司2×21年应确认的收入为（　）万元。

A. 200　　　　　　B. 300
C. 500　　　　　　D. 1 000

10. 某制造企业在2×21年销售的商品成本为700万元，销售的原材料成本为200万元，处置设备的成本为30万元，销售专利所有权的成本为50万元，不考虑其他因素，2×21年度该企业应记入"营业成本"项目的金额为（　）万元。

A. 700　　　　　　B. 900

C. 930　　　　　　D. 980

11. 某制造企业销售自产应税消费品而应交纳的消费税，一般应在纳税义务发生时计入（　）。

A. 管理费用　　　　B. 销售费用
C. 主营业务成本　　D. 税金及附加

12. 下列各项中，应列入利润表"税金及附加"项目的是（　）。

A. 进口原材料而支付的关税
B. 购进物资支付的不准予抵扣的增值税
C. 处置闲置设备而应交纳的增值税
D. 销售自产应税消费品应交的消费税

13. 某企业在某会计年度应交的有关税金项目有：实际购买并计交的印花税6万元，应交增值税350万元，应交城市维护建设税35万元，应交房产税10万元，应交车船税5万元，应交企业所得税250万元。则上述各项税金中应记入"税金及附加"科目（　）万元。

A. 11　　　　　　　B. 21
C. 46　　　　　　　D. 56

14. 企业生产经营期间发放的员工薪酬，通常会在发生时直接计入期间费用的是（　）。

A. 工程人员薪酬
B. 对外提供劳务的员工薪酬
C. 生产车间管理人员的薪酬
D. 销售部门人员的薪酬

15. 甲公司是一家制造企业，2×21年度甲公司应付销售人员工资100万元，计提专设销售机构使用房屋折旧10万元，计提生产车间固定资产折旧30万元，支付业务招待费50万元，支付行政部门用固定资产修理费用45万元，因不具有使用价值而注销的无形资产成本为25万元。则上述费用损失中列入期间费用的金额共计为（　）万元。

A. 260　　　　　　B. 205
C. 160　　　　　　D. 145

16. 下列各项中，属于企业期间费用的是（　）。

A. 制造企业购买存货支付的运杂费
B. 因收发计量错误导致的存货盘亏净损失
C. 注销不能给企业带来经济利益的专利资产形成的净损失

D. 处置固定资产发生的净损失

17. 对于某制造企业,下列费用在发生时一般计入管理费用的是( )。
    A. 生产车间固定资产的修理费用
    B. 生产经营周转贷款的利息支出
    C. 发行债券支付的佣金和手续费
    D. 违反税法规定而支付的滞纳金和罚款

18. 企业对于其财务部门办公电脑进行维修所发生的修理费,一般应当在发生时计入( )。
    A. 财务费用   B. 管理费用
    C. 主营业务成本 D. 其他业务成本

19. 以下营业利润计算公式正确的是( )。
    A. 营业利润 = 营业收入 – 营业成本 – 税金及附加
    B. 营业利润 = 营业收入 – 营业成本 – 税金及附加 – 销售费用 – 管理费用 – 财务费用
    C. 营业利润 = 营业收入 – 营业成本 – 税金及附加 – 销售费用 – 管理费用 – 研发费用 – 财务费用 – 资产减值损失 + 公允价值变动收益(– 公允价值变动损失)+ 投资收益(– 投资损失)+ 其他收益 – 信用减值损失 + 资产处置收益(– 资产处置损失)+ 净敞口套期收益(– 净敞口套期损失)
    D. 营业利润 = 营业收入 – 营业成本 – 税金及附加 – 销售费用 – 管理费用 – 财务费用 – 资产减值损失 + 公允价值变动收益 + 投资收益 + 营业外收入 – 营业外支出

20. 长江公司 2×21 年度实现营业收入 1 000 万元,营业成本 800 万元,管理费用 15 万元,销售费用 20 万元,资产减值损失 35 万元,投资收益 30 万元,营业外收入 10 万元,营业外支出 5 万元,所得税费用 30 万元。假定不考虑其他因素,则长江公司 2×21 年度的营业利润为( )万元。
    A. 150   B. 160
    C. 200   D. 130

21. 报经批准后计入营业外支出的是( )。
    A. 结转售出材料的成本
    B. 采购原材料运输途中的合理损耗
    C. 管理原因导致的原材料盘亏
    D. 自然灾害导致的原材料损失

22. 某公司因雷电造成损失共计 250 万元,其中流动资产 100 万元,非流动资产 150 万元,获得保险公司赔偿 80 万元,应计入营业外支出的金额为( )万元。
    A. 250   B. 170
    C. 150   D. 80

23. A 公司 2×21 年度利润总额为 500 万元,递延所得税负债年初数为 20 万元,年末数为 30 万元,递延所得税资产年初数为 15 万元,年末数为 10 万元。适用的企业所得税税率为 25%,假定不考虑其他因素,A 公司 2×21 年度应交所得税为( )万元。
    A. 475   B. 125
    C. 130   D. 126.25

24. 某企业 2×21 年度利润总额为 100 万元,其中国债利息收入为 5 万元。当年按税法核定的业务招待费为 15 万元,实际发生业务招待费为 20 万元。假定该企业无其他纳税调整项目,适用的所得税税率为 25%,该企业 2×21 年所得税费用为( )万元。
    A. 23.75   B. 25
    C. 22.5   D. 28.75

25. 甲企业 2×21 年度实现的主营业务收入 2 000 万元,发生的主营业务成本 1 600 万元,其他业务收入 800 万元,其他业务成本 600 万元,生产成本 150 万元,计提的固定资产减值损失 120 万元。假定不考虑其他因素,则甲企业 2×21 年 12 月 31 日"本年利润"科目余额为( )万元。
    A. 600   B. 330   C. 480   D. 450

二、多项选择题

1. 收入确认的前提条件包括( )。
    A. 合同各方已批准该合同并承诺将履行各自义务
    B. 企业因向客户转让商品而有权取得的对价很可能收回
    C. 该合同有明确的与所转让商品相关的支付条款
    D. 该合同明确了合同各方与所转让商品相关的权利和义务

2. 2×21 年 3 月 1 日,甲公司与客户签订合同,向其销售 A、B 两项商品,A 商品的单独售价为6 000元，B商品的单独售价为24 000元。该合同价款为25 000元。假定A商品和B商品分别构成单项履约义务，其控制权在交付时转移给客户。上述价格均不包含增值税，且假定不考虑相关税费影响。分摊至A商品和B商品的合同价款分别为（　　）。

A. A商品为3 000元

B. A商品为5 000元

C. B商品为20 000元

D. B商品为30 000元

3. 对于一般制造企业而言，下列各项费用、损失或支出于发生时计入其他业务成本的有（　　）。

A. 库存材料的盘亏、毁损净损失

B. 出租的周转材料的成本摊销

C. 公益捐赠支出

D. 出租无形资产的摊销额

4. 甲公司是一家产品制造企业，并属于一般纳税人。2×21年10月20日，甲公司售出商品10件，每件商品售价为300元，适用的增值税税率为13%，货款收讫，该销售业务属于某一时点履行履约义务。每件商品的成本为200元。12月25日，由于产品规格与合同不符，甲公司同意客户的退货要求，并向客户开具了增值税专用发票（红字），同时向客户退款。则甲公司的下列做法中错误的有（　　）。

A. 冲减12月份的主营业务收入3 000元

B. 冲减12月份的主营业务成本2 000元

C. 冲减10月份的主营业务收入3 000元

D. 冲减10月份的主营业务成本2 000元

5. 下列各项中，属于可变对价的有（　　）。

A. 现金折扣　　B. 商业折扣

C. 索赔　　　　D. 价格保护

6. 下列各项中，属于企业增量成本的有（　　）。

A. 企业因现有合同续约或发生合同变更需要支付的额外佣金

B. 支付给直接为客户提供所承诺服务的人员的工资

C. 取得合同发生的投标费用

D. 支付给销售人员的佣金

7. 合同履约成本确认为资产应同时满足的条件包括（　　）。

A. 该成本与一份当前或预期取得的合同直接相关

B. 该成本增加了企业未来用于履行履约义务的资源

C. 该成本预期能够收回

D. 无法在尚未履行的与已履行（或已部分履行）的履约义务之间区分的相关支出

8. 企业对合同履约成本进行摊销时，可能涉及的会计科目有（　　）。

A. 合同履约成本

B. 主营业务成本

C. 管理费用

D. 其他业务成本

9. 关于期间费用的会计处理，下列说法正确的有（　　）。

A. 当发生现金折扣时，销货方应增加期间费用总额

B. 当发生销售折扣时，销货方应增加期间费用总额

C. 企业支付的车船税不会影响所在期间的期间费用总额

D. 企业支付的广告费应计入期间费用

10. 下列各项费用支出，属于期间费用的有（　　）。

A. 独立董事津贴

B. 企业管理人员劳动保险费

C. 专设销售机构人员工资

D. 季节性停工损失

11. 对于一般工商企业而言，下列资产的折旧费用应直接计入当期损益的有（　　）。

A. 生产车间固定资产折旧

B. 销售部门固定资产折旧

C. 研究阶段研发部门固定资产折旧

D. 管理总部固定资产折旧

12. 制造企业发生的下列各项耗费中，应通过"销售费用"科目核算的有（　　）。

A. 销售商品过程中发生的保险费

B. 销售部门人员工资

C. 委托代销商品而支付的代销手续费

D. 为销售商品而发生的广告宣传费

13. 下列关于管理费用的说法中，正确的有（　　）。

A. 管理费用应于发生的当期全部计入当期损益

B. 一定期间发生的管理费用越多，当期营业利润就越少

C. 管理费用一般是指企业为组织和管理企业生产经营发生的各种费用

D. 商品流通企业所发生的管理费用不多的，可通过"销售费用"科目替代核算有关的费用

14. 下列项目中，一般应于发生的当期计入管理费用的有（　　）。

A. 诉讼费

B. 聘请中介机构费

C. 董事会费

D. 一般性的调查研究费用

15. 下列各项中，不属于"财务费用"科目核算内容的有（　　）。

A. 符合资本化条件的利息支出

B. 筹建期间的利息支出

C. 支付银行承兑汇票的手续费

D. 购买商品享受的现金折扣

16. 以下关于财务费用的表述中，正确的有（　　）。

A. 企业兑换外币时发生的汇兑损益一般计入财务费用

B. 企业发生的商业折扣应计入财务费用

C. 财务费用影响营业利润总额

D. 财务费用一般是指企业为筹集生产经营所需资金而发生的筹资费用

17. 下列会计科目中，在年末结账后应该无余额的有（　　）。

A. 管理费用　　　　B. 税金及附加

C. 其他业务成本　　D. 应付票据

18. 下列项目中，影响营业外支出的有（　　）。

A. 固定资产报废毁损净损失

B. 现金盘亏

C. 罚款支出

D. 出售长期股权投资的净损失

19. 在表结法下，年末结账后下列会计科目无余额的有（　　）。

A. 主营业务收入

B. 所得税费用

C. 本年利润

D. 利润分配——未分配利润

20. 下列各项中，可能引起当期所得税费用发生增减变动的有（　　）。

A. 当期应交所得税

B. 递延所得税资产

C. 应交税费——应交个人所得税

D. 递延所得税负债

21. 下列各项中，期末需要转入"本年利润"科目的有（　　）。

A. 主营业务收入　　B. 主营业务成本

C. 生产成本　　　　D. 制造费用

22. 下列各项中，影响利润表中"营业利润"项目金额的有（　　）。

A. 无形资产处置净损失

B. 支付合同违约金

C. 出售原材料损失

D. 交易性金融资产公允价值变动损失

23. 下列各事项中，会计上和税法上核算不一致，需要进行纳税调整的有（　　）。

A. 行政性罚款支出

B. 国债利息收入

C. 公司债券的利息收入

D. 公司债券转让净收益

24. 下列各项中，影响当期利润表中利润总额的有（　　）。

A. 交纳税收滞纳金

B. 固定资产盘盈

C. 长期股权投资收益

D. 无形资产出售利得

25. 会计期末结转本年利润的方法主要有（　　）。

A. 表结法　　　　B. 账结法

C. 品种法　　　　D. 分批法

26. 下列关于表结法的表述，正确的有（　　）。

A. 增加了转账环节和工作量

B. 各损益类科目月末只需结计出本月发生额和月末累计余额

C. 年末时将全年累计损益类科目余额转入本年利润

D. 不影响有关损益指标的利用

三、判断题

1. 企业应在收到货款或者取得收款权利时确认

收入。（　　）

2. 当合同中包含两项或多项履约义务时，企业应当在合同开始日，按照各单项履约义务所承诺商品的成本的相对比例，将交易价格分摊至各单项履约义务。（　　）

3. 对于制造企业而言，其临时出租包装物和设备、出售无形资产等实现的收入应通过"其他业务收入"科目核算。（　　）

4. 其他业务成本应当在相关业务完成时计入相关资产或劳务的成本。（　　）

5. 企业已收或应收客户对价而应向客户转让商品的义务应通过"预收账款"科目核算。（　　）

6. 企业采用支付手续费方式委托代销商品的，该委托方企业支付给受托方的代销手续费应冲减所代销的商品销售收入。（　　）

7. 企业采用支付手续费方式委托代销商品，委托方应在发出商品并向委托方开具发票时确认销售商品收入。（　　）

8. 在对可变对价进行估计时，企业应当按照最可能发生金额确定可变对价的最佳估计数。（　　）

9. 企业销售商品之后发生的现金折扣和销售退回都属于企业的期间费用。（　　）

10. 客户能够控制企业履约过程中在建的商品，属于在某一时段内履行履约义务，相关收入应当在该履约义务履行的期间内确认。（　　）

11. 当履约进度不能合理确定时，企业已经发生的成本预计能够得到补偿的，应当按照已经收到的金额确认收入。（　　）

12. 与企业过去的履约活动相关的支出应计入合同履约成本。（　　）

13. 企业费用的增加会导致企业所有者权益的减少，所有者权益的减少也会导致费用增加。（　　）

14. 委托加工的应税消费品收回后准备直接出售的，委托方对于支付给受托方代扣代缴的消费税，应记入"税金及附加"科目。（　　）

15. 制造费用和管理费用都是企业在一定会计期间发生的经营费用，因此，均应计入当期损益。（　　）

16. 所有的期间费用类科目，在会计期末结账后都应该无余额。（　　）

17. 企业在日常活动中发生的固定资产修理费用，如果修理费用较大，应当采取适当方式在多个期间摊销。（　　）

18. 营业外收入是指企业发生的与其日常活动无直接关系的各项利得。（　　）

19. 公益性捐赠支出应记入"营业外支出"科目。（　　）

20. 税收滞纳金罚款和非公益性捐赠支出均会增加应纳税所得额。（　　）

21. 企业发生的所得税费用会减少净利润。（　　）

22. 某企业 2×21 年初有上年形成的亏损 25 万元，当年实现利润总额 15 万元，所得税税率为 25%。则企业 2×21 年不需要交纳企业所得税。（　　）

23. 企业当期的所得税费用就等于当期的应交所得税。（　　）

24. 企业已计入营业外支出的税收滞纳金应调整减少企业的应纳税所得额。（　　）

本章考点巩固练习题参考答案及解析

一、单项选择题

1.【答案】A
【解析】合同的存在是企业确认客户合同收入的前提。

2.【答案】C
【解析】"合同资产"科目核算企业已向客户转让商品而有权收取对价的权利，且该权利取决于时间流逝之外的其他因素（如履行合同中的其他履约义务），而"应收账款"科目核算企业已向客户转让商品而有权收取对价的权利，且该权利只取决于时间流逝因素。

3. 【答案】A

【解析】设备安装公司销售多余零配件的收入、石油公司出租办公设备的租金收入、农业公司出租包装物的租金收入均属于其他业务收入。

4. 【答案】C

【解析】制造企业经营租出设备取得的租金收入为其他业务收入，相应的成本属于其他业务成本。

5. 【答案】D

【解析】对于在某一时点履行的履约义务，企业应当在客户取得相关商品控制权时点确认收入。

6. 【答案】C

【解析】企业已经发出但客户没有取得商品控制权，应当将库存商品成本转入"发出商品"科目核算，待企业收到货款或者取得收取货款的权利时确认收入。

7. 【答案】C

【解析】已确认销售收入的售出商品发生销售退回，且不属于资产负债表日后事项，应当在发生退回的当期冲减主营业务收入和增值税销项税额，而不是冲减原销售期间的主营业务收入。

8. 【答案】A

【解析】甲公司应确认的收入 = 200 × （1 − 10%）× 10 = 180（万元）。

9. 【答案】C

【解析】A公司为履行在某一时段内履行的履约义务，至2×21年12月31日，A公司应确认的收入 = 1 000 × 50% = 500（万元）。

10. 【答案】D

【解析】销售商品的成本计入主营业务成本，出售原材料的成本计入其他业务成本，处置设备的成本和销售专利所有权的成本都属于资产处置损益，它们都是营业成本的组成部分。所以，该企业应记入"营业成本"项目的金额 = 700 + 200 + 30 + 50 = 980（万元）。

11. 【答案】D

【解析】一般企业销售产品应交纳的消费税通过"税金及附加"科目核算。

12. 【答案】D

【解析】进口原材料支付的关税、购进物资支付的不准予抵扣的增值税计入进货成本；处置闲置设备而涉及的增值税属于价外税，不直接影响当期损益；销售自产应税消费品应交的消费税计入税金及附加。

13. 【答案】D

【解析】印花税、城市维护建设税、房产税和车船税应计入税金及附加，即6 + 35 + 10 + 5 = 56（万元）。增值税属于价外税，不影响企业损益；应交企业所得税计入所得税费用。

14. 【答案】D

【解析】销售部门人员薪酬应计入销售费用，工程人员薪酬应计入在建工程，对外提供劳务的员工薪酬计入主营业务成本，生产车间管理人员薪酬计入制造费用。

15. 【答案】B

【解析】生产车间折旧费计入制造费用，不属于期间费用。注销的无形资产成本计入营业外支出，也不属于期间费用。因此，应计入期间费用的金额 = 100 + 10 + 50 + 45 = 205（万元）。

16. 【答案】B

【解析】制造企业购买存货支付的运杂费计入存货成本；因收发计量错误导致的存货盘亏净损失计入管理费用，管理费用属于期间费用；注销不能给企业带来经济利益的专利资产形成的净损失计入营业外支出；处置固定资产发生的净损失计入资产转让损益。

17. 【答案】A

【解析】生产车间固定资产修理费用计入管理费用；生产经营周转贷款的利息支出计入财务费用；发行债券支付的佣金和手续费计入发行的债券的初始确认金额；违反税法规定而支付的滞纳金和罚款计入营业外支出。

18. 【答案】B

【解析】企业行政管理部门（财务部门也不例外）发生的固定资产修理费用应计入管理费用。

19. 【答案】C

【解析】营业利润 = 营业收入 − 营业成本 − 税金及附加 − 销售费用 − 管理费用 − 研发费用 − 财务费用 + 其他收益 + 投资收益（−投资损失）+ 公允价值变动收益（−公允价值变动损失）− 信用减值损失 − 资产减值损失 + 资产处置收益（−资产处置损失）+ 净

敞口套期收益（－净敞口套期损失）。

20.【答案】B
【解析】长江公司2×21年度的营业利润＝1 000－800－15－20－35＋30＝160（万元）。营业外收入、营业外支出不影响营业利润，影响利润总额；所得税费用不影响营业利润，影响净利润。

21.【答案】D
【解析】结转售出材料的成本计入其他业务成本；采购原材料运输途中的合理损耗计入原材料成本；管理原因导致的原材料盘亏计入管理费用；自然灾害导致的原材料损失属于非损失，计入营业外支出。

22.【答案】B
【解析】因自然灾害造成的损失计入营业外支出，计入营业外支出的金额＝250－80＝170（万元）。

23.【答案】B
【解析】递延所得税资产和递延所得税负债影响所得税费用，不影响应交所得税，在无纳税调整事项的情况下，利润总额即为应纳税所得额，所以A公司2×21年度应交所得税＝应纳税所得额×所得税税率＝500×25%＝125（万元）。

24.【答案】B
【解析】影响所得税费用的因素包括递延所得税和应交所得税，本题中无递延所得税的影响，所以应交所得税和所得税费用相等。但因国债利息收入应调减应纳税所得额，业务招待费超标应调增应纳税所得额，所以所得税费用＝应交所得税＝（100－5＋20－15）×25%＝25（万元）。

25.【答案】C
【解析】生产成本年末不转入"本年利润"科目，则甲企业2×21年12月31日应转入"本年利润"科目的金额＝2 000－1 600＋800－600－120＝480（万元）。

二、多项选择题

1.【答案】ABCD
【解析】企业与客户之间的合同同时满足下列五项条件的，企业应当在客户取得相关商品控制权时确认收入：（1）合同各方已批准该合同并承诺将履行各自义务；（2）该合同明确了合同各方与所转让商品相关的权利和义务；（3）该合同有明确的与所转让商品相关的支付条款；（4）该合同具有商业实质，即履行该合同将改变企业未来现金流量的风险、时间分布或金额；（5）企业因向客户转让商品而有权取得的对价很可能收回。

2.【答案】BC
【解析】分摊至A商品的合同价款＝6 000÷（6 000＋24 000）×25 000＝5 000（元）；分摊至B商品的合同价款＝24 000÷（6 000＋24 000）×25 000＝20 000（元）。

3.【答案】BD
【解析】库存材料盘亏毁损净损失，属于非正常损失的一般计入营业外支出；公益性捐赠支出计入营业外支出。

4.【答案】CD
【解析】发生销售退回，又不属于资产负债表日后事项的，应于退回发生时冲减当月的主营业务收入和主营业务成本。

5.【答案】ABCD
【解析】因折扣、价格折让、返利、退款、奖励积分、激励措施、业绩奖金、索赔等因素导致的价格变化为可变对价。

6.【答案】AD
【解析】增量成本是指企业不取得合同就不会发生的成本。支付给直接为客户提供所承诺服务的人员的工资属于合同履约成本；取得合同发生的投标费用不论是否取得合同都会发生，不属于增量成本。

7.【答案】ABC
【解析】无法在尚未履行的与已履行（或已部分履行）的履约义务之间区分的相关支出在发生时直接计入当期损益。

8.【答案】ABD
【解析】企业对合同履约成本进行摊销时，借记"主营业务成本""其他业务成本"等科目，贷记"合同履约成本"科目。涉及增值税的，还应进行相应的处理。

9.【答案】CD
【解析】现金折扣和销售折扣属于可变对价，

影响应确认收入，不影响期间费用；车船税计入税金及附加，不属于期间费用；广告费计入销售费用。

10. 【答案】ABC
【解析】独立董事津贴、企业管理人员劳动保险费应计入管理费用，专设销售机构人员的工资应计入销售费用。管理费用和销售费用属于期间费用。季节性停工损失应计入制造费用，制造费用不属于期间费用。

11. 【答案】BCD
【解析】生产车间固定资产折旧应记入"制造费用"科目，销售部门固定资产折旧应计入销售费用或管理费用（非专设销售机构），研究阶段研发部门的固定资产折旧和管理总部的固定资产折旧计入管理费用。

12. 【答案】ABCD
【解析】销售费用是指企业销售商品和材料、提供服务的过程中发生的各种费用，包括企业在销售商品过程中发生的保险费、包装费、展览费和广告费、商品维修费、预计产品质量保证损失、运输费、装卸费等以及为销售本企业商品而专设的销售机构（含销售网点、售后服务网点等）的职工薪酬、业务费、折旧费等经营费用。企业发生的与专设销售机构相关的固定资产修理费用等后续支出也属于销售费用。

13. 【答案】ABCD
【解析】管理费用属于期间费用，于发生时直接计入当期损益；管理费用是营业利润的组成部分，其增加会减少企业的营业利润；管理费用是指企业为组织和管理生产经营发生的各种费用；商品流通企业管理费用不多的，可不设本科目，相关核算内容可并入"销售费用"科目核算。

14. 【答案】ABCD
【解析】管理费用包括企业在筹建期间发生的开办费、董事会和行政管理部门在企业的经营管理中发生的以及应由企业统一负担的公司经费（包括行政管理部门职工薪酬、物料消耗、低值易耗品摊销、办公费和差旅费等）、行政管理部门负担的工会经费、董事会费（包括董事会成员津贴、会议费和差旅费等）、聘请中介机构费、咨询费（含顾问费）、诉讼费、

业务招待费、技术转让费、研究费用等。

15. 【答案】AB
【解析】符合资本化条件的利息支出计入符合资本化条件的资产的成本，筹建期间的利息支出应通过"管理费用"科目核算。

16. 【答案】ACD
【解析】商业折扣属于可变对价，影响应确认的主营业务收入，不计入财务费用。财务费用是指企业为筹集生产经营所需资金等而发生的筹资费用，包括利息支出（减利息收入）、汇兑损益以及相关的手续费等。财务费用是企业营业利润的组成部分，会减少企业的营业利润。

17. 【答案】ABC
【解析】管理费用、税金及附加和其他业务成本都属于损益类科目，至少在年末都将其余额转入本年利润，所以年末无余额。应付票据属于负债类科目，年末余额不需要结转。

18. 【答案】AC
【解析】现金盘亏扣除责任人应承担的部分后计入管理费用；出售长期股权投资的净损失计入投资收益。

19. 【答案】ABC
【解析】期末，损益类科目无余额，都结转至"本年利润"科目。之后，"本年利润"科目要结转至"利润分配——未分配利润"科目，结转后"本年利润"科目无余额。

20. 【答案】ABD
【解析】影响所得税费用的因素包括应交所得税和递延所得税两部分，其中递延所得税包括递延所得税资产和递延所得税负债。

21. 【答案】AB
【解析】成本类科目在期末的时候不直接结转至本年利润，"生产成本""制造费用"均属于成本类科目，期末反映在资产负债表的"存货"项目中，不需要结转到本年利润。

22. 【答案】ACD
【解析】营业利润＝营业收入－营业成本－税金及附加－销售费用－管理费用－研发费用－财务费用－资产减值损失＋公允价值变动收益（－公允价值变动损失）＋投资收益（－投资损失）＋其他收益＋资产处置收益

(-资产处置损失)。无形资产处置净损失属于资产处置损失，出售原材料损失属于其他业务收入，交易性金融资产公允价值变动属于公允价值变动收益，均影响营业利润。支付合同违约金属于营业外支出，不影响企业营业利润，影响利润总额。

23.【答案】AB
【解析】按照企业所得税法规定，国债利息收入不需要纳税，因国债利息收入已计入税前会计利润，因此在计算应纳税所得额时应予以调减。行政性罚款支出税法不允许税前扣除，因此属于调整增加的项目。

24.【答案】ACD
【解析】固定资产盘盈作为前期差错处理，通过"以前年度损益调整"科目核算，影响期初留存收益，不影响当期利润总额。

25.【答案】AB
【解析】品种法和分批法是产品成本计算方法。

26.【答案】BCD
【解析】表结法下，各损益类科目月末只需要结计出本月发生额和月末累计余额，不结转到本年利润，只有在年末时才将全年累计余额转入本年利润，减少了转账环节和工作量，同时并不影响利润表的编制和有关损益指标的利用。

三、判断题

1.【答案】×
【解析】企业应当在履行了合同中的履约义务，即在客户取得相关商品控制权时确认收入。

2.【答案】×
【解析】当合同中包含两项或多项履约义务时，企业应当在合同开始日，按照各单项履约义务所承诺商品的单独售价的相对比例，将交易价格分摊至各单项履约义务。

3.【答案】×
【解析】对于制造企业而言，其临时出租包装物和设备的收入一般通过"其他业务收入"科目核算，而出售无形资产通过"资产处置损益"科目核算。

4.【答案】×
【解析】其他业务成本是从事业务所发生的相关成本或费用，属于当期损益，会计核算中一般应当在期末转入"本年利润"科目。

5.【答案】×
【解析】企业已收或应收客户对价而应向客户转让商品的义务应通过"合同负债"科目核算。

6.【答案】×
【解析】委托方支付给受托方的代销手续费属于为了组织销售而发生的，从用途上属于销售费用，应在"销售费用"科目核算。

7.【答案】×
【解析】采用支付手续费方式的，发出商品时，受托方并未取得商品控制权，不应确认收入，应当在收取货款或取得收取货款的权利时确认收入。

8.【答案】×
【解析】在对可变对价进行估计时，企业应当按照期望值或最可能发生金额确定可变对价的最佳估计数。

9.【答案】×
【解析】现金折扣属于可变对价，不应作为期间费用处理。销售退回作为主营业务收入的减项处理，并不作为期间费用处理。

10.【答案】√
【解析】满足下列条件之一的，属于在某一时段内履行的履约义务：（1）客户在企业履约的同时即取得并消耗企业履约所带来的经济利益。（2）客户能够控制企业履约过程中在建的商品。（3）企业履约过程中所产出的商品具有不可替代用途，且该企业在整个合同期间有权就累计至今已完成的履约部分收取款项。

11.【答案】×
【解析】当履约进度不能合理确定时，企业已经发生的成本预计能够得到补偿的，应当按照已经发生的成本金额确认收入，直到履约进度能够合理确定为止。

12.【答案】×
【解析】与履约义务中已履行（包括已全部履行或部分履行）部分相关的支出，即该支出与企业过去的履约活动相关，应直接计入当期损益。

13.【答案】×

【解析】所有者权益减少并不导致费用增加。

14.【答案】×

【解析】委托加工的应税消费品收回后直接对外出售，委托方应将受托方代收代缴的消费税计入委托加工物资成本。

15.【答案】×

【解析】本期发生的制造费用包含在存货成本中，如果存货未出售则不影响当期损益。

16.【答案】√

【解析】期间费用都是在发生的当期计入当期损益，为了体现这一特点，相关会计科目在期末都会转入"本年利润"科目，结转后无余额。

17.【答案】×

【解析】企业发生固定资产修理费用，除非确实符合资本化条件的，一般在发生时计入当期费用，而不得采取预提或者摊销方式跨期分配。

18.【答案】√

【解析】营业外收入是指企业确认的与其日常活动无直接关系的各项利得。营业外收入并不是企业经营资金耗费所产生的，实际上是经济利益的净流入，不需要与有关的费用进行配比。

19.【答案】√

【解析】营业外支出是指企业发生的与其日常活动无直接关系的各项损失，主要包括非流动资产毁损报废损失、捐赠支出、盘亏损失、非常损失、罚款支出等。

20.【答案】√

【解析】根据企业所得税法规定，税收滞纳金和非公益性捐赠支出不允许税前扣除，所以应增加企业的应纳税所得额。

21.【答案】√

【解析】净利润是在利润总额的基础上扣除所得税费用，所以企业发生的所得税费用会影响净利润。

22.【答案】√

【解析】根据企业所得税法规定，企业当年形成的亏损，可以在以后五年内用税前利润补亏。

23.【答案】×

【解析】所得税费用的影响因素包括应交所得税和递延所得税，在不存在递延所得税的情况下，所得税费用等于当期的应交所得税。

24.【答案】×

【解析】税收滞纳金按照税法的规定不能从税前利润中扣除，而会计上已将其计入当期损益，因此应作为纳税调整项目增加应纳税所得额。

第八章 财务报告

考情分析

　　财务报告是企业财务会计的重要组成部分,是财务会计工作的主要成果。本章重点介绍财务报告的基本概念、编制要求、主要财务会计报表的作用和编制,以及财务会计信息披露的要求。对于资产负债表、利润表和现金流量表,要求掌握报表各项目的内容及特点,特别是资产负债表中各项目数据的计算填列,对于所有者权益变动表、附注和财务报告的概念及其披露要求做熟悉了解。

　　从历年试题情况来看,单项选择题与多项选择题涉及本章的内容较多,不定项选择题通常是在对企业经济业务进行核算的基础上要求计算报表某一项目的金额。

教材变化

　　2022年本章教材内容变化主要有:(1)新增财务报告概念、编制要求及其信息披露。(2)新增部分资产负债表、利润表项目填列示例。(3)新增现金流量表相关内容,补齐"四表一注"。(4)将"第六章 财务报表"调整为"第八章 财务报告"。

考点提示

　　本章要求考生掌握资产负债表、利润表、现金流量表的作用、内容及其编制方法,熟悉所有者权益变动表与附注的主要内容,考生要通读教材、掌握重点项目的填列要求,如"存货""应收账款""长期待摊费用""营业外支出"等项目的填列。

本章考点框架

```
                  ┌ 财务报告概述→财务报告的概念及编制要求★
                  │           ┌ 资产负债表概述★★
                  │           │ 资产负债表项目的填列方法★★★
                  │ 资产负债表 ┤ 资产负债表资产项目的填列说明★★★
                  │           │ 资产负债表负债项目的填列说明★★★
   财务报告 ──────┤           └ 资产负债表所有者权益项目的填列说明★★★
                  │ 利润表→利润表的编制★★★
                  │ 现金流量表→现金流量表的编制★★
                  │ 所有者权益变动表→所有者权益变动表的结构及编制★
                  └ 附注及财务报告信息披露→附注的主要内容及财务报告信息披露的要求★
```

考点解读及例题点津

第一单元　财务报告概述

1 财务报告的概念及编制要求 ★

一、考点解读

（一）财务报告管理的意义

财务报告，是指企业对外提供的反映企业某一特定日期的财务状况和某一会计期间的经营成果、现金流量等会计信息的文件。

财务报告所提供的关于企业财务状况、经营成果和现金流量等信息是企业投资者、债权人、政府管理者和社会公众等利益相关者评价考核监督企业管理者受托经管责任履行状况的基本手段，是企业投资者、债权人等作出投资或信贷决策的重要依据。

企业编制、对外提供和分析利用财务报告的风险主要有以下三点：

（1）编制财务报告违反会计法律法规和国家统一的会计准则制度，可能导致企业承担法律责任和声誉受损。

（2）提供虚假财务报告，误导财务报告使用者，造成决策失误，干扰市场秩序。

（3）不能有效利用财务报告，难以及时发现企业经营管理中存在的问题，可能导致企业财务和经营风险失控。

解释 提供虚假的财务报告是违法行为，构成犯罪的应依法追究刑事责任。

（二）财务报告体系

1. 财务报告体系

财务报告包括财务报表和其他应当在财务报告中披露的相关信息和资料。

财务报表，又称财务会计报表，是指对企业**财务状况**、**经营成果**和**现金流量**的结构性表述。

一套完整的财务报表至少应当包括"四表一注"，即资产负债表、利润表、现金流量表、所有者权益变动表和附注。

财务报表列报，是指交易和事项在报表中的列示和在附注中的披露。

解释 "列示"通常反映资产负债表、利润表、现金流量表和所有者权益（或股东权益）变动表等报表中的信息；"披露"通常主要反映附注中的信息。

2. 财务报告的分类

财务报告按照编报时间，分为年报和中期报告。年报是指以会计年度为基础编制的财务报告。中期报告是指以中期为基础编制的财务报告。中期报告分为月度报告（简称"月报"）、季度报告（简称"季报"）和半年度报告（简称"半年报"）。

解释 中期，是指短于一个完整的会计年度的报告期间。中期财务报告至少应当包括资产负债表、利润表、现金流量表和附注。中期资产负债表、利润表和现金流量表应当是完整报表，其格式和内容应当与上年度财务报表相一致。

财务报表相应分为**年度财务会计报表**和**中期财务会计报表**。中期财务报表分为月度、季度和半年度财务会计报表。除此之外，财务会计报表按编制主体，分为个别财务报表和合并财务报表。

解释 合并财务报表，是指反映母公司和其全部子公司形成的企业集团整体财务状况、经营成果和现金流量的财务报表。个别财务报表，是指反映母公司所属子公司财务状况、经营成果和现金流量的财务报表。

（三）财务报告编制要求

会计报表应当依据国家统一会计制度要求，根据登记完整、核对无误的会计账簿记录和其他有关资料编制，做到数字真实、计算准确、内容完整、说明清楚。

企业编制财务报表时应当对企业持续经营能力进行评估；**除现金流量表**信息外，企业应当按照**权责发生制**编制财务报表；企业财务报表项目的列报应当在各个会计期间保持一致；企业单独列报或汇总列报相关项目时应当遵循**重要性原则**；企业财务报表项目一般不得以金额抵销后的净额列报；企业应当列报**可比会计期间**的比较数据等。

（1）依据各项会计准则确认和计量的结果编制财务报表。

（2）列报基础。企业应当以持续经营为基础编制财务报表。在编制财务报表的过程中，企业管理层应当全面评估企业的持续经营能力。

（3）权责发生制。除现金流量表按照收付实现制编制外，企业应当按照权责发生制编制其他财务报表。

（4）列报的**一致性**。财务报表项目（包括名称、分类、排列顺序等）的列报应当在各个会计期间保持一致，不得随意变更。

解释 下列情况，企业可以变更财务报表项目的列报：一是会计准则要求改变财务报表项目的列报；二是企业经营业务的性质发生重大变化或对企业经营影响较大的交易或事项发生后，变更财务报表项目的列报能够提供更可靠、更相关的会计信息。企业变更财务报表项目列报的，应当根据会计准则的有关规定提供列报的比较信息。

（5）依据重要性原则单独或汇总列报项目。重要性是指在合理预期下，如果财务报表某项目的省略或错报会影响使用者据此作出经济决策的，则该项目就具有重要性。如果某项目单个看不具有重要性，则可将其与其他项目汇总列报；如具有重要性，则应当单独列报。

（6）总额列报。财务报表项目应当以总额列报，资产和负债、收入和费用、直接计入当期利润的利得项目和损失项目的金额不能相互抵销，即不得以净额列报，但另有规定的除外。

解释 例如某企业欠客户的应付款不得与其他客户欠本企业的应收款相抵销，否则就掩盖了交易的实质。

（7）比较信息的列报。企业在列报当期财务报表时，至少应当提供所有列报项目上一个可比会计期间的比较数据，以及与理解当期财务报表相关的说明，提高信息在会计期间的可比性。列报比较信息的要求适用于财务报表的所有组成部分，包括"四表一注"。

（8）财务报表表首的列报要求。企业在财务报表的显著位置（通常是表首部分）应当至少披露下列基本信息：编报企业的名称，如企业名称在所属当期发生了变更的，还应明确标明。对资产负债表而言，应当披露资产负债表日；对利润表、现金流量表、所有者权益变动表而言，应当披露报表涵盖的会计期间。货币名称和单位，按照我国企业会计准则的规定，企业应当以人民币作为记账本位币列报，并标明金额单位，如人民币元、人民币万元等。

二、例题点津

【例题1·判断题】财务报告根据编报期不同，分为个别财务报告和合并财务报告。（ ）

【答案】×

【解析】财务报告根据编报期不同，分为年度财务报告和中期财务报告。

【例题2·多选题】财务报告使用者通常包括（ ）。

A. 债权人　　　　B. 投资者
C. 社会公众　　　D. 政府

【答案】ABCD

【解析】以上选项都属于。

第二单元　资产负债表

1 资产负债表概述 ★★

一、考点解读

资产负债表是反映企业在**某一特定日期**的财务状况的报表，是对企业特定日期的资产、负债和所有者权益的结构性表述。它反映企业在**某一特定日期**所拥有或控制的经济资源、所承担的现时义务和所有者对净资产的要求权。

资产负债表主要由表首、表体两部分组成。表首部分应列明报表名称、编制单位名称、资产负债表日、报表编号和计量单位；表体部分是资产负债表的主体，列示了用以说明企业财务状况的各个项目。资产负债表的表体格式一般有两种：报告式资产负债表和账户式资产负债表。报告式资产负债表是上下结构，上半部分列示资产各项目，下半部分列示负债和所有者权益各项目。账户式资产负债表是左右结构，左边列示资产各项目，反映全部资产的分布及存在状态；右边列示负债和所有者权益各项目，反映全部负债和所有者权益的内容及构成情况。资产各项目的合计金额等于负债和所有者权益各项目的合计。

解释 这是财务报表列报基本要求中的表首要求。

我国企业的资产负债表采用账户式结构，分为左右两方，左方为资产项目，大体按**资产的流动性强弱排列**，流动性强的资产如"货币资金""交易性金融资产"等排在前面，流动性弱的资产如"长期股权投资""固定资产"等排在后面。右方为负债及所有者权益项目，一般**按要求清偿期限的先后顺序排列**，"短期借款""应付票据""应付账款"等需要在1年内或者长于1年的一个正常营业周期内偿还的流动负债排在前面，"长期借款"等在1年以上才需偿还的非流动负债排在中间，在企业清算之前不需要偿还的所有者权益项目排在后面。表明负债具有优先偿还的要求权，所有者权益对负债具有担保责任。

账户式资产负债表中的资产各项目的合计等于负债和所有者权益各项目的合计，即资产负债表左方和右方平衡。通过资产负债表，可以反映企业在**某一特定日期**所拥有或控制的经济资源、所承担的现时义务和所有者对净资产的要求权，帮助财务报表使用者全面了解企业的财务状况、分析企业的偿债能力等情况，从而为其作出经济决策提供依据。即"**资产＝负债＋所有者权益**"。

二、例题点津

【例题1·单选题】通过资产负债表可以反映企业的（ ）。

A. 某一期间的获利能力
B. 某一期间的经营成果
C. 某一日期的财务状况
D. 某一日期的资金运营能力

【答案】C

【解析】利润表可以反映企业的经营成果和获利能力。

2 资产负债表项目的填列方法 ★★★

一、考点解读

资产负债表各项目均需填列"上年年末余额"和"期末余额"两栏。

解释"上年年末余额"和"期末余额"两栏是为了增强可比性。

"上年年末余额"栏内各项数字，应根据上年年末资产负债表的"期末余额"栏内所列数字填列。如果上年度资产负债表规定的各个项目的名称和内容与本年度不相一致，应按照本年度的规定对上年年末资产负债表各项目的名称和数字进行调整，填入本表"上年年末余额"栏内。

解释为了保证报表的连续性，所以"上年年末余额"的填列需要照抄上年年末资产负债表的"期末余额"栏。除非本年度报表格式、列报项目等发生改变。

"期末余额"栏主要有以下几种填列方法：

（1）根据总账科目余额填列。如"短期借款""资本公积"等项目，根据"短期借款""资本公积"各总账科目的余额直接填列；有些项目则需根据几个总账科目的期末余额计算填列，如"货币资金"项目，需根据"库存现金""银行存款""其他货币资金"三个总账科目的期末余额的合计数填列。

（2）根据明细账科目余额计算填列。如"应付账款"项目，需要根据"应付账款"和"预付账款"两个科目所属的相关明细科目的期末贷方余额计算填列；"预付款项"项目，需要根据"预付账款"和"应付账款"科目所属明细科目的借方余额减去与"预付账款"有关的坏账准备贷方余额计算填列；"预收款项"项目，需要根据"应收账款"科目和"预收账款"科目所属明细科目的贷方余额计算填列；"开发支出"项目，需要根据"研发支出"科目所属的"资本化支出"明细科目期末余额计算填列；"应付职工薪酬"项目，需要根据"应付职工薪酬"科目的明细科目期末余额计算填列；"一年内到期的非流动资产""一年内到期的非流动负债"项目，需要根据相关非流动资产和非流动负债项目的明细科目余额计算填列。

（3）根据总账科目和明细账科目余额分析计算填列。如"长期借款"项目，需要根据"长期借款"总账科目余额扣除"长期借款"科目所属的明细科目中将在一年内到期且企业不能自主地将清偿义务展期的长期借款后的金额计算填列。"长期待摊费用"项目，应根据"长期待摊费用"科目的期末余额减去将于一年内（含一年）摊销的数额后的金额填列；"其他非流动资产"项目，应根据有关科目的期末余额减去将于一年内（含一年）收回数后的金额计算填列；"其他非流动负债"项目，应根据有关科目的期末余额减去将于一年内（含一年）到期偿还数后的金额计算填列。

解释长期借款项目之所以要扣除所属的明细科目中将在一年内到期且企业不能自主地将清偿义务展期的部分，是因为这部分在性质上已经不属于非流动负债，故应扣除，并列示于"一年内到期的非流动负债"项目。类似的项目有"应付债券""长期应付款"等。

（4）根据有关科目余额减去其备抵科目余额后的净额填列。如资产负债表中"应收票据""应收账款""长期股权投资""在建工程"等项目，应当根据"应收票据""应收账款""长期股权投资""在建工程"等科目的期末余额减去"坏账准备""长期股权投资减值准备""在建工程减值准备"等备抵科目余额后的净额填列。"投资性房地产"（采用成本模式计量）、"固定资产"项目，应当根据"投资性房地产""固定资产"科目的期末余额，减去"投资性房地产累计折旧""投资性房地产减值准备""累计折旧""固定资产减值准备"等备抵科目的期末余额，以及"固定资产清理"科目期末余额后的净额填列；"无形资产"项目，应当根据"无形资产"科目的期末余额，减去"累计摊销""无形资产减值准备"等备抵科目余额后的净额填列。

（5）综合运用上述填列方法分析填列。如资产负债表中的"存货"项目，需要根据"原材料""库存商品""委托加工物资""周转材料""材料采购""在途物资""发出商品""材料成本差异"等总账科目期末余额的分析汇总数，再减去"存货跌价准备"科目余额后的净额填列。

二、例题点津

【例题1·多选题】 在编制资产负债表时，下列各项中，可以直接根据有关总账科目的余额填列的项目有（　　）。

A. 短期借款　　B. 应付职工薪酬
C. 应付票据　　D. 货币资金

【答案】 AC

【解析】 选项B根据明细账科目的余额分析计算填列；选项D应根据几个总账科目的期末余额计算填列。货币资金需要根据库存现金、银行存款和其他货币资金填列。选项A、C直接根据有关总账科目余额填列。故本题正确答案选A、C。

3 资产负债表资产项目的填列说明★★★

一、考点解读

（1）"货币资金"项目，反映企业库存现金、银行结算户存款、外埠存款、银行汇票存款、银行本票存款、信用卡存款、信用证保证金存款等的合计数。本项目应根据"库存现金""银行存款""其他货币资金"科目期末余额的合计数填列。

（2）"交易性金融资产"项目，反映资产负债表日企业分类为以公允价值计量且其变动计入当期损益的金融资产，以及企业持有的指定为以公允价值计量且其变动计入当期损益的金融资产的期末账面价值。该项目应根据"交易性金融资产"科目的相关明细科目期末余额分析填列。

解释 自资产负债表日起超过一年到期且预期持有超过一年的以公允价值计量且其变动计入当期损益的非流动金融资产的期末账面价值，在"其他非流动金融资产"项目内反映。

（3）"应收票据"项目，反映资产负债表日以摊余成本计量的、企业因销售商品、提供服务等收到的商业汇票，包括银行承兑汇票和商业承兑汇票。该项目应根据"应收票据"科目的期末余额，减去"坏账准备"科目中相关坏账准备期末余额后的金额分析填列。

（4）"应收账款"项目，反映资产负债表日以摊余成本计量的、企业因销售商品、提供服务等经营活动应收取的款项。该项目应根据"应收账款"科目的期末余额，减去"坏账准备"科目中相关坏账准备期末余额后的金额分析填列。

（5）"应收款项融资"项目，反映资产负债表日以公允价值计量且其变动计入其他综合收益的应收票据和应收账款等。

（6）"预付款项"项目，反映企业按照购货合同规定预付给供应单位的款项等。本项目应根据"预付账款"和"应付账款"科目所属各明细科目的期末借方余额合计数，减去"坏账准备"科目中有关预付账款计提的坏账准备期末余额后的净额填列。如"预付账款"科目所属明细科目期末为贷方余额的，应在资产负债表"应付账款"项目内填列。

（7）"其他应收款"项目，反映企业除应收票据及应收账款、预付账款等经营活动以外的其他各种应收、暂付的款项。本项目应根据"应收利息""应收股利""其他应收款"科目的期末余额合计数，减去"坏账准备"科目中相关坏账准备期末余额后的金额填列。其中的"应收利息"仅反映相关金融工具已到期可收取但于资产负债表日尚未收到的利息。基于实际利率法计提的金融工具的利息应包含在相应金融工具的账面余额中。

（8）"存货"项目，反映企业期末在库、在途和在加工中的各种存货的可变现净值或成本（成本与可变现净值孰低）。存货包括各种材料、商品、在产品、半成品、包装物、低值易耗品、发出商品等。本项目应根据"材料采购""原材料""低值易耗品""库存商品""周转材料""委托加工物资""发出商品""生产成本""受托代销商品"等科目的期末余额合计数，减去"受托代销商品款""存货跌价准备"科目期末余额后的净额填列。材料采用计划成本核算，以及库存商品采用计划成本核算或售价核算的企业，还应按加或减材料成本差异、商品进销差价后的金额填列。

（9）"合同资产"项目，反映企业按照《企业会计准则第14号——收入》（2017）的相关规定，根据本企业履行履约义务与客户付款之间的关系在资产负债表中列示的合同资产。"合同资产"项目应根据"合同资产"科目的相关明细科目期末余额分析填列。

同一合同下的合同资产和合同负债应当以净额列示，其中净额为借方余额的，应当根据其流动性在"合同资产"或"其他非流动资产"项目中填列，已计提减值准备的，还应减去"合同资产减值准备"科目中相关的期末余额后的金额列示；其中净额为贷方余额的，应当根据其流动性在"合同负债"或"其他非流动负债"项目中填列。

解释 合同资产，是指企业已向客户转让商品而有权收取对价的权利，且该权利取决于时间流逝之外的其他因素。应收款项是企业无条件收取合同对价的权利，该权利应当作为应收款项单独示。二者的区别在于，应收款项代表的是无条件收取合同对价的权利，即企业仅仅随着时间的流逝即可收款，而合同资产并不是一项无条件收款权，该权利除了时间流逝之外，还取决于其他条件（如履行合同中的其他履约义务）才能收取相应的合同对价。因此，与合同资产和应收款项相关的风险是不同的，应收款项仅承担信用风险，而合同资产除信用风险之外，还可能承担其他风险，如履约风险等。合同资产的减值的计量、列报和披露应当按照相关金融工具准则的要求进行会计处理。

此处对初级考生而言为一般了解。

（10）"持有待售资产"项目，反映资产负债表日划分为持有待售类别的非流动资产及划分为持有待售类别的处置组中的流动资产和非流动资产的期末账面价值。该项目应根据"持有待售资产"科目的期末余额，减去"持有待售资产减值准备"科目的期末余额后的金额填列。

（11）"一年内到期的非流动资产"项目，反映企业预计自资产负债表日起一年内变现的非流动资产。本项目应根据有关科目的期末余额分析填列。

（12）"债权投资"项目，反映资产负债表日企业以摊余成本计量的长期债权投资的期末账面价值。该项目应根据"债权投资"科目的相关明细科目期末余额，减去"债权投资减值准备"科目中相关减值准备的期末余额后的金额分析填列。自资产负债表日起一年内到期的长期债权投资的期末账面价值，在"一年内到期的非流动资产"项目内反映。

解释 企业购入的以摊余成本计量的一年内到期的债权投资的期末账面价值，在"其他流动资产"项目内反映。

（13）"其他债权投资"项目，反映资产负债表日企业分类为以公允价值计量且其变动计入其他综合收益的长期债权投资的期末账面价值。该项目应根据"其他债权投资"科目的相关明细科目期末余额分析填列。自资产负债表日起一年内到期的长期债权投资的期末账面价值，在"一年内到期的非流动资产"项目反映。企业购入的以公允价值计量且其变动计入其他综合收益的一年内到期的债权投资的期末账面价值，在"其他流动资产"项目内反映。

（14）"长期应收款"项目，反映企业租赁产生的应收款项和采用递延方式分期收款、实质上具有融资性质的销售商品和提供劳务等经营活动产生的应收款项。本项目应根据"长期应收款"科目的期末余额，减去相应的"未实现融资收益"科目和"坏账准备"科目所属相关明细科目期末余额后的金额填列。

（15）"长期股权投资"项目，反映投资方对被投资单位实施控制、重大影响的权益性投资，以及对其合营企业的权益性投资。本项目应根据"长期股权投资"科目的期末余额，减去"长期股权投资减值准备"科目的期末余额后的净额填列。

（16）"其他权益工具投资"项目，反映资产负债表日企业指定以公允价值计量且其变动计入其他综合收益的非交易性权益工具投资的期末账面价值。本项目应根据"其他权益工具投资"科目的期末余额填列。

（17）"固定资产"项目，反映资产负债表日企业固定资产的期末账面价值和企业尚未清理完毕的固定资产清理净损益。本项目应根据"固定资产"科目的期末余额，**减去"累计折旧"和"固定资产减值准备"科目的期末余额**后的金额，以及"固定资产清理"科目的期末余额填列。

（18）"在建工程"项目，反映资产负债表日企业尚未达到预定可使用状态的在建工程的期末账面价值和企业为在建工程准备的各种物资的期末账面价值。本项目应根据"在建工程"科目的期末余额，**减去"在建工程减值准备"**科目的期末余额后的金额，以及**"工程物资"**科目的期末余额，**减去"工程物资减值准备"**科目的期末余额后的金额填列。

（19）"使用权资产"项目，反映资产负债表日承租人企业持有的使用权资产的期末账面价值。本项目应根据"使用权资产"科目的期末余额，减去"使用权资产累计折旧"和"使用权资产减值准备"科目的期末余额后的金额填列。

（20）"无形资产"项目，反映企业持有的专利权、非专利技术、商标权、著作权、土地使用权等无形资产的成本减去累计摊销和减值准备后的净值。本项目应根据"无形资产"科目的期末余额，减去"累计摊销"和"无形资产减值准备"科目期末余额后的净额填列。

（21）"开发支出"项目，反映企业开发无形资产过程中能够资本化形成无形资产成本的支出部分。本项目应当根据"研发支出"科目所属的"资本化支出"明细科目期末余额填列。

（22）"长期待摊费用"项目，反映企业已经发生但应由本期和以后各期负担的分摊期限在一年以上的各项费用。本项目应根据"长期待摊费用"科目的期末余额，**减去将于一年内（含一年）摊销的数额后的金额分析填列。**但长期待摊费用的摊销年限只剩一年或不足一年的，或预计在一年内（含一年）进行摊销的部分，**不得归类为流动资产**，仍在各该非流动资产项目中填列，不转入"一年内到期的非流动资产"项目。

（23）"递延所得税资产"项目，反映企业根据所得税准则确认的可抵扣暂时性差异产生的所得税资产。本项目应根据"递延所得税资产"科目的期末余额填列。

（24）"其他非流动资产"项目，反映企业除上述非流动资产以外的其他非流动资产。本项目应根据有关科目的期末余额填列。

二、例题点津

【例题1·单选题】以下属于资产负债表中货币资金项目包含的内容的是（　　）。

A. 应收利息
B. 银行承兑汇票
C. 商业承兑汇票
D. 信用证保证金存款

【答案】D

【解析】货币资金项目包括现金、银行存款和其他货币资金三项内容。选项D，信用证保证金存款属于其他货币资金。其他选项都不属于。

【例题2·单选题】下列各科目的期末余额，不应在资产负债表"存货"项目列示的是（　　）。

A. 库存商品　　　B. 生产成本
C. 工程物资　　　D. 发出商品

【答案】C

【解析】工程物资应在"在建工程"项目中列示，不计入"存货"项目。

【例题3·单选题】2×21年12月初某企业"应收账款"科目借方余额为300万元，相应的"坏账准备"科目贷方余额为20万元，本月实际发生坏账损失6万元。2×21年12月31日经减值测试，该企业应补提坏账准备11万元。2×21年12月31日该企业资产负债表"应收账款"项目的金额为（　　）万元。

A. 269　　　　　B. 274
C. 275　　　　　D. 280

【答案】C

【解析】资产负债表"应收账款"项目金额是账面价值=应收账款科目期末余额-坏账准备科目余额=300-（20-6+11）=275（万元）。

【例题4·单选题】某企业2×21年12月31日"固定资产"科目借方余额为1 000万元，"累计折旧"科目贷方余额为100万元，"固定资产减值准备"科目贷方余额为80万元，"在建工程"科目借方余额为100万元。不考虑其他因素，该企业2×21年12月31日资产负债表中"固定资产"项目期末余额应列示的金额为（　　）万元。

A. 1 000　　　　B. 900
C. 820　　　　　D. 670

【答案】C

【解析】资产负债表中"固定资产"项目期末余额="固定资产"科目期末借方余额-"累

计折旧"科目贷方余额－"固定资产减值准备"科目贷方余额＋"固定资产清理"科目借方余额（或－"固定资产清理"科目贷方余额）＝1 000－100－80＝820（万元）。注意"在建工程"科目金额计入资产负债表"在建工程"项目。

4 资产负债表负债项目的填列说明★★★

一、考点解读

（1）"短期借款"项目，反映企业向银行或其他金融机构等借入的期限在一年以下（含一年）的各种借款。本项目应根据"短期借款"科目的期末余额填列。

（2）"交易性金融负债"项目，反映企业资产负债表日承担的交易性金融负债，以及企业持有的直接指定以公允价值计量且其变动计入当期损益的金融负债的期末账面价值。本项目应根据"交易性金融负债"科目的相关明细科目期末余额填列。

（3）"应付票据"项目，反映资产负债表日以摊余成本计量的、企业因购买材料、商品和接受服务等开出、承兑的商业汇票，包括银行承兑汇票和商业承兑汇票。本项目应根据"应付票据"科目的期末余额填列。

（4）"应付账款"项目，反映资产负债表日以摊余成本计量的、企业因购买材料、商品和接受服务等经营活动应支付的款项。本项目应根据"应付账款"和"预付账款"科目所属的相关明细科目的期末贷方余额合计数填列。

（5）"预收款项"项目，反映企业按照合同规定预收的款项。本项目应根据"预收账款"和"应收账款"科目所属各明细科目的期末贷方余额合计数填列。如"预收账款"科目所属明细科目期末为借方余额的，应在资产负债表"应收账款"项目内填列。

（6）"合同负债"项目，反映企业已收或应收客户对价而应向客户转让商品的义务。根据本企业履行履约义务与客户付款之间的关系在资产负债表中列示的合同负债，应根据合同负债的期末余额填列。

（7）"应付职工薪酬"项目，反映企业为获得职工提供的服务或解除劳动关系而给予的各种形式的报酬或补偿。本项目应根据"应付职工薪酬"科目所属各明细科目的期末贷方余额分析填列。

（8）"应交税费"项目，反映企业按照税法规定计算应交纳的各种税费，包括增值税、消费税、城市维护建设税、教育费附加、企业所得税、资源税、土地增值税、房产税、城镇土地使用税、车船税、环境保护税等。企业代扣代缴的个人所得税，也通过本项目列示。企业所交纳的税金不需要预计应交数的，如印花税、耕地占用税等，不在本项目列示。本项目应根据"应交税费"科目的期末贷方余额填列。

[提示] **本项目为高频考点。**

（9）"其他应付款"项目，反映企业除应付票据、应付账款、预收账款、应付职工薪酬、应交税费等经营活动以外的其他各项应付、暂收的款项。本项目应根据"应付利息""应付股利""其他应付款"科目的期末余额合计数填列。

其中，"应付利息"仅反映相关金融工具已到期应支付但于资产负债表日尚未支付的利息。基于实际利率法计提的金融工具的利息应包含在相应金融工具的账面余额中。

（10）"持有待售负债"项目，反映资产负债表日处置组中与划分为持有待售类别的资产直接相关的负债的期末账面价值。本项目应根据"持有待售负债"科目的期末余额填列。

（11）"一年内到期的非流动负债"项目，反映企业非流动负债中将于资产负债表日后一年内到期部分的金额，如将于一年内偿还的长期借款。本项目应根据有关科目的期末余额分析填列。

（12）"长期借款"项目，反映企业向银行或其他金融机构借入的期限在一年以上（不含一年）的各项借款。本项目应根据"长期借款"科目的期末余额，扣除"长期借款"科目所属的明细科目中将在资产负债表日起一年内到期且企业不能自主地将清偿义务展期的长期借款后的金额计算填列。

（13）"应付债券"项目，反映企业为筹集长期资金而发行的债券本金及应付的利息。本项目应根据"应付债券"科目的期末余额分析填列。

对于资产负债表日企业发行的金融工具，分类为金融负债的，应在本项目填列，对于优先股和永续债还应在本项目下的"优先股"项目和"永续债"项目分别填列。

（14）"租赁负债"项目，反映资产负债表日承租人企业尚未支付的租赁付款额的期末账面价值。该项目应根据"租赁负债"科目的期末余额填列。自资产负债表日起一年内到期应予以清偿的租赁负债的期末账面价值，在"一年内到期的非流动负债"项目反映。

（15）"长期应付款"项目，应根据"长期应付款"科目的期末余额，减去相关的"未确认融资费用"科目的期末余额后的金额，以及"专项应付款"科目的期末余额填列。

（16）"预计负债"项目，反映企业根据或有事项等相关准则确认的各项预计负债，包括对外提供担保、未决诉讼、产品质量保证、重组义务以及固定资产和矿区权益弃置义务等产生的预计负债。本项目应根据"预计负债"科目的期末余额填列。企业按照《企业会计准则第22号——金融工具确认和计量》（2018）的相关规定，对贷款承诺、财务担保合同等项目计提的损失准备，应当在本项目中反映。

（17）"递延收益"项目，反映尚待确认的收入或收益。本项目核算包括企业根据政府补助准则确认的应在以后期间计入当期损益的政府补助金额、售后租回形成融资租赁的售价与资产账面价值差额等其他递延性收入。本项目应根据"递延收益"科目的期末余额填列。

本项目中摊销期限只剩一年或不足一年的，或预计在一年内（含一年）进行摊销的部分，不得归类为流动负债，仍在该项目中填列，不转入"一年内到期的非流动负债"项目。

（18）"递延所得税负债"项目，反映企业根据所得税准则确认的应纳税暂时性差异产生的所得税负债。本项目应根据"递延所得税负债"科目的期末余额填列。

（19）"其他非流动负债"项目，反映企业除以上非流动负债以外的其他非流动负债。本项目应根据有关科目期末余额，减去将于一年内（含一年）到期偿还数后的余额分析填列。非流动负债各项目中将于一年内（含一年）到期的非流动负债，应在"一年内到期的非流动负债"项目内反映。

二、例题点津

【例题1·多选题】下列各项中，应列入资产负债表"其他应付款"项目的有（　　）。
A. 应付账款　　　B. 应付利息
C. 应付股利　　　D. 应付职工薪酬
【答案】BC
【解析】"其他应付款"项目应根据"应付利息""应付股利""其他应付款"科目的期末余额合计数填列。

【例题2·多选题】下列各项中，会使资产负债表中负债项目金额增加的有（　　）。
A. 计提坏账准备　　B. 计提存货跌价准备
C. 借入短期借款　　D. 计提短期借款利息
【答案】CD
【解析】选项A、B计提坏账准备和计提存货跌价准备会使资产减少，利润减少；选项C、D会使负债增加。

【例题3·单选题】下列关于资产负债表"预收款项"项目填列方法的表述中，正确的是（　　）。
A. 根据"预收账款"科目的期末余额填列
B. 根据"预收账款"和"应收账款"科目所属明细各科目期末贷方余额合计数填列
C. 根据"预收账款"和"预付账款"科目所属各明细科目期末借方余额合计数填列
D. 根据"预收账款"和"应付账款"科目所属各明细科目期末贷方余额合计数填列
【答案】B
【解析】预收账款属于负债，应根据相关账户所属明细各科目的期末贷方余额合计数填列。相关账户包括"预收账款"和"应收账款"。

5 资产负债表所有者权益项目的填列说明★★★

一、考点解读

（1）"实收资本（或股本）"项目，反映企业各投资者实际投入的资本（或股本）总额。

本项目应根据"实收资本（或股本）"科目的期末余额填列。

（2）"其他权益工具"项目，反映资产负债表日企业发行在外的除普通股以外分类为权益工具的金融工具的期末账面价值，并下设"优先股"和"永续债"两个项目，分别反映账面价值。

（3）"资本公积"项目，反映企业资本公积的期末余额。本项目应根据"资本公积"科目的期末余额填列。

（4）"其他综合收益"项目，反映企业其他综合收益的期末余额。本项目应根据"其他综合收益"科目的期末余额填列。

（5）"专项储备"项目，反映高危行业企业按国家规定提取的安全生产费的期末账面价值。本项目应根据"专项储备"科目的期末余额填列。

（6）"盈余公积"项目，反映企业盈余公积的期末余额。本项目应根据"盈余公积"科目的期末余额填列。

（7）"未分配利润"项目，反映企业尚未分配的利润。未分配利润是指企业实现的净利润经过弥补亏损、提取盈余公积和向投资者分配利润后留存在企业的、历年结存的利润。本项目应根据"本年利润"科目和"利润分配"科目的余额计算填列。未弥补的亏损在本项目内以"－"号填列。

二、例题点津

【例题1·多选题】下列各会计科目的期末余额，应在资产负债表"未分配利润"项目列示的有（ ）。

A. 盈余公积　　　　B. 利润分配
C. 本年利润　　　　D. 其他综合收益

【答案】BC

【解析】未分配利润项目应根据"本年利润"科目和"利润分配"科目的余额计算填列。选项A，应在盈余公积项目列示；选项D，应在其他综合收益项目列示。

【例题2·单选题】下列关于资产负债表结构的说法中，不正确的是（ ）。

A. 负债及所有者权益项目按照清偿时间的先后顺序进行排列

B. 在资产负债表中，长期借款项目排列在应付票据前

C. 资产负债表中资产项目是按照资产流动性强弱排列的

D. 我国企业的资产负债表采用账户式结构

【答案】B

【解析】长期借款是长期负债，应付票据是流动负债，因此应付票据流动性更强，排在长期借款前面。

第三单元　利　润　表

1 利润表的编制★★★

一、考点解读

（一）利润表概述

利润表又称损益表，是反映企业在一定会计期间的经营成果的报表。它是在会计凭证、会计账簿等会计资料的基础上进一步确认企业一定会计期间经营成果的结构性表述，综合反映企业利润的实现过程和利润的来源及构成情况，是对企业一定会计期间经营业绩的系统总结。

（二）利润表的结构

利润表的结构有单步式和多步式两种。单步式利润表是将当期所有的收入列在一起，所有的费用列在一起，然后将两者相减得出当期净损益。我国企业的利润表采用多步式格式，即通过对当期的收入、费用、支出项目按性质加以归类，按利润形成的性质列示一些中间性利润指标，分步计算当期净损益，以便财务报表使用者理解企业经营成果的不同来源。

为了使财务报表使用者通过比较不同期间利润的实现情况，判断企业经营成果的未来发展趋势，企业需要提供比较利润表。为此，利润表金额栏分为"本期金额"和"上期金额"两栏分别填列。

（三）利润表的作用

利润表的主要作用是有助于使用者分析判断企业净利润的质量及其风险，评价企业经营管理

效率，有助于使用者预测企业净利润的持续性，从而作出正确的决策。通过利润表，可以反映企业在一定会计期间的收入实现情况，可以反映企业一定会计期间的费用耗费情况，可以反映企业一定会计期间的净利润实现情况，分析判断企业受托责任的履行情况，进而还可以反映企业资本的保值增值情况，为企业管理者解脱受托责任提供依据。

（四）利润表的编制

1. 利润表的编制要求

利润表中一般应单独列报的项目主要有营业利润、利润总额、净利润、其他综合收益的税后净额、综合收益总额和每股收益等。其中：

营业利润单独列报的项目包括营业收入、营业成本、税金及附加、销售费用、管理费用、研发费用、财务费用、信用减值损失、资产减值损失、其他收益、投资收益、公允价值变动收益、资产处置收益等；

利润总额项目为营业利润加上营业外收入减去营业外支出；

净利润项目为利润总额减去所得税费用，包括持续经营净利润和终止经营净利润等项目；

其他综合收益的税后净额包括不能重分类进损益的其他综合收益和将重分类进损益的其他综合收益等项目；

综合收益总额为净利润加上其他综合收益的税后净额；

每股收益包括基本每股收益和稀释后每股收益两项项目。

利润表各项目需填列"本期金额"和"上期金额"两栏。

[解释] 为了使财务报表使用者通过比较不同期间利润的实现情况，判断企业经营成果的未来发展趋势，企业需要提供比较利润表。为此，利润表还需就各项目再分为"本期金额"和"上期金额"两栏分别填列。

其中，"上期金额"栏内各项数字，应根据上年该期利润表的"本期金额"栏内所列数字填列。"本期金额"栏内各期数字，除"基本每股收益"和"稀释每股收益"项目外，应当按照相关科目的发生额分析填列。如"营业收入"项目，根据"主营业务收入""其他业务收入"科目的发生额分析计算填列；"营业成本"项目，根据"主营业务成本""其他业务成本"科目的发生额分析计算填列。

2. 利润表的填列方法

（1）"营业收入"项目，反映企业经营主要业务和其他业务所确认的收入总额。本项目应根据"**主营业务收入**"和"**其他业务收入**"科目的发生额分析填列。

（2）"营业成本"项目，反映企业经营主要业务和其他业务所发生的成本总额。本项目应根据"**主营业务成本**"和"**其他业务成本**"科目的发生额分析填列。

（3）"税金及附加"项目，反映企业经营业务应负担的消费税、城市维护建设税、教育费附加、资源税、土地增值税及房产税、车船税、城镇土地使用税、印花税、环境保护税等相关税费。本项目应根据"税金及附加"科目的发生额分析填列。

（4）"销售费用"项目，反映企业在销售商品过程中发生的包装费、广告费等费用和为销售本企业商品而专设的销售机构的职工薪酬、业务费等经营费用。本项目根据"销售费用"科目的发生额分析填列。

（5）"管理费用"项目，反映企业为组织和管理生产经营发生的管理费用。本项目根据"管理费用"科目的发生额分析填列。

（6）"研发费用"项目，反映企业进行研究与开发过程中发生的费用化支出以及计入管理费用的自行开发无形资产的摊销。该项目应根据"管理费用"科目下的"研发费用"明细科目的发生额以及"管理费用"科目下"无形资产摊销"明细科目的发生额分析填列。

（7）"财务费用"项目，反映企业为筹集生产经营所需资金等而发生的应予费用化的利息支出。本项目根据"财务费用"科目的相关明细科目发生额分析填列。其中，"利息费用"项目，反映企业**为筹集生产经营所需资金等而发生的应予费用化的利息支出**，该项目应根据"财务费用"科目的相关明细科目的发生额分析填列。"利息收入"项目，反映企业应冲减财务费用的利息收入，该项目应根据"财务费用"科目的相关明细科目的发生额分析填列。

（8）"其他收益"项目，反映收到的与企业日常活动相关的计入当期收益的政府补助，以及其他与日常活动相关且计入其他收益的项目。本项目应根据"其他收益"科目的发生额分析填列。

企业作为个人所得税的扣缴义务人，根据《中华人民共和国个人所得税法》收到的扣缴税款手续费，应作为其他与日常活动相关的收益在本项目填列。

（9）"投资收益"项目，反映企业以各种方式对外投资所取得的收益。本项目应根据"投资收益"科目的发生额分析填列。如为投资损失，本项目以"－"号填列。

（10）"净敞口套期收益"项目，反映净敞口套期下被套期项目累计公允价值变动转入当期损益的金额或现金流量套期储备转入当期损益的金额。该项目应根据"净敞口套期损益"科目的发生额分析填列。如为套期损失，以"－"号填列。

（11）"公允价值变动收益"项目，反映企业应当计入当期损益的资产或负债公允价值变动收益。本项目应根据"公允价值变动损益"科目的发生额分析填列。如为净损失，本项目以"－"号填列。

（12）"信用减值损失"项目，反映企业按照《企业会计准则第22号——金融工具确认和计量》（2018）的要求计提的各项金融工具减值准备所确认的预期信用损失。本项目应根据"信用减值损失"科目的发生额分析填列。

（13）"资产减值损失"项目，反映企业各项资产发生的减值损失。本项目应根据"资产减值损失"科目的发生额分析填列。

（14）"资产处置收益"项目，反映企业出售划分为持有待售的非流动资产（金融工具、长期股权投资和投资性房地产除外）或处置组（子公司和业务除外）时确认的处置利得或损失，以及处置未划分为持有待售的固定资产、在建工程、生产性生物资产及无形资产而产生的处置利得或损失。债务重组中因处置非流动资产（金融工具、长期股权投资和投资性房地产除外）产生的利得或损失、非货币性资产交换中换出非流动资产（金融工具、长期股权投资和投资性房地产除外）产生的利得或损失也包括在本项目内。本项目应根据"资产处置损益"科目的发生额分析填列。如为处置损失，以"－"号填列。

（15）"营业利润"项目，反映企业实现的营业利润。如为亏损，本项目以"－"号填列。

（16）"营业外收入"项目，除营业利润以外的收益，主要包括非流动资产毁损报废收益、与企业日常活动无关的政府补助、盘盈利得、捐赠利得（企业接受股东或股东的子公司直接或间接的捐赠，经济实质属于股东对企业的资本性投入的除外）等。本项目应根据"营业外收入"科目的发生额分析填列。

（17）"营业外支出"项目，主要包括公益性捐赠支出、非常损失、盘亏损失、非流动资产毁损报废损失等。本项目应根据"营业外支出"科目的发生额分析填列。

（18）"利润总额"项目，反映企业实现的利润。如为亏损，本项目以"－"号填列。

（19）"所得税费用"项目，反映企业应从当期利润总额中扣除的所得税费用。本项目应根据"所得税费用"科目的发生额分析填列。

（20）"净利润"项目，反映企业实现的净利润。如为亏损，本项目以"－"号填列。

（21）"其他综合收益的税后净额"项目，反映企业根据企业会计准则规定未在损益中确认的各项利得和损失扣除所得税影响后的净额。

（22）"综合收益总额"项目，反映企业净利润与其他综合收益的合计金额。

（23）"每股收益"项目，包括基本每股收益和稀释每股收益两项指标，反映普通股或潜在普通股已公开交易的企业，以及正处在公开发行普通股或潜在普通股过程中的企业的每股收益信息。

二、例题点津

【例题1·多选题】下列各项中，不影响企业当期营业利润的有（　　）。

A．支付的合同违约金

B．公益性捐赠支出

C．固定资产处置净损失

D. 无法查明原因的现金短缺

【答案】ABC

【解析】选项A、B、C都计入营业外收入或营业外支出，影响利润总额，不影响营业利润。选项D，应计入管理费用，影响当期营业利润。

【例题2·单选题】下列各项中，应列入利润表"营业收入"项目的是（　　）。

A. 销售材料取得的收入

B. 接受捐赠收到的现金

C. 出售专利取得的净收益

D. 出售自用房产取得的净收益

【答案】A

【解析】销售材料取得的收入计入其他业务收入，构成营业收入。其余选项在营业外收入核算，不构成营业收入。

【例题3·单选题】下列各项中，不应列入利润表"营业成本"项目的是（　　）。

A. 已销商品的实际成本

B. 在建工程领用产品的成本

C. 对外提供劳务结转的成本

D. 投资性房地产计提的折旧额

【答案】B

【解析】利润表"营业成本"项目包括主营业务成本和其他业务成本两项。已销商品的实际成本计入主营业务成本；对外提供劳务结转的成本和投资性房地产计提的折旧额计入其他业务成本，而在建工程领用产品的成本应计入在建工程。

【例题4·判断题】企业接受股东或股东的子公司直接或间接的捐赠，经济实质属于股东对企业的资本性投入，不确认营业外收入。（　　）

【答案】√

【解析】"营业外收入"项目，反映企业发生的除营业利润以外的收益，主要包括接受无偿捐赠利得、与企业日常活动无关的政府补助、盘盈利得、捐赠利得（企业接受股东或股东的子公司直接或间接的捐赠，经济实质属于股东对企业的资本性投入的除外）等。

【例题5·单选题】下列各项中，应列入企业利润表"销售费用"项目的是（　　）。

A. 企业支付的广告费

B. 企业处置无形资产的净损失

C. 企业计提的存货跌价准备

D. 企业出租无形资产的摊销额

【答案】A

【解析】选项B，应列入"营业外支出"项目；选项C，应列入"资产减值损失"项目；选项D，应列入"营业成本"项目。

【例题6·单选题】下列各项中，影响企业利润表"利润总额"项目的是（　　）

A. 收到投资者超过注册资本份额的出资

B. 向投资者分配的现金股利

C. 向灾区捐款发生的支出

D. 确认的所得税费用

【答案】C

【解析】选项A影响"资本公积"，不影响利润总额；选项B不影响利润总额，选项B的分录为：

宣告现金股利时：
借：利润分配
　　贷：应付股利

实际发放时：
借：应付股利
　　贷：银行存款

选项C记入"营业外支出"，影响利润总额；选项D记入"所得税费用"，影响净利润，不影响"利润总额"。

第四单元　现金流量表

1 现金流量表的编制 ★★

一、考点解读

（一）现金流量表概述

现金流量表，是指反映企业在<u>一定会计期间</u><u>现金和现金等价物流入和流出的报表</u>。它是以资产负债表和利润表等会计核算资料为依据，按照收付实现制会计基础要求对现金流量的结构性表述，揭示企业在一定会计期间获取现金及现金等价物的能力。

现金流量，是指**现金和现金等价物**的流入和流出。

[解释] 现金，是指企业库存现金以及可以随时用于支付的存款。不能随时用于支付的存款不属于现金。现金等价物，是指企业持有的期限短、流动性强、易于转换为已知金额现金、价值变动风险很小的投资。期限短，一般是指从购买日起三个月内到期。现金等价物通常包括三个月内到期的债券投资等。权益性投资变现的金额通常不确定，因而不属于现金等价物。

（二）现金流量表的结构

1. 现金流量表的结构内容

现金流量表的基本结构根据"现金流入量－现金流出量＝现金净流量"公式设计。根据企业业务活动的性质和现金流量的功能，主要现金流量可以分为三类并在现金流量表中列示，即**经营活动**产生的现金流量、**投资活动**产生的现金流量和**筹资活动**产生的现金流量。每一项分为流入量、流出量和净流量三部分分项列示。

经营活动产生的现金流量，是指与销售商品、提供劳务有关的活动产生的现金流量，包括企业投资活动和筹资活动以外的所有交易和事项产生的现金流量，如销售商品收到现金、购买商品支付现金、经营性租赁、制造产品、广告宣传、缴纳税款等。

投资活动产生的现金流量，是指与非流动资产的取得或处置有关的活动产生的现金流量，包括企业长期资产的购建和不包括在现金等价物范围内的投资及其处置活动产生的现金流量，如购买股票或债券支付现金、销售长期投资收回现金、购建或处置固定资产、无形资产等。

筹资活动产生的现金流量，是指涉及企业财务规模的更改或财务结构组成变化的活动，也就是指导致企业资本及债务规模和构成发生变动的活动产生的现金流量。如向银行借入款项收到现金、归还银行借款支付现金、吸收投资、发行股票、分配利润等。

[解释] 除上述三类主要现金流量外，企业持有除记账本位币外的以外币为计量单位的资产负债及往来款项时，现金流量表应列示汇率变动对现金及现金等价物的影响。

2. 现金流量表的格式

现金流量表的格式，是指现金流量表结构内容的编排顺序和方式。其基本原理是以权责发生制为基础提供的会计核算资料为依据，按照收付实现制基础进行调整计算，以反映现金流量增减变动及其结果，即将以权责发生制为基础编制的资产负债表和利润表资料按照收付实现制基础调整计算编制现金流量表。调整计算方法有以下两种：

（1）**直接法**，是指通过现金收入和现金支出的主要类别列示企业经营活动现金流量的一种方法。

[解释] 例如，某企业某年度利润表中列示的营业收入为100万元，资产负债表中列示的应收账款年末金额为20万元、上年年末金额为15万元，不考虑其他因素影响，则表明该企业当年度100万元的营业收入中有5万元尚未收到现金，即销售商品收到的现金为95万元。

（2）**间接法**，是指将**净利润**调整为经营活动现金流量的一种方法。

[解释] 例如，某企业某年度利润表中列示的净利润为10万元，资产负债表中列示的应收账款年末金额为20万元、上年年末金额为15万元，不考虑其他因素影响，则表明该企业当年度10万元的净利润中有5万元尚未收到现金，即经营活动产生的现金流量净额为5万元。

以直接法编制的现金流量表便于分析经营活动产生的现金流量的来源和用途，预测企业现金流量的未来前景；而以间接法编制的现金流量表则便于将净利润与经营活动产生的现金流量净额进行比较，了解净利润与经营活动产生的现金流量差异的原因，从现金流量的角度分析净利润的质量，二者可以相互验证和补充。

[解释] 直接法是以利润表中的营业收入为起算点调整计算经营活动产生的现金流量净额，而间接法则是以净利润为起算点调整计算经营活动产生的现金流量净额，二者的结果是一致的。

按照我国现行会计准则规定，企业应当采用直接法列示经营活动产生的现金流量。同时规定，企业应当在附注中披露将净利润调整为经营活动现金流量的信息。由此，现金流量表的格式分为**直接法格式**和**间接法格式**两种。

(三) 现金流量表的作用

现金流量表的作用主要表现在以下几个方面:

(1) 现金流量表提供了企业一定会计期间内现金和现金等价物流入和流出的现金流量信息,可以弥补基于权责发生制基础编报提供的资产负债表和利润表的某些固有缺陷,揭示企业财务状况与经营成果之间的内在关系,便于会计报表使用者了解企业净利润的质量。

(2) 现金流量表分别提供了经营活动、投资活动和筹资活动产生的现金流量,能够帮助使用者了解和评价企业获取现金及现金等价物的能力,包括企业支付能力、偿债能力和周转能力,进而预测企业未来的现金流量情况,为其决策提供有力依据。

(3) 现金流量表以收付实现制为基础,对现金的确认和计量在不同企业间基本一致,提高了企业之间更加可比的会计信息,有利于会计报表使用者提高决策的质量和效率。

(4) 现金流量表以收付实现制为基础编制,降低了企业盈余管理程度,提高了会计信息质量,有利于更好发挥会计监督职能作用,改善公司治理状况,进而促进实现会计决策有用性和维护经济资源配置秩序、提高经济效益的目标要求。

(四) 现金流量表的编制

1. 现金流量表的编制要求

现金流量表应当分别经营活动、投资活动、筹资活动列报现金流量。现金流量应当分别按照现金流入和现金流出总额列报。但是,下列各项可以按照净额列报:

(1) 代客户收取或支付的现金。

(2) 周转快、金额大、期限短项目的现金流入和现金流出。

(3) 金融企业的有关项目,包括短期贷款发放与收回的贷款本金、活期存款的吸收与支付、同业存款和存放同业款项的存取、向其他金融企业拆借资金,以及证券的买入与卖出等。

(4) 自然灾害损失、保险索赔等特殊项目,应当根据其性质,分别归并到经营活动、投资活动和筹资活动现金流量类别中单独列报。

(5) 外币现金流量以及境外子公司的现金流量,应当采用现金流量发生日的即期汇率或按照系统合理的方法确定的、与现金流量发生日即期汇率近似的汇率折算。汇率变动对现金的影响额应当作为调整项目,在现金流量表中单独列报"汇率变动对现金及现金等价物的影响"。

2. 直接法

运用直接法编制现金流量表可采用工作底稿法或T型账户法,也可以根据有关会计科目记录分析填列。

(1) 工作底稿法。

工作底稿法是以工作底稿为手段,以**资产负债表和利润表数据为基础**,分别对每一项目进行分析并编制调整分录,进而编制现金流量表的一种方法。具体步骤和程序如下:

第一步,将资产负债表的期初数和期末数分别过入工作底稿的期初数栏和期末数栏。

第二步,对当期业务进行分析并编制调整分录。编制调整分录时,以利润表项目为基础,从"营业收入"项目开始,结合资产负债表项目逐一进行分析调整。将有关现金及现金等价物的事项,分别记入"经营活动产生的现金流量""投资活动产生的现金流量""筹资活动产生的现金流量"有关项目(指现金流量表中应列示的具体项目),借方表示现金流入,贷方表示现金流出,借方余额表示现金流入量净额,贷方余额表示现金流出量净额。

【解释】例如,某公司利润表中列示"营业收入"项目金额为1 000万元,资产负债表中"应收账款"项目年末较年初增加金额200万元,应编制调整分录如下(不考虑税费):

借:经营活动的现金流量——销售商品收到的现金　　　　　(1 000-200) 800
　　应收账款　　　　　　　　　　200
　贷:营业收入　　　　　　　　　1 000

(应收账款增加,表明有尚未收到的现金流入量,应予以减去。)

第三步,将调整分录过入工作底稿中的相应部分。

第四步,核对工作底稿中各项目的借方、贷方合计数是否相等,若相等一般表明调整分录无误。资产负债表中各项目期初数额加减调整分录中的借贷金额后的金额应等于期末金额;工作底稿中调整分录借方合计金额应等于贷方合计金额。

第五步,根据工作底稿中的现金流量表项目

部分编制正式的现金流量表。

(2) T 型账户法。

T 型账户法是以 T 型账户为手段,以资产负债表和利润表数据为基础,分别对每一项目进行分析并编制调整分录,进而编制现金流量表的一种方法。具体步骤和程序如下:

第一步,为所有非现金项目(包括资产负债表项目和利润表项目)分别开设 T 型账户,并将各项目的期末期初变动数额过入各该账户。如果某项目的期末数大于期初数,则将其差额过入和该项目余额相同的方向;反之,过入相反的方向。对于资产项目而言,如果期末余额大于期初余额,过入相关资产项目的借方,表明报告期内某项资产项目增加引发现金流出量增加。反之,如果期末余额小于期初余额,过入相关资产项目的贷方,表明报告期内某项资产项目减少引发现金流入量增加。

第二步,开设一个大的"现金及现金等价物"T 型账户,分设"经营活动""投资活动""筹资活动"三个二级 T 型账户,左方为借方登记现金流入,右方为贷方登记现金流出,借方余额为现金流入净额,贷方余额为现金流出净额。

第三步,对当期业务进行分析并编制调整分录。编制调整分录时,以利润表项目为基础,从"营业收入"项目开始,结合资产负债表项目对非现金项目逐一进行分析调整。

第四步,将调整分录过入各 T 型账户,并进行核对。

第五步,根据 T 型账户编制正式的现金流量表。

3. 间接法

企业采用间接法编制现金流量表的基本步骤如下:

第一步,将报告期利润表中净利润调节为经营活动产生的现金流量。具体方法为以净利润为起算点,加上编制利润表时作为净利润减少而报告期没有发生现金流出的填列项目,减去编制利润表时作为净利润增加而报告期没有发生现金流入的填列项目,以及不属于经营活动的现金流量。

(1) 应加回的项目。

本类项目属于净利润中没有实际支付现金的费用,需要在净利润的基础上分析调整的项目。

① "资产减值准备"项目。反映企业报告期计提的存货跌价准备、投资性房地产减值准备、长期股权投资减值准备、债权投资减值准备、使用权资产减值准备、固定资产减值准备、在建工程减值准备、无形资产减值准备、商誉减值准备等对现金流量的影响。该项目在利润表中作为净利润项目的减项已经扣除,但在报告期内不需要支付现金,应予以加回。本项目可根据利润表中"资产减值损失"项目的填列金额直接填列。

② "信用损失准备"项目。反映企业报告期计提的坏账准备对现金流量的影响。本项目在利润表中作为净利润项目的减项已经扣除,但在报告期内不需要支付现金,应予以加回。本项目可根据利润表中"信用减值损失"项目的填列金额直接填列。

③ "固定资产折旧、油气资产折耗、生产性生物资产折旧"项目。反映企业报告期计提的固定资产折旧、油气资产折耗、生产性生物资产折旧、使用权资产折旧、投资性房地产折旧等对现金流量的影响。本项目在利润表中作为净利润项目的减项已经扣除,但在报告期内不需要支付现金,应予以加回。本项目可根据资产负债表及其报表附注中或"累计折旧""累计折耗""生产性生物资产累计折旧""使用权资产累计折旧""投资性房地产累计折旧"科目的贷方发生额等分析计算填列。

④ "无形资产摊销"项目。反映企业报告期计提的无形资产摊销对现金流量的影响。本项目在利润表中作为净利润项目的减项已经扣除,但在报告期内不需要支付现金,应予以加回。本项目可根据资产负债表及其报表附注中或"累计摊销"科目的贷方发生额等分析计算填列。

⑤ "长期待摊费用摊销"项目。反映企业报告期计提的长期待摊费用摊销对现金流量的影响。本项目在利润表中作为净利润项目的减项已经扣除,但在报告期内不需要支付现金,应予以加回。本项目可根据资产负债表及其报表附注中或"长期待摊费用累计摊销"科目的贷方发生额等分析计算填列。

(2) 应加回或减去的项目。

本类项目属于净利润中没有实际支付现金的

费用或没有实际收到现金的收益，需要在净利润的基础上分析调整。

①"处置固定资产、无形资产和其他长期资产的损失（收益以'-'号填列）"项目。反映企业报告期内发生的处置固定资产、无形资产和其他长期资产的净损益对现金流量的影响。本项目内容属于计入净利润项目的投资活动产生的现金流量，在列报经营活动产生的现金流量时应予以扣除，对于发生的处置固定资产、无形资产和其他长期资产的净损失应予以加回；反之，对于实现的处置固定资产、无形资产和其他长期资产的净收益应予以减去。本项目可根据"资产处置损益"科目分析计算填列。

②"固定资产报废损失（收益以'-'号填列）"项目。反映企业报告期内发生的固定资产报废净损益对现金流量的影响。本项目内容属于计入净利润项目的投资活动产生的现金流量，在列报经营活动产生的现金流量时应予以扣除，对于发生的固定资产报废净损失应予以加回；反之，对于实现的固定资产报废净收益应予以减去。本项目可根据利润表中"营业外收入"项目和"营业外支出"项目或"营业外收入"科目和"营业外支出"科目分析计算填列。在根据营业外收支分析计算时，应注意对于企业日常活动之外的、不经常发生的特殊项目，如自然灾害损失、保险赔款、捐赠等，如果其中有能够确指属于流动资产损失的应当计入经营活动产生的现金流量，不应调整。

③"公允价值变动损失（收益以'-'号填列）"项目。反映企业报告期内公允价值变动损益对现金流量的影响。本项目内容属于计入企业净利润项目的投资活动产生的现金流量，同时公允价值变动收益也未产生现金流量，在列报经营活动产生的现金流量时应予以扣除，对于发生的公允价值变动损失应予以加回；反之，对于发生的公允价值变动收益应予以减去。本项目可根据利润表中"公允价值变动收益（损失以'-'号填列）"项目分析计算填列。

④"财务费用（收益以'-'号填列）"项目。反映企业报告期内发生的财务费用（或收益）对现金流量的影响。本项目内容的性质较为复杂，可能分别归属于经营活动、投资活动或筹资活动产生的现金流量。各种借款利息等属于筹资活动的现金流量项目，应收票据贴现利息、办理银行转账结算的手续费等属于经营活动产生的现金流量项目。对于属于筹资活动或投资活动的财务费用应予以加回；反之，对于属于筹资活动或投资活动的财务收益应予以减去。对于属于经营活动产生的现金流量项目应根据利息费用或利息收入等具体情况分析计算调整。本项目可根据"财务费用"和"其他应收款——应收利息""其他应付款——应付利息"等项目的具体内容分析计算填列。

⑤"投资损失（收益以'-'号填列）"项目。反映企业报告期内发生的投资损失（或收益）对现金流量的影响。本项目内容属于计入净利润项目的投资活动产生的现金流量，在列报经营活动产生的现金流量时应予以扣除，对于发生的投资损失应予以加回；反之，对于发生的投资收益应予以减去。本项目应根据利润表中"投资收益（损失以'-'号填列）"项目分析计算填列。

⑥"递延所得税资产减少（增加以'-'号填列）"项目。反映企业报告期内产生的递延所得税资产减少（或增加）对现金流量的影响。递延所得税资产属于企业未来期间的应纳税所得额及应交所得税，不构成报告期的现金流量。具体而言，本项目内容属于计入净利润项目中"所得税费用"项目的内容，在计算"所得税费用"时，递延所得税资产减少额记入"所得税费用"科目的增加额，减少了报告期利润表中的净利润，应予以加回；反之，递延所得税资产增加额记入"所得税费用"科目的减少额，增加了报告期利润表中的净利润，应予以减去。本项目可根据资产负债表中"递延所得税资产"项目的期末期初金额的差额分析计算填列。

⑦"递延所得税负债增加（减少以'-'号填列）"项目。反映企业报告期内产生的递延所得税负债增加（或减少）对现金流量的影响。递延所得税负债属于企业未来期间的应纳税所得额及应交所得税，不构成报告期的现金流量。具体而言，本项目内容属于计入净利润项目中"所得税费用"项目的内容，在计算"所得税费

用"时，递延所得税负债增加额记入"所得税费用"科目的增加额，减少了报告期利润表中的净利润，应予以加回；反之，递延所得税负债减少额记入"所得税费用"科目的减少额，增加了报告期利润表中的净利润，应予以减去。本项目可根据资产负债表中"递延所得税负债"项目的期末期初金额的差额分析计算填列。

⑧"存货的减少（增加以'－'号填列）"项目。反映企业报告期内产生的存货减少（或增加）对现金流量的影响。资产负债表中"存货"项目的年末较年初减少的差额，说明报告期消耗或发出了期初存货，这部分存货在报告期不需要支付现金，但按报告期营业成本等计算的净利润已经减去了这部分不需要支付的现金，应予以加回；反之，资产负债表中"存货"项目的年末较年初增加的差额，这部分存货在报告期已经支付了现金，但按报告期营业成本计算的净利润并未减去这部分需要支付的现金，应予以减去。此外，存货减少可能有属于投资活动或筹资活动的现金流量部分，填列该项目时需要分析计算调整非营业活动的现金流量。本项目可根据资产负债表中"存货"项目期末期初数的差额和报表附注中"存货跌价准备"项目的期末期初数的差额分析计算填列。

（3）经营性应收应付项目的增减变动。

本类项目属于不直接影响净利润的经营活动产生的现金流入量或流出量，需要在净利润的基础上分析调整的项目。

①"经营性应收项目的减少（增加以'－'号填列）"项目。反映企业报告期内发生的经营性应收项目减少（或增加）对现金流量的影响。经营性应收项目包括应收票据、应收账款、预付账款、合同资产、其他应收款和长期应收款等项目中与经营活动有关的部分。资产负债表中经营性应收项目减少，表明报告期内收到了以前年度应收项目的现金，形成在净利润之外的营业活动现金流入量，应予以加回；反之，经营性应收项目增加，表明报告期的净利润中有尚未收到的现金流入量，应予以减去。本项目可根据资产负债表中"经营性应收项目"项目期末期初数的差额和报表附注中"坏账准备"项目的期末期初数的差额分析计算填列。

②"经营性应付项目的增加（减少以'－'号填列）"项目。反映企业报告期内发生的经营性应付项目增加（或减少）对现金流量的影响。经营性应付项目包括应付票据、应付账款、预收账款、合同负债、其他应付款和长期应付款等项目中与经营活动有关的部分。资产负债表中经营性应付项目增加，表明报告期内"存货"等项目中存在尚未支付的应付项目的现金，在计算净利润时通过"营业成本"等项目已经扣除，形成净利润中存在尚未发生的营业活动现金流出量，应予以加回；反之，经营性应付项目减少，表明报告期计算净利润时存在尚未扣除的现金流出量，应予以减去。本项目可根据资产负债表中"经营性应付项目"项目期末期初数的差额分析计算填列。

第二步，分析调整不涉及现金收支的重大投资和筹资活动项目。

本项目反映企业一定会计期间内影响资产或负债但不形成该期现金收支的各项投资或筹资活动的信息资料，如企业报告期内实施的债务转为资本、一年内到期的可转换的公司债券、融资租入固定资产等。该类项目虽然不涉及报告期实际的现金流入流出，但对以后各期的现金流量有重大影响。需要列报的项目有：

（1）债务转为资本。反映企业报告期内转为资本的债务金额。本项目可根据资产负债表中"应付债券""长期应付款""实收资本""资本公积"等项目分析计算填列。

（2）一年内到期的可转换公司债券。反映企业报告期内到期的可转换公司债券的本息。本项目可根据资产负债表中"应付债券——优先股"等项目分析计算填列。

（3）融资租入固定资产。反映企业报告期内融资租入的固定资产。本项目可根据资产负债表中"使用权资产""长期应付款""租赁负债"等项目分析计算填列。

第三步，分析调整现金及现金等价物净变动情况。

本项目反映现金及现金等价物增减变动及其净增加额。本项目可根据资产负债表中"货币资金"项目及现金等价物期末期初余额及净增额分析计算填列。

第四步，编制正式的现金流量表补充资料。具体方法可采用前述工作底稿法或 T 型账户法，也可以根据有关会计科目记录分析填列。

二、例题点津

【例题 1·单选题】下列各项中，会引起现金流量净额发生变动的是（　　）。
A. 从银行提取现金
B. 生产领用原材料
C. 用设备抵偿债务
D. 用银行存款偿还应付账款
【答案】D
【解析】选项 A 是现金内部的增减变动，净额不变；选项 B、C 不涉及现金收支，不影响现金流量净额。

【例题 2·多选题】企业的现金流量分为（　　）。
A. 经营活动产生的现金流量
B. 投资活动产生的现金流量
C. 借款活动产生的现金流量
D. 筹资活动产生的现金流量
【答案】ABD
【解析】企业的现金流量分为：经营活动产生的现金流量、投资活动产生的现金流量、筹资活动产生的现金流量。

【例题 3·判断题】现金流量表中的经营活动，是指企业投资活动和筹资活动以外的交易和事项。销售商品或提供劳务、处置固定资产、分配利润等产生的现金流量均包括在经营活动产生的现金流量之中。（　　）
【答案】×
【解析】处置固定资产产生的现金流量属于投资活动产生的现金流量，分配利润产生的现金流量属于筹资活动产生的现金流量。

第五单元　所有者权益变动表

1 所有者权益变动表的结构及编制 ★

一、考点解读

（一）所有者权益变动表的概念

所有者权益变动表是指反映构成所有者权益各组成部分当期增减变动情况的报表。它是对资产负债表的补充及对所有者权益增减变动情况的进一步说明。

（二）所有者权益变动表的结构

在所有者权益变动表上，企业至少应当单独列示反映下列信息的项目：（1）综合收益总额；（2）会计政策变更和差错更正的累积影响金额；（3）所有者投入资本和向所有者分配利润等；（4）提取的盈余公积；（5）实收资本、其他权益工具、资本公积、其他综合收益、专项储备、盈余公积、未分配利润的期初和期末余额及其调节情况。

> 提示　所有者权益表中不反映净利润指标。

所有者权益变动表结构为<u>纵横交叉的矩阵式结构</u>。

1. 纵向结构

纵向结构按所有者权益增减变动时间及内容分"上年年末余额""本年年初余额""本年增减变动金额"和"本年年末余额"四栏，本年增减变动金额＝综合收益总额±所有者投入和减少资本±利润分配±所有者权益内部结转。

2. 横向结构

横向结构采用比较式结构，分为"本年金额"和"上年金额"两栏，每栏的具体结构按照所有者权益构成内容逐项列示，即：

实收资本（或股本）＋其他权益工具＋资本公积－库存股＋其他综合收益＋未分配利润＝所有者权益合计

所有者权益变动表以矩阵的形式列示：一方面，列示导致所有者权益变动的交易或事项，即所有者权益变动的来源，对一定时期所有者权益的变动情况进行全面反映；另一方面，按照所有者权益各组成部分（即实收资本、其他权益工具、资本公积、其他综合收益、盈余公积、未分配利润和库存股）列示交易或事项对所有者权益各部分的影响。

（三）所有者权益变动表的编制

1. 所有者权益变动表项目的填列方法

所有者权益变动表各项目均需填列"本年金额"和"上年金额"两栏。

所有者权益变动表"上年金额"栏内各项数字，应根据上年度所有者权益变动表"本年金额"栏内所列数字填列。上年度所有者权益变动表规定的各个项目的名称和内容同本年度不一致的，应对上年度所有者权益变动表各项目的名称和数字按照本年度的规定进行调整，填入所有者权益变动表的"上年金额"栏内。

所有者权益变动表"本年金额"栏内各项数字一般应根据资产负债表所有者权益项目金额或"实收资本（或股本）""其他权益工具""资本公积""库存股""其他综合收益""专项储备""盈余公积""利润分配""以前年度损益调整"等科目及其明细科目的发生额分析填列。

[解释] 采用逐项的本年金额和上年金额比较式结构，能清晰表明构成所有者权益的各组成部分当期的增减变动情况以及与上期的增减变动情况的对照和比较。

2. 所有者权益变动表主要项目说明

（1）"上年年末余额"项目，反映企业上年资产负债表中实收资本（或股本）、其他权益工具、资本公积、库存股、其他综合收益、专项储备、盈余公积、未分配利润的年末余额。

（2）"会计政策变更"和"前期差错更正"项目，分别反映企业采用追溯调整法处理的会计政策变更的累积影响金额和采用追溯重述法处理的会计差错更正的累积影响金额。

（3）"本年增减变动金额"项目：

① "综合收益总额"项目，反映净利润和其他综合收益扣除所得税影响后的净额相加后的合计金额。

② "所有者投入和减少资本"项目，反映企业当年所有者投入的资本和减少的资本，包括：

a. "所有者投入的普通股"项目，反映企业接受投资者投入形成的实收资本（或股本）和资本溢价或股本溢价。

b. "其他权益工具持有者投入资本"项目，反映企业发行的除普通股以外分类为权益工具的金融工具的持有者投入资本的金额。

c. "股份支付计入所有者权益的金额"项目，反映企业处于等待期中的权益结算的股份支付当年计入资本公积的金额。

③ "利润分配"项目，反映企业当年的利润分配金额。

④ "所有者权益内部结转"项目，反映企业构成所有者权益的组成部分之间当年的增减变动情况，包括：

a. "资本公积转增资本（或股本）"项目，反映企业当年以资本公积转增资本或股本的金额。

b. "盈余公积转增资本（或股本）"项目，反映企业当年以盈余公积转增资本或股本的金额。

c. "盈余公积弥补亏损"项目，反映企业当年以盈余公积弥补亏损的金额。

d. "设定受益计划变动额结转留存收益"项目，反映企业因重新计量设定受益计划净负债或净资产所产生的变动计入其他综合收益，结转至留存收益的金额。

e. "其他综合收益结转留存收益"项目，主要反映：第一，企业指定为以公允价值计量且其变动计入其他综合收益的非交易性权益工具投资终止确认时，之前计入其他综合收益的累计利得或损失从其他综合收益中转入留存收益的金额；第二，企业指定为以公允价值计量且其变动计入当期损益的金融负债终止确认时，之前由企业自身信用风险变动引起而计入其他综合收益的累计利得或损失从其他综合收益中转入留存收益的金额等。

[提示] 本部分"设定收益计划变动额结转留存收益"和"其他综合收益结转留存收益"项目为新增内容。

[提示] 熟练掌握所有者权益内部结转的项目。

二、例题点津

【例题1·判断题】所有者权益变动表是反映构成所有者权益各组成部分当期增减变动情况的报表。（　　）

【答案】√

【解析】本题考查的是所有者权益变动表的概念。

【例题2·单选题】下列各项中，不在所有

者权益变动表列示的项目是（　　）。

A. 综合收益总额

B. 所有者投入和减少资本

C. 利润分配

D. 每股收益

【答案】D

【解析】选项D是利润表中列示项目。

【例题3·多选题】所有者权益变动表"本年金额"栏内各项数字一般应根据（　　）发生额分析填列。

A. 实收资本（或股本）

B. 其他综合收益

C. 利润分配

D. 以前年度损益调整

【答案】ABCD

【解析】所有者权益变动表"本年金额"栏内各项数字一般应根据"实收资本（或股本）""其他权益工具""资本公积""库存股""其他综合收益""盈余公积""利润分配""以前年度损益调整"科目的发生额分析填列。

【例题4·多选题】在所有者权益变动表上，企业至少应当单独列示反映下列信息的项目包括（　　）。

A. 综合收益总额

B. 会计政策变更和差错更正的累积影响金额

C. 提取的盈余公积

D. 净利润

【答案】ABC

【解析】在所有者权益变动表上，企业至少应当单独列示反映下列信息的项目：（1）综合收益总额；（2）会计政策变更和差错更正的累积影响金额；（3）所有者投入资本和向所有者分配利润等；（4）提取的盈余公积；（5）实收资本、其他权益工具、资本公积、其他综合收益、专项储备、盈余公积、未分配利润的期初和期末余额及其调节情况。

【例题5·单选题】年报中利润表和所有者权益变动表中有着勾稽关系的项目是（　　）。

A. 盈余公积　　B. 综合收益总额

C. 资本公积　　D. 未分配利润

【答案】B

【例题6·判断题】所有者权益变动表中，"综合收益总额"项目，反映净利润和其他综合收益相加后的合计金额。（　　）

【答案】×

【解析】"综合收益总额"项目，反映净利润和其他综合收益扣除所得税影响后的净额相加后的合计金额。

第六单元　附注及财务报告信息披露要求

1 附注的主要内容及财务报告信息披露的要求 ★

一、考点解读

（一）附注的作用

附注主要作用有三个方面：第一，附注的编制和披露，是对资产负债表、利润表、现金流量表和所有者权益变动表列示项目含义的补充说明，以帮助财务报表使用者更准确地把握其含义。例如，通过阅读附注中披露的固定资产折旧政策的说明，使用者可以掌握报告企业与其他企业在固定资产折旧政策上的异同，以便进行更准确的比较。第二，附注提供了对资产负债表、利润表、现金流量表和所有者权益变动表中未列示项目的详细或明细说明。例如，通过阅读附注中披露的存货增减变动情况，财务报表使用者可以了解资产负债表中未单列的存货分类信息。第三，通过附注与资产负债表、利润表、现金流量表和所有者权益变动表列示项目的相互参照关系，以及对未能在财务报表中列示项目的说明，可以使财务报表使用者全面了解企业的财务状况、经营成果和现金流量以及所有者权益的情况。

（二）附注的主要内容

附注是财务报表的**重要组成部分**。根据企业会计准则的规定，企业应当按照如下顺序编制披露附注的主要内容：

1. 企业的简介和主要财务指标

主要包括：企业名称、注册地、组织形式和总部地址；企业的业务性质和主要经营活动；母公司以及集团最终母公司的名称；财务报告的批准报出者和财务报告批准报出日；营业期限有限的企业，还应当披露有关营业期限的信息；截至报告期末公司近3年的主要会计数据和财务指标。

2. 财务报表的编制基础

财务报表的编制基础是指财务报表是在持续经营基础上还是在非持续经营基础上编制的。企业一般是在持续经营基础上编制财务报表，清算、破产属于非持续经营基础。

3. 遵循企业会计准则的声明

企业应当声明编制的财务报表符合企业会计准则的要求，真实、完整地反映了企业的财务状况、经营成果和现金流量等有关信息，以及明确企业编制财务报表所依据的制度基础。

4. 重要会计政策和会计估计

企业应当披露采用的重要会计政策和会计估计，不重要的会计政策和会计估计可以不披露。在披露重要会计政策和会计估计时，企业应当披露重要会计政策的确定依据和财务报表项目的计量基础，以及会计估计中所采用的关键假设和不确定因素。

会计政策的确定依据，主要是指企业在运用会计政策过程中所作的对报表中确认的项目金额最具影响的判断，有助于财务报表使用者理解企业选择和运用会计政策的背景，增加财务报表的可理解性。财务报表项目的计量基础，是指企业计量该项目采用的是历史成本、重置成本、可变现净值、现值还是公允价值，这直接影响财务报表使用者对财务报表的理解和分析。

在确定财务报表中确认的资产和负债的账面价值过程中，企业有时需要对不确定的未来事项在资产负债表日对这些资产和负债的影响加以估计，如企业预计固定资产未来现金流量采用的折现率和假设。这类假设的变动对这些资产和负债项目金额的确定影响很大，有可能会在下一个会计年度内作出重大调整，因此，强调这一披露要求，有助于提高财务报表的可理解性。

5. 会计政策和会计估计变更以及差错更正的说明

企业应当按照会计政策、会计估计变更和差错更正会计准则的规定，披露会计政策和会计估计变更以及差错更正的有关情况。

6. 报表重要项目的说明

企业对报表重要项目的说明，应当按照资产负债表、利润表、现金流量表、所有者权益变动表及其项目列示的顺序，采用文字和数字描述相结合的方式进行披露。报表重要项目的明细金额合计应当与报表项目金额相衔接，主要包括以下重要项目：

应收款项、存货、长期股权投资、投资性房地产、固定资产、无形资产、职工薪酬、应交税费、短期借款和长期借款、应付债券、长期应付款、营业收入、公允价值变动收益、投资收益、资产减值损失、营业外收入、营业外支出、所得税费用、其他综合收益、政府补助、借款费用。

7. 或有和承诺事项、资产负债表日后非调整事项、关联方关系及其交易等需要说明的事项

8. 有助于财务报表使用者评价企业管理资本的目标、政策及程序的信息

（三）财务报告信息披露的要求

1. 财务报告信息披露的概念

财务报告信息披露，又称会计信息披露，是指企业对外发布有关其财务状况、经营成果、现金流量等财务信息的过程。就上市公司而言，信息披露也是企业的法定义务和责任。

2. 财务报告信息披露的基本要求

财务报告信息披露基本要求，又称财务报告信息披露的基本质量。主要有**真实**、**准确**、**完整**、**及时**和**公平**五个方面。

企业应当真实、准确、完整、及时地披露信息，不得有虚假记载、误导性陈述或者重大遗漏，信息披露应当同时向所有投资者公开披露信息。

企业应当在附注中对"遵循了企业会计准则"作出声明。同时，企业不应以在附注中披露代替对交易和事项的确认和计量，即企业采用的不恰当的会计政策，不得通过在附注中披露等其他形式予以更正，企业应当对交易和事项进行正确的确认和计量。此外，如果按照各项会计准则规定披露的信息不足以让报表使用者了解特定交易或事项对企业财务状况、经营成果和现金流量的影响时，企业还应当披露其他的必要信息。

二、例题点津

【例题1·单选题】 下列各项中，关于财务报表附注的表述不正确的是（　　）。

A. 附注中包括财务报表重要项目的说明

B. 对未能在财务报表中列示的项目在附注中说明

C. 如果没有需要披露的重大事项，企业不必编制附注

D. 附注中包括会计政策和会计估计变更以及差错更正的说明

【答案】C

【解析】财务报表至少应当包括财务负债表、利润表、现金流量表、所有者权益变动表以及附注，所以附注是必需的，选项C的说法不正确。

【例题2·多选题】 下列项目中，上市公司应在其财务报表附注中披露的有（　　）。

A. 会计估计变更的原因

B. 需要说明的关联方关系及其交易

C. 需要说明的或有事项

D. 企业的业务性质和主要经营活动

【答案】ABCD

【解析】选项A、B、C、D均应在上市公司的财务报表附注中披露。

【例题3·判断题】 企业应当披露采用的重要会计政策和会计估计，不重要的会计政策和会计估计可以不披露。（　　）

【答案】√

【例题4·判断题】 附注是财务报表的重要组成部分，企业应当最先披露财务报表的编制基础。（　　）

【答案】×

【解析】企业应在附注中最先披露的是企业的基本情况。

【例题5·判断题】 企业一般是在持续经营基础上编制财务报表，清算、破产属于非持续经营基础。（　　）

【答案】√

【解析】财务报表的编制基础是指财务报表是在持续经营基础上还是在非持续经营基础上编制的。企业一般是在持续经营基础上编制财务报表，清算、破产属于非持续经营基础。

本章综合题型精讲

【例题】 甲公司为增值税一般纳税人，适用的增值税税率为13%，2×21年1～11月损益类科目如表8-1所示。

表8-1　损益类科目发生额汇总

2×21年1～11月　　单位：万元

名称	借方	名称	贷方
主营业务成本	1 350	主营业务收入	1 500
税金及附加	125	其他业务收入	500
管理费用	200	投资收益	30
销售费用	100	营业外收入	65
财务费用	20		
合计	1 795	合计	2 095

2×21年12月甲公司发生有关业务资料如下：

(1) 6日，向乙公司销售M商品一批，增值税专用发票注明的价款为150万元，增值税税额为19.5万元，为乙公司代垫运杂费2万元，全部款项已办妥托收手续，该批商品成本为100万元，商品已经发出。

(2) 15日，向丙公司销售H商品一批，增值税专用发票注明的价款为30万元，增值税税额为3.9万元，该批商品成本为25万元，合同规定的现金折扣条件为2/10，1/20，N/30。23日，收到丙公司扣除享受现金折扣的全部款项存入银行，计算现金折扣不考虑增值税。

(3) 20日，收到丁公司退回商品一批，该批商品系上月销售，质量有瑕疵，不含增值税的售价为60万元，实际成本为50万元，增值税专用发票已开具并交付丁公司，该批商品未确认收入，也未收取货款。经核查，甲公司同意退货，已办妥退货手续，并向丁公司开具了红字增值税

专用发票。

(4) 31日,"应收账款"科目余额为183万元("坏账准备"科目期初余额为0),当日经信用评估,应计提坏账准备8万元。本月共发生财务费用5万元,销售费用10万元,管理费用12万元。

要求:根据上述资料,不考虑其他因素,分析回答下列问题(答案中的金额,单位用万元表示)。

(1) 下列各项中,关于甲公司1~11月收入、费用及经营成果的计算结果正确的是( )。

A. 期间费用为320万元
B. 营业收入为2 000万元
C. 利润总额为300万元
D. 营业利润为235万元

【答案】ABCD

【解析】期间费用 = 200 + 100 + 20 = 320(万元),选项A正确;营业收入 = 1 500 + 500 = 2 000(万元),选项B正确;营业利润 = 1 500 + 500 + 30 - (1 350 + 125 + 200 + 100 + 20) = 235(万元),选项D正确;利润总额 = 235 + 65 = 300(万元),选项C正确。

(2) 根据资料(1),下列各项中,关于甲公司向乙公司销售M商品的会计处理正确的是( )。

A. 确认应收账款171.5万元
B. 结转商品销售成本100万元
C. 确认其他应收款2万元
D. 确认主营业务收入152万元

【答案】AB

【解析】会计处理如下:
借:应收账款　　　　　　　　169.5
　　贷:主营业务收入　　　　　　　150
　　　　应交税费——应交增值税(销项税额)　　　　　　　　　　19.5
借:应收账款　　　　　　　　　　2
　　贷:银行存款　　　　　　　　　　2
借:主营业务成本　　　　　　　100
　　贷:库存商品　　　　　　　　　100

销货企业代垫的运杂费计入应收账款,所以应确认"应收账款"的金额 = 169.5 + 2 = 171.5(万元),选项A正确,选项C错误;结转的销售成本为100万元,选项B正确;确认主营业务收入150万元,选项D错误。

(3) 根据资料(2),甲公司23日收到丙公司货款的会计处理正确的是( )。

A. 借:银行存款　　　　　　　　33.2
　　　财务费用　　　　　　　　　0.7
　　　贷:应收账款　　　　　　　33.9
B. 借:银行存款　　　　　　　　33.6
　　　财务费用　　　　　　　　　0.3
　　　贷:应收账款　　　　　　　33.9
C. 借:银行存款　　　　　　　　33.9
　　　贷:应收账款　　　　　　　33.9
D. 借:银行存款　　　　　　　　33.3
　　　财务费用　　　　　　　　　0.6
　　　贷:应收账款　　　　　　　33.9

【答案】D

【解析】会计处理如下:
15日销售:
借:应收账款　　　　　　　　　33.9
　　贷:主营业务收入　　　　　　　30
　　　　应交税费——应交增值税(销项税额)　　　　　　　　　　3.9
借:主营业务成本　　　　　　　25
　　贷:库存商品　　　　　　　　　25
23日收到货款:
借:银行存款　　　　　　　　　33.3
　　财务费用　　　　　　　　　0.6
　　贷:应收账款　　　　　　　　33.9
所以选项D正确。

(4) 根据材料(3),下列各项中,关于甲公司收到丁公司退货的会计处理表述正确的是( )。

A. 按销售价格计算的增值税贷记"应收账款"科目
B. 商品成本贷记"发出商品"科目
C. 按销售价格计算的增值税借记"应交税费"科目
D. 按商品成本借记"库存商品"科目

【答案】ABCD

【解析】发生销售退回的时候没有确认收入结转成本,直接冲减发出商品,资料(3)分录如下:

借：库存商品　　　　　　　　50
　　贷：发出商品　　　　　　　　50
借：应交税费——应交增值税（销项税额）
　　　　　　　　　　　　　　7.8
　　贷：应收账款　　　　　　　　7.8
（5）根据资料（1）~（4），甲公司2×21年的利润总额是（　　）万元。
A. 318　　B. 320　　C. 310　　D. 319.4
【答案】B
【解析】甲公司2×21年的利润总额=300+（150-100）+（30-25-0.6）-8-（5-0.6）-10-12=320（万元），选项B正确。

本章考点巩固练习题

一、单项选择题

1. 某企业"应收账款"有两个明细账，分别是"应收账款——甲公司"明细分类账月末借方余额为20 000元，"应收账款——乙公司"明细分类账月末贷方余额10 000元；"预收账款"也有两个明细分类账，其中"预收账款——丙公司"明细分类账月末贷方余额15 000元，"预收账款——丁公司"明细分类账月末借方余额为30 000元；坏账准备月末贷方余额为2 000元（均与应收账款相关），则该企业月末资产负债表的"预收款项"项目应填列金额为（　　）元。
A. 25 000　　　　　　B. 50 000
C. 45 000　　　　　　D. 15 000

2. 2×21年12月31日，某企业"无形资产"科目借方余额为200万元，"累计摊销"科目贷方余额为50万元，"无形资产减值准备"科目贷方余额为10万元，不考虑其他因素，资产负债表中"无形资产"项目应填列的金额为（　　）万元。
A. 200　　　　　　　B. 140
C. 150　　　　　　　D. 190

3. 下列各项中，应根据相应总账科目的余额直接在资产负债表中填列的是（　　）。
A. 固定资产　　　　　B. 长期借款
C. 应收账款　　　　　D. 短期借款

4. 资产负债表中负债项目的排列依据是（　　）。
A. 项目重要性　　　　B. 项目金额大小
C. 项目时间性　　　　D. 项目清偿顺序

5. 下列资产负债表项目中，根据总账科目和明细科目余额分析计算填列的是（　　）。
A. 应付账款　　　　　B. 短期借款
C. 长期股权投资　　　D. 长期待摊费用

6. 下列资产负债表项目，可根据相关账户明细科目期末余额分析填列的是（　　）。
A. 货币资金　　　　　B. 交易性金融资产
C. 存货　　　　　　　D. 应收账款

7. 某企业2×21年11月30日，生产成本借方余额15 000元，原材料借方余额9 000元，材料成本差异贷方余额150元，发出商品借方余额12 000元，工程物资借方余额3 000元，存货跌价准备贷方余额900元，则2×21年资产负债表"存货"项目的金额为（　　）元。
A. 37 950　　　　　　B. 36 000
C. 34 950　　　　　　D. 39 000

8. 某企业2×21年12月31日固定资产账户余额为1 000万元，累计折旧账户余额为200万元，固定资产减值准备账户余额180万元，工程物资账户余额300万元。该企业2×21年12月31日资产负债表上"固定资产"项目金额应为（　　）万元。
A. 320　　　　　　　B. 820
C. 620　　　　　　　D. 800

9. 某企业"应付账款"科目月末贷方余额2 000元，其中，"应付甲公司账款"明细科目贷方余额1 750元，"应付乙公司账款"明细科目贷方余额250元；"预付账款"科目贷方余额1 500元，其中，"预付A工厂账款"明细科目贷方余额2 500元，"预付B工厂账款"明细科目借方余额1 000元。该企业月末资产负债表中"应付账款"项目的金额为（　　）元。

A. 4 500　　　　　　B. 1 500
C. 2 000　　　　　　D. 3 500

10. 下列报表中，（　　）能够反映企业一定时点所拥有的资产、需偿还的债务，以及投资者所拥有的净资产的情况。
    A. 资产负债表
    B. 利润表
    C. 现金流量表
    D. 所有者权益变动表

11. 甲公司2×20年末长期借款100万元，其中所属明细科目工商银行40万元，借入时间为2×19年11月1日，期限18个月；所属明细科目建设银行60万元，借入时间为2×18年10月3日，期限36个月，则甲公司2×20年末资产负债表中"长期借款"项目应填列（　　）万元。
    A. 100　　　　　　B. 60
    C. 40　　　　　　 D. 0

12. 甲公司2×20年末应付利息科目余额100万元，长期借款——应计利息200万元，该企业董事会批准通过利润分配方案中拟分配现金股利500万元，其他应付款科目余额20万元，则2×20年末资产负债表中"其他应付款"项目应填列（　　）万元。
    A. 20　　　　　　　B. 120
    C. 620　　　　　　 D. 820

13. 下列各项中，不影响营业利润的是（　　）。
    A. 购买交易性金融资产支付的交易费用
    B. 自然灾害造成固定资产报废损失
    C. 计提坏账准备
    D. 管理用无形资产摊销

14. 下列应在利润表中"营业外收入"项目列示的是（　　）。
    A. 存货盘盈利得
    B. 出售固定资产利得
    C. 无法查明原因的现金盘盈利得
    D. 企业接受股东的现金捐赠利得

15. 下列各项中，应计入利润表投资收益项目的是（　　）。
    A. 银行存款利息收入
    B. 短期借款利息支出
    C. 取得交易性金融资产时发生的交易费用
    D. 交易性金融资产的公允价值变动

16. 甲公司本月销售产品，价款20万元，款项未收；销售包装物收到价款3万元，出售固定资产价款40万元，账面价值35万元，出租固定资产收取租金1万元，则本月利润表中"营业收入"金额应为（　　）万元。
    A. 23　　　　　　　B. 24
    C. 29　　　　　　　D. 69

17. 对于现金流量表，下列说法不正确的是（　　）。
    A. 采用报告式
    B. 采用多步式
    C. 在具体编制时，可采用工作底稿法或T型账户法
    D. 在具体编制时，可根据有关科目记录分析填列

18. 下列各项中，不属于现金及现金等价物的是（　　）。
    A. 库存现金
    B. 3个月内到期的债券投资
    C. 随时用于支付的银行存款
    D. 准备近期出售的股票投资

19. 甲企业2×20年初未分配利润为借方余额50万元（该未弥补亏损未超过5年），本年度实现净利润200万元，分别按10%和5%提取法定盈余公积和任意盈余公积。假定不考虑其他因素，甲企业2×20年末未分配利润的贷方余额应为（　　）万元。
    A. 127.5　　　　　　B. 212.5
    C. 220　　　　　　　D. 250

20. 能够反映企业当年利润分配情况会计信息的报表是（　　）。
    A. 资产负债表
    B. 利润表
    C. 现金流量表
    D. 所有者权益变动表

21. 对资产负债表、利润表等报表列示项目的文字描述或明细资料，以及未能在这些报表中列示项目的说明的是（　　）。
    A. 财务情况说明书
    B. 附注
    C. 资产负债表的附表

D. 企业基本情况

二、多项选择题

1. 下列各项中,应填入资产负债表"货币资金"项目的有( )。
   A. 库存现金
   B. 银行存款
   C. 其他货币资金
   D. 交易性金融资产

2. 下列各项中,应在资产负债表"存货"项目列示的有( )。
   A. "生产成本"科目的期末余额
   B. "发出商品"科目的期末余额
   C. "委托加工物资"科目的期末余额
   D. "存货跌价准备"科目的期末余额

3. 下列各项中,关于资产负债表项目填列正确的有( )。
   A. "短期借款"项目根据"短期借款"总账科目期末余额直接填列
   B. "实收资本"项目根据"实收资本"总账科目期末余额直接填列
   C. "开发支出"项目根据"研发支出"科目所属"资本化支出"明细科目期末余额填列
   D. "长期借款"项目根据"长期借款"科目期末余额填列

4. 下列各项中,应在资产负债表"应收账款"项目列示的有( )。
   A. "应收账款"科目所属明细科目的借方余额
   B. "预付账款"科目所属明细科目的借方余额
   C. "预收账款"科目所属明细科目的借方余额
   D. "应收账款"科目所属明细科目的贷方余额

5. 下列资产负债表项目中,需根据有关科目余额减去其备抵科目余额后的净额填列的有( )。
   A. 固定资产
   B. 长期借款
   C. 长期股权投资
   D. 无形资产

6. 资产负债表中,长期借款项目填列应考虑的有( )。
   A. 长期借款总账余额
   B. 长期借款明细科目余额
   C. 未确认融资费用贷方余额
   D. 长期借款明细科目中是否有一年内到期的部分

7. 下列科目可能影响资产负债表中"一年内到期的非流动资产"项目金额的有( )。
   A. 债权投资
   B. 长期股权投资
   C. 长期待摊费用
   D. 长期应收款

8. 下列属于流动资产确认条件的有( )。
   A. 预计在一个正常营业周期中变现、出售或耗用
   B. 主要为交易目的而持有
   C. 预计在资产负债表日起一年内(含一年)变现的资产
   D. 自资产负债表日起一年内交换其他资产或清偿债务的能力不受限制的现金或现金等价物

9. 下列各项中,应列入利润表"资产减值损失"项目的有( )。
   A. 原材料盘亏损失
   B. 固定资产减值损失
   C. 无形资产减值损失
   D. 应收账款减值损失

10. 下列税费可能影响利润表中"税金及附加"项目的有( )。
    A. 增值税
    B. 印花税
    C. 环境保护税
    D. 消费税

11. 下列各项中,属于现金流量表"经营活动产生的现金流量"项目的有( )。
    A. 支付给职工以及为职工支付的现金
    B. 销售商品、提供劳务收到的现金
    C. 偿还债务支付的现金
    D. 收到的税费返还

12. 下列各项中,应在"取得借款收到的现金"项目下反映的有( )。
    A. 发行债券取得现金
    B. 发行股票取得现金
    C. 从银行取得长期借款
    D. 取得现金股利

13. 下列交易或事项会影响企业综合收益总额的有( )。

A. 税收罚款
B. 销售商品收入
C. 处置固定资产净收益
D. 交易性金融资产期末公允价值上升

14. 下列各项中,属于所有者权益变动表单独列示的项目有( )。
A. 提取法定盈余公积
B. 其他权益工具
C. 提取资产减值准备
D. 盈余公积转增资本

15. 所有者权益变动表中,反映所有者权益内部结转的有( )。
A. 提取盈余公积
B. 资本公积转增资本
C. 设定受益计划变动额结转留存收益
D. 其他综合收益结转留存收益

16. 下列关于附注说法正确的有( )。
A. 附注包括会计政策和会计估计变更及差错更正的说明
B. 附注包括财务报表重要项目的说明
C. 附注是对资产负债表、利润表、现金流量表和所有者权益变动表等报表中列示项目的文字描述或明细资料,以及对未能在这些报表中列示项目的说明
D. 附注包括有助于财务报表使用者评价企业管理资本的目标、政策及程序的信息

三、判断题

1. 资产负债表"在建工程"项目的期末余额,应根据"在建工程"的总账科目和明细账科目期末余额分析计算填列。( )
2. 短期借款项目应根据"短期借款"总账科目余额直接填列。( )
3. "开发支出"项目应根据"研发支出"科目所属的"费用化支出"明细科目期末余额填列。( )
4. 资产负债表是静态报表,利润表是动态报表。( )
5. 流动负债是预计在一个正常营业周期中清偿,或者主要为交易目的而持有。( )
6. 资产负债表的"年初余额"栏内各项数字,应根据上年年末所有者权益变动表的"本年年末余额"栏内所列数字填列。( )
7. 企业于一年内将到偿还期的长期借款,应列入资产负债表"长期借款"项目。( )
8. 企业出售生产经营用固定资产实现的净收益,应计入利润表的营业收入。( )
9. 利润表中"营业利润"项目根据有关损益类账户发生额分析填列。( )
10. 购买商品支付货款取得的现金折扣列入利润表"财务费用"项目。( )
11. 现金流量表就是反映企业在一定会计期间现金的流入和流出的报表。( )
12. 直接法,一般是以利润表中的净利润为起算点,调节与经营活动有关的增减变动,然后计算出经营活动产生的现金流量。( )
13. 所有者权益变动表"未分配利润"栏目的本年年末余额应当与本年资产负债表"未分配利润"项目的年末余额相等。( )
14. 会计政策变更的累计影响数应当在所有者权益变动表中予以反映。( )
15. 我国企业的所有者权益变动表采用的结构和资产负债表一致,都属于账户式结构。( )
16. 如果没有需要,企业可以不编制附注。( )

四、不定项选择题

甲公司2×21年12月有关资料如下:

(1) "库存现金"科目余额10 000元,"银行存款"科目余额为2 000 000元,"货币资金"科目余额为500 000元。

(2) 宣告向股东发放现金股利500 000元,股票股利800 000元。现金股利尚未支付。

(3) 应付管理人员工资200 000元,应计提福利费28 000元,应付车间工作人员工资50 000元。

(4) "长期待摊费用"科目的期末余额为350 000元,将于一年内摊销的数额为200 000元。

(5) "应收票据"账面余额为200 000元,已提坏账准备30 000元,"应付票据"的账面余额为92 000元。

(6) "无形资产"科目余额为500 000元,"累计摊销"科目余额为50 000元,"无形资

产减值准备"科目余额为90 000元。

要求： 根据上述资料，分析回答下列问题。

(1) 资产负债表中"货币资金"项目的金额为（　　）元。
  A. 200 000   B. 2 010 000
  C. 2 500 000   D. 2 510 000

(2) 资产负债表中"其他应付款"项目的金额为（　　）元。
  A. 500 000   B. 800 000
  C. 0   D. 1 300 000

(3) 资产负债表中"应付职工薪酬"项目的金额为（　　）元。
  A. 200 000   B. 278 000

  C. 250 000   D. 228 000

(4) 资产负债表中"长期待摊费用"项目的金额为（　　）元。
  A. 350 000   B. 550 000
  C. 0   D. 150 000

(5) 资产负债表中"应收票据"项目的金额为（　　）元。
  A. 200 000   B. 170 000
  C. 78 000   D. 108 000

(6) 资产负债表中"无形资产"项目的金额为（　　）元。
  A. 450 000   B. 360 000
  C. 410 000   D. 500 000

本章考点巩固练习题参考答案及解析

一、单项选择题

1.【答案】 A
【解析】"预收款项"项目应根据"应收账款"和"预收账款"科目所属各明细科目的期末贷方余额合计数填列。所以"预收款项"项目填列金额 = 10 000 + 15 000 = 25 000（元）。

2.【答案】 B
【解析】"无形资产"项目应填列的金额 = 200 - 50 - 10 = 140（万元）。

3.【答案】 D
【解析】资产负债表中，直接根据总账科目余额填列的有：短期借款、资本公积等。选项A，固定资产应根据固定资产科目的期末余额，减去累计折旧和固定资产减值准备科目期末余额后的净额，以及"固定资产清理"科目期末余额；选项B，长期借款应该根据长期借款科目的期末余额减去一年内到期的长期借款计算填列；选项C，应收账款应根据应收账款和预收账款科目所属各明细科目的期末借方余额合计数，减去坏账准备科目中有关计提的坏账准备期末余额后的金额填列。

4.【答案】 D
【解析】本题考核资产负债表中负债项目的排列依据。资产负债表中的负债是按要求清偿期限的先后顺序排列的。

5.【答案】 D
【解析】选项D，应根据长期待摊费用的总账科目余额减去将于1年内摊销的金额后的净额填列。

6.【答案】 B
【解析】交易性金融资产反映资产负债表日企业分类为以公允价值计量且其变动计入当期损益的和持有的指定为以公允价值计量且其变动计入当期损益的金融资产的期末账面价值。

7.【答案】 C
【解析】资产负债表存货项目的金额 = 15 000 + 9 000 - 150 + 12 000 - 900 = 34 950（元）。

8.【答案】 C
【解析】"固定资产"项目应根据"固定资产"科目期末余额减去"累计折旧""固定资产减值准备""固定资产清理"科目余额后的净额填列。

9.【答案】 A
【解析】"应付账款"项目的金额 = 应付账款

明细科目贷方余额+预付账款明细科目贷方余额=2 000+2 500=4 500（元）。

10. 【答案】A

【解析】选项A，资产负债表反映企业一定时点所拥有的资产、需偿还的债务以及投资者所拥有的净资产的情况；选项B，利润表反映企业一定期间的经营成果，表明企业运用所拥有的资产的获利能力；选项C，现金流量表反映企业在一定会计期间现金和现金等价物流入和流出的情况；选项D，所有者权益变动表反映构成所有者权益的各组成部分当期的增减变动情况。

11. 【答案】D

【解析】长期借款总账科目余额100万元－所属明细为一年内到期的部分100万元（40+60）=0。

12. 【答案】C

【解析】其他应付款项目=应付利息科目余额100+应付股利科目余额500+其他应付款科目余额20=620（万元）。

13. 【答案】B

【解析】营业利润=营业收入－营业成本－财务费用－管理费用－研发费用－销售费用－税金及附加+其他收益+投资收益+净敞口套期收益（－净敞口套期损失）+公允价值变动收益－资产减值损失－信用减值损失+资产处置收益；利润总额=营业利润+营业外收入－营业外支出。选项A，计入投资收益；选项B，计入营业外支出；选项C，计入信用减值损失；选项D，计入管理费用，所以只有选项B不影响营业利润。

14. 【答案】C

【解析】选项A，应冲减管理费用；选项B，应计入资产处置损益；选项D，应计入资本公积。

15. 【答案】C

【解析】选项A，应冲减财务费用；选项B，应计入财务费用；选项D，应计入公允价值变动损益。

16. 【答案】B

【解析】利润表中"营业收入"金额=20+3+1=24（万元）。

17. 【答案】B

【解析】利润表采用多步式格式。选项A、C、D正确。

18. 【答案】D

【解析】股票投资金额无法固定，不属于现金等价物。

19. 【答案】A

【解析】甲企业2×21年末未分配利润的贷方余额=200－50－（200－50）×15%=127.5（万元）。

20. 【答案】D

【解析】所有者权益变动表至少单独列示的信息有所有者投入资本和向所有者分配利润等。

21. 【答案】B

【解析】附注是对资产负债表、利润表等报表列示项目的文字描述或明细资料，以及未能在这些报表中列示项目的说明。

二、多项选择题

1. 【答案】ABC

【解析】选项D应填入资产负债表的"交易性金融资产"项目。

2. 【答案】ABCD

【解析】本题考核存货项目列示的范围。

3. 【答案】ABC

【解析】选项D，"长期借款"项目要扣除"长期借款"科目所属的明细科目中将在资产负债表日起一年内到期且企业不能自主地将清偿义务展期的长期借款。

4. 【答案】AC

【解析】应收账款项目=应收账款科目所属明细科目的借方余额+预收账款科目所属明细科目的借方余额－应收账款对应的坏账准备的金额。

5. 【答案】ACD

【解析】"长期借款"项目，需要根据"长期借款"总账科目余额扣除"长期借款"科目所属的明细科目中将在一年内到期，且企业不能自主地将清偿义务展期的长期借款后的金额计算填列。

6. 【答案】ABD

【解析】未确认融资费用是长期应付款应考虑的内容。

7. 【答案】AD
【解析】选项A、D均需考虑所属明细科目一年内到期的部分；选项C不影响该项目。

8. 【答案】ABCD

9. 【答案】BC
【解析】"资产减值损失"科目核算企业应计提各项资产减值准备形成的损失，而利润表中"资产减值损失"项目应根据"资产减值损失"科目的发生额分析填列。所以选项B、C正确。

10. 【答案】BCD
【解析】选项A，与损益无关。

11. 【答案】ABD
【解析】选项C属于筹资活动产生的现金流量。

12. 【答案】AC
【解析】选项B，应在"吸收投资收到的现金"项目反映；选项D，应在"取得投资收益收到的现金"项目下反映。

13. 【答案】ABCD
【解析】"综合收益总额"项目反映企业净利润与其他综合收益的税后净额的合计金额。所以四个选项均正确。

14. 【答案】ABD
【解析】选项C提取资产减值准备，增加期末准备的金额，在资产负债表中是作为相应的资产的抵减，反映于相应资产的列示金额之中；同时确认相应的资产减值损失，在利润表中列示。选项C不在所有者权益变动表中单独列示。

15. 【答案】BCD
【解析】选项A，属于利润分配。

16. 【答案】ABCD

三、判断题

1. 【答案】×
【解析】"在建工程"项目：（1）反映资产负债表日企业尚未达到预定可使用状态的在建工程的期末账面价值和企业为在建工程准备的各种物资的期末账面价值。（2）应根据"在建工程"科目的期末余额减去"在建工程减值准备"科目的期末余额后的金额，以及"工程物资"科目的期末余额减去"工程物资减值准备"科目的期末余额后的金额填列。应该是"根据有关科目余额减去其备抵科目余额后的净额填列"。

2. 【答案】√

3. 【答案】×
【解析】"开发支出"项目应根据"研发支出"科目所属的"资本化支出"明细科目期末余额填列。

4. 【答案】√

5. 【答案】×
【解析】流动负债是预计在一个正常营业周期中清偿，或者主要为交易目的而持有，或者自资产负债表日起一年内（含一年）到期应予以清偿，或者企业无权自主地将清偿推迟至资产负债表日后一年以上的负债。

6. 【答案】×
【解析】资产负债表的"年初余额"栏内各项数字，应根据上年年末资产负债表的"年末余额"栏内所列数字填列。

7. 【答案】×
【解析】将于一年内偿还的长期借款，应列入资产负债表"一年内到期的非流动负债"项目。

8. 【答案】×
【解析】企业出售生产经营用固定资产实现的净收益，应计入利润表的资产处置损失。

9. 【答案】×
【解析】营业利润项目为计算填列。

10. 【答案】√

11. 【答案】×
【解析】现金流量表是反映企业在一定会计期间现金和现金等价物流入和流出的报表。

12. 【答案】×
【解析】直接法，一般是以利润表中的营业收入为起算点，调节与经营活动有关的增减变动，然后计算出经营活动产生的现金流量。

13. 【答案】√
【解析】所有者权益变动表中未分配利润年末余额、资产负债表中未分配利润项目金额、未分配利润账户期末余额，三者是相等的。

14. 【答案】√

15. 【答案】×

【解析】所有者权益变动表以矩阵的形式列示，而不是账户式结构。

16. 【答案】×

【解析】附注是财务报表不可或缺的组成部分，因此企业必须编制。

四、不定项选择题

(1)【答案】D

【解析】"货币资金"项目金额 = 10 000 + 2 000 000 + 500 000 = 2 510 000（元）。

(2)【答案】A

【解析】"应付股利"项目金额为 500 000 元，企业发放的股票股利不通过"应付股利"科目核算，其他应付款项目包括应付利息、应付股利和其他应付款科目的期末余额。

(3)【答案】B

【解析】"应付职工薪酬"项目金额 = 200 000 + 28 000 + 50 000 = 278 000（元）。

(4)【答案】D

【解析】"长期待摊费用"项目金额 = 350 000 - 200 000 = 150 000（元）。企业应根据"长期待摊费用"总账科目余额减去将于一年内摊销的金额作为资产负债表"长期待摊费用"项目的金额。

(5)【答案】B

【解析】"应收票据"项目金额 = 200 000 - 30 000 = 170 000（元）。

(6)【答案】B

【解析】"无形资产"项目金额 = 500 000 - 50 000 - 90 000 = 360 000（元）。